ISBN 978-1-333-91966-5
PIBN 10658280

English
Français
Deutsche
Italiano
Español
Português

www.forgottenbooks.com

Mythology Photography **Fiction**
Fishing Christianity **Art** Cooking
Essays Buddhism Freemasonry
Medicine **Biology** Music **Ancient**
Egypt Evolution Carpentry Physics
Dance Geology **Mathematics** Fitness
Shakespeare **Folklore** Yoga Marketing
Confidence Immortality Biographies
Poetry **Psychology** Witchcraft
Electronics Chemistry History **Law**
Accounting **Philosophy** Anthropology
Alchemy Drama Quantum Mechanics
Atheism Sexual Health **Ancient History**
Entrepreneurship Languages Sport
Paleontology Needlework Islam
Metaphysics Investment Archaeology
Parenting Statistics Criminology
Motivational

Katalog der Bibliothek

der

Gehe-Stiftung

zu Dresden.

Erster Band.

Zweite Ausgabe.

Unterabtheilung II:
Land- und Forstwirthschaft, Bergbau und Industrie.

———

Dresden.
v. Zahn & Jaensch.
1902.

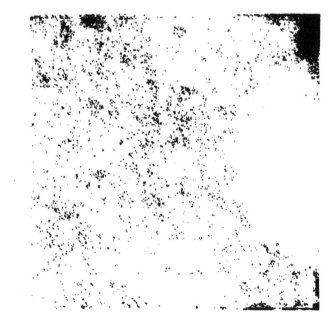

Katalog der Bibliothek

der

Gehe-Stiftung

zu Dresden.

Erster Band.
Zweite Auflage.

Unterabtheilung II:
Land- und Forstwirthschaft, Bergbau und Industrie.

Dresden.
v. Zahn & Jaensch.
1902.

Econ 22.6

Nur wenige Geleitsworte hat der Herausgeber der soeben in 2. Auflage hinausgehenden zweiten Abtheilung vom I. Bande des Katalogs der Gehe-Stiftungs-Bibliothek mit auf den Weg zu geben.

Reichlich vierzehn Jahre sind verflossen, seit die Bibliothek der Gehe-Stiftung durch Veröffentlichung der ersten Auflage des die Abtheilung D (Kapitel XXIX bis XLIII) „Volkswirthschaft" umfassenden I. Bandes ihres Katalogs der Oeffentlichkeit von ihrem Dasein und von einem Theile ihres Bestandes Kenntniß gab. Es war der relativ am fleißigsten bebaute Theil ihres Gebietes, der deshalb zuerst dem größeren Publikum zugänglich gemacht wurde. Andere Gebiete, wie: Staatslehre, öffentliches Recht und Verwaltung (der Gegenstand des im Jahre 1892 erschienenen zweiten Bandes), vornehmlich aber die in den letzten Jahren so gut wie ganz neu geschaffene Bibliothekabtheilung über Rechtswissenschaft im engeren Sinne nahmen in der Folgezeit einen guten Theil der für die Bibliothek verfügbaren Arbeitskräfte und Mittel in Anspruch.

Nichtsdestoweniger wies die vor zwei Jahren erschienene zweite Auflage der nur die Kapitel XXVIII und XXIX (Nationalökonomie und Finanzwissenschaft) umfassenden 1. Abtheilung des ersten Bandes ein Wachsthum des Textes (ohne Register) von 65 auf 166 Seiten, d. i. um 155 Prozent, auf. Bei der vorliegenden, die Kapitel XXX—XXXIII (Land- und Forstwirthschaft, Bergbau und Industrie) umfassenden Abtheilung ist das Wachsthum ein noch beträchtlicheres. Statt 93 (wie in der ersten Auflage) umfaßt der Text 331 Seiten, was einen Zuwachs von 234 Prozent bedeutet.

Eben deshalb hat man von der ursprünglich beabsichtigten Herausgabe bloßer Nachträge abgesehen und bietet zur Bequemlichkeit für die Benutzenden dem Publikum eine vollkommen neue Bearbeitung, worin namentlich die außerordentlich reichhaltige Literatur über die sozialpolitische Gesetzgebung des Deutschen Reiches (zur Zeit der ersten Auflage existirte die Alters- und Invalidenversicherung nur als Projekt) möglichst vollständig berücksichtigt ist.

Daß im Allgemeinen außer der Herbeiziehung der neueren Literatur des In= und Auslandes, soweit sie erreichbar war (was eine große Einschränkung der wünschenswerthen Vollständigkeit involvirt), auch Lücken in dem älteren Bestande thunlichst ausgefüllt wurden, dürfte bei einer billigen Beurtheilung der Größe der Aufgabe und der zur Verfügung stehenden relativ beschränkten Mittel nicht bestritten werden.

Das Verdienst der Anfertigung des Manuskripts und Registers sowie der mühevollen Korrektur gebührt in der Hauptsache dem ersten Custos der Stiftung, Herrn Bruno Schwarze. Das Titelbild verdankt die Stiftung der Gefälligkeit des Herrn stud. archit. Georg Baehr.

Zum Verständnisse des Wortes „Bibliothekausschuß" sei noch bemerkt, daß nach § 39 der neuen Satzung der Gehe=Stiftung vom 1. März 1902 der aus den Mitgliedern des Lehrkörpers, dem Bibliothekar und dem Ge= schäftsführer (welche Aemter zur Zeit in einer Person vereinigt sind) gebildete Wissenschaftliche Ausschuß unter anderen auch die Aufgabe hat: „bei den Anschaffungen für die Bibliothek die Bedürfnisse der Lehrämter zur Geltung zu bringen". Er wurde errichtet durch vom Directorium erlassenes Regulativ vom 2. Juni 1896, besteht zur Zeit aus den Herren Prof. Dr. Schanze, Prof. Dr. Wuttke, Dr. Böttger und dem Unter= zeichneten, und wird unterstützt durch die Herren Custoden Br. Schwarze und Dr. Schuchardt. Das Bild zeigt ihn in seiner Zusammensetzung vom 2. März 1901.

Th. Petermann.

Cap. XXX.

Landwirthschaft, Grundeigenthum und Grundcredit.

Uebersicht.

(Gedruckt den 22. Oktober 1901.)

1

Ia. Encyclopädie, Geschichte, Literatur, Zeitschriften.

Schulze, Friedrich G., Deutsche Blätter für Landwirthschaft und National=
ökonomie. Bd. I, II. Jena 1848, 51.

Archiv des Deutschen Landwirthschaftsraths. Jahrg. XXIV. Bericht über die
Verhandlungen der XXVIII. Plenarversammlung des Deutschen Land=
wirthschaftsraths 1900. Herausgeg. von Dade. Berlin 1900.

Deutsche Agrarzeitung. Wochenhefte für die politischen Interessen der deutschen
Landwirthschaft. Herausgeber: Edm. Klapper. Jahrg. 4 flg. Berlin 1901.
(Lesezimmer.)

Mittheilungen der Oekonomischen Gesellschaft im Königreiche Sachsen. 1874 flg.
(1. Fortf. u. flg. b. Jahrbücher für Volks= u. Landwirthschaft.) Dresden.

Amtsblatt für die landwirthschaftlichen Vereine. Jahrg. 16, 18, 20. Dresden
1868, 1870, 72.

Zeitschrift für Agrarpolitik. Hrsg. von Kuno Frankenstein. Bd. I bis III,
Heft 1—3. Berlin 1888—90.

Deutsch Land. Organ des „Bundes für Bodenbesitzreform“. Red.: Mich.
Flürscheim. Bd. I—III. Bubenheim 1887—89.

Frei Land. (Fortf. von „Deutsch Land“.) Wochenschrift zur Förderung einer
friedlichen Socialreform. Red.: H. Wehberg. 1.—7. Jahrg. Düssel=
dorf 1890, 91. Berlin 1892—96.

Deutsche Volksstimme. (Frei Lands 8. Jahrg.) 1897 flg. Hrsg.: Ad. Damaschke.
Organ des Bundes der deutschen Bodenreformer. Berlin. (Lesezimmer.)

Das Land. Zeitschrift für die sozialen und volkstümlichen Angelegenheiten
auf dem Lande. Hrsg.: Heinr. Sohnrey. Jahrg. 2—7 u. flg.
Berlin 1894—99 u. flg. (Lesezimmer.)

(Geschichte der Kulturpflanzen und Hausthiere.)

Volz, K. W., Beiträge zur Kulturgeschichte. Der Einfluß des Menschen auf die Verbreitung der Hausthiere und der Kulturpflanzen. Leipzig 1852.

Hehn, Victor, Kulturpflanzen und Hausthiere in ihrem Uebergange aus Asien nach Griechenland und Italien sowie in das übrige Europa. 2. Aufl. Berlin 1874.

Schwedener, S., Aus der Geschichte der Culturpflanzen. Basel 1872.

Hoffmann, F., Aus der Kulturgeschichte Europa's (Pflanzen und Hausthiere). Berlin 1880.

Höck, F., Die nutzbaren Pflanzen und Tiere Amerikas und der alten Welt verglichen in Bezug auf ihren Kultureinfluß. Leipzig 1884.

Keller, Otto, Thiere des classischen Alterthums in culturgeschichtlicher Beziehung. Innsbruck 1887.

Richter, Wilhelm, Culturpflanzen und ihre Bedeutung für das wirthschaftliche Leben der Völker. Wien 1890.

Höck, F., Nährpflanzen Mitteleuropas, ihre Heimat, Einführung in das Gebiet und Verbreitung innerhalb desselben. Stuttgart 1890.

Hahn, Eduard, Die Haustiere und ihre Beziehungen zur Wirtschaft des Menschen. Mit einer Karte: Die Wirtschaftsformen der Erde. Leipzig 1896.

Hettner, A., Die Haustiere und die menschlichen Wirtschaftsformen. Nach Eduard Hahn. (Leipzig 1897.)

Engelbrecht, Th. H., Die Landbauzonen der außertropischen Länder. 3 Theile. Th. 3: Atlas zur Darstellung der Kulturpflanzen und Hausthiere. Berlin 1898, 99.

(Die Landwirthschaft in der Urzeit und im Alterthum.)

Mucke, Joh. Richard, Urgeschichte des Ackerbaues und der Viehzucht. Greifswald 1898.

Thaer, A., Die alt-ägyptische Landwirthschaft. Berlin 1881.

Vogelstein, Herm., Die Landwirtschaft in Palästina zur Zeit der Misnah. Al. I: Der Getreidebau. Berlin 1894.

Wiskemann, Heinr., Die antike Landwirthschaft und das von Thünen'sche Gesetz. Leipzig 1859.

Duncker, Ueber die Hufen der Spartiaten. Berlin 1881.

Michon, L. A. Joseph, Des céréales en Italie sous les Romains. Paris 1859.

Beheim-Schwarzbach, H., Beitrag zur Kenntniß des Ackerbaues der Römer. Cassel 1866.

Wimmer, J., Die historische Kulturlandschaft. München 1882.

Weber, Max, Die römische Agrargeschichte in ihrer Bedeutung für das Staats- und Privatrecht. Stuttgart 1891.

Steffen, Max, Ueber die Landwirtschaft bei den altamerikanischen Kulturvölkern. Halle a. S. 1882.

(Deutschland. Im Allgemeinen.)

Anton, Karl Gottlob, Geschichte der teutschen Landwirthschaft von den ältesten Zeiten bis zu Ende des 15. Jahrhunderts. 3 Bde. Görliz 1799, 1800, 1802.

Löbe, William, Abriß der Geschichte der deutschen Landwirthschaft von den ältesten Zeiten bis auf die Gegenwart. Berlin 1873.

Zuccalmaglio, Vincenz von, Geschichte der deutschen Bauern und der Landwirthschaft von der Urzeit bis heute. Bonn 1876.

Michelsen, Ed., u. F. Nedderich, Geschichte der deutschen Landwirthschaft. 2. Aufl. Berlin 1882.

Golz, Th. Frhr. von der, Geschichte der Landwirtschaft und wissenschaftliche Behandlung der Landwirtschaftslehre. Tübingen 1890.

Fuchs, Carl Johs., Die Epochen der deutschen Agrargeschichte und Agrarpolitik. Jena 1898.

———

Jacobi, Viktor, Slaven- und Teutschthum in cultur- und agrarhistorischen Studien zur Anschauung gebracht besonders aus Lüneburg und Altenburg. Hannover 1856.

Roscher, Wilhelm, Haben unsere deutschen Vorfahren zu Tacitus Zeit ihre Landwirthschaft nach dem Dreifeldersysteme getrieben? (Leipzig 1858.)

Hennings, P. D. Ch., Ueber die agrarische Verfassung der alten Deutschen nach Tacitus und Cäsar. Kiel 1869.

Dahn, Felix, Die Landnot der Germanen. Leipzig 1889.

(Deutsche Ansiedelungen.*)

Gaupp, Ernst Theodor, Die Germanischen Ansiedlungen und Landtheilungen in den Provinzen des Römischen Westreiches. Breslau 1844.

Meitzen, Aug., Siedelung und Agrarwesen der Westgermanen und Ostgermanen, der Kelten, Römer, Finnen und Slawen. 3 Bde. mit Atlas. Berlin 1895.

Regel, Fritz, Die Entwickelung der Ortschaften im Thüringerwald (nordwestlicher und zentraler Teil). Ein Beitrag zur Siedelungslehre Thüringens. Gotha 1884.

Reischel, Gustav, Beiträge zur Ansiedelungskunde von Mittelthüringen. Halle a. S. 1885.

Thomaschky, Paul, Die Ansiedelungen im Weichsel-Nogat-Delta. Marienburg 1887.

Görcke, Max, Beiträge zur Siedelungskunde des Mansfelder See- und des Saal-Kreises. Halle a. S. 1889.

Leinhose, Herm., Bevölkerung und Siedelungen im Schwarzagebiet. Halle a. S. 1890.

Schlüter, Otto, Siedlungskunde des Thales der Unstrut von der Sachsenburger Pforte bis zur Mündung. Halle a. S. 1896.

Schulze, Eduard Otto, Die Kolonisierung und Germanisierung der Gebiete zwischen Saale und Elbe. Leipzig 1896.

— Verlauf und Formen der Besiedelung des Landes. (Sachsen.) Dresden 1900.

Baldow, Willy, Die Ansiedelungen an der mittleren Oder. Halle a. S. 1886.

Gloy, Arthur, Beiträge zur Siedelungskunde Nordalbingiens. Stuttgart 1892.

Löwl, Ferd., Siedlungsarten in den Hochalpen. Stuttgart 1888.

Amiotek, Bruno, Siedelung und Waldwirtschaft im Salzforst. Leipzig 1900.

(Einzelnes zur Geschichte der deutschen Landwirthschaft.)

Die Landgüterordnung Kaiser Karls des Großen. (Capitulare de villis vel curtis imperii.) Text-Ausgabe mit Einleitung und Anmerkungen hrsg. von Karl Gareis. Berlin 1895.

———

*) Vergl. auch Band III des Katalogs der Bibliothek der Gehestiftung: „Geographie" unter I, B. Wohnplätze.

Hanssen, G., Zur Geschichte der Feldsysteme in Deutschland. Tübingen 1865.

Meyer, Johs., Die drei Zelgen. Frauenfeld 1880.

Settegast, H., Die deutsche Landwirthschaft vom kulturgeschichtlichen Stand=
punkte. Berlin 1884.

Hanssen, Georg, Agrarhistorische Abhandlungen. 2 Bde. Leipzig 1880, 84.

Festgabe für Georg Hanssen zum 31. Mai 1889 von Aug. Meitzen, K. Lamp=
recht u. A. Tübingen 1889.

Meitzen, Aug., Volkshufe und Königshufe in ihren alten Maßverhältnissen.
Tübingen 1889. (s. Festgabe für Georg Hanssen.)

Landau, Georg, Das Salgut. Kassel 1862.

Roth, Joh. Friedr. Wilh., Die drei Perioden in der Entwickelung der
Landwirthschaft unseres Jahrhunderts. Dresden 1885.

Maurer, Georg Lud. v., Geschichte der Dorfverfassung in Deutschland.
2 Bde. Erlangen 1865, 66.

Hanssen, Zur Geschichte norddeutscher Gutswirthschaft seit Ende des 16. Jahr=
hunderts. Göttingen 1875.

Nobiling, Carl E., Beiträge zur Geschichte der Landwirthschaft des Saal=
kreises der Provinz Sachsen. Berlin 1876.

Pommer, Emil, Beiträge zur Geschichte der Landwirthschaft im Reg.=Bez.
Merseburg. Halle a. S. 1884.

Wendorff, Hugo, Zwei Jahrhunderte landwirtschaftlicher Entwickelung auf
drei gräfl. Stolberg=Wernigeroder Domänen. Berlin 1890.

Freytag=Roitz, R., Die Entwickelung der Landwirtschaft in der Nieder=
lausitz seit ihrer Zugehörigkeit zum Hause Hohenzollern 1815—1900.
Berlin 1900.

Urkunden schlesischer Dörfer zur Geschichte der ländlichen Verhältnisse und der
Flureintheilung insbesondere. Hrsg. v. Aug. Meitzen. Breslau 1863.

Heisig, Jos., Die historische Entwickelung der landwirtschaftlichen Verhältnisse
auf den reichsgräfl.=freistandesherrlich Schaffgotschischen Gütercomplexen in
Preußisch=Schlesien. Jena 1884.

Ehrler, Jos., Agrargeschichte und Agrarwesen der Johanniterherrschaft Heiters=
heim. Tübingen 1900.

Schmidt, Gustav Heinr., Zur Agrargeschichte Lübecks und Ostholsteins.
Zürich 1887.

Wittich, Werner, Ländliche Verfassung Niedersachsens und Organisation des
Amtes im 18. Jahrhundert. Darmstadt 1891.

Nordhoff, J. B., Haus, Hof, Mark und Gemeinde Nordwestfalens im historischen
Ueberblicke. Stuttgart 1889.

Durajewicz, Boleslaus v., Beiträge zur Geschichte der Landwirthschaft Kur=
sachsens im 16. Jahrhundert. Heidelberg 1900.

F(ischer), H(einrich) A(ugust), Gutherzige Schreiben an seine Achtbare liebe
Landsleute, die ... Bauern in Sachsen, den Ackerbau und die Viehzucht zu
des theuersten Churfürst Augusti Zeiten in Sachsen betreffend. Chemnitz 1763.

Löbe, William, Geschichte der Landwirthschaft im Altenburgischen Osterlande.
Leipzig 1845.

(Oesterreich=Ungarn.)

Hamm, Wilh. Ritter v., Die Habsburg=Lothringer in ihren Beziehungen
zur Bodencultur. Wien 1879.

Geschichte der österreichischen Land= und Forstwirtschaft und ihrer Industrien 1848—1898. 4 Bde. Wien 1899.

Inama=Sternegg, Karl Theod. v., Untersuchungen über das Hofsystem im Mittelalter mit besonderer Beziehung auf deutsches Alpenland. Innsbruck 1872.

— Die Entwickelung der deutschen Alpendörfer. Innsbruck 1874.

Tille, Armin, Die bäuerliche Wirtschaftsverfassung des Vintschgaues vornehmlich in der 2. Hälfte des Mittelalters. Innsbruck 1895.

Sipek, Arpad.Balas v., Kurzer Abriß der Geschichte der ungarischen Landwirtschaft. Budapest 1897.

Wolff, J., Beiträge zur siebenbürgisch=deutschen Agrargeschichte. Hermannstadt 1885.

Schuller, G. A., Aus der Vergangenheit der siebenbürgisch=sächsischen Landwirtschaft. Hermannstadt 1895.

(Geschichte der deutschen Landwirthschafts=Wissenschaft.)

Fraas, C., Geschichte der Landbau= und Forstwissenschaft. Seit dem 16. Jahrhundert bis zur Gegenwart. München 1865.

— Geschichte der Landwirthschaft, oder: Geschichtliche Uebersicht der Fortschritte landwirthschaftlicher Erkenntnisse in den letzten 100 Jahren. Prag 1852.

Kraemer, A., Die Entwickelung der Landwirthschaft in den letzten 100 Jahren. Basel 1884.

1b. Land= und Volkswirthschaft.
(Vergl. unter IV, A.: Agrarpolitik.)

Löbe, William, Die Landwirthschaft und ihr Einfluß auf das sociale und materielle Wohl der Staaten und Völker. 1. Abthlg. Nebst einer Einleitung in die Volkswirthschaftslehre. Leipzig 1853.

Wolff, Emil, Die naturgesetzlichen Grundlagen des Ackerbaues nebst deren Bedeutung für die Praxis. 2 Bde. 2. Aufl. Leipzig 1854.

List, Friedrich, Ueber die Beziehungen der Landwirthschaft zu Industrie und zum Handel. (1844.) Stuttgart u. Tübingen 1850.

Sander, Ph., Die Landwirthschaft als Culturmoment. Göttingen 1864.

Hamm, Wilh., Das Wesen und die Ziele der Landwirthschaft. Beiträge zur wissenschaftlichen und volkswirthschaftlichen Begründung und Entwickelung der Bodenproduction. Jena u. Leipzig 1866.

Golz, Frhr. von der, Die heutigen Aufgaben des landwirthschaftlichen Gewerbes und seiner Wissenschaft. Danzig 1870.

Feuser, Pet. Nic., Die nationalökonomischen Seiten der Landwirthschaft. Wien 1873.

Böhmert, B., Die Bedeutung der allgemeinen Wirthschaftslehre und Statistik für die Landwirthschaft. (Dresden 1875.)

Stein, Lorenz v., Die staatswissenschaftliche und die landwirthschaftliche Bildung. Breslau 1880.

Volkswirtschaftliche Grundlagen und Oekonomik der Landwirtschaft. Bearbeitet von Frhr. von der Golz, Ad. Krämer, W. Kirchner, H. Werner, E. Lehnert. (Handbuch der gesamten Landwirtschaft. Hrsg. von Th. Frhr. von der Golz. Bd. 1.) Tübingen 1890.

Miklaschevsky, Ivan, Aufgaben der landwirtschaftlichen Oekonomie und Polizei. o. O. (1893.) (Russisch.)

II. Landwirthschaftliche Gesetzgebung im Allgemeinen. Feldpolizei. Gartenrecht.

Stephenson, Andrew, Public lands and agrarian laws of the Roman republic. Baltimore 1891.

Bouthors, A., Les sources du droit rural cherchées dans l'histoire des communaux et des communes. Paris et Amiens 1865.

Stein, Lorenz v., Die Landwirthschaft in der Verwaltung und das Princip der Rechtsbildung des Grundbesitzes. Wien 1883.

(Deutschland im Allgemeinen.)

Neu vermehrtes Dorff= und Landrecht, daß ist: Vollkommener Unterricht von denen Dörffern, derer Land=Leute Stande, Unterscheid, Ländereyen, Dorff= Fluhren, Unpflichten rc. rc. Leipzig u. Zelle 1708.

Weiske, Carl Aug., Handbuch des allgemeinen deutschen Landwirthschafts= rechts. Leipzig 1838.

Häberlin, C. F. W. J., Lehrbuch des Landwirthschaftsrechts nebst einer encyc= lopädischen Einleitung in dasselbe. Leipzig 1859.

Höring, Carl Lud., Entwurf eines Cultur=Gesetzes für Deutschland. Stutt= gart 1867.

Opitz, H. G., Der Entwurf des Deutschen Bürgerlichen Gesetzbuches und die Landwirthschaft. Dresden 1889.

— Den Entwurf zu einem Deutschen bürgerlichen Gesetzbuch betreffend. Gut= achten (vom Standpunkte des Landwirthschaftsrechts) erstattet an den Landes= kulturrath. o. O. 1889.

Der Entwurf des Bürgerlichen Gesetzbuches für das Deutsche Reich und der Rheinische Bauern=Verein. Köln 1890.

Suchsland, Karl, Das Recht der landwirthschaftlichen Beamten u. Arbeiter in allen Bundesstaaten des Deutschen Reiches. Berlin 1895.

Peiser, Heinr., Landwirthschaft und Bürgerliches Gesetzbuch. Berlin 1896.

Brühl, Das Recht des Bürgerlichen Gesetzbuches für das Deutsche Reich in seinen Beziehungen zur Landwirthschaft. Dresden 1900.

Haidler, Oscar, Rechtskunde (Recht des Bürgerl. Gesetzbuches) des deutschen Landwirtes. Stuttgart 1900.

Arndt, Ad., Deutsches Landwirtschaftsrecht. Stuttgart 1901.

Schumacher, Johs., Das landwirthschaftliche Pachtrecht. Berlin 1901.

(Preußen.)

Koch, J., Die Agrar=Gesetze des Preuß. Staats nebst Ergänzungen und Er= läuterungen. 4. umgearb. Aufl. Breslau 1850.

Klebs, J., Die Landeskultur=Gesetzgebung, deren Ausführung u. Erfolge im Großherzogthum Posen. Berlin 1856.

Kleinwächter, W., Ueber Erfolge der agrarischen Gesetzgebung. Oels (1868).

Schumacher, J., Landwirthschaftsrecht. Bonn 1895.

Glatzel, A., Die preußische Agrargesetzgebung. Berlin 1895.

Mahraun, Hans, Rechts= und Gesetzeskunde. Berlin 1899 (Aus: „Grund= lehren der Kulturtechnik. 2. Aufl. Hrsg. von Th. A. Vogler.)

Waldhecker, Paul, Rechts= und Gesetzeskunde für Kulturtechniker. Berlin 1899.

Bülow, K. Frhr. v., u. F. Sterneberg, Das Feld= und Forstpolizei=Gesetz vom 1. April 1880 mit Erläuterungen. Berlin 1880.

Zander, C., Die Feld= und Forstschutz=Gesetze nebst Erläuterungen für Preußen. Leipzig 1880.

Rotering, F., Das Feld= u. Forstpolizeigesetz. Vom 1. April 1880. Berlin 1887.

(Sachsen.)

Schilling, Ernst Moritz, Handbuch des Landwirthschafts=Rechts der Sächsischen Länder. Leipzig 1828. (Das Landwirthschaftsrecht der deutschen Bundesstaaten. Bd. 1.)

Bose, Hugo v., Sammlung der wichtigsten Landescultur= oder Ackerbaugesetze des Königr. Sachsen nebst den von Behörden und Vereinen erlassenen Bekanntmachungen. Dresden 1850.

Künzel, Ferd., Königl. Sächsische Landescultur=Gesetze. Nebst den dazu gehörigen Ausführungsverordnungen ꝛc. Leipzig 1872.

Schneider, Arnold, Landwirthschaftliches Gesetzbuch. Sammlung der land- und forstwirthschaftlichen Gesetze für das Königr. Sachsen. Dresden (1889).

— Landwirthschaftliches Rechtsbuch für das Königreich Sachsen. Dresden 1889.

———

Dietrich, Ed., Die Ordnung der Feldpolizei im Interesse der Landescultur. Dresden 1880.

Kaeubler, Johs., Das Forst= u. Feldstrafgesetz vom 30. April 1873 u. 24. April 1894 u. das Gesetz, das Verfahren in Forst= u. Feldrügesachen betr. vom 10. März 1879 u. 24. April 1894 ꝛc. mit Erläuterungen. Leipzig 1895.

Mangoldt, Paul v., Das Forst= und Feldstrafgesetz vom 30. April 1873 u. 24. April 1894 mit den das Verfahren in Forst= u. Feldrügesachen betr. Gesetzen. Leipzig 1895.

— Dasselbe. 2. Aufl. neu bearbeitet von Heinr. v. Feilitzsch. Leipzig 1901.

(Bayern.)

Im Königreich Bayern zu Recht bestehende Gesetze und Verordnungen . . . zusammengestellt von Georg Schanz. I. Landwirthschaft, Forstwirthschaft ꝛc. Würzburg 1891.

(Württemberg.)

Entwurf eines Landes=Kultur=Gesetzes für Württemberg, nebst Entwürfen zu einem Weide=Ablösungs= und einem Feldstraf=Gesetze. Stuttgart 1853.

Höring, Carl Lud., Entwurf eines Cultur=Gesetzes für Deutschland und insbesondere für Württemberg. Stuttgart 1867.

(Baden.)

Buchenberger, A., Das Verwaltungsrecht der Landwirthschaft und die Pflege der Landwirthschaft im Grhrzth. Baden. Tauberbischofsheim 1887.

— Das Verwaltungsrecht der Landwirthschaft und Fischerei im Grhrzth. Baden. Ergänzungsband. Tauberbischofsheim 1891.

(Hessen.)

Feldstrafgesetz für das Grhrzth. Hessen. Darmstadt 1842.

Dasselbe. Darmstadt 1861.

(Thüringische Staaten.)

Kreubel, Emil, Die Agrargesetzgebung in ihrer Entwickelung und Durchführung im Grhrzth. Sachsen=Weimar. Mühlhausen i. Th. o. J.

(Oesterreich-Ungarn.)

Regner, Alfred v., Handbuch der landwirthschaftlichen Gesetze Oesterreichs.
Wien 1877.

Marchet, Gust., 1848—1888. Ein Rückblick auf die Entwickelung der
österreichischen Agrarverwaltung. Wien 1889.

Geller, Leo, Oesterreichische landwirthschaftliche Gesetze. Wien 1890.

XII. Gesetzartikel vom Jahre 1894 über Landwirthschaft und Feldpolizei. Aus
dem Ungarischen übersetzt von Edmund Steinacker u. Rud. Krejcsi.
2 Hefte. Budapest 1894.

(Spanien.)

Jovellanos, Gasp. Melch. de, Gutachten der ökonomischen Gesellschaft zu
Madrid über die ihr vorgelegten Entwürfe zu einer landwirthschaftlichen
Gesetzgebung. Uebersetzt von Heinr. v. Beguelin. Berlin 1816.

(Frankreich.)

Code rural. Paris 1858.

Code rural. Travaux de la société sur le projet de code rural 1868—1877.
Paris 1878.

(Rußland.)

Tobien, Alexander, Beiträge zur Geschichte der livländischen Agrargesetzgebung. II. Die Vorbereitungen zur großen Agrarreform von 1849.
Riga, Moskau 1881.

(Gartenrecht.)

Scholz der Dritte, J., Das Gartenrecht. Braunschweig 1837.

Gegen die Einschleppung und Verbreitung von neuen Culturschädlingen.*)
Wien 1875.

Albrecht, Otto, Die sozialen Rechtsverhältnisse der gewerblichen Gärtner in
Deutschland. Als Denkschrift hrsg. vom Hauptvorstande des Allgem.
Deutschen Gärtnervereins. Berlin 1901.

III. Die Grundlagen der Landwirthschaft. Grund und Boden.

A. Rechtlich.

1. Grundeigenthum im Allgemeinen.

(Vergl. Cap. XXVIII: Nationalökonomie, V, a: Eigenthum.)

(Geschichtliches.)

Berchem, Max van, La propriété territoriale et l'impôt foncier sous les
premiers califes. Genève 1886.

Arslanian, Dicran, Eine historisch-nationalökonomische Studie über das
System des ländlichen Grundeigentumes im Osmanischen Reiche.
(Leipzig 1888.)

Laboulaye, Ed., Histoire du droit de propriété foncière en occident.
Paris 1839.

Cornil Georges, Étude sur la publicité de la propriété dans le droit romain.
Bruxelles 1890.

Schulten, Ad., Die römischen Grundherrschaften. Eine agrarhistorische Untersuchung. Weimar 1896.

---

*) Ueber einzelne Culturschädlinge vergl. auch unter VI, D: Obstbau, u. unter
VI, E: Weinbau.

Baudi di Vesme, Carlo, e Spirito Fossati, Vicende della proprietà in
    Italia dalla caduta dell' imperio romano fino allo stabilimento dei feudi.
    Torino 1836.

Bianchi, Giulio, La proprietà fondiaria e le classi rurali nel medio evo
    e nella età moderna. Pisa 1891.

Battaglia, Aristide, L'evoluzione sociale in rapporto alla proprietà fondiaria
    in Sicilia. Palermo 1895.

Cardénas, D. Francisco de, Ensayo sobre la historia de la propiedad
    territorial en España. 2 tomos. Madrid 1873.

Errera, Paul, Les masuirs. Recherches historiques et juridiques sur quelques
    vestiges des formes anciennes de la propriété en Belgique. 2 tomes.
    Bruxelles 1891.

Systems of land tenure in various countries. London 1870.

Bryan, Enoch A., The mark in Europe and America. Boston 1893.

────────

Löw, K. F. L. Frhr. v., Ueber die Markgenossenschaften. Heidelberg 1829.

Thudichum, Friedr., Die Gau= und Markverfassung in Deutschland.
    Gießen 1860.

Achenbach, H., Die Haubergs=Genossenschaften des Siegerlandes. Bonn 1863.

Kuntze, Johs. Emil, Die Kojengenossenschaft und das Geschoßeigenthum.
    Leipzig 1888.

Brünneck, Wilhelm v., Zur Geschichte des Grundeigenthums in Ost= u. West=
    preußen. I. Die kölmischen Güter. II. Die Lehngüter. 2 Abthlgn.
    Berlin 1891, 95, 96.

Hoffmann, Herm., Der ländliche Grundbesitz im Ermlande von der Er=
    oberung Preußens durch den deutschen Ritterorden bis zum Jahre 1375.
    Königsberg i. Pr. 1877.

Dareste, R., De la propriété en Algérie. Paris 1852.

Abadie, Louis, Essai sur la constitution de la propriété individuelle en
    Algérie. Constantine 1882.

Vandervelde, Émile, La propriété foncière en Belgique. Paris 1900.

Nasse, Erwin, Ueber die mittelalterliche Feldgemeinschaft u. die Einhegungen
    des 16. Jahrhunderts in England. Bonn 1869.

Gundermann, J. J., Besitz u. Eigenthum in England. Tübingen 1864.

Arslanian, D., Das gesammte Recht des Grundeigenthums und das Erb=
    recht für alles Eigenthum in der Türkei. Wien 1894.

Ota=Nitobe, Jnazo, Über den Japanischen Grundbesitz. Eine historische
    und statistische Studie. Berlin 1890.

(Theoretisches.)

Sparre, Karl v., Die Lebensfragen im Staate in Beziehung auf das Grund=
    besitzthum. 1. (einziger) Theil. Gießen 1842.

Dupuynode, Gustave, Études d'économie politique sur la propriété territoriale.
    Paris 1843.

Zimmermann, Der freie Grundbesitz im Gegensatz zum Servilismus unserer
    Tage. Breslau 1844.

Arendt, G. A., Du régime de la propriété territoriale, considéré dans ses
    rapports avec le mouvement politique. Louvain 1845.

Wiese, H. S., Brotbriefe, ober Rhapsodien über Restauration des Grund=
eigenthums und der Landwirthschaft. Leipzig 1853.

Haustein, Herrm., Das Grund=Eigenthum und sein bestes Recht. Winter=
thur 1854.

Finck, Claußen von, Drei zeitgemäße Erfordernisse zunächst für den Land=
besitz und seine Bewohner, für „Das Land". Berlin 1871.

Liebknecht, Wilh., Zur Grund= und Bodenfrage. 2. vervollständ. Aufl. I.
Leipzig 1876.

Beta, O., Die wirthschaftliche Nothwendigkeit und politische Bedeutung einer
Deutschen Agrarverfassung für Stadt und Land. Berlin u. Leipzig 1878.
— Det olle Röm'sche Recht — Jeßt benn det immer noch? Beweis für
die wirthschaftliche Nothwendigkeit und politische Bedeutung einer deutschen
Agrarverfassung. Berlin u. Leipzig 1878.

Stein, Lorenz v., Die drei Fragen des Grundbesitzes und seiner Zukunft.
(Die irische, die continentale und die transatlantische Frage.) Stutt=
gart 1881.

Oesfeld, M. v., Das Grundeigenthum in seiner Bedeutung für den Privat=
und öffentlichen Verkehr. Berlin 1881.

Inama=Sternegg, K. Th. v., Die Statistik des Grundeigenthums und die
sociale Frage. (Wien 1882.)

Oppenheimer, Franz, Großgrundeigentum und sociale Frage. Berlin 1898.

Polak, Otto, Ueber Agrarverfassung. Leitmeritz 1883.

Walder, F., Das Grundeigentum. Paderborn 1890.

Rettig, A., Die Bildung des Privat=Landeigenthums in Deutschland und das
socialistische Schlagwort: „Eigenthum ist Diebstahl!" St. Johann a. d.
Saar 1892.

Asemissen, Oskar, Die Bedeutung des Grundbesitzes für das Wohl der ar=
beitenden unteren Volksklassen. Berlin 1892.

Eberle, C., Grundeigentum und Bauernschaft. 2 Tle. Berlin 1896.

Valenti, Ghino, La proprietà della terra e la costituzione economica.
Bologna 1901.

(Verstaatlichung des Grund und Bodens.)

Wagner, Ad., Die Abschaffung des privaten Grundeigenthums. Leipzig 1870.

Smith, Samuel, The nationalisation of the land. London 1884.

Hellborff=Baumersrode, C. v., Verstaatlichung des Grund und Bodens
oder Schutzzölle für die Landwirthschaft? Berlin 1885.

Stamm, A. Th., Die sozial=politische Bedeutung der Bodenreform. Minden
i. W. 1885.

Washburn, C. A., Political evolution; or, from poverty to competence.
Philadelphia 1885.

Gilles, Ferd., Arbeitsrecht und Bodenreform. Leipzig 1885.

Cheyney, Edward P., The anti-rent agitation in the state of New York.
1839—1846. Philadelphia 1887.

Deutsch Land. Organ des „Bundes für Bodenbesitzreform". Red.: Mich.
Flürscheim. Bd. I—III. Bubenheim 1887—89.

Frei Land. (Forts. von „Deutsch Land".) Wochenschrift zur Förderung einer
friedlichen Socialreform. Red: H. Wehberg. Jahrg. 1—7 Düssel=
dorf 1890, 91. Berlin 1892—96.

Deutsche Volksstimme. (Frei Lands 8. Jahrg.) 1897 flg. Hrsg.: Ad. Damaschke. Berlin.

Flürscheim, Mich., Der einzige Rettungsweg. Dresden u. Leipzig 1890.

Dambor, Das eherne Menschenrecht. Berlin 1890.

Schärz, S., Frei Land. Bern 1890.

Schmidt, Karl, Zünftig oder Vernünftig? Drei Reform-Programme …
  3) Flürscheims Diagnose und Heilung der socialen Krankheit. Berlin 1890.

Harmening, Ernst, Die Lösung der socialen Frage durch Bodenbesitz-Reform. Berlin 1891.

Frankl, Ludw., Die Verstaatlichung der Grundrente. Wien 1891.

Wehberg, Heinr., Der humanistische Socialismus im Lichte des Freihandels. Zugleich eine Kritik zur nöthigen Klärung der Bodenreform. Berlin 1891.

Preuß, Hugo, Die Bodenbesitzreform als sociales Heilmittel. Berlin 1892.

Fuld, Ludw., Die Verstaatlichung des Grund und Bodens. Hamburg 1892.

Wallace, Alfred Russel, Land nationalisation, its necessity and its aims. With appendix on the nationalisation of house property. London 1892.

Ferguson, R. Munro, The drift of land reform. (London 1893.)

Drexler, A., Frei Land: ein Menschenrecht. Zürich 1894.

Eulenstein, Bernh., Henry George und die Bodenbesitzreform deutscher Richtung. Leipzig (1894).

Satzungen der Siedlungsgenossenschaft „Freiland". (Berlin 1895.)

Oppenheimer, Franz, Freiland in Deutschland. Berlin 1895.

George, Henry, Die Entschädigung der Grundeigentümer. Deutsch von Bernh. Eulenstein. Leipzig 1896.

Oppenheimer, Franz, Die Siedlungsgenossenschaft. Leipzig 1896.

Satzungen des Bundes der deutschen Bodenreformer. Berlin 1898.

Norden, D., Der Boden. Leipzig 1898.

— Sociale Bedeutung des Boden-Eigenthums. Leipzig 1899.

(Heimstätten.)

Meyer, Rud., Heimstätten- und andere Wirthschaftsgesetze der Vereinigten Staaten von Amerika, von Canada, Rußland, China, Indien, Rumänien, Serbien u. England. Berlin 1883.

Pospischil, Heinr. Vincenz, Die Heimstätte. Wien 1884.

Ofner, Jul., Die neue Gesellschaft und das Heimstättenrecht. Wien 1886.

Helldorf-Baumersrode, C. v., Das Recht der Arbeit und die Landfrage. Berlin 1886.

Stolp, Herm., Entwurf einer Gehöferschafts-Ordnung (landwirthschaftl. Kleinbesitz-Genossenschafts-Ordnung). Charlottenburg 1886.

— Entwurf einer Gehäuserschafts-Ordnung (städtischen oder läublichen Haus- und Wohnsitz-Genossenschafts-Ordnung). Charlottenburg 1886.

Reese, C., Die Heimstättengründung. Berlin 1890.

Riepenhausen-Crangen, R. v., Gesicherte Familienheimstätten für alle Stände im Deutschen Reich. 3. Aufl. Leipzig 1891.

Schneider, K., Die Bewegung für Errichtung von Heimstätten. Hamburg 1891.

Heimstättenrecht ein Recht für Jedermann. Berlin 1891.

Die Heimstätte. (Berlin 1891.)

Hacke, Fritz, Wo hinaus? Unsere Agrargesetzgebung sonst, jetzt und in Zukunft, mit besonderer Berücksichtigung . . . des dem Reichstage vorliegenden Heimstätten=Gesetzentwurfs. Breslau 1891.

Papst Leo XIII., Feldmarschall Graf Moltke und ihre Bekämpfung der Social= demokratie durch die Sicherung der Heimstätte. Dresden 1892.

Schroeder, Ed. Aug., Das Heimstättenrecht und seine Anwendbarkeit auf die mitteleuropäischen Staaten. Leipzig 1896.

2. Vertheilung des Grundeigenthums. Besitzverhältnisse.

(Im Allgemeinen.)

- Ueber die Gebundenheit u. Vertheilung des Grundeigenthums vom Stand= punkte der Nationalökonomie, des Rechts u. d. Politik. Freiburg i. B. 1860.

Hildebrand, Bruno, Die sociale Frage der Vertheilung des Grundeigen= thums im klassischen Alterthum. Jena 1869.

Miaskowski, Aug. v., Das Problem der Grundbesitzverteilung in geschicht= licher Entwickelung. Leipzig 1890.

Schütz, C. Wolfg. Christoph, Ueber den Einfluß der Vertheilung des Grundeigenthums auf das Volks= und Staatsleben. Stuttgart u. Tübingen 1836.

Koppe, J. G., Beiträge zur Beantwortung der Frage: sind große oder kleine Landgüter zweckmäßiger für das allgemeine Beste? Berlin 1847.

Bernhardi, Theodor, Versuch einer Kritik der Gründe, die für großes und kleines Eigenthum angeführt werden. St. Petersburg 1849.

Lette, Ad., Die Vertheilung des Grundeigenthums im Zusammenhang mit der Geschichte, der Gesetzgebung u. den Volkszuständen. Berlin 1858.

Hunzinger, Ludw. Heinr., Das beste Dorf. Göttingen 1896.

Lette, W. A., Die Vertheilungs=Verhältnisse des Grundbesitzes u. die Gesetz= gebung in Betreff der Theilbarkeit oder Geschlossenheit des Grund= eigenthums nebst deren Wirkungen im Preußischen Staate. Berlin 1859.

Bullermann, H., Die Realgemeinden in der Provinz Hannover auf Grund der Gesetze vom 5. Juni 1888 u. vom 2. April 1887. Berlin 1896.

Steglich, Edm., Beiträge zur Statistik des Grundeigenthums (im Königr. Sachsen). Dresden 1892.

Bilguer, Hans Hub. v, Ueber die Entwickelung der ländlichen Besitz= verhältnisse u. die Verteilung von Grund u. Boden in Mecklenburg= Schwerin. Leipzig (1885).

Miaskowski, Aug. v., Die schweizerische Allmend in ihrer geschichtlichen Entwickelung vom 13. Jahrh. bis zur Gegenwart. Leipzig 1879.

Graf, Eduard, Die Aufhebung der Allmend in der Gemeinde Schoetz. Bern 1890.

Heeb, Gebhard, Die Genossengüter im Kanton St. Gallen. Ein Beitrag zur Allmendfrage. Bern 1892.

(Rentengüter.)

Stier=Somlo, Fritz, Zur Geschichte u. rechtlichen Natur der Rentengüter. Berlin 1896.

Schmidt, Karl, Erdmanns Urbild des Rentengutes. Berlin 1890.

Meyn, E., Die Preußischen Rentenguts=Gesetze. Berlin 1892.

Die Errichtung von Rentengütern mittleren und kleinen Umfanges. Osna= brück 1892.

Mahraun, H., Die Preußischen Rentengutsgesetze. Berlin 1892.

Andresen, Die Rentengüter=Gesetze in Preußen vom 27. Juni 1890 u. 7. Juli 1891. Berlin 1892.

Waldhecker, Paul, Die preußischen Rentengutsgesetze nach Theorie und Praxis. Berlin 1894.

Stobbe, Die Rentengutsgründung in Schemlau. Graudenz 1894.

Pelzer, J., Die Begründung von Rentengütern u. das Grundbuch im Gebiete des Preuß. Allgem. Landrechts. Mit dem Texte der beiden Rentengutsgesetze vom 27. Juni 1890 u. 7. Juli 1891. Berlin 1895.

Waldhecker, Paul, Die preußische Rentengutsgesetzgebung, eine Wohlfahrts= bestrebung für den ländlichen Grundbesitz. Göttingen 1895.

Chüden, Die Rentengutsbildung in Preußen, eine wirthschaftliche u. soziale Gefahr für die Ostprovinzen der Monarchie. Königsberg i. Pr. 1896.

Sterneberg, F., u. J. Pelzer, Die Preußischen Rentengutsgesetze nebst den dazu ergangenen Erlassen u. Entscheidungen. Berlin 1898.

Petersen, Martin, Die Preußischen Auseinandersetzungs= u. Rentenguts=Gesetze. Berlin 1899.

Schweitzer, Karl v., Rentengüter u. Berufsgenossenschaften der Landwirthe. Wien 1894.

(Colonisation. Im Allgemeinen.)

Meyer, Rud., Colonisation von Arbeitslosen. Ein neues Landwirthschafts= System. Wien u. Leipzig (1896).

Grieb, Rich., Das europäische Oedland, seine Bedeutung u. Kultur. Frankfurt a. M. 1898.

(Deutschland.)

Zur inneren Kolonisation in Deutschland. Erfahrungen u. Vorschläge herausgeg. im Auftrage des Vereins für Socialpolitik. Leipzig 1886.

Giese, Otto v., Cultur und Colonisation der deutschen Oedländereien im militärischen u. bürgerlichen Interesse. Aachen 1895.

(Preußen.)

Beheim=Schwarzbach, Max, Hohenzollernsche Colonisationen. Leipzig 1874.

Rudolph, Theodor, Die Niederländischen Kolonien der Altmark im 12. Jahrhundert. Berlin 1889.

Thoma, Walter, Die colonisatorische Thätigkeit des Klosters Leubus im 12. u. 13. Jahrhundert. Leipzig 1894.

Berg6r, Heinr., Friedrich der Große als Kolonisator. Mit einem Vorwort von W. Oncken. Gießen 1896.

Schoen, Max, Innere Kolonisation. Denkschrift herausgeg. von der Gesellschaft für innere Kolonisation in Berlin. Leipzig 1887.

Rimpler, H., Ueber innere Kolonisationen u. Kolonisationsversuche in Preußen. Leipzig 1887.

Henneberg, Frhr. v., Die Gesellschaft für innere Kolonisation, ihre Ziele u. Bestrebungen. Leipzig 1887.

Rimpler, H., Domänenpolitik und Grundeigenthumsvertheilung vornehmlich in Preußen. Leipzig 1888.

Hugenberg, Alfr., Innere Colonisation im Nordwesten Deutschlands. Straßburg 1891.

Bender, Jos., Topographisch-historische Wanderungen durch das Passargegebiet. Ein Beitrag zur Kolonisationsgeschichte Preußens. Braunsberg 1887.

Rötzschke, Paul Rich., Das Unternehmertum in der ostdeutschen Kolonisation des Mittelalters. Bautzen 1894.

Sering, Max, Arbeiterfrage und Kolonisation in den östlichen Provinzen Preußens. Berlin 1892.

Bär, Max, Die „Bamberger" bei Posen, zugleich ein Beitrag zur Geschichte der Polonisirungsbestrebungen in der Provinz Posen. Posen 1882.

Lucke, Carl, Die deutschen Ansiedelungen in Westpreußen u Posen. Reisebeobachtungen. Mit Anhang: Ansiedelungsgesetz vom 26. April 1886 u. Rentengütergesetz vom 27. Juni 1890. Berlin 1891.

Sering, Max, Die innere Kolonisation im östlichen Deutschland. Leipzig 1893.

Beta, Ottomar, Kolonisation in Polen u. die Fuchsmühler Bauerntragödie. Berlin 1896.

Sohnrey, Heinr., Eine Wanderfahrt durch die Deutschen Ansiedelungsgebiete in Posen u. Westpreußen. Berlin 1897.

Gehre, M., Die neue Deutsche Kolonisation in Posen u Westpreußen. Großenhain 1899.

Karte der Thätigkeit der Ansiedelungs=Kommission für die Provinzen Westpreußen u. Posen. 1886—1900. Bearb. auf Grund amtlicher Angaben von Paul Langhans. Gotha 1900.

Wittschier, Das staatliche Besiedelungswesen in den preußischen Ostprovinzen. Stuttgart 1901.

(Oesterreich-Ungarn.)

Ländliche Besitz= und Schuldverhältnisse in 27 Gemeinden Steiermarks. Thl. I: Die Besitzverhältnisse. Graz 1901.

Reiber, Joh. Leonh., Die Kolonisation Ungarns durch Einheimische gegenüber der Ludw. Oppenheimer'schen Broschüre: Ueber die Leitung der deutschen Einwanderung nach Ungarn. Wien 1866.

(England.)

Stewart, James, On the means of facilitating the transfer of land. London 1848.

Lytton, Edward Bulwer, Letters to John Bull on affairs connected with his landed property, and the persons who live thereon. London 1851.

Beasley, John, On the duties and privileges of the landowners, occupiers, and cultivators of the soil. London 1860.

Williams, Joshua, Principles of the law of real property. London 1865.

Fowler, William, Remarks on the report of the Committee of the House of Lords on improvement of land (1873). London 1874.

Dasselbe. London 1880.

Kay, Jos., Free trade in land. Edited by his widow. With preface by John Bright. 2. ed. London 1879.

Kinnear, John Boyd, Principles of property in land. London 1880.

Ompteda, Ludw. Frhr. v., Landgesetze u. Landwirthschaft in England. Berlin 1880.

Pollock, Frederick, The land laws. London 1883.

— Das Recht des Grundbesitzes in England. Uebers. von Ernst Schuster. Berlin 1889.

Smith, Samuel, The nationalisation of the land. London 1881.

Brown, Archibald, The law and practice on enfranchisements and commutations under the copyhold acts, 1841—1887, and other acts, and at common law. London 1888.

Small agricultural holdings. A bill to facilitate the acquisition of small agricultural holdings. London 1892.

Wiß, Ed., Das Irische Landgesetz vom Jahre 1881. Berlin 1882.

Resolutions, proceedings, and documents of the Victorian Convention, assembled in Melbourne, July 15 to August 6, 1857. Melbourne 1857. (Concerning a new land law.)

(Frankreich.)

Passey, Ernest, Les portions ménagères et communales en France et à l'étranger. Paris 1888.

Loutchisky, J., La petite propriété en France avant la révolution et la vente des biens nationaux. Paris 1897.

Louchon, A., La propriété paysanne. Paris 1899.

(Niederlande.)

Löhnis, F. B., Outginning van heidevelden in verband met werkverschaffing. 's Gravenhage 1886.

(Rußland.)

Keußler, Johs. v., Zur Geschichte und Kritik des bäuerlichen Gemeindebesitzes in Rußland. 3 Thle. Riga 1876. St. Petersburg 1882, 83, 87.

Kawelin, K., Der bäuerliche Gemeindebesitz in Rußland. Aus dem Russischen von Iwan Tarassoff. Leipzig 1877.

Stieda, Wilh., Der ländliche Grundbesitz in Rußland. Leipzig 1882.

Baar, F., Der obstschini (gemeinschaftliche) Landbesitz, der Landmangel, die Übersiedelung u. die landwirthschaftliche, ökonomische und commercielle Krisis in Rußland. Riga 1886.

Keußler, Johs. v., Genossenschaftliches Grundbesitzrecht in Rußland. Tübingen 1889.

Simkhowitsch, Wladimir Gr., Die Feldgemeinschaft in Rußland. Jena 1898.

(Nordamerika.)

Donaldson, Thomas, The public domain. Its history, with statistics, with references to the national domain, colonization, acquirement of territory etc. — Public Land Commission. Committee on codification. Washington 1884.

Sato, Shosuke, History of the land question in the United States. Baltimore 1886.

Egleston, Melville, The land system of the New England colonies. Baltimore 1886.

Curow, Heinr., Die soziale Verfassung des Inkareichs. Eine Untersuchung des altperuanischen Agrarkommunismus. Stuttgart 1896.

3. Enteignung.

Garbouleau, P., Du domaine public en droit romain . . . avec une dissertation sur l'expropriation pour cause d'utilité publique en droit romain. Paris 1859.

Stein, Lorenz, Die Entwährung. Grundentlastung, Ablösung, Gemeinheitstheilung, Enteignung und Staatsnothrecht in England, Frankreich und Deutschland. Stuttgart 1868.

(Preußen.)

Thiel, Abolar, Das Expropriations-Recht u. das Expropriations-Verfahren. Berlin 1866.

Dalcke, A., Das Gesetz über die Enteignung von Grundeigenthum vom 11. Juni 1874. Berlin 1874.

Scheffler, E., Die Abschätzung der zu Eisenbahn-Anlagen erforderlichen Land-Abtretungen und der damit verbundenen Inkonvenienzen. Berlin 1878.

Bohlmann, Otto, Die Praxis in Expropriationssachen. 3 Hefte. Berlin 1881, 82.

Eger, Georg, Das Gesetz über die Enteignung von Grundeigenthum vom 11. Juni 1874. 2 Bde. Breslau 1887, 91.

— Die Nothwendigkeit einer Revision des preußischen Enteignungsgesetzes. 2. Aufl. Breslau 1893.

(Sachsen.)

Entwurf zu einem Gesetze über die Enteignung von Grundeigenthum. Dresden 1877.

Häpe, Georg, Die Zwangsenteignung nach dem im Königreich Sachsen geltenden Recht. Leipzig 1891.

Schelcher, Walter, Die Rechtswirkungen der Enteignung nach gemeinem und sächsischem Rechte. 2 Thle. Freiberg i. S. 1893.

— Das Verfahren bei Enteignungen für Eisenbahnzwecke im Königreiche Sachsen. Freiberg 1896.

(Bayern.)

Henle, Wilh., Die Zwangsenteignung von Grundeigentum in Bayern. Ge-setz vom 17. November 1837, die Zwangsabtretung des Grundeigentums für öffentliche Zwecke betr., nebst den Abänderungen des Gesetzes durch die spätere Gesetzgebung. München 1890.

Schneider, Johs. Siegfr., Das Ausdehnungsrecht bei der Zwangsenteignung. München 1894.

(Baden.)

Frantz, Th, Die gesetzlichen Eigentumsbeschränkungen nach (französisch-) badischem und Reichsrecht. Freiburg i. B. 1887.

Fuchs, E. S., Das Badische Enteignungsgesetz erläutert. Tübingen 1901.

(Hamburg.)

Hamburgisches Expropriationsgesetz nach der Fassung vom 27. Sept. 1899. Hamburg 1899.

(Schweiz.)

Sieber, J., Das Recht der Expropriation mit besonderer Berücksichtigung der schweizerischen Rechte. Zürich 1889.

(Belgien.)

Picard, Edmond, Traité général de l'expropriation pour utilité publique. 2 vols. Bruxelles 1875, 77.

Commentaire législatif de la loi du 15 novembre 1867 sur les expropriations pour cause d'utilité publique (expropriation par zones). Bruxelles 1868.

Marmol, Bon Ch. del, Traité de l'expropriation pour cause d'utilité publique en Belgique. 2 tomes. 2. édit. Liége 1868, 69.

(Niederlande.)

Schuurmann, L. N., en P. H. Jordens, Wet van 28 augustus 1851, rege-lende de onteigening ten allgemeenen nutte, gewijzigd overeenkomstig de wetten van 1 julij 1861 en 29 maart 1877. 4. druk. Zwolle 1880.

2

4. Lasten des Grundeigenthums.*)

(Im Allgemeinen.)

Strickler, Joh., Grundzinse, Frohndienste und Zehnten oder Bilder aus der Geschichte des bäuerlichen Grundbesitzes. Bern 1874.

Philosophisch=politische Abhandlung von den Naturalfrohndiensten und von deren gemeinnützlichen Verwandlung in andere äquivalente Leistungen. Frank= furt a. M. 1775.

(Deutschland.)

Maurer, Georg Ludw. v., Geschichte der Frohnhöfe, der Bauernhöfe u. der Hofverfassung in Deutschland. 4 Bde. Erlangen 1862, 63.

Hauschild, Joh. Leonh., Opusculum histor.-jurid., praesumtionem pro libertate naturali in causis rusticorum, quatenus neque leges neque pacta obstant, . . . vindicans. Dresdae 1738.

— Beyschrifften von Bauern und Frohnen, und zwar von deren ursprüng= lichen Bedeutung ꝛc. Dresden 1744.

Klingner, Joh. Gottlob, Sammlung zum Dorf= u. Bauern=Rechte. 3 Thle. Leipzig 1749, 50, 53.

Lauhn, Bernh. Friedr. Rud., Abhandlung von denen Frohndiensten der Teutschen ꝛc. Frankfurt a. M. u. Mainz 1759.

— Dasselbe Werk, mit Anmerkungen u. Urkunden vermehrt von Joh. Christ. Kuhn. Weißenfels u. Leipzig 1785.

Buri, Frdr. Carl v., Ausführliche Abhandelung von denen Bauer=Gütern in Teutschland. Mit einer Vorrede von Frantz Just. Kortholt. Gießen 1769.

Bedenken über die Frage: Wie dem Bauernstande Freyheit und Eigenthum in den Ländern, wo ihm beydes fehlet, verschafft werden könne? Frankfurt u. Leipzig 1771.

Zachariä, Karl Salomo, Der Kampf des Grundeigenthums gegen die Grund= herrlichkeit. Heidelberg 1832.

Fleischhauer, Joh. Christ., Das gutsherrlich=bäuerliche Verhältniß in Deutsch= land. Neustadt a. d Orla 1837.

Schmidt, L. E., Die Aufhebung der Feudalrechte der Rittergutsbesitzer wider die Landbauern ohne Entschädigung. Breslau 1848.

Graichen, Heinr., Petition an die Vertreter des deutschen Volks zu Frank= furt a. M., die Aufhebung des gesammten Lehnwesens u. die Abschaffung aller Feudallasten in Deutschland ꝛc. betreffend. Leipzig 1848.

Weiske, Jul., Die Gutsherrlichkeit u. die gutsherrlich bäuerlichen Gaben u. Leistungen. Leipzig 1850.

Loening, Edgar, Die Befreiung des Bauernstandes in Deutschland u. in Livland. Riga 1880.

Lewinstein, Gust., Der Robot am Anfang u. am Ende des 19. Jahrhunderts Berlin 1900.

Brunner, Heinr., Der Lethezwang in der deutschen Agrargeschichte. Berlin 1897.

(Preußen.)

Verordnung, welchergestalt Unterthanen, die sich ihrer Gutsherrschaft wider= setzen, gestraft werden sollen. De dato Berlin, d. 7. Dec. 1775.

---

*) Vergl unter IV, B, 1: Großgrundbesitzer.

Gabcke, Ludw. Frdr., Grundſätze des Dorf= u. Bauernrechts. Halle 1781.
Müller, Pet. Frz. Joſ., Ueber das Güterweſen. Düſſeldorf 1816
Knapp, Geo. Frdr., Die Bauernbefreiung und der Urſprung der Land=
arbeiter in den älteren Theilen Preußens. 2 Thle. Leipzig 1887.
Rühl, Franz, Die Bauernbefreiung in Preußen. Breslau (1890.)

Vogelſang, P., Der Grundbeſitz mit Ausſchluß des Lehns, oder das guts=
herrlich=bäuerliche Verhältniß nach gegenwärtigem Rechte im vormaligen
Fürſtenthume Minden und deſſen Umgegend. Minden 1832.
Stüve, Carl, Ueber die Laſten des Grundeigenthums u. Verminderung der=
ſelben in Rückſicht auf das Königreich Hannover. Hannover 1830.
Münchhauſen, P. A. F. v., Umſtändlicher Bericht von der auf dem Ritter=
guthe Steinburg vorgenommenen Aufhebung von Acker=, Spann= und
Hand=Frohndienſten. Leipzig 1801.

Sachſen.)

Rechtsgrundſätze über Frohn= u. Dienſtſachen. Nach dem Kgl. Sächſiſchen Man=
date vom 13. Aug. 1830. Leipzig 1831.
Knothe, Herm., Die Stellung der Gutsunterthanen in der Oberlauſitz zu
ihren Gutsherrſchaften von den älteſten Zeiten bis zur Ablöſung der
Zinſen und Dienſte. Dresden 1885.

Bayern.)

Beytrag zur Geſchichte der Frohne und Scharwerk in Bayern. Frankfurt
a. M. 1798.
Völk, Joſ., Beiträge zur Geſchichte der Entſtehung der Handlöhne beſonders
in Bayern. München 1868.
Baumann, Frz. Ludw., Die zwölf Artikel der oberſchwäbiſchen Bauern 1525.
Kempten 1896.

(Anhalt.)

Kraatz, Albert, Bauerngut und Frohndienſte in Anhalt vom 16. bis zum
19. Jahrh. Jena 1898.

(Lippe.)

Meyer, Wilh., Guts= u. Leibeigentum in Lippe ſeit Ausgang des Mittel=
alters. Halle 1896.

(Oeſterreich.)

Peisker, J., Die Knechtſchaft in Böhmen. Prag 1890.
Grünberg, Karl, Die Bauernbefreiung u. die Auflöſung des gutsherrlich=
bäuerlichen Verhältniſſes in Böhmen, Mähren und Schleſien. 2 Tle.
Leipzig 1893, 94.
Mell, Anton, Die Anfänge der Bauernbefreiung in Steiermark unter Maria
Thereſia und Joſef II. Graz 1901.
Kaindl, Raimund Frdr., Das Unterthansweſen in der Bukowina. Wien 1899.
Teutſch, G. D., Das Zehntrecht der evangeliſchen Landeskirche A. B. in
Siebenbürgen. Schäßburg 1858.
Grimm, Joſ. A. Ritter v., Das Urbarialweſen in Siebenbürgen. Wien 1863.

(Frankreich.)

Championnière, De la propriété des eaux courantes, du droit des riverains et
de la valeur actuelle des concessions féodales, ouvrage contenant l'exposé
complet des institutions seigneuriales etc. Paris 1846.

(England.)

Page, Thomas Walker, The end of the villainage in England. New York 1900.

(Rußland.)

Jakob, Ludw. Heinr., Ueber die Arbeit leibeigener u. freyer Bauern in Beziehung auf den Nutzen der Landeigenthümer, vorzüglich in Rußland. St. Petersburg u. Halle (1814).

Tchernychewsky, N., Lettres sans adresse (sur l'abolition du servage en Russie). Traduit du russe. Liége 1874.

(Jannau, H. J. v.,) Geschichte der Sklaverey, u. Charakter der Bauern in Lief= und Ehstland. Ein Beitrag zur Verbesserung der Leibeigenschaft. (Dorpat) 1786.

(Savoyen, Schweiz, Lothringen.)

Darmstädter, Paul, Die Befreiung der Leibeigenen (mainmortables) in Savoyen, der Schweiz und Lothringen. Straßburg 1897.

5. Grundentlastung.

(Deutschland.)

Judeich, Albert, Die Grundentlastung in Deutschland. Leipzig 1863.

(Sachsen.)

Graichen, Heinr., Handbuch über Ablösungen, Gemeinheitstheilungen u. Grund= stückenzusammenlegung. Leipzig 1842.

Denkschrift zu dem ersten Abschnitt des den sächsischen Ständekammern ... vor= gelegten Gesetzentwurfs: Nachträge zu den bisherigen Ablösungsgesetzen betreffend, von einem Mitgliede der ersten Kammer. (Dresden 1851.)

Judeich, Albert, Die Landrentenbank im Königreiche Sachsen. Leipzig 1862.

Die Landrentenbank im Königreiche Sachsen. Festschrift zur Feier des am 1. Jan. 1884 zu begehenden Jubiläums des 50jährigen Bestehens dieser Anstalt. Dresden 1883.

(Bayern.)

Pözl, J., Das bayerische Grundlasten=Ablösungs=Gesetz vom 4. Juni 1848 ꝛc., erläutert. o. D. u. J.

— Gesetz über die Ausübung und Ablösung des Weiderechts auf fremdem Grund u. Boden, erläutert. o. D. u. J.

Knobling, L., Die Grundentlastung. Gesetz vom 28. April 1872. Nörd= lingen 1873.

Hausmann, Sebastian, Die Grund=Entlastung in Bayern. Straßburg 1892.

Damianoff, Athanasius D., Die Zehentregulierung in Bayern. Stutt= gart 1896.

Meurer, Christian, Das Zehnt= und Bodenzinsrecht in Bayern. Stutt= gart 1898.

(Württemberg.)

Schwarz. Grundlasten=Ablösungs=Gesetz für das Kgr. Württemberg vom 14. April 1848. Stuttgart 1849.

— Neueste Ablösungs=Gesetze für das Kgr. Württemberg, betr. die Freigebung der Theilnahme an der Ablösungskasse; die Erläuterung u. theilweise Ab= änderung des Gesetzes vom 14. April 1848. Stuttgart 1849.

— Zehent=Ablösungs=Gesetz für das Kgr. Württemberg mit sämmtlichen Voll= ziehungs=Vorschriften. Stuttgart 1851.

Schwandner, L., Geſetz über die Ausübung u. Ablöſung der Weiderechte auf
landwirthſchaftlichen Grundſtücken; ſowie über die Ablöſung der Waldweide=,
Waldgräſerei= u. Waldſtreurechte in Württemberg. Vom 26. März 1873.
Stuttgart 1873.

(Baden.)

Vogelmann, Die Zehnt=Ablöſung im Grhrzth. Baden, ihr Fortgang und ihre
Folgen. Karlsruhe 1838.

Kopp, Ad., Zehntweſen und Zehentablöſung in Baden. Freiburg i. B. 1899.

(Heſſen.)

Goldmann, Wilh., Die Geſetzgebung des Grhrzth. Heſſen in Beziehung auf
Befreiung des Grundeigenthums und der Perſon von alten drückenden
Beſchränkungen u. Laſten. Darmſtadt 1831.

(Sachſen=Weimar=Eiſenach.)

Geſetz=Entwurf, die Errichtung einer Land=Renten=Bank für das Grhrzth. betr.
(Weimar 1848.)

(Oeſterreich.)

Mündl, Norbert, Die öſterreichiſche Grundentlaſtungs=Schuld. Populäre Ab=
handlung über die Durchführung der Grundentlaſtung u. die damit ver=
bundene Finanz=Operation ꝛc. Wien 1865.

(Rußland.)

Lwoff, Fürſt Demetrius, Die Befreiung der grundherrlichen Bauern mittels
der Kreisliquidationscomptoire. Aus dem Ruſſiſchen von Oskar Becker.
(Dresden 1859.)

(Niederlande.)

Schuurman, L. N., en P. H. Jordens, Wet van den 12den April 1872 tot
afkoopbaarstelling der tienden. 3. verm. druk. Zwolle 1886.

6. Zuſammenlegung und Gemeinheitstheilung. (Feldbereinigung.)

(Im Allgemeinen.)

Stühle, Winold, Ueber Marktheilungen u. die dabei vorkommenden Haupt=
rückſichten. Münſter 1801.

Bening, Die Umbildung der ländlichen Zuſtände in Folge der Gemeinheits=
theilungen u. Verkopplungen. Hannover 1858.

Raben, Otto, Ueber die Verhältniſſe, welche den Fortbeſtand der Ge=
meinheiten rathſam machen. Göttingen 1881.

Rau, L., Denkſchrift über die Zuſammenlegung der Güter. (Stuttgart 1861.)

Schenck, C., Die beſſere Eintheilung der Felder u. die Zuſammenlegung der
Grundſtücke mit beſonderer Rückſicht auf das ſüdweſtliche Deutſchland.
Nebſt einer Schilderung des naſſauiſchen Conſolidationsverfahrens. Wies=
baden 1867.

Preyer, Karl, Die Zuſammenlegung der Grundſtücke, die Regelung der Ge=
meingründe u. die Ablöſung der Forſtſervituten in Oeſterreich u. in Deutſch=
land. Wien 1873.

Schlitte, Bruno, Die Zuſammenlegung der Grundſtücke in ihrer volkswirth=
ſchaftlichen Bedeutung u. Durchführung. Leipzig 1886.

(Preußen.)

Hüser, A., Die Zusammenlegung der Grundstücke nach dem preußischen Ver=
fahren. Berlin 1890.

Diez, Gustav, Über die rechtliche Natur der Grundstückszusammenlegung.
Berlin 1893.

Hüser, A., Das preußische Auseinandersetzungswesen. Berlin 1899.

Vorschriften über die Ausbildung u. Prüfung der Landmesser, Katasterlandmesser
u. Vermessungsbeamten der landwirthschaftlichen Verwaltung in Preußen.
3. Aufl. Berlin 1894.

Hansi, G., Stellung und Erwerbsleben der Landmesser u. Cultur=Techniker
als Beamte u. im freien Gewerbe=Betriebe. Berlin 1899.

— Grenzvermarkungen, Grenzzeichen, Grenzscheidungen, Grenzregulirungen u.
Grenzstreitigkeiten. 3. verb. u. verm. Aufl. Berlin 1895.

Beck, Die Güterconsolidation in der preußischen Rheinprovinz. Coblenz 1859.

Wilhelmy, Th., Ueber die Zusammenlegung der Grundstücke in der Preußischen
Rheinprovinz, verbunden mit einer Darstellung der Nassauischen Consolidationen
u. der Preußischen Special=Separationen. Berlin 1856.

Gemeinheitstheilungs=Ordnung für den Reg.=Bez. Wiesbaden mit Ausnahme
des Kreises Biedenkopf und Gesetz, betr. die Umwandlung des Erbleih=,
Landsiedelleih=, Erbzins=, Erbpacht=Verhältnisses in Eigenthum ꝛc. Wies=
baden 1869.

Waldhecker, P., u. L. Börje, Die Zusammenlegung der Grundstücke sowie
Gemeinheitstheilung u. Abstellung von Weidegerechtigkeiten in der Provinz
Hannover. Göttingen 1887.

Schlitte, Bruno, Die Durchführung der Zusammenlegung der Grundstücke
im Reg.=Bez. Cassel. Halle 1883.

(Sachsen.)

Franz, Frdr. Christ., Topographisch=statistische Beiträge zur Kenntniß der
Lehdenverhältnisse, besonders aber zur richtigen Beurtheilung der Ablösung,
Zerschlagung und Zusammenlegung der Grundstücke im Kgr. Sachsen.
Dresden 1834.

Instruction für die Special=Commissare zu Ablösungen u. Gemeinheitstheilungen.
Dresden 1833.

Instruction für die zu Grundstückenzusammenlegungen beauftragten Special=Com=
missare. Dresden 1863.

Löbe, William, Die Consolidation oder Zusammenlegung der Grundstücke.
Leipzig 1865.

Ueber Grundstückenzusammenlegungen im Kgr. Sachsen. Denkschrift für die
landwirthschaftliche Landesausstellung in Zwickau i. J. 1882. Dresden.

Kraft, R., Mittheilungen über die Grundstückenzusammenlegung zu Coblenz bei
Göba O.=L. Dresden 1887.

(Bayern.)

Gerstner, L. Jos., Gesetz vom 10. Nov. 1861, die Zusammenlegung von
Grundstücken betr. Mit Erläuterungen. o. O. u. J.

Stadelmann, Wilh., Praktische Anleitung zu Vermarkungen und Grenz=
berichtigungen durch die Siebener u. Feldgeschwornen. Bamberg 1867.

— Wirkungskreis der Feldgeschwornen (Siebner, Märker) nach dem Ver=
markungsgesetz vom 16. Mai 1868. 2. umgearb. Aufl. der „Prakt.
Anleitung zu Vermarkungen ꝛc." Bamberg 1868.

Windstoßer, J., Das Gesetz, die Vermarkung der Grundstücke betr. v. 16. Mai 1868 mit Vollzugsvorschriften 2c. Ansbach 1889.

Hoffmann, Ludw., Die Flurbereinigung in Bayern. Leipzig 1886.

Windstoßer, J., Das Gesetz, die Flurbereinigung betr. vom 29. Mai 1886 u. Vollzugsvorschriften. 3. Aufl. Ansbach 1889.

— Das Gesetz, die Vermarkung der Grundstücke betreffend vom 16. Mai 1868 mit Vollzugsvorschriften 2c. Ansbach 1889.

— Das Gesetz, die Abmarkung der Grundstücke betreffend vom 30. Juni 1900 mit Vollzugsvorschriften. Ansbach 1901.

Müller, Ludw. Aug. v., u. Heinr. Haag, Das Kgl. Bayerische Gesetz, die Flurbereinigung betr., vom 29. Mai 1886. Erlangen 1891.

Schlebach, Wilh, Meliorationsverfahren in Süddeutschland. (Aus: Grund= lehren der Kulturtechnik. 2. Aufl. Hrsg. v. Ch. A. Vogler.) Berlin 1899.

(Baden.)

Das Gesetz und die Vollzugsvorschriften über die Verbesserung der Feldein= theilung (Feldbereinigung). Karlsruhe 1870.

Braunagel, Emil, Zwei Dörfer der badischen Rheinebene unter besonderer Berücksichtigung ihrer Allmendverhältnisse. Leipzig 1898.

Blum, Ernst, Die Feldbereinigung auf der Gemarkung Merdingen. Frei= burg i. B. 1899.

(Oesterreich.)

Peyrer, Carl, Die Arrondirung des Grundbesitzes u. die Anlegung gemein= schaftlicher Feldwege. Wien 1869.

Frankl, Ludw., Zur Kommassirungsfrage in Oesterreich. Wien 1876.

Peyrer, Carl, Die Regelung der Grundeigenthums=Verhältnisse. Nebst einem Gesetzentwurfe über die Zusammenlegung der Grundstücke, die Ablösung u. Regulirung gemeinschaftlicher Nutzungsrechte 2c. Wien 1877.

Becker, Wilh., Die agrarischen Operationen. Zusammenlegung u. Auftheilung der Grundstücke. Wien 1900.

(Schweiz.)

Kovalewsky, Maximus, Umriß einer Geschichte der Zerstückelung der Feld= gemeinschaft im Kanton Waadt. Zürich 1877.

7. Theilbarkeit des Grundeigenthums.

(Im Allgemeinen.)

Die uneingeschränkte Vertrennung der Bauern=Güter, oder Bauern=Lehen. Stutt= gart 1779.

Winkler, Gottfr. Ludw., Ueber die willkührliche Verkleinerung der Bauer= güter, bei gleichförmiger Vertheilung der darauf haftenden Pflichten. Leipzig 1794.

Ulmenstein, Heinr. Chr. v., Ueber die unbeschränkte Theilbarkeit des Bodens. Berlin 1827.

Scholz der Dritte, J., Über Abfindungen von deutschen Bauergütern sowohl im Allgemeinen als mit Berücksichtigung der Gesetzgebung mehrer deutschen Staaten. Braunschweig 1838.

Funke, Georg Ludw. Wilh., Die aus der unbeschränkten Theilbarkeit des Grundeigenthums hervorgehenden Nachtheile hinsichtlich der Cultur des Bodens u. der Bevölkerung. Hamburg u. Gotha 1839.

List, Friedr., Die Ackerverfassung, die Zwergwirthschaft u. die Auswanderung. Stuttgart u. Tübingen 1842.

Lieven, Paul Fürst, Ueber Vertheilung des Grundbesitzes. Dorpat 1844.

Reichensperger, Peter Franz, Die Agrarfrage aus dem Gesichtspunkte der Nationalökonomie, der Politik u. des Rechts ꝛc. Trier 1847.

Montureux, Cte de, Essai sur les moyens à employer pour atténuer les inconvénients résultant du morcellement de la propriété. o. O. u. J.

Schenck, C., Ueber die Folgen der Güter-Zersplitterung. Wiesbaden 1853.

Funke, Georg Ludw. Wilh., Die heillosen Folgen der Bodenzersplitterung u. deren Gefahren für ganz Europa an Frankreichs u. Italiens agrarischer Zerrüttung nachgewiesen. Göttingen 1854.

Wißmann, Über die Zersplitterung des bäuerlichen Grundbesitzes in Thüringen u. die Mittel zu deren Abhülfe. o. O. 1856.

Reichensperger, Peter Franz, Die freie Agrarverfassung. Regensburg 1856.

Thudichum, Friedr., Untersuchungen über die Nachtheile der Bodenzersplitterung. Frankfurt a. M. 1857.

Wißmann, Noch ein Vorschlag zur praktischen Lösung der Bodenzerstückelung. o. O. (1856).

(In einzelnen Ländern.)

(Patent d. d. Berlin, ben 13. Oktober 1718, daß kein Besitzer oder Eigenthümer seine Güter ohne Vorwissen des Commissariats in Stücke theilen oder Veränderungen darin machen soll.)

Fachtmann, Gebundenheit oder freie Veräußerlichkeit des bäuerlichen Grundeigenthums im Kgr. Hannover. Stade 1864.

Hellweg, D., Gesetz, betr. die Erleichterung der Abveräußerung einzelner Theile von Grundstücken in der Provinz Hannover vom 25. März 1889. Berlin 1890.

Sünderhauf, C., Landwirthschaftliche Zustände und das Dismembrationsgesetz im Königreiche Sachsen. Plauen 1876.

Stenglein, M., Gesetz vom 28. Mai 1852, die gewerbsmäßigen Gutszertrümmerungen betr. Erlangen 1859.

Koch, Georg, Die gesetzlich geschlossenen Hofgüter des badischen Schwarzwalds. Freiburg i. B. 1900.

Meyer, E. H. Wilh., Teilungsverbot, Anerbenrecht u. Beschränkung der Brautschätze beim bäuerlichen Grundbesitze Lippes. Berlin 1895.

Ueber die Freitheilbarkeit der Bauerngründe. Wien 1881.

Die Freitheilbarkeit des Bodens. Ein Beitrag zur Beleuchtung des ... Antrages auf Theilbarkeit der Bauerngüter und Aufhebung der bäuerlichen Erbfolge in Böhmen. Prag 1863.

Foville, Alfr. de, Le morcellement. Paris 1885.

Butchery of the soil. o. O. u. J.

8. Grunderbrecht.

(Im Allgemeinen.)

Mirabeau l'ainé, Sur l'égalité des partages dans les successions en ligne directe. Paris 1791.

Brentano, Lujo, Erbrechtspolitik. Alte u. neue Feudalität. Stuttgart 1899.

(In einzelnen Ländern, insbesondere Deutschland.)

Zur Frage der landwirthschaftlichen Erbgüter. Stimmen aus Baden: von Rotteck u. Welker; Bayern: von Ringelmann, von der Pfordten; Kurhessen: von Milchling, aus Lohra; 2c. 2c. o. O. u. J.

Dultzig, Eugen v., Das deutsche Grunderbrecht in Vergangenheit, Gegenwart und Zukunft. Breslau 1899.

Runde, Chr. Ludw., Die Rechtslehre von der Leibzucht oder dem Altentheile auf deutschen Bauergütern. 2 Thle. Oldenburg 1805.

Hornthal, Joh. Pet. v., Vom deutschen Stammgut. Göttingen 1818.

Meyer=Altenburg, C. H., Die Vorzüge der Minorats=Erbfolge in sittlicher, materieller u. national=ökonomischer Hinsicht. Cassel 1853.

Bothmer, von, Die Verhältnisse der durch Ablösung frei gewordenen Bauer= höfe in Hinsicht auf deren Zusammenhaltung und auf die Erbfolge. Hannover 1855.

Zimmerle, Ludw., Das deutsche Stammgutsystem nach seinem Ursprunge u. seinem Verlaufe. Tübingen 1857.

Ueber die Gebundenheit u. Vertheilung des Grundeigenthums vom Standpunkt der Nationalökonomie, des Rechts u. der Politik. Freiburg i. B. 1860.

Bening, Die Bauerhöfe u. das Verfügungsrecht darüber. Hannover 1862.

Helfferich, Ad., Der Erbacker. Leipzig 1865.

Beaulieu=Marconnay, E. Baron v., Das bäuerliche Grunderbrecht vom Standpunkte des Gesetzgebers mit besonderer Rücksicht auf das Hrzth. Oldenburg. Oldenburg 1870.

Schumacher, H., Grunderbrecht im Lichte des Rentenprincips. Rostock 1871.

Heimburg, E. v., Das Grunderbrecht in seinem Verhältnisse zum Geiste unserer Zeit u. in seinem Einflusse auf den Bauernstand seines Gebietes im Hrzth. Oldenburg. Oldenburg 1871.

Verdelot, Pierre, Du bien de famille en Allemagne et de la possibilité de son institution en France. Paris 1899.

(Familien=Fideikommisse.)

Filangieri's Ansichten über Familien=Fideikommisse u. Lehen. Insterburg 1852.

Henckel=Donnersmarck, Leo Amad. Graf, Reform des Adels, überhaupt des Erbganges im ländlichen Grundbesitz unter Mittheilung zweier fidei= commissarischen Stiftungen. Berlin 1868.

Schuppli, Th., Die Reform des adeligen Erbrechts. Dresden 1888.

Costa, Dominicus, Entwickelungsgeschichte der deutschen Fideicommisse. München 1864.

Miaskowski, Aug. v., Die Gebundenheit des Grund u. Bodens durch Familienfideicommisse. Jena 1873.

Neubauer, Zusammenstellungen des in Deutschland geltenden Rechts betr. Stammgüter, Familienfideicommisse, Familienstiftungen 2c. Berlin 1879.

Börner, H., Gesetz über Familienanwartschaften vom 7. Juli 1900. Leipzig 1901.

Friesen, Heinr. Frhr. v., Die Familien=Anwartschaften in ihrer gesetzlichen Entwickelung u. volkswirthschaftlichen Bedeutung. Dresden 1900.

Moritz, Eugen, Die Familienfideikommisse Preußens u. ihre Bedeutung für die deutsche Volkswirtschaft. Berlin 1901.

Conrad, Johs., Die Fideikommisse in den östlichen Provinzen Preußens. Tübingen 1889.

(Erbpacht.)

Barckhoff, Heinr., Erbpacht und Erbenzins für die Gegenwart. Leipzig
1876.

Ruprecht, Wilh., Die Erbpacht. Ein Beitrag zur Geschichte u. Reform
desselben, insbesondere in Deutschland. Göttingen 1882.

Das Höfegesetz, für die Landwirthe ... in seiner Hauptbedeutung u. Nothwendigkeit besprochen von einem Amtsrichter. Hannover 1881.

Stein, Lorenz v., Bauerngut u. Hufenrecht. Stuttgart 1882.

Miaskowski, Aug. v., Das Erbrecht u. die Eigenthumsvertheilung im
Deutschen Reiche. 2 Abthlgn. Leipzig.
  Abthlg. 1: Die Vertheilung des landwirthschaftlich benutzten Grundeigenthums u.
       das gemeine Erbrecht. 1882.
    „   II: Das Familienfideicommiß, das landwirthschaftliche Erbgut und das
       Anerbenrecht. 1884.

Baernreither, Stammgüter-System und Anerbenrecht in Deutschland. Wien
1882.

Wunderlich, Oskar, Ueber Wiedereinführung der Erbpacht. Königsberg i. Pr.
1884.

Frommhold, Georg, Die rechtliche Natur des Anerbenrechts nach der neuesten
deutschen Höfegesetzgebung. Breslau 1885.

Paasche, H., Erbpacht- u. Rentengüter als Mittel zur Schaffung u. Erhaltung
eines ländlichen Mittel- u. Kleinbesitzes. Jena 1887.

(Preußen.)

Die Vererbung des ländlichen Grundbesitzes im Königreich Preußen. Herausgeg.
von M. Sering. Berlin.
  I. OLG.-Bez. Köln. Nach amtlichen Erhebungen von W. Wygodzinski.
       1897.
  II. OLG.-Bez. Frankfurt a. M. unter Ausschluß der Hohenzollern'schen Lande
       von R. Hirsch. 1897.
  III. Die Hohenzollern'schen Lande (LG.-Bez Hechingen) von R. Hirsch. 1898.
  IV. OLG.-Bez. Cassel ausschließl. des Fürstentums Waldeck, unter Einschluß d.
       Kr. Schmalkalden v. Holzapfel. 1899.
  V. OLG.-Bez. Hamm von Lud. Graf v. Spee. 1898.
  VI. Prov. Hannover unter Einschluß des Kr. Rinteln u. des Fürstent. Waldeck
       v. Fr. Großmann. 1897.
  VIII. Prov. Sachsen von M. Grabein. 1900.
  X. Prov. Pommern von Housselle u. P. Hillmann. 1900.
  XI. Prov. Westpreußen von Felix Busch. 1898.
  XIII. Prov. Posen von Fr. Großmann. 1898.
  XIV. Prov. Schlesien von Georg Doyé. Mit einer geschichtl. Einleitung von
       H Grandke. 1900.

Schepers, Albert, Über das bäuerliche Erbfolge-Gesetz für die Provinz
Westphalen vom 13. Juli 1836. Münster 1836.

Habbel, F., Die Westfälische Landgüterordnung. Münster i. W. 1889.

Riehl, J., Westfälisches Bauernrecht (Erb- u. Familienrecht). Minden i. W.
1896.

Wittig, Die Landgüterordnung für Schlesien vom 24. April 1884. Berlin
1894.

Noltemeier, C. J., Hannoversche Eigenthümlichkeiten auf volkswirthschaftlichem
Gebiete: Die Beschränkung des Rechts ... der Veräußerung u. Vererbung von bäuerlichem Grundeigenthum. Hannover 1867.

Schneider, K., u. B. Felber, Anerbenrecht u. Lebensversicherung (nebst einem Abdrucke der 7 preußischen Anerbengesetze und des Reichsgesetzentwurfes). Hannover 1890.

Zuns, Jul., Eine Verminderung der Schattenseiten des Anerbenrechts. Frankfurt a. M. 1894.

Brentano, Lujo, Ueber Anerbenrecht u. Grundeigenthum. Berlin 1895.

Frommhold, Georg, Deutsches Anerbenrecht. Eine Sammlung der in den deutschen Bundesstaaten geltenden Gesetze und Verordnungen über das bäuerliche Erbrecht. Greifswald 1896.

Entwurf eines Gesetzes betr. das Anerbenrecht bei Renten= u. Ansiedelungsgütern nebst Begründung. Berlin 1895.

Zuns, Jul., Das Anerbenrecht für die Rentengüter. Kritische Bemerkungen über den Gesetzentwurf betr. das Anerbenrecht bei Renten= und Ansiedelungsgütern. Frankfurt a. M. 1895.

Brenken, C, Zur Reform des Anerbenrechts. Paderborn 1897.

Peiser, Heinr., Das Gesetz, betr. das Anerbenrecht bei Renten= u. Ansiedelungsgütern vom 8. Juni 1896. Berlin 1897.

Aal, Arthur, Das preußische Rentengut, seine Vorgeschichte und seine Gestaltung in Gesetzgebung u. Praxis. Stuttgart 1901.

Kieselamp, Das Gesetz, betr. das Anerbenrecht bei Landgütern in der Provinz Westfalen u. in den Kreisen Rees, Essen rc. vom 2. Juli 1898. Münster i. W. (1899).

(Südbeutschland.)

Stengele, Alfons, Die Bedeutung des Anerbenrechts für Südbeutschland. Stuttgart 1894.

Soergel, Hs. Th., Das bäuerliche Erbrecht in Bayern u. sein Einfluß auf die socialen Verhältnisse. Ansbach 1892.

Fick, Ludw., Die bäuerliche Erbfolge im rechtsrheinischen Bayern. Mit einem Vorwort von Lujo Brentano. Stuttgart 1895.

Mayer, Wilh., Anerben= u. Teilungssystem, dargelegt an den zwei pfälzischen Gemeinden Gerhardsbrunn u. Martinshöhe. Leipzig 1899.

(Oldenburg.)

Ramsauer, Peter, Reform des Grunderbrechts. Oldenburg 1896.

(Oesterreich.)

Schweitzer, Karl v., Die Regierungsvorlagen betr. das Höferecht in Nieder= Oesterreich. Krems (1893).

Schiffner, Ludw., Die geplanten Höfebücher für Deutschtirol. Berlin 1892.

(Moslemische Staaten.)

Tischendorf, Paul Andreas von, Über das System der Lehen in den moslemischen Staaten, besonders im osmanischen Staate. Leipzig 1871.

B. Technisch.

1. Die Ackerkrume und deren Verbesserung. Düngung.[*)]

(Bodenkunde im Allgemeinen.)

Schulze, Friedrich G., Thaer oder Liebig? Versuch einer wissenschaftlichen Prüfung der Ackerbautheorie des Hrn. Frh. v. Liebig, besonders dessen Minneraldünger betr. Jena 1846.

---

*) Über Stadtdüngerausfuhr vgl. Abth. C d. Bibl., Cap. XXV: Bauwesen.

Stöckhardt, Jul. Ad., Chemische Feldpredigten für deutsche Landwirthe. 2 Abthlgn. 4. Aufl. Leipzig 1857.

Liebig, Just. v., Ueber das Verhalten der Ackerkrume zu den in Wasser löslichen Nahrungsstoffen der Pflanzen. München 1858.

Conrad, J., Liebig's Ansicht von der Bodenerschöpfung u. ihre geschichtliche, statistische u. nationalökonomische Begründung kritisch geprüft. Jena 1864.

Pohl, Joh., Justus von Liebig u. die landwirthschaftliche Lehre. Berlin 1885.

Fallou, Frdr. Alb., Pedologie oder allgemeine u. besondere Bodenkunde. Dresden 1862.

Schumacher, Wilh., Die Ernährung der Pflanze. Berlin 1864.

Senft, Ferd., Der Steinschutt u. Erdboden nach Bildung, Bestand, Eigen= schaften, Veränderungen u. Verhalten zum Pflanzenleben. Berlin 1867.
— Lehrbuch der Gesteins= u. Bodenkunde. 2. verm., verb. Aufl. von des Verfassers „Steinschutt u. Erdboden". Berlin 1877.

Hosäus, A., Grundzüge der Agriculturchemie. Heidelberg 1878.

Grebe, C., Gebirgskunde, Bodenkunde und Klimalehre. 4. verb. Aufl. Berlin 1886.

Knop, W., Die Bonitirung der Ackererde. Leipzig 1871.

(Einzelne Bodenarten und deren Verbesserung.)

Hubert, C. Aug., Grundsätze über die Bedeckung u. Urbarmachung des Flug= sandes. Berlin 1824.

Pannewitz, Jul. v., Anleitung zum Anbau der Sandflächen im Binnen=Lande u. auf den Strand=Dünen. Marienwerder 1832.

Schlichting, M., u. M. W. Jack, Die Grenzlinie zwischen dem Gebiete des Hügellandes u. der Sandebene. Kiel 1867, 68.

Bobungen, F. v., Die Verwandlungen der öden Gründe. Straßburg 1876.

Grieb, Rich., Das europäische Oedland, seine Bedeutung u. Kultur. Frank= furt a. M. 1898.

Giese, Otto v., Cultur u. Colonisation der deutschen Oedländereien. Aachen 1895.

(Einzelne Landschaften.)

Salfeld, A., Die Kultur der Haidflächen Nord=West=Deutschlands. 2. umgearb. Ausg. Hildesheim 1870.

Fallou, Frdr. Alb., Die Hauptbodenarten der Nord= und Ostsee=Länder Deutschen Reiches naturwissenschaftlich, wie landwirthschaftlich betrachtet. Dresden 1875.
— Die Ackererden des Königr. Sachsen und der angrenzenden Gegend. 2. Aufl. Leipzig 1855.
— Grund u. Boden des Königr. Sachsen und seiner Umgebung in sämmt= lichen Nachbarstaaten. Dresden 1868.

Friedrich, Osk., u. Gust. Heppe, Sachsens Boden. 2 Bde. Zwickau 1869, 70.

Fraas, C., Bavaria rediviva! Ein Beitrag zur Lehre vom Völkeruntergang durch Bodenerschöpfung. München 1865.

Weber, Carl, Die Bodenwirthschaft im Vogelsberg u. ihre Förderung, ins= besondere durch Wiederbewaldung. Frankfurt a. M. 1894.

Markus, Ed., Das landwirthschaftliche Meliorationswesen Italiens. Wien
1881.

Ilgenkow, Pt., Notice sur la composition chimique du Tchernozème. St.
Pétersbourg 1873.

(Boden=Erschöpfung.)

Komers, A. E., Die Bodenkraft=Erschöpfung. Prag 1864.

Lippe=Weißenfeld, Armin Gf. zur, Raubbau oder nicht? Leipzig 1865.

Schumacher, Wilh., Erschöpfung u. Ersatz bei dem Ackerbaue. Berlin 1866.

Komers, A. E., Der heutige Standpunkt der Boden=Erschöpfungsfrage. Prag
1868.

Benque, W., Ländliche Unschuld. Bremen 1880. (Raubbau betr.)

(Düngung.)

Hahn, Wilh., Die Benutzung der menschlichen Ausscheidungen u. der thierischen
Abfälle in der Landwirthschaft. Berlin 1857.

Burkhard, C., Ueber das richtige Verhältniß in Anwendung der sog. künstlichen oder käuflichen Düngemittel zu den natürlichen, insbesondere dem
Stallmist. Bayreuth 1863

Mayer, Ad., Das Düngerkapital und der Raubbau. Heidelberg 1869.

Stecher, Vergleichende Zusammenstellung der Ergebnisse zwischen zwei Wirthschaften, von denen die Eine seit 25 Jahren nur mit Peru=Guano,*)
Knochenmehl, Baker=Guano u. Kalk ohne Stalldünger, die Andere in derselben Zeit mit Stalldünger, aber zugleich stark mit obengenannten und
andern sogen. künstlichen Düngemitteln bewirthschaftet worden. Freiberg
(1865).

Bendleb, Herm., Kein Guano mehr! Leipzig o. J.

Meyn, L, Die richtige Würdigung des Peru=Guano in der Landwirthschaft
für den Rest des Jahrhunderts. Halle 1872.

Mehner, Herm., Die Fabrikation chemischer Düngemittel in Leipzig. Groitzsch
1885.

Nobbe, Frdr., J. Schroeder u. R. Erdmann, Ueber die organische Leistung
des Kaliums**) in der Pflanze. Chemnitz 1871.

Maercker, Max, Die Kalidüngung in ihrem Wert für die Erhöhung und
Verbilligung der landwirtschaftlichen Produktion. 2. neu bearb. Aufl.
Berlin 1893.

Siemssen, G., Verbrauch an Kalirohsalzen in der deutschen Landwirthschaft
i. d. J 1894 u. 1898. Berlin 1901.

Wolff, Emil, Praktische Düngerlehre mit einer Einleitung über die allgemeinen Nährstoffe der Pflanzen. Berlin 1872

Heiden, Ed., Leitfaden der gesammten Düngerlehre u. Statik des Landbaues.
Hannover 1873.

— Dasselbe. 2. verm. u. verb. Aufl. Hannover 1882.

Lambl, J. B., Ein volkswirthschaftlicher Vortrag. Prag 1876. (Ueber Art,
Beschaffung und Verwendung der Düngemittel.)

Heiden, Ed., Lehrbuch der Düngerlehre. 2. verm u. verb. Aufl. Bd. I.
Hannover 1879.

---

*) Vergl. auch Cap. XXXII: Bergbau V, F. Salpeter, Guano.

**) Vergl. ebenda unter V, D. Salzgewinnung.

Mayer, Ad., Düngung u. Fütterung in chromograph. Darstellung. Heidel=
berg 1879.

Heiden, E., Die menschlichen Excremente in national=ökonomischer, hygienischer,
finanzieller u. landwirthschaftlicher Beziehung. Hannover 1882.

Puricelli, Alex., Über den wirthschaftlichen Erfolg der Düngung auf Böden
von verschiedener natürlicher Fruchtbarkeit. Leipzig=Reudnitz 1891.

Maercker, M., Ueber Gründüngung als Mittel zur Stickstoffbereicherung der
Felder. Dresden 1887.

Andrä, Georg, Einige Dünger= und Düngungsfragen. Dresden 1887.

Hochfärber, Frdr., Recept. Praktische Anweisung zur „Schaffung neuer
Paradiese". Berlin 1888.

Oehmigen, P., Über den Einfluß der Düngung auf die Menge u. die Zu=
sammensetzung der Asche verschiedener Kulturpflanzen. Neiße 1895.

Gutachtliche Aeußerung der Ältesten der Kaufmannschaft zu Magdeburg über
den Entwurf eines Gesetzes, betreffend die Regelung des Verkehrs mit
Handelsdünger rc. Magdeburg 1896.

Holdefleiß, Frdr., Die Preise der käuflichen Düngemittel in den letzten
25 Jahren. Jena 1898.

Goessman, Charles A., First annual report of the state inspector of commercial fertilizers. Boston 1874.

Yermolow, Al. S., Recherches sur les gisements de phosphate de chaux fossile
en Russie. St. Pétersbourg 1873.

(Moorcultur.*)

Aretin, Georg Frhr. v., Aktenmäßige Donaumoos=Kulturs=Geschichte. Nebst
2 Karten. Mannheim 1795.

Pechmann, Heinr. Frhr. v., Geschichte der Austrocknung u. der Kultur des
Donaumoores in Bayern. München 1832.

Marcard, E., Ueber die Kanalisirung der Hochmöre im mittleren Emsgebiete.
Osnabrück 1871.

Männel, Die Moore des Erzgebirges. München 1896.

Laer, W. v., Der Moorrauch u. seine Beseitigung. Münster i. W. 1871.

Lammers, A., Der Moorrauch u. seine Cultur=Mission. Berlin 1876.

Oßwald, W. Th., Untersuchungen über Moorcultur. Halle a. S. 1877.

Massenbach, Georg Frh. v., Praktische Anleitung zur Rimpau'schen Moor=
dammcultur. Berlin 1883.

Katalog der Moorcultur=Ausstellung zu Berlin vom 16.—19. Febr. 1887, ver=
anstaltet vom Verein zur Förderung der Moorkultur im Deutschen Reiche.
Berlin 1887.

Mendel, H. v., Die Torfstreu, ihre Herstellung und Verwendung. Bremen
1882.

Borgien, Der Torf als Desinfectionsmittel, Träger der werthvollsten land=
wirthschaftlichen Dungstoffe, zur Kultivirung des Sandes rc. Königsberg
i. Pr. 1887.

Fürst, Carl, Die Torfstreu in ihrer Bedeutung für Stadt u. Land. 2. verm.
Aufl. Berlin 1892.

---

*) Vergl. auch Cap. XXXII: Bergbau, V, B. Torfgräberei.

2. Das Wasser. (Ent= und Bewässerung.) Wassernutzung und Wasserrecht.

(Ueber Berieselung mit städtischem Canalwasser vgl. Abth. C der Bibliothek, Cap. XXV: Bauwesen. Ueber Rieselwiesen s. unten VI, B, 1.)

(Das Wasser im Allgemeinen.)

Reuleaux, F., Ueber das Wasser in seiner Bedeutung für die Volkswohl= fahrt. Berlin 1871.

Wagner, A. F., Das Wasser nach Vorkommen, Beschaffenheit u. Bedeutung. Dresden 1886.

Poupon, Henri. L'art de ramener la vie à bon marché, de prévenir les inon- dations et de créer des richesses incalculables. Paris 1870.

Toussaint, Frdr. Wilh., Die Bodencultur u. das Wasser. Breslau 1872.

(Wasserwirthschaft.)

Dieck, A., Die naturwidrige Wasserwirthschaft der Neuzeit. Wiesbaden 1879.

Samson=Himmelstjerna, H. v., Ueber Wasserwirthschaft. Hamburg 1899.

Toussaint, Frdr. Wilh., Die ökonomische Vertheilung und Benutzung von Boden und Wasser. Berlin 1882.

Denkschrift betreffend die bessere Ausnützung des Wassers u. die Verhütung von Wasserschäden.*) München 1883.

Intze, O., Die bessere Ausnutzung der Gewässer u. der Wasserkräfte. Berlin 1889.

Rothschild, Ephraim, Ueber ein System einer Oekonomie des Wassers oder einer rationellen Wasserwirtschaft für das deutsche Reich. o. O. u. J.

Classen, Denkschrift betr. die Ursachen und Folgen der jähen Ueberschwemmungen u. die Mittel zu deren Beseitigung.*) Ansbach 1876.

Fraissinet, phil. Edm., Die volkswirtschaftliche Bedeutung der Privatflüsse u. Bäche für die Industrie u. Landwirtschaft. Leipzig 1891.

— Der kulturtechnische Dienst zur Abwendung von Wasserschäden u. zur Nutz= barmachung der Privatgewässer im landwirtschaftlichen 2c. Interesse des Königr. Sachsen. Dresden 1891.

— Landwirtschaftliche Meliorationen u. Wasserwirtschaft. Mit einem Vor= wort von Böhmert. Dresden 1890.

Gerson, Georg H., Flußregulirung und Niederungs=Landwirthschaft. Berlin 1893.

(Ent= u. Bewässerung.)

Perels, Emil, Die Trockenlegung versumpfter Ländereien mit besonderer Be= rücksichtigung der Drainage. Berlin 1874.

Calberla, G., Die Trockenheit die größte Feindin der Cultur, insbesondere der Landwirthschaft, und ihre Bekämpfung. (Dresden 1876.)

Vincent, L., Die Drainage, deren Theorie und Praxis 4. Aufl. Leipzig 1870.

— Bewässerung und Entwässerung der Äcker und Wiesen. 2. Aufl. Berlin 1882.

Fellenberg=Ziegler, A. v., Kurze Bewässerungslehre für den schweizerischen Landmann. 2. Aufl. Bern 1870.

Casanova, Luigi, Sul problema agrario. Milano 1885. (Derivazione d'aqua, irrigazione.)

Nadault de Buffon, Des canaux d'irrigation de l'Italie septentrionale. 2 tomes et atlas. Paris 1861, 62.

---

*) Vergl. auch hierüber Abth. C der Bibl., Cap. XXV, III, C, 2. c: Wasserbau.

Ossig, Alfr., Römisches Wasserrecht. Leipzig 1898.

Romagnosi, G. D., Vom Wasserleitungsrecht. Uebers. von Marcus Niebuhr. Halle 1840.

Championnière, De la propriété des eaux courantes, du droit des riverains et de la valeur actuelle des concessions féodales etc. Paris 1846.

Lette, Die Gesetzgebung über Benutzung der Privatflüsse zur Bewässerung von Grundstücken. Berlin 1850.

Zumpe, Karl, Ueber Benutzung der fließenden Wasser als Gegenstand der Gesetzgebung. Dresden 1851.

Glaß, Rich., Die wasserrechtliche Gesetzgebung auf dem Standpunkte der Gegenwart. Altenburg 1856.

Baumert, G., Die Unzulänglichkeit der bestehenden Wassergesetze in Deutsch= land. Berlin 1876.

Neubauer, Zusammenstellung des in Deutschland geltenden Wasserrechts. Berlin 1881.

Wagner, A. F., Ueber deutsches und österreichisches Wasserrecht in seiner An= wendung auf Quellen= u. Grundwasser sowie über wünschenswerthe Ab= änderungen desselben. Freiberg i. S. 1888.

Seelig, F. W., Fischerei u. einschlagendes Wasserrecht betreffende Entscheidungen höherer deutscher Gerichtshöfe, insbesondere des Reichsgerichts. Leipzig-Reudnitz. 1889.

Hager, Carl, Ueber die Aufnahme des Wasserrechts in das bürgerliche Ge= setzbuch für das Deutsche Reich. Berlin 1890.

Vorschläge für Verbesserung des deutschen Wasserrechts. Berlin 1891.

Opitz, H. G., Reichswasserrecht? Gutachten über die Vorschläge der deutschen Landwirtschafts=Gesellschaft für Verbesserung des deutschen Wasserrechts. Dresden 1893.

Frank, F., Gesetze, betr. Wasserrecht und Wasserpolizei im Preuß. Staate. Breslau 1888.

Nieberding, Arnold, Wasserrecht u. Wasserpolizei im Preuß. Staate. 2. Aufl. umgearb. u. ergänzt von F. Frank. Breslau 1889.

Toussaint, Frdr. Wilh., Entwurf eines Wasserrechtsgesetzes mit culturtechnischen u. volkswirthschaftlichen Motiven. Berlin 1876.

Hahn, Osk., Die preußische Gesetzgebung über Vorfluth, die Ent= und Be= wässerungen u. das Deichwesen, sowie überhaupt in Bezug auf das Wasserrecht. Mit einem Anhange, enthaltend Provinzialgesetze. 2. Aufl. Breslau 1886.

Hansi, G., Vorfluth u. Beseitigung der schädlichen Bodennässe u. des Grund= wassers durch culturtechnische Anlagen. Unter Mittheilung der hierauf bezüglichen hauptsächlichsten Bestimmungen der neuen Preuß. Vorfluth= gesetzgebung. Striegau 1886.

Weddige, Bernhard, Anleitung zur Bildung öffentlicher Genossenschaften zur Ent= und Bewässerung von Grundstücken für Zwecke der Landeskultur in den Provinzen Ostpreußen, Westpreußen, Brandenburg ꝛc. Zugleich ein kurzes Handbuch des landwirthschaftlichen Wasserrechts. Berlin 1887.

Entwurf eines preußischen Wassergesetzes sammt Begründung. Amtliche Ausgabe. Berlin 1894.

Schenck, Fr. v., Der Wassergesetzentwurf. Gutachten. Arnsberg 1894.

(Aeußerung der Aeltesten der Kaufmannschaft zu Magdeburg über den Entwurf eines preuß. Wassergesetzes.) Magdeburg 1894.

Arnim=Schlagenthin, Graf v., u. Frank, Der Entwurf eines preuß. Wassergesetzes. Berlin 1894.

Der Entwurf eines preußischen Wassergesetzes. Gutachten des . . . Sächsischen Ingenieur= u. Architekten=Vereins nebst einer Vorbemerkung mitgetheilt von G. Grosch. Leipzig 1895.

Intze, O., Bericht über die Wasserverhältnisse Ostpreußens. Berlin 1893.

(Sachsen.)

Entwurf eines Gesetzes für das Königreich Sachsen, die Benutzung der fließenden Wässer betr., sammt Motiven. Dresden (1845).

Kritz, Paul Ludolf, Zu dem Entwurfe eines Gesetzes für das Königreich Sachsen, die Benutzung der fließenden Wässer betr. Leipzig 1847.

Rißmann, Das Wasserrecht nach gemeinem u. Königl. Sächs. Rechte. Dresden (1872).

Leuthold, K. E., Das Wasserrecht im Königreiche Sachsen. Leipzig 1892.

Entwurf eines Wassergesetzes für das Königreich Sachsen nebst Begründung. Leipzig 1899.

Ehrerbietiges Gesuch des Vereins der Weißeritzwasser=Interessenten um Errichtung einer Zwangsgenossenschaft für die Weißeritzwasser=Interessenten mit staatlicher Unterstützung. (Coßmannsdorf) 1894, 95.

(Bayern.)

Pözl, J., Gesetz vom 28. Mai 1852, die Benützung des Wassers betr. (Erlangen 1859.)

— Das Gesetz über die Bewässerungs= u. Entwässerungsunternehmungen zum Zwecke der Bodenkultur vom 28. Mai 1852. (Erlangen 1859.)

— Das Gesetz über den Uferschutz u. den Schutz gegen Ueberschwemmungen vom 28. Mai 1852. (Erlangen 1859.)

Haag, Heinr., Das Gesetz über die Bewässerungs= u. Entwässerungs=Unternehmungen zum Zwecke der Bodenkultur vom 28. Mai 1852. München 1866.

Reuß, Herm., Die Bayerischen Wassergesetze vom 28. Mai 1852. Ansbach 1890.

Die Rechts=Verhältnisse der Ufer=Eigenthümer an den pfälzischen Bächen, welche dem Triftbetrieb unterworfen sind rc. Mannheim 1868.

(Württemberg.)

Gutachten des Ausschusses der württembergischen Wasserwerkbesitzer über Tit. 12 u. 13 des Entwurfs eines Landeskulturgesetzes für Württemberg, Entwässerungen u. Bewässerungen betr. Stuttgart 1853.

(Baden.)

Vogelmann, Das Gesetz über die Bewässerungs= u. Entwässerungsanlagen im Grhrzth. Baden. Karlsruhe 1851.

Näf, R., Das Wasserrecht im Grhrzt. Baden. Lahr 1883.

Wiener, Das Badische Wassergesetz vom 26. Juni 1899 nebst Vollzugsverordnungen u. Ausführungsbestimmungen. Karlsruhe 1900.

3

(Heſſen.)

Zeller, W., Das Geſetz über die Bäche u. nicht ſtändig fließenden Gewäſſer im Grhrzth. Heſſen vom 30. Juli 1887, ſowie die Ausführungsverordnung vom 24. Sept. 1887. Mainz 1888.

(Elſaß-Lothringen.)

Huber, Emil, Die Waſſergeſetze Elſaß-Lothringens. Mannheim u. Straßburg 1877.

Jacob u. Fecht, Das Geſetz für Elſaß-Lothringen, betr. Waſſerbenutzung u. Waſſerſchutz, vom 2. Juli 1891. Mit Anhang, enthaltend die ſonſtigen waſſergeſetzlichen Vorſchriften ꝛc. Straßburg 1892.

(Oeſterreich-Ungarn.)

Peyrer, Karl, Das Oeſterreichiſche Waſſerrecht, enthaltend das Reichsgeſetz vom 30. Mai 1869 u. die 17 Landesgeſetze über die Benützung, Leitung u. Abwehr der Gewäſſer. Wien 1880.

Randa, Anton, Das öſterreichiſche Waſſerrecht mit Bezug auf die ungariſche u. ausländiſche Waſſergeſetzgebung. 3. umgearb. und verm. Aufl. Prag 1891.

Geſetze u. Verordnungen über das Waſſerrecht. Mit den einſchlägigen Entſcheidungen des Reichsgerichtes ꝛc. 2. verm Aufl. Wien 1894.

Alberti de Poja, Alfr. Gf., Die Ueberſchwemmungen, die Aſſanirung der Waſſerläufe u. das Waſſerrechtsgeſetz. Wien 1897.

Zekely, Edm., Anleitung zur Bildung von Waſſergenoſſenſchaften nach öſterr. Rechte. Innsbruck 1897.

Die Geſetze und Verordnungen über das Waſſerrecht für Böhmen. 2. Aufl. Prag 1893.

Landes-Waſſerrecht der Königreiche Kroatien und Slavonien. Agram 1893.

(Frankreich.)

Lamothe, Léonce de, Notes de statistique et d'administration pratique concernant les marais, les petits cours d'eau, les établissements à former sur les ruisseaux. Bordeaux 1843.

3. Das Klima. (Wetterbeobachtungen.)
(Vgl. auch Abth. A. der Bibliothek, Cap. VI: Geographie I, B.)

Maſch, A., Grundzüge der Witterungskunde für praktiſche Landwirthe und Studirende der landwirthſchaftlichen Lehranſtalten. 2. verb. Aufl. Wien 1875.

Lorenz, Joſ. R., Über Bedeutung u. Vertretung der land- u. forſtwirthſchaftl. Meteorologie. Wien 1877.

Mohn, H., Grundzüge der Meteorologie. Die Lehre von Wind u. Wetter nach den neueſten Forſchungen. 4. verb. Aufl. Berlin 1887.

Köppen, W., Klimalehre. Leipzig 1899.

Börnſtein, R., Leitfaden der Wetterkunde. Braunſchweig 1901.

Schreiber, Paul, Die Meteorologie in der Landwirthſchaft. I. Der Sonnenſchein. Leipzig 1900.

Ratzel, Frdr., Die Schneedecke, beſonders in deutſchen Gebirgen. Stuttgart 1889.

Die Organisation eines meteorologischen Dienstes im Interesse der Land= u. Forstwirthschaft für das Gebiet des Deutschen Reiches. Berlin 1879.

(Sachsen.)

Bruhns, C., Ueber das meteorologische Bureau für Witterungsprognosen im Königr. Sachsen. Leipzig 1879.
— Bericht über das meteorologische Bureau für Wetterprognosen im Königr. Sachsen für d. J. 1879, 80. Leipzig 1880, 81.
— Die Benutzung der Meteorologie für landwirthschaftliche Arbeiten. Dresden 1880.

Birkner, Osc., Ueber die Niederschlagsverhältnisse des Königreichs Sachsen. o. O. (1885).

Hoppe, Heinr., Ergebnisse der Temperaturbeobachtungen an 34 Stationen Sachsens von 1865 bis 1884 u. in Leipzig von 1830—1884. o. O. (1886).

Beiträge zur Klimatologie von Sachsen. (Leipzig 1886.)

Schreiber, Paul, Das Klima des Königreiches Sachsen. Heft 1—6. Amt= liche Publication des Kgl. sächs. meteorolog. Institutes. Chemnitz 1892—1901.

Drechsler, Ad., Ergebnisse von fünfzigjährigen Beobachtungen der Witterung zu Dresden. Dresden 1879.
— Der Witterungsverlauf zu Dresden 1879—1885. Dresden 1887.

Woldermann, G., Dresdens Klima. Dresden 1887.

Wolf, F. Frz, Die klimatischen Verhältnisse der Stadt Meißen. Meißen 1890.

Bruhns, C., Meteorologische Beobachtungen angestellt auf der Leipziger Univer= sitäts=Sternwarte i. J. 1872, 75, 76. Leipzig (1873, 76, 77).

Schreiber, Paul, Die Temperaturfläche von Leipzig. (Leipzig 1886.)
— Die Beziehungen zwischen dem Niederschlag in Böhmen u. dem Wasser= abfluß in der Elbe bei Tetschen. (Leipzig 1892.)

C. Geschäftlich.

1. Grundwerth.

(Im Allgemeinen.)

Robbertus=Jagetzow, Carl, Die neuesten Grundtaxen des Herrn v. Bülow= Cummerow. (1847.) Berlin 1890.

Gabler, Paul, Die Methoden der Werthschätzung des Ackerlandes. Altenburg 1880.

Tarnowski, Jan Gf., Zur Kritik der landwirthschaftlichen Taxationsmethoden. Leipzig=Reudnitz 1890.

Birnbaum, K., Landwirthschaftliche Taxationslehre. Berlin 1877.

Pabst, H. W., Landwirthschaftliche Taxationslehre. 3. umgearb. und verm. Aufl. von Wilh. v. Hamm. Wien 1881.

Ruhland, G., Das natürliche Werthverhältniß des landwirthschaftlichen Grund= besitzes in seiner agrarischen u. socialen Bedeutung. Tübingen 1885.

Goltz, Theod. Frhr. v. d., Landwirtschaftliche Taxationslehre. 2. umgearb. Aufl. Berlin 1892.

(In einzelnen Ländern.)

Die Abschätzungs=Grundsätze der Schlesischen Landschaft u. das bei Anwendung derselben zu beobachtende Verfahren. Amtliche Ausgabe. Breslau 1868.

Abschätzungs=Grundsätze der Ostpreußischen Landschaft. Königsberg 1877.

Steinbrück, Carl, Die Entwicklung der Preise des städtischen u. ländlichen
Immobiliarbesitzes zu Halle (Saale) u. im Saalkreise. Halle a. S. 1896.
— Dasselbe. Jena 1900.

(Benningsen, Rud. Christ. v.,) Oeconomisch=juristische Abhandlung vom An=
schlag der Güther in Sachsen. 2 Thle. Leipzig 1758, 1761.

Ewald, Die mittleren Kaufwerthe des Ackerlands, der Wiesen u. der Wein=
berge im Grhrzth. Hessen. o. O. u. J.

Kollmann, Paul, Die Kaufpreise des Grundeigentums im Grhrzth. Olden=
burg von 1866 bis 1893. Tübingen 1895.

Die Kauf= u. Pachtpreise der Landgüter u. die Marktpreise landwirthschaftlicher
Producte in Mecklenburg=Schwerin seit d. J. 1770. Schwerin 1880.

Strickler, Johs., Grundzinse, Frohndienste u. Zehnten . . . Als Einleitung
zur zürcherischen Statistik der Güterpreise. (Bern 1874.)

Roschmann=Hörburg, Jul. v, Der Bodenwerth Oesterreichs. Wien 1855.

Inama=Sternegg, Karl Th. v., Die Realitätenwerthe in Oesterreich i. J.
1886 in Vergleichung mit d. J. 1866. (Wien 1888.)

Köbner, Otto, Die Methode der letzten französischen Bodenbewertung. Jena
1889.

(Troïnitsky, N.,) Du mouvement des prix des terres en Russie 1860—1889.
(St. Pétersbourg) o. J.

2. Verschuldung.

(Im Allgemeinen.)

Bülow=Cummerow, E. v., Betrachtungen über . . . Verschuldung der Grund=
besitzer, Pfandbrief=System . . . u. Landbanken. Berlin 1824.

Gans, S. P., Ueber die Verarmung der Städte u. des Landmanns. Braun=
schweig 1831.

Eckert, Hans, Die Wirkung der Verschuldung von Landgütern rc. Jena 1888.

Freyberg, Karl Frhr. v., Die landwirtschaftliche Verschuldungsfrage in
Theorie u. Praxis. München 1894.

Zuns, Jul., Die Verminderung der Bodenverschuldung durch eine Steuer
auf Restkaufgelder für den größeren Grundbesitz. Frankfurt a. M. 1894.

Koerber, A. v., Reform der Bodenverschuldung. Berlin 1894.

Zakrzewski, C. A., Zur Schuld=Entlastung der landwirthschaftlichen Betriebe.
Berlin 1895.

Burgdorff, Aug., Die Verschuldung des ländlichen Grundbesitzes, deren Ur=
sachen, und ein unfehlbares Mittel zu deren Bekämpfung, Beseitigung u.
Verhütung, sowie zur Abstellung der Kreditnot in der Landwirtschaft
durch Schaffung der „unkündbaren Hypothek". Altona=Ottensen 1895.

Wendorff, W., Die Schuld=Entlastung des ländlichen Grundbesitzes. Posen
1900.

(In einzelnen Ländern.)

Meitzen, Aug., Ermittelungen über die durchschnittliche Höhe der Grundbuch=
schulden der bäuerlichen Besitzungen in 52 Amtsgerichtsbezirken des Preu=
ßischen Staates nach dem Stande des Jahres 1883. (Berlin) 1884.

Die Hypothekenbewegung im preußischen Staate während des Rechnungsjahres
1887/88. Berlin 1889.

Meyer, A., Historischer Bericht über die Quellen des bäuerlichen Schulden=
zustandes im Fürstenthume Paderborn. Paderborn 1836.

Gebel, A., Ueber die tiefe Verschuldung der schlesischen Ritter = Güter.
Berlin 1836.

(Römer, Carl Heinr. v.,) Ueber das Schuldenwesen des chursächsischen Adels u.
das beste Mittel, ihn wider den ferneren Verfall zu sichern. Leipzig 1787.

(Kersten, F. H. M.,) Ueber das Schuldenwesen der sächsischen Bauern u. einige
Mittel, sie wider den ferneren Verfall zu sichern. Dresden 1789.

Die Belastung der landwirthschafttreibenden Bevölkerung durch die Einkommen=
steuer u. die Verschuldung der Landwirthschaft im Grhrzth. Baden. Karls=
ruhe 1896.

Knies, Gutachtlicher Bericht bezüglich derjenigen Theile in den „Erhebungen
über die Lage der Landwirthschaft in Baden", welche die Verschuldung
u. das Kreditwesen betreffen. o. O. u. J.

Bericht über die Verschuldung des Grundbesitzes u. deren Ursachen. Bern 1893.

Schneebeli, Heinr., Die Konkursstatistik*) als Mittel zur Erkennung der Ur=
sachen des Notstandes in der Landwirtschaft. Mit besonderer Rücksicht=
nahme auf schweizerische u. speziell zürcherische Verhältnisse. Bern 1897.

Blocher, Herm., Der gegenwärtige Stand der Hypotheken=Statistik. Basel 1898.

3. Grund= und ländlicher Personalcredit.**)

(Im Allgemeinen.)

Riedl, A. J., Das Ewiggeld=Institut in München. München 1819.

Osiander, F. A., Wie ist es möglich, das Grundeigenthum beweglich zu machen.
Tübingen 1849.

Robbertus=Jagetzow, Carl, Für den Kredit der Grundbesitzer. Eine Bitte
an die Reichsstände. (1847.) Berlin 1890.

Coq, Paul, Le sol et la haute-banque ou les intérèts de la classe moyenne.
2 parties. Paris 1850.

Haustein, Herrmann, Die Befreiung des ganzen Grund = Eigenthums von
der Gold= u. Silber=Despotie. Winterthur 1854.

Kunze, Ideen eines Vaterlandsfreundes, betr. die Bildung von 25 Credit=
Instituten mittelst vierprozentiger Preuß. National=Pfandbriefe für alle
Besitzer von Wohnhäusern, Ländereien xc. 2. umgearb. Aufl. Coblenz 1854.

Goetze, Die Reform des Hypothekenwesens. Zwei amtliche Berichte. Berlin 1856.

Rau, H., Die ländliche Urproduction u. der Real=Credit. Wien 1857.

Berndt, A., Der Kredit für den ländlichen Grundbesitz. Berlin 1858.

Robbertus=Jagetzow, Carl, Die Handelskrisen u. die Hypothekennoth der
Grundbesitzer (1858). Berlin 1890.

Kolischer, Heinr., Robbertus' Ansicht über den landwirthschaftlichen Hypotheken=
kredit. Wien 1876.

Lehmann, Gust., Die Mobilisirung des Hypothekenbriefes. Erlangen 1863.

Günther, Th., Die Reform des Real=Credits. Dresden 1863.

Zeulmann, Rud., Die landwirthschaftlichen Creditanstalten. Erlangen 1866.

Schoffer, H., Die landwirthschaftliche Kreditkrisis unserer Tage. Zürich 1866.

---

*) Ueber Konkursstatistik vergl. auch Cap. XIII: Rechtswissenschaft.
**) Vergl. Cap. XXXVII: Credit= u. Bankwesen, u. Cap. XLI: Genossenschaftswesen.

List, Rud., Der landwirthschaftliche Kredit. Tübingen 1867.

Bekker, Ernst Immanuel, Die Reform des Hypothekenwesens als Aufgabe des Norddeutschen Bundes. Berlin 1867.

O(denthal?), Zur Grundcredit=Frage. Dresden 1867.

Rodbertus=Jagetzow, Zur Erklärung u. Abhülfe der heutigen Creditnoth des Grundbesitzes. I. Die Ursachen der Noth. Berlin 1868.

Barth, Frdr., Real=Credit. Ein Vorschlag zur gründlichen Verbesserung desselben ꝛc. Dresden 1868.

Matern, J., Die volkswirthschaftliche Aufgabe der landschaftlichen Hypotheken= Kredit=Institute ꝛc. Berlin 1868.

Lette, Das landwirthschaftliche Kredit= u. Hypothekenwesen. Berlin 1868.

Wilmanns, L., Die Credit=Noth der Grundbesitzer u. deren Abhülfe durch eine Norddeutsche Bundes=Hypotheken=Bank. Berlin 1868.

Jäger, Ernst, Das landwirthschaftliche Betriebskapital u. die Bodenrente in Württemberg, Wesen u. Entwicklung der Bodenkredit=Institute, sowie Vor= schläge zur Begründung einer württembergischen Hypothekenbank. Stutt= gart o. J. (1867.)

    — Die Fortbildung des Bodenkredits. Stuttgart 1869.

Deiters, K. F., Die Creditnoth der Landgüter. 2. verm. Ausgabe von: Aus= wanderung, Arbeitslohn u. Bodenwerth. Frankfurt a. M. 1869.

Wendland, Wilh., Entwurf zur Gründung einer Hypotheken=Ablösungs=Bank für Deutschland. (Glauchau) 1869.

Zacharias, Johs., Der landwirthschaftliche Credit. Nordhausen 1870.

H., H. v., Vertretung u. Credit des Grundbesitzes dem Staate u. Volke gegen= über. Berlin 1870.

Titz, K., Die Lösung der landwirthschaftlichen Kreditfrage zunächst in Nord= deutschland auf Grund einer allgemeinen Wirthschaftsmelioration. Berlin 1870.

Jäger, Ernst Ludw., Neue Beiträge zur Fortbildung des Bodenkredits. Stuttgart 1875.

Volz, Die Pfandbrieffrage de lege ferenda. München 1878.

Marchet, Gust., Der Kredit des Landwirthes. Berlin 1878.

Mehnert, C. P., Wesen u. Bedeutung der Hypothek u. deren Mobilisirung. Dresden 1879.

Leser, Eman., Die Hypothekenbanken u. ihre Jahresabschlüsse. Heidelberg 1879.

Vogelsang, Carl Frh. v., Die Grundbelastung u. =Entlastung. Wien 1879.
    — Die Nothwendigkeit einer neuen Grundentlastung. Wien 1880.

Basch, Jul., Das Faustpfandrecht für Pfandbriefe u. die Hypotheken=Banken. Berlin 1880.

Bleicken, B., Der Real=Credit u. die politische Gemeinde. Heilbronn 1882.

Gamp, Der landwirthschaftliche Kredit u. seine Befriedigung. Berlin 1883.

Anlage zum Referat betr.: Die Lage des bäuerlichen Grundbesitzes in Ver= bindung mit der Frage des landwirthschaftlichen Kreditwesens u. des Erb= rechtes. o. O. u. J.

Schäffle, Alb. E. Fr., Die Inkorporation des Hypothekarkredits. Tübingen 1883.

El crédito agrícola. Informe de la Sociedad Económica de Amigos del País de la Ciudad de Santiago, redactado por D. Joaquín Díaz de Rábago. Santiago 1883.

Roſt, J. Herm., Wie und wo hat der Grundbeſitz Darlehne zu ſuchen u. ſeine
  Erſparniſſe anzulegen? Dresden 1884.

Faßbender, Martin, Die Rettung des Bauernſtandes aus den Händen der
  Wucherer. Gemeinverſtändl. Abhandlung über landwirthſchaftl. Credit=
  weſen. 5. Aufl. Münſter 1885.

Fritſch, Theod., Zwei Grundübel: Boden=Wucher u. Börſe. Leipzig 1894.

Lehmann, Ernſt, Bodenwucher u. Bodenbeſitzreform. Göttingen 1894.

Volkmann, H., Der zinsfreie u. der zinspflichtige Real=Credit für Land u.
  Stadt. Inowrazlaw 1885.

Flürſcheim, Michael, Das Staatsmonopol des Grundpfandrechts als Weg
  zur Reform unſerer wirthſchaftlichen Verhältniſſe. Minden i. W. 1885.

F., H., Die Verſtaatlichung des Grundkredits. Jena 1885.

Ruhland, G., Die Löſung der landwirthſchaftlichen Kreditfrage im Syſtem
  der agrariſchen Reform. Tübingen 1886.

Jäger, Ernſt, Einſt u. jetzt im Bodenkredit. Mit beſonderer Rückſicht auf
  Schulze, Raiffeiſen u. die Agrarier. Stuttgart 1888.

Eckert, Hans, Die Wirkung der Verſchuldung von Landgütern u. die nach
  wirthſchaftlichen Grundſätzen zuläſſige Höhe der hypothekariſchen Belaſtung.
  Jena 1888.

Caignault, Ernest, Le crédit agricole. 11. édit. Paris 1888.

Der Grund=Schuld=Schein. Ein Verſuch zur Reform des landwirthſchaftlichen
  Grund=Credits im preuß. Staate. Berlin 1889.

Guenin, Henri, Le crédit agricole par l'assurance. Paris 1891.

Klemm, Die Rentenhypothek. Leipzig 1891.

Pfeil, L. Gf. v., Vier Fragen, Verhältniſſe des Grundbeſitzes betr., u. Vor=
  ſchläge zur Herſtellung unkündbarer Hypotheken auf alle künftige Zeiten.
  3. Aufl. Berlin 1893.

Zakrzewski, C. A., Die Organiſation des landwirthſchaftlichen Kreditweſens.
  Berlin 1894.

Pleß, M., Zur Frage des landwirthſchaftlichen Credites. Aus dem Ungariſchen
  überſ. Berlin 1896.

Estivant, Léon, Étude sur la mobilisation de la propriété foncière dans l'Act
  Torrens. Paris 1899.

(In einzelnen Ländern.)

Hecht, Felix, Der europäiſche Bodenkredit. Bd. 1. Leipzig 1900.

(Deutſchland.)

Hollander, J., Die Pfandbriefe und Pfandbrief = Inſtitute Deutſchlands.
  Berlin 1877.
— Daſſelbe. Berlin 1881.

Heymann, Eugen, Vor dem neuen Krach! Material für die Geſetzgebung
  betreffs der Aktien=Hypothekenbanken u. Bodenkredit=Anſtalten. Berlin 1878.

Baſch, Jul., Der Geſetzentwurf über das Fauſtpfandrecht für Pfandbriefe u.
  die deutſchen Hypothekenbanken i. J. 1878. Berlin 1879.

Goldſchmidt, Julian, Deutſche Hypothekenbanken. Kritik u. Reformvorſchläge.
  Jena 1880.

Schmidt, Heinr., Die deutſche Grundcreditbank zu Gotha u. deren Reorganiſation.
  Berlin 1884.

Tinsch, H., Die Pfandbrieffrage in Deutschland nach ihrem dermaligen Stande u. nach dem Entwurfe eines bürgerlichen Gesetzbuches. Erlangen 1890.

Le Barbier, Emmanuel, Le crédit agricole en Allemagne suivi de l'étude des comptabilités les plus précises et les plus claires usitées dans les associations rurales de crédit mutuel d'Allemagne et d'Autriche. Paris 1890.

Hecht, Felix, Die staatlichen u. provinziellen Bodenkreditinstitute in Deutschland. 2 Bände. Leipzig 1891.
Bd. 1: Entwicklungsgeschichte u. Statistik. — Bd. 2: Organische Satzungen.

Schiff, Walter, Zur Frage der Organisation des landwirtschaftlichen Krebites in Deutschland u. Österreich. Leipzig 1892.

Hachenburg, Max, Beiträge zum Hypotheken= u. Grundschuldrecht des Entwurfes eines bürgerlichen Gesetzbuchs für das Deutsche Reich (Zweite Lesung). Mannheim 1895.

Der Personalkredit des ländlichen Kleingrundbesitzes in Deutschland. Berichte und Gutachten veröffentlicht vom Verein für Socialpolitik. 2 Bde. Leipzig 1896.

Jäger, E., Die neue Deutsche Hypothekengesetzgebung. Stuttgart 1897.

Rießer, Zur Kritik der Gesetzentwürfe betreffend das Hypothekenbankwesen u. die gemeinsamen Besitzer von Schuldverschreibungen. Stuttgart 1898.

Bericht der X. Kommission über den Entwurf eines Hypothekenbankgesetzes. Berlin, den 17. Mai 1899.

Dove, Heinr., Der Hypothekenbank=Gesetzentwurf. Berlin 1899.

Schmidt, Carl, Die Hypothekenbanken und der großstädtische Realcredit. Berlin 1899.

Wittenberg, Max, Praktische Beiträge zu einem Reichs = Hypothekenbank= Gesetz. Berlin 1899.

Guttmann, F., Die Mündelsicherheit der deutschen Hypothekenpfandbriefe. Berlin 1899.

Wittenberg, Max, Mündelgelder u. Hypothekenbanken. Berlin 1899.

Voigt, Paul, Hypothekenbanken u. Beleihungsgrenze. Ein Beitrag zur Frage der Mündelsicherheit der Hypothekenpfandbriefe. Berlin 1899.

Merzbacher, Sigmund, Hypothekenbankgesetz vom 13. Juli 1899. München 1900.

Göppert, Heinr., Hypothekenbankgesetz vom 13. Juli 1899. Berlin 1900.

Hillig, C., Hypothekenbankgesetz vom 13. Juli 1899. Leipzig 1900.

Herter=Burschen, Landschaften= u. Hypotheken = Aktienbanken in ihren Beziehungen zur deutschen Landwirtschaft. Schöneberg=Berlin 1900.

Liman, Carl, Die Ursachen der Krisis bei der National=Hypotheken=Credit= Gesellschaft in Stettin u. den Spielhagen=Banken in Berlin. Berlin 1901.
— Die Ursachen der Krisis bei . . . der Pommerschen Hypotheken=Aktien= Bank in Berlin, der Mecklenburg = Strelitzschen Hypothekenbank in Neu= strelitz. 2. Aufl. Berlin 1901.

(Preußen.)

Schober, G., Die Landeskultur = Rentenbank in Preußen, Sachsen u. Hessen nach den bezüglichen Gesetzen dargestellt. Berlin 1887.

Chur= u. Neumärkisches allergnädigst confirmirtes Ritterschafts=Credit=Reglement. Berlin, den 15. Juny 1777.

Bülow=Cummerow, Ueber Preußens landschaftliche Creditvereine. Berlin 1843.

Henschke, Wilh., Zur Reform des preußischen Hypotheken=Wesens. Berlin 1861.

Mascher, H. A., Der landwirthschaftliche Real= u. Gewerbekredit oder: Wie kann den Klagen der preuß. Landwirthe über Geld= u. Kreditmangel abgeholfen werden? Potsdam 1863.

Jachmann=Trutenau, A., Der Boden = Credit u. die Boden = Credit = Bank. Berlin 1869.

Schmidt, Heinr., Die Normativ=Bestimmungen für die preußischen Hypotheken=Banken. Berlin 1883.

Reusch, Herm., Die Zurückführung des Grundbuchs auf die Steuerbücher für die östlichen u. die neuen Provinzen des preußischen Staats. Berlin 1890.

Hansi, G., Grundbesitz u. Grundcredit nach Einführung des Grundbuches u. der Grund= u. Gebäudesteuerbücher in Preußen. Striegau 1892.

Stelling, Über die preußische Post (Hypothekarische Post, Grundschuldpost). Leipzig 1893.

Harksen, W., Das preußische Kataster u. seine Verbindung mit dem Grundbuch. Dessau 1896.

Altrock, Walther v., Der ländliche Personalkredit in der Provinz Brandenburg. Berlin 1900.

Pfeil, L. Gr. v., Plan zur Verminderung der Pfandbriefs= u. Hypotheken=Schulden in Schlesien. Breslau 1836.

Die Abschätzungs = Grundsätze der schlesischen Landschaft u. das bei Anwendung derselben zu beobachtende Verfahren. Amtliche Ausgabe. Breslau 1868.

Fontaine, W. v., Die Schlesische Landschaft als Credit=Institut. Berlin 1867.

Haugwitz=Rosenthal, v., Beleuchtung der Schrift von W. v. Fontaine: Die Schlesische Landschaft als Credit=Institut. Breslau 1867.

Fontaine, W. v., Entleuchtung der von Haugwitz=Rosenthal'schen Beleuchtung meiner Schrift: Die Schlesische Landschaft als Credit=Institut. Dresden (1867).

Haugwitz=Rosenthal, v., Werth der Entleuchtungen des W. v. Fontaine betr. die Schlesische Landschaft als Credit=Institut. Breslau 1868.

Görtz, v., Die Verfassung und Verwaltung der Schlesischen Landschaft. 3. neubearb. Aufl. Breslau 1886.

Statut des Neuen landschaftlichen Kreditvereins für die Provinz Posen nebst den Abänderungen u. Ergänzungen desselben. Posen 1867.

Ostpreußische Landschafts=Ordnung vom 7. Dezember 1891. Königsberg (1891).

Osius, Rud., Die kommunalständische Landeskreditkasse zu Cassel, ihre Geschichte u. Organisation. Leipzig 1885.

(Sachsen).

(Römer, Carl Heinr. v.,) Ueber das Schuldenwesen des chursächsischen Adels, u. das beste Mittel, ihn wider den ferneren Verfall zu sichern. Leipzig 1787.

(Kersten, F. H. M.) Ueber das Schuldenwesen der sächsischen Bauern u. einige Mittel, sie wider den ferneren Verfall zu sichern. Dresden, Leipzig 1789.

Hoffmann, Carl Albert, Die Stellung des erbländischen ritterschaftlichen Creditvereins im Königr. Sachsen zu dem Verlangen nach einer Erweiterung seiner Verfassung. Leipzig 1856.

Der erbländische ritterschaftliche Creditverein im Königr. Sachsen 1869. Zur Erinnerung an seine Gründung i. J. 1844. Leipzig (1869).

Bodenhausen, Kraft v., Der erbländische ritterschaftliche Creditverein im Königr. Sachsen. (Leipzig) 1896.

Bobemer, Heinr., Die Creditverhältnisse des Grundbesitzes im Königr. Sachsen. Dresden 1857.

Miller, Bernh., Bericht an den dritten volkswirthschaftlichen Congreß zu Cöln über die Zustände des Realcredits im Königr. Sachsen xc. Leipzig 1860.

(Haustein, Herm. Theod.,) Ein Vorschlag zur Erleichterung des Hypothekar=Credits auf Grund der gesetzlichen Bestimmungen über das Hypotheken=wesen im Kgr. Sachsen, zunächst für Städte. Zwickau 1863.

Statut des Landwirthschaftlichen Credit=Vereins i. Königr. Sachsen. Dresden 1867.

Geschäfts = Bericht des Landwirthschaftlichen Creditvereins im Königr. Sachsen für das 10., 12.—15., 18.—29. Geschäftsjahr. Dresden 1875, 77—80, 83—94.

Die ersten 25 Jahre des Landwirthschaftlichen Creditvereins im Königr. Sachsen 1866—1891. Dresden (1891).

Die Landescultur=Rentenbank im Königr. Sachsen. Dresden 1881.

Dietrich, Ed., Vorschläge zur Erweiterung des Geschäftskreises der Landes=Kultur=Rentenbank. Dresden 1881.

Die Errichtung einer Landeshypothekenbank für das Königr. Sachsen. Leipzig 1882.

Schober, G., Die Landeskultur=Rentenbank in Preußen, Sachsen u. Hessen nach den bezüglichen Gesetzen dargestellt. Berlin 1887.

Friesen, Heinr. Frhr. v., Entwurf eines Gesetzes für Errichtung einer staatlichen Sächsischen Boden=Creditanstalt. Dresden 1892.

(Bayern.)

Cetto, Frhr. Wilh. v., Die Entwicklung der Organisation des landwirtschaft=lichen Kreditwesens in Bayern. München 1901.

Das Hypothekenwesen im Königr. Bayern diesseits des Rheins. Enth. das Hypothekengesetz u. die Prioritäts=Ordnung vom 1. Juni 1822 mit den dazu gehörigen Gesetzen xc. Nebst Suppl. enth. die seit 1822 . . . her=vorgerufenen Aenderungen. München 1862, 81.

Die Hypotheken=Gesetzgebung des Königr. Bayern, enth. das Hypotheken=Gesetz vom 1. Juni 1822 in seiner jetzigen Gestaltung xc. Bamberg 1889.

Regelsberger, Ferd., Das Bayerische Hypothekenrecht. 2. unter Mitwirkung von W. Henle bearb. Aufl. Leipzig 1895.

Haag, Heinr., Das Bayerische Gesetz vom 21. April 1884, die Landeskultur=Rentenanstalt betr., erläutert. Nördlingen 1884.

Volz, Frdr., Das Pfandbriefsystem der Bayer. Hypotheken= u. Wechselbank. München 1877.

(Mecklenburg=Strelitz.)

Zimmermann, Ueber Mecklenburgs Credit=Verhältnisse xc. Neustrelitz 1804.

(Elsaß=Lothringen.)

Leoni, Albert, Die Elsaß = Lothringischen Gesetze betr. Grundeigenthum und Hypothekenwesen. Straßburg 1892.

(Oesterreich=Ungarn.)

Ueber die Benutzung der Hypothekar=Creditabtheilung der österreich. Nationalbank. Wien 1856.

Die „Agraria", projectirt zum Schutz der Grundwerthe in Oesterreich. Wien (1870).

Marchet, Gust., Zur Organisation des landwirthschaftlichen Credites in Oester=reich. Wien 1876.

Der Personalcredit des ländlichen Kleingrundbesitzes in Oesterreich. Berichte u. Gutachten veröffentlicht vom Verein für Socialpolitik. Leipzig 1898.

Hattingberg, Jos. Ritter v., Die gemeinwirthschaftlichen Credite der österreichischen Landwirthe. Wien 1900.

— Die landwirthschaftlichen Credite Oesterreichs in ihrer gemeinnützigen Ausgestaltung. Wien 1900.

Alter, Mor., Finanzielle Zeitfragen. I. Convertirung fixer Hypothekar=Schulden in solche mit Annuitäten. Wien 1891.

Grabmayr, Karl v., Schuldnoth= u. Agrar=Reform. Meran 1894.

Wehler, Albert, Die Capitalarmuth u. Creditnoth der Landwirthe Ungarns, deren Ursachen u. Abhülfsmittel. (Leipzig 1877.)

Horowitz, Ed. Ritter v., Die Bezirks = Unterstützungsfonds in Bosnien u. der Hercegovina. Wien 1892.

(Schweiz.)

Hypothekenkasse des Kantons Solothurn. Gesetz betr. Gründung einer solchen vom 21. Nov. 1868. (Solothurn 1868.)

(Frankreich.)

Observations . . . sur les effets de la création d'une banque hypothécaire foncière. Lyon 1848.

Dutreih, Lettre sur la nécessité, le mode de création et les résultats d'une banque immobilière en France, adressée aux représentants du peuple. Paris 1848.

Projet de caisse hypothécaire. Havre 1848.

Delarbre, L. Thérouenne, Projet pour la création d'une banque immobilière. Paris 1848.

Coulombel, Exposé des motifs suivi de trois projets de décret demandant — 1º Ouverture d'un grand livre d'inscriptions hypothécaires, 2º Établissement d'une banque nationale foncière etc. Paris 1848.

Reverchon, J. J., Question agricole et financière. Paris 1848.

Girard, Réforme hypothécaire. Projet de décret. Paris 1848.

Hébert, Projet de cautionnement hypothécaire national. Paris 1848.

Wallon, V., Prêt hypothécaire à raison de 5% de la valeur immobilière de la France. Marolles 1848.

Hébert, J. B., Prêt national fait à la propriété foncière. Paris 1848.

— De l'impôt sur les créances hypothécaires etc. Paris 1848.

Marquiset, Alphonse, De l'émission de billets hypothécaires. Besançon 1848.

Montet, Eugène, et Henri Mahuzier, Lettre à M. Léon Faucher . . . Critique des objections qu'il fait à l'établissement du papier-monnaie-hypothécaire. St.-Yrieix 1848.

Du crédit foncier et de la réforme hypothécaire. Mémoire. Chalons - sur Marne 1850.

Graux, F. G., Mobilisation de la propriété foncière etc. Paris 1850.

Trémoulet, De la réforme hypothécaire. Villeneuve 1851.

Josseau, J. B., Le Crédit foncier de France. Son histoire, ses opérations, son avenir. Paris 1861.

— Traité du Crédit foncier, suivi d'un traité du crédit agricole et du crédit foncier colonial. 2. édit. revue et augm. Avec la collaboration de M. Michot. 2 tomes. Paris 1872.

Robert-Coutelle, Émile, Le Crédit foncier de France jugé par lui-même.
Paris 1890.

Mutermilch, Leonarb, Crédit foncier de France unb ſeine Bebeutung für ben
landwirtſchaftlichen Grunbcrebit in Frankreich. Leipzig (1893).

Caignault, Ernest, Les syndicats professionnels et la banque de France.
20. édit. Paris 1888.

Ducasse, Paul, Les banques agricoles par la mise en commun du droit de
chasse. Paris 1896.

(Italien.)

Sbrojavacca, L., Appunti di statistica e legislazione comparata sugli istituti
di credito fondiario. Roma 1884.

(Portugal.)

Vomarne, G., Le Crédit foncier Portugais au point de vue de la législation
comparée à celle du Crédit foncier de France. Précédé de la traduction
en français de la loi du 13 Juillet 1863 sur les sociétés de crédit foncier
et de crédit agricole. Lisbonne 1866.

(Rußlanb.)

Gegenſeitiger Boden‑Crebit‑Verein in Rußland. Statuten genehmigt mittelſt
Ukas d. d. St. Petersburg 1./13. Juni 1866, 20. Nov./2. Dez., unb
24. Nov./6. Dez. 1867. Berlin 1868.

Ungern‑Sternberg, C. Baron, Der Geſellſchafts‑Crebit u. bas Ilvlänbiſche
Crebit‑Syſtem. Korast 1867.

(Rieberlanbe.)

Statistiek van het grondcrediet in Nederland over de jaren 1876, 1877 en
1878. 's Gravenhage 1880.

(Japan.)

Mayet, P., Landwirthſchaftliche Verſicherung in organiſcher Verbinbung mit
Sparanſtalten, Bobencredit u. Schulbenablöſung. Vorſchläge zur Beſſerung
der Lage des Japaniſchen Landmanns im Auftrage bes Kaiſ. Japan.
Miniſteriums bes Innern. Tokyo 1888.

4. Stäbtiſcher Grunbbeſitz unb Grunbcrebit.

(Allgemeines.)

Vollmann, H., Der zinsfreie u. ber zinspflichtige Realcrebit für Land u.
Stabt ober Sichere Hülfe der Landwirthſchaft u. bem Hausbeſitz. Königs‑
berg 1894.

Unger, Th., Kommt ber Krach? Ein offenes Wort über die Grunbſtücks‑ u.
Häuſer‑Bau‑Spekulation in Hannover, als Beitrag zur Beleuchtung der
Immobilien‑Spekulation in großen Stäbten. Hannover 1894.

Eſchwege, Lubw., Privilegiertes Spekulantentum. Ein Beitrag zur Hypotheken‑
bankfrage. 2. Aufl. Berlin 1899.

Schmidt, Carl, Die Hypothekenbanken u. ber großſtäbtiſche Realcrebit unter
beſonberer Berückſichtigung der Entwürfe zum ſog. Bauhanbwerkerſchutz‑
Geſetz.*) Berlin 1899.

Burcharb, Johs., Theilſchulbverſchreibungen mit Realſicherheit. Berlin 1900.

---

*) Über Sicherung der Bauforberungen vergl. Cap. XXXVII: Crebit‑ u. Bankweſen.

(Deutschland im Allgemeinen.)

Schriften des Centralverbandes der Haus= u. städtischen Grundbesitzer = Vereine
Deutschlands. Hrsg. v. Wilh. Strauß. Leipzig 1890.

Frankenstein, K , Die Einrichtung der deutschen Hausbesitzer = Vereine zum
Besten ihrer Mitglieder. Mit einem Anhang: Der Centralverband der
Haus= u. städtischen Grundbesitzer=Vereine Deutschlands. Berlin 1896.

(Stolp, Herm.,) Begründung des Gesuches an die hohen deutschen Staats=
regierungen um Verleihung von Körperschaftsrechten u. des Rechts der
Ausgabe von Inhaber=Werthpapieren für eine zu errichtende Haus= u.
Wohnungs=Besitz=Genossenschaft oder Gehäuserschaft. Berlin = Charlotten=
burg 1891.

Günsburg, Franz, Deutscher Hausbesitzer=Kalender für d. J. 1892, 1896.
Berlin 1892, 96.

(Preußen.)

Satzungen der Gehäuserschaft „Eintracht". Berlin=Charlottenburg 1891.

Pfeil, L. Gf. v., Vortrag gehalten in dem Verein zur Wahrung der Interessen
des Grundbesitzes in Berlin am 26. XI. 1867. Berlin 1868.

Müller, Gust, Werth=Karte des Grundbesitzes in Berlin mit Rentabilitäts=
Berechnung u. Taxation der Gebäude u. Grundstücke. 2. verm. u. verb.
Aufl. Berlin 1881.

Paasche, Herm., Ueber die Entwicklung der Preise u. der Rente des Immo=
biliarbesitzes zu Halle a. S Halle a. S. 1877.

Steinbrück, Carl, Die Entwicklung der Preise des städtischen u. ländlichen
Immobiliarbesitzes zu Halle (Saale) u. im Saalkreise. Halle a. S. 1890.
— Dasselbe. Jena 1900.

(Sachsen.)

Förster, Oskar, Vorschläge zur Errichtung einer städtischen Vereins=Hypotheken=
bank für das Königr. Sachsen. Oschatz 1856.

(Haustein, Herm. Th.,) Ein Vorschlag zur Erleichterung des Hypothekar=
Credits auf Grund der gesetzlichen Bestimmungen über das Hypotheken=
wesen im Königr. Sachsen, zunächst für Städte. Zwickau 1863.
— Handfesten zur Erleichterung des Hypothekar=Credits zunächst für Städte
des Königr. Sachsen. 2. vervollst. u. verb. Aufl. Chemnitz 1868.

Der Sächsische Hausbesitzer. Hilfs= u. Rechtskalender für d. J. 1891, 1892.
Dresden.

Müller, Gust., Karte zur Berechnung des Grund= u. Bodenwerts in Leipzig
u. den umliegenden Ortschaften. Jahrg. 1. Leipzig 1890.

Fritzsche, Gust., Der Grundbesitz in Leipzig nach seiner Besteuerung u. gegen=
wärtigen Lage. Leipzig 1891.

(Baden.)

Conrad, M., Die Entwicklung der Häuserpreise in Freiburg i. Br. während
der letzten 100 Jahre. Jena 1881.

(Hessen.)

Nagel, Aug., Zur Geschichte des Grundbesitzes u. des Credits in oberhessischen
Städten. Gießen 1883.

Verein für gemeinnützigen Grunderwerb. Erster und zweiter Jahresbericht.
Worms 1892, 1893.

(Bremen.)

Gildemeister, Joh. Frdr., Zwo Abhandlungen aus dem Handfesten- u. dem Pfand=Rechte der Reichsstadt Bremen. Bremen 1794.

Miller, Bernh., Mittheilungen ... über die Einrichtung der Handfesten in Bremen. o. O. u. J.

(Oesterreich=Ungarn.)

Statistische Nachweisungen über den Zinsfuß der Hypothekar=Darlehen in den im Reichsrathe vertretenen Königreichen u. Ländern i. J. 1879. Wien 1881.

Schwarz, Paul, Grundwerthe der einzelnen Bezirke Wiens i. d. J. 1860 bis 1899. Wien 1900.

(Schweiz.)

Trefzer, Fritz, Die Grundpreise in der Stadt Bern. Basel 1894.

Salabin, Valentin Fr., Liegenschaftsverkehr u. Hypothekarkredit im Wirtschafts- u. Hotelgewerbe der Stadt Basel 1875—98. Basel 1900.

(Rußland.)

Die Erbebücher der Stadt Riga. 1384—1579. Bearb. von J. G. L. Napiersky. Riga 1888.

IV. Das Personal der Landwirthschaft, seine Lage u. seine Interessen.
A. Agrarpolitik im Allgemeinen.
1. Der Staat u. der Landbau.

(Umfassende Darstellungen.)

Roscher, Wilh., Nationalökonomik des Ackerbaues u. der verwandten Ur= productionen. 9. Aufl. Stuttgart 1878. (Bd. 2 des „Systems der Volkswirthschaft".*)

Meitzen, Aug., Agrarpolitik im engeren Sinne. Landeskultur u. Gesetzgebung. Tübingen 1882.

Walcker, Karl, Landwirthschaftspolitik mit besonderer Berücksichtigung der landwirthschaftlichen Krisis. Leipzig 1883. (Bd. 2 des „Handb. der Nationalökonomie".)

Inama=Sternegg, C. Th. v., Studien über Landwirthschaftspolitik. Stutt= gart o. J.

Buchenberger, Ad., Agrarwesen u. Agrarpolitik. 2 Bde. Leipzig 1892, 93. (Hptabthlg. III, 2 des „Lehr= u. Handbuchs der polit. Oekonomie, hrsg. v. Ad. Wagner".)

Ruhland, G., Leitfaden zur Einführung in das Studium der Agrarpolitik. Berlin 1894.

Buchenberger, A., Grundzüge der deutschen Agrarpolitik unter besonderer Würdigung der kleinen u. großen Mittel. Berlin 1897.

Brentano, Lujo, Agrarpolitik. Tl. I.: Theoretische Einleitung in die Agrar= politik. Stuttgart 1897.

Agrarisches Handbuch. Berlin 1898.

Golz, Th. Frhr. v. d., Vorlesungen über Agrarwesen und Agrarpolitik. Jena 1899.

Kautsky, Karl, Die Agrarfrage. Eine Uebersicht über die Tendenzen der modernen Landwirthschaft und die Agrarpolitik der Sozialdemokratie. Stuttgart 1899.

---

*) Vgl. überhaupt die Lehrbücher der Nationalökonomie, Cap. XXVIIIb unter IV.

(Einzeldarstellungen, insbef. Deutschland im Allgem. betr.)

Binkes, Franciscus, De agriculturae prae mercatura apud Romanos favore. Lugduni Batavorum 1819.

Küchler, Ludw., Die Vorzüge des ackerbautreibenden Staats, nebst den wesent= lichsten Mitteln zu dessen Begründung u. Vervollkommnung. Gießen 1823.

Bernhard, Joh. Christoph, Vorschläge zu einer wirthschaftlichen Polizei der Dörfer. Stuttgart o. J.

Nagel, Heinr. v., Landesverschönerung u. Landesverbesserung. München 1831.

Humanus, Ueber Landesverschönerung als Gegenstand der Staatsvorsorge. Augsburg 1831.

Petersen, Aug., Beantwortung der jetzt wichtigen Frage: Ob u. wie dem Landbaue ... mehrere Freiheiten zu geben u. diese mit den mannigfachen Verhältnissen im innern Staatsleben zu vereinigen sind? Göttingen 1831.

Bülau, Frdr., Der Staat und der Landbau. Leipzig 1834.

Pecqueur, C., Économie sociale. Des intérêts du commerce, de l'industrie et de l'agriculture. 2 tomes. Paris 1839.

Joigneaux, P., Organisation du travail agricole. Paris 1848.

Kerambrun, René, De l'organisation du travail agricole. (Agriculture, banques agricoles etc.) Paris 1848.

Schneer, Alex., Was verlangt der deutsche Landmann im gegenwärtigen Zeit= punkt? Breslau 1848.

Cador, L., Subsistances et populations. Paris 1850.

Block, Maurice, Des charges de l'agriculture dans les divers pays de l'Europe. Paris 1851.

Borie, Victor, L'agriculture et la liberté. Paris 1866.

Fraas, Karl, Die Ackerbaukrisen u. ihre Heilmittel. Ein Beitrag zur Wirth= schaftspolitik des Ackerbauschutzes. Leipzig 1866.

Löbe, William, Der Nothstand der Landwirthe u. die Mittel zu dessen Ab= hilfe. Stuttgart 1867.

Leisewitz, Carl, Die Landwirthschaft unter dem Einflusse des in Norddeutschland herrschenden Steuersystems. Berlin 1872.

Löll, L., Die Grundrente, die preußische u. bayerische Grundsteuer. Würz= burg 1872.

Ein Wort zur Landwirthschafts=Politik. Halle 1872.

Birnbaum, K., Kann eine Ueberbürdung des Grundbesitzes u. der landwirth= schaftlichen Gewerbe mit Steuern u. Abgaben nachgewiesen werden oder nicht? Leipzig 1872.

Mohl, Mor., Ein Wort zur agrarischen Frage, anknüpfend an den Bestand u. Beruf der württembergischen Centralstelle für Landwirthschaft. Stutt= gart 1875.

Franz, Herm., Der deutsche Landbau, seine Vergangenheit u. seine gegenwärtige Lage im Industrie= u. Handelsstaat. Weimar 1875.

Vogel, Aug., Einige Ansprüche des Landbaues auf Steuer= u. Zollentlastung. Berlin 1876.

Stöpel, F., Landwirthschaft und Industrie. Zur Würdigung der agrarischen Bestrebungen. Frankfurt a. M. 1876.

Gemmingen=Guttenberg, Frhr. Ludw. v., Die Landwirthschaft u. die nationale Wirthschaftspolitik in Deutschland. Heidelberg 1879.

Schramm, C., Der Nothſtand der Landwirthſchaft, ſeine Urſache u. ein Mittel zur Abhülfe. Aarau 1881.

Wirth, Max, Die Kriſis in der Landwirthſchaft und Mittel zur Abhülfe. Berlin 1881.

Schäppi, J., Handwerk, Kleingewerbe u. Landwirthſchaft in ihrer gegenwärtigen Bedrängniß u. Mittel zur Abhülfe. Zürich 1882.

Jäger, Eug., Die Agrarfrage der Gegenwart. 4 Bde. Berlin 1882, 84, 88, 93.

Ruhland, G., Agrarpolitiſche Verſuche vom Standpunkt der Socialpolitik. Tübingen 1883.

Boldt, Otto, Die agrariſchen Fragen der Gegenwart nebſt Vorſchlägen für die Preußiſche Agrarpolitik. Berlin 1883.

Hornstein=Binningen, Herm. Frhr. v., Die Urſache der gegenwärtigen Lage der Landwirthſchaft u. über die Mittel zur Verbeſſerung derſelben. 2. Aufl. Stuttgart 1883.

Nordmann, H., Der ländliche Grundbeſitz, ſeine Lage u. ſeine Bedeutung. Berlin 1884.

Gerdolle, H., La crise agricole et les sociétés d'agriculture. Leipzig 1884.

Gaal, Eugène de, La crise agricole. Rapport devant être présenté au Congrès Agricole de Budapest. Budapest 1885.

Stöpel, Franz, Der Grundbeſitz mit beſonderer Beziehung auf deſſen Lage in Deutſchland. Grundzüge einer rationellen Agrarpolitik. Leipzig 1885.

Zbinden, Fritz, Aus gedeihlicher Landwirthſchaft erwächſt blühende Induſtrie. Ueberſ. von Rob. Ringger. Zürich 1885.

Calberla, G., Die landwirthſchaftliche Nothlage. Vorſchläge zu ihrer Beſeitigung. Dresden 1885.

Pinder, R., Zur Kriſis des Grundbeſitzes. Wien 1885.

Freudenſtein, Guſt., Landwirthſchaftliche Fragen der Gegenwart. Minden i. W. 1886.

Golz, Th. Frh. v. d., Die Landwirthſchaftslehre u. die jetzige Kriſis in der deutſchen Landwirthſchaft. Berlin 1886.

Frege=Abtnaundorf, v., Die Stellung der deutſchen Landwirtſchaft zur nationalen Wirtſchaftspolitik. Altenburg 1886.

Küster=Fürſtenwalde, A., Die Urſachen u. die Bekämpfung der landwirthſchaftlichen Nothlage. Berlin (1886).

Tſchammer=Dromsdorf, Baron, Wie kann die deutſche Landwirthſchaft erhalten werden? Berlin 1886.

Reiſenbichler, G. F., Die Rettung der Landwirthſchaft u. des Bauernſtandes durch Staats= und Eigenhilfe. Jena 1886.

Wehberg, H., Was will die deutſche Land=Liga? Berlin (1886).

Erdmann, G., Vorſchläge zur Beſeitigung unſeres landwirtſchaftlichen und ſozialen Notſtandes. 2. verm. u. verb. Aufl. Oranienburg 1886.

Lucke, C., Die berechtigten Forderungen der deutſchen Landwirthſchaft. 2. Aufl. Frankfurt a. M. 1887.

Platzmann, Albert, Die Urſachen der landwirthſchaftlichen Kriſis u. einige Mittel zu deren Linderung. Dresden 1887.

Buchenberger, A., Zur landwirthſchaftlichen Frage der Gegenwart. Leipzig 1887.

Mayer, Ad., Zur Begründung von Schutzzöllen in Sonderheit für die Land= wirthschaft. Heidelberg 1888.

Faßbender, Martin, Die Bauernvereine u. die Lage der Landwirthschaft. Paderborn 1888.

Mahraun, H., Der landwirthschaftliche Nothstand, seine Gründung u. seine Heilung. Berlin 1889.

Miaskowski, Aug. v., Agrarpolitische Zeit= u. Streitfragen. Leipzig 1889.

Puz, H., Radikale Mittel zur Beseitigung der gegenwärtigen Notlage der Landwirthschaft. Passau 1889.

Petry, Emil Fr. Th., Auf welche Weise kann die Volksschule zur Hebung der Landwirtschaft beitragen? Leipzig (1889).

Magnus = Matzdorf, Frhr. v., Zur Beseitigung der landwirthschaftlichen Nothlage. Berlin 1890.

Jürgensohn, Wilh., Schutz dem Mittelstande! Ein Wort für die Erhaltung u. Kräftigung des Bauernthums. Wien 1890.

Demeaux, Louis, Der deutschen Landwirthschaft Nothlage u. die Mittel zu ihrer Abhülfe. Osterwieck/Harz 1890.

Lieres, Th. v., Seid einig, deutsche Bauern, einig, einig! Breslau 1891.

Richter, Stefan, Die sociale Frage in der Landwirthschaft. Prag 1891.

Selchow = Rudnick, C. v., Organisationsplan für die Arbeit der Landwirth= schaft. Berlin 1891.

Kardoff = Wabnitz, Wilh. v., Die deutsche Landwirthschaft u. ihre Zukunft. Berlin 1891.

Seifert, A., Die Brot=, Noth= u. Zollfrage und die Lage der Landwirthe. Leipzig 1891.

Coester, Osk. v., Der Agrarier. Breslau 1891.

Zadow = Alt = Buhrow, v., Der alte u. der neue Curs. Berlin 1892.

Gottlieb, Was haben die Landwirthe zu thun, um in der heutigen Zeit der Bedrängniß leistungsfähig zu bleiben? Prenzlau 1892.

Ruhland, G., Über die Grundprinzipien aktueller Agrarpolitik. Tübingen 1893.

Stabbert = Parkitten, Fr. v., Was können die deutschen Landwirthe thun, um sich über Wasser zu halten? Allenstein (1893).

Dietz, Heinr., Wer hilft dem Bauernstande? Stuttgart 1893.

Glantz, E., Ein Wort an Bürger und Bauern! Für den Bund der Land= wirthe. Güstrow 1893.

Grabowsky, Gegen die agrarische Bewegung. Berlin 1893.

Der Kongreß der Lebensmittelverteuerer. (Berlin 1893.)

Freisinnige Denunziationen gegen den deutschen Bauern=Bund. (Berlin 1893.)

Tholuck, Hans, Der Bund der Landwirthe, seine Freunde u. Feinde. Ent= stehungsgeschichte, Zweck u. Satzungen desselben, nebst Aufruf des Herrn Ruprecht = Ransern und den grundlegenden Ausführungen des Herrn von Ploetz=Döllingen. Berlin 1893.

Ploetz, v., Wollen wirklich die Landwirte sich aufraffen? (Berlin 1893.)

Schrader, R., Was ist jedes deutschen Landwirths Pflicht, um seinen eigenen Herd u. sein Vaterland zu erhalten? (Zechlau 1893.)

Stimmen aus dem agrarischen Lager. Aufsätze u. Reden gesammelt vom Bund der Landwirthe. Heft 1—6. Berlin 1896 flg.

Scholz, D., Offener Brief an den Bund der Landwirthe. Dresden 1893.

4

Der Bund der Landwirte. (Berlin 1893.)

Baring, J., Die Vereinigung der Agrargruppen. (Berlin 1893.)

Die jüngsten Bewegungen in den landwirthschaftlichen Kreisen. (Berlin 1893.)

Der 18. Februar in Berlin. Berlin 1893. (Gründung des deutschen Bauern=
    bundes.)

Pogge=Dammwolde, Der Bund der Landwirthe. Güstrow 1893.

Bauernfreund, Ferd., Eine Muster=Partei oder die Bauernbündler unter
    sich. Augsburg 1896.

Zuns, Jul., Nicht abgeschickte Petition an den hohen Reichstag behufs Ver=
    anlassung einer Agrar=Enquête. 2. verm. Aufl. Frankfurt a. M. 1894.

Wilbrandt, C., Die agrarische Frage. Berlin 1894.

Sohnrey, Heinr., Der Zug vom Lande u. die soziale Revolution. Leipzig
    1894.

Skatzynski, Witold v., Die Agrarkrisis und die Mittel zu ihrer Abhilfe.
    Berlin 1894.

Mancke, Walther, Ein Kompromiß des Agrarstaats mit dem Industriestaat.
    Berlin 1894.

Platzmann, Die wahren Ursachen der jetzigen Krisis am Produktenmarkt
    u. über einige Mittel, den landwirthschaftlichen Betrieb dagegen zu schützen.
    Dresden 1894.

Schweder, M. H., Warum leidet unser Nährstand, was bedroht unsern Wehr=
    stand u. wie ist beiden zu helfen? Berlin 1894.

Ruhland, G., Agrarpolitische Leistungen des Herrn Prof. Dr. Lujo Brentano
    oder die alte u. die neue Schule kritisch beleuchtet. München 1894.

Goltz, Th. Frhr. v. d., Die agrarischen Aufgaben der Gegenwart. Jena 1884.

Die Noth der Landwirthe. Braunschweig 1894.

Die Agrarconferenz vom 28. Mai bis 2. Juni 1894. Bericht über die Ver=
    handlungen. Berlin 1894.

Ruhland, G., Die Agrarfrage u. das internationale Großkapital. Wien 1895.

Insel, A., Die Krisis im landwirthschaftlichen Gewerbe u. unsere „nothleidende"
    Krautjunkerschaft. Leipzig (1895).

Rößler, Constantin, Eine Weltkrisis u. ihre Aerzte. Berlin 1895.

Ruhland, G., Die internationale Nothlage der Landwirthschaft, ihre Ursache
    u. die Mittel zu ihrer Abhülfe. Berlin 1895.

Fraissinet, Edm., Hilfe gegen die wirtschaftliche Notlage durch günstigere
    Verteilung der Bevölkerung. Dresden 1895.

Beyme=Ottendorf, Wie ist der landwirthschaftlichen Nothlage abzuhelfen, ohne
    Aenderung der jetzigen Zollgesetze? Berlin 1895.

Klapper, Edmund, An den deutschen Kaiser. Ein Wort über Bauernnoth
    u. Fürstenpflicht. Berlin 1895.

Ausschuß für Wohlfahrtspflege auf dem Lande. Aufruf! (Zur Besserung
    der wirtschaftlichen u socialen Zustände ꝛc.) (Berlin 1896.)

Blondel, Georges, Études sur les populations rurales de l'Allemagne et la
    crise agraire. Avec la collaboration de Charles Brouilhet, Édouard
    Julhiet etc. Paris 1897.

Pichler, F., Zur Agrarfrage der Gegenwart. Berlin 1897.

Ländliche Wohlfahrtseinrichtungen. Freiburg i. B. 1898.

Böhmert, Victor, Die Wohlfahrtspflege auf dem Lande. Dresden 1898.

Pichler, Franz Ser., Centrum u. Landwirthschaft. Köln 1898.

La question agraire en Allemagne et en France. Paris 1898. (Referat über einen Vortrag von G. Blondel.)

Pohlman, Ad., Die Not der deutschen Landwirtschaft u. die Bodenreform. Berlin 1899.

Hertz, Frdr. Otto, Die agrarischen Fragen im Verhältnis zum Socialismus. Mit einer Vorrede von Ed. Bernstein. Wien 1899.

Jentsch, Carl, Die Agrarkrisis. Besteht eine solche, und worin besteht sie? Leipzig 1899.

Tschierschky, S., Die deutsche Agrarfrage. Göttingen 1900.

Lotz, Walther, Der Schutz der deutschen Landwirthschaft u. die Aufgaben der künftigen deutschen Handelspolitik. Berlin 1900.

Heitz, E., Das Interesse der Landwirthschaft an den Handelsverträgen. Berlin 1900.

Albert=Biebrich, Heinr., Die Zukunft der deutschen Landwirtschaft. Berlin 1901.

Schwerin=Tarnowitz, Friedr. Ernst v., Die Altersversorgung des Landwirts durch Lebensversicherung u. durch Selbstversicherung. Berlin 1901.

(Preußen.)

Ucke, Arnold, Die Agrarkrisis in Preußen während der zwanziger Jahre dieses Jahrhunderts. Halle 1888.

Brentano, Lujo, Die Agrarreform in Preußen. Berlin 1897.

Lewy, Alex., Zur Genesis der heutigen agrarischen Ideen in Preußen. Stuttgart 1898.

Wussow, v., Die gegenwärtige Nothlage der Landwirthschaft in Westpreußen u. der Bund der Landwirthe. Graudenz 1895.

Gothein, Eberh., Agrarpolitische Wanderungen im Rheinland. Berlin 1896.

(Württemberg.)

Boßler, O., Die gegenwärtige Lage der Landwirthe Württembergs. Stuttgart 1866.

(Baden.)

Ergebnisse der Erhebungen über die Lage der Landwirthschaft im Grhrzth. Baden 1883. (Karlsruhe 1884.)

Ergebnisse der Erhebungen ꝛc. Auszug aus der (vorhergehenden) amtlichen Darstellung. Karlsruhe 1884.

Agrarpolitische Aufsätze. Ein Beitrag zur Badischen Agrarpolitik. Heidelberg 1896.

(Oesterreich=Ungarn.)

Grünberg, Karl, Studien zur österreichischen Agrargeschichte. Leipzig 1901.

Schiff, Walter, Oesterreichs Agrarpolitik seit der Grundentlastung. Band 1. Tübingen 1898.

Scheimpflug, Carl, Die österreichischen Regierungsvorlagen betr. die Errichtung von Berufsgenossenschaften der Landwirthe u. die Errichtung von Rentengütern. Wien 1895.

Beantwortung der seitens der Abgeordneten Hauck, Dötz u. Gen. ... gestellten Interpellationen, betr. ... die Bestellung landwirthschaftlicher Beiräthe bei den einzelnen k. u. k. Botschaften ... durch den Ackerbauminister Gf. Ledebur. Wien 1896.

Simitsch, Alfr., Reichsritter v. Hohenblum, Das zoll- u. handelspolitische
  Agrarprogramm der Oesterreichischen Centralstelle zur Wahrung der land-
  u. forstwirtschaftlichen Interessen. Prag 1900.
Grabmayr, Karl v., Die Agrarreform im Tiroler Landtag. Meran 1896.
Unsere Agrarbewegung und der Bund der deutschen Landwirte Böhmens.
  Prag 1900.
Tisza, Stefan v., Ungarische Agarpolitik. Leipzig 1897.

(Frankreich.)

Meyer, R., et G. Ardant, La question agraire. Étude sur l'histoire politique
  de la petite propriété! Paris 1887.
La question agraire en Allemagne et en France. Paris 1898. (Referat über
  einen Vortrag von G. Blondel.)
Darbot, L'agriculture et les questions sociales. Paris 1899.

(Belgien.)

Steffens-Frauweiler, Hans Frhr. v., Der Agrarsozialismus in Belgien.
  Stuttgart 1900.

(England.)

Hope, George, Hindrances of agriculture. Edinburgh 1870.
Recess studies. Edited by Sir Alexander Grant. Edinburgh 1870. (Irische
  Landfrage.)
Roß, O. C. Dalhousie, Der Niedergang der Landwirthschaft u. des Handels,
  seine Ursachen und seine Abwehr. Deutsch von G. Zoepprih, jr.
  Stuttgart 1886.
Allard, Alph., Étude sur la crise agricole, commerciale et ouvrière et ses
  causes monétaires en Angleterre. Bruxelles 1888.
Faber, Rich., Die Entstehung des Agrarschutzes in England. Straßburg 1888.
Smith, Charles W., Der Ruin der Landwirthschaft Uebers. von Gf. Arnim-
  Muskau. Berlin (1896).
Final report of Her Majesty's Commissioners appointed to inquire into the
  subject of agricultural depression. London 1897.
Channing, Francis Allston, The truth about agricultural depression. London
  1897.
Métin, Albert, La question agraire en Austrialie ot en Nouvelle-Zélande.
  2 Parties. Paris 1901.

2. Der Landwirth als Staatsbürger.

Schneer, Alex., Was verlangt der deutsche Landmann im gegenwärtigen
  Zeitpunkt? Breslau 1848.[*])
Lippe-Weißenfeld, Armin Gf. zur, Der Landwirth in Bezug auf Familie,
  Gemeinde, Kirche u. Staat. Leipzig 1863.
Braun, F., Der Landwirth als Staatsbürger.[**]) Danzig 1870.
Plahmann, A., Welche berechtigte Forderungen dürfen die Landwirthe an
  ihre Vertreter im Landtage stellen? (Dresden 1885.)
Thirion, E., La politique au village. Paris 1896.
Thring,—Bear, Will. E.,—Batson, H. M., The rural voter. I—III.
  London 1892.

---

[*]) s. auch unter III, A, 4: Lasten des Grundeigenthums.
[**]) s. auch unter II: Landwirthschaftliche Gesetzgebung.

B. Die einzelnen Klassen.

1. Großgrundbesitzer und Pächter. Wirthschaftsbeamte.

(Vergl. auch oben III, A. 4: Lasten des Grundeigenthums, u. Abth. B der Bibliothek, Cap. XII: Staats- u. Gesellschaftslehre, unter IV, 7, b: Aristokratie.)

a) Großgrundbesitzer.

(In Deutschland im Allgemeinen.)

Inama-Sternegg, K. Th. v., Sallandstudien. Tübingen 1889.

Anton, Karl Gottlob, Ueber die Rechte der Herrschaften auf ihre Unter-thanen u. deren Besitzungen. Leipzig 1791.

Münchhausen, Ph. A. F. v., Ueber Lehnherrn u. Dienstmann. Leipzig 1793.

Weber, Frdr. Benedict, Oekonomisch-juristische Abhandlung über die Ritter-güter, deren Eigenschaften, Rechte, Freiheiten u. Befugnisse in Deutschland. Leipzig 1802.

Geßner, W., Geschichtliche Entwicklung der gutsherrlichen u. bäuerlichen Ver-hältnisse Teutschlands, von ihrem Ursprunge bis auf die jetzige Zeit. Berlin 1820.

Weichsel, Ferd. Frbr., Rechtshistorische Untersuchungen, das gutsherrlich-bäuerliche Verhältniß in Deutschland betreffend. Bremen 1822.

Grävell, M. C. F. W., Der Baron und der Bauer, oder das Grund-besitzthum. Leipzig 1840.

Pfeiffer, B. W., Das deutsche Meierrecht nach seiner rechtlichen Begründung u. dermaligen Gestaltung. Kassel 1848.

Knapp, Georg Frbr., Grundherrschaft u. Rittergut. Leipzig 1897.

Below, Georg v., Territorium und Stadt. München 1900.

Wittich, Werner, Die Grundherrschaft in Nordwestdeutschland. Leipzig 1896.

Hesse, Rich., Entwicklung der agrar-rechtlichen Verhältnisse im Stifte, späterem Herzogtum Verden. Jena 1900.

Lubloff, Rud., Ueber Domänen-Veräußerungen. Leipzig 1879.

(Preußen.)

Großmann, Frdr., Ueber die gutsherrlich-bäuerlichen Rechtsverhältnisse in der Mark Brandenburg vom 16. bis 18. Jahrhundert. Leipzig 1890.

Königl. Botschaft an die zur Vereinbarung der preußischen Staats-Verfassung berufene Versammlung. Gegeben Sanssouci, den 10. Juni 1848. (Be-trifft Aufhebung der Lehnsherrlichkeit ꝛc.)

Die Artikel 34 und 35 des Preußischen Verfassungs-Entwurfs über die Auf-hebung der Lehen u. Familien-Fideicommisse. Berlin 1848.

Zweiter Bericht . . . über den Antrag des Abg. Hanow, betr. die Einstellung der schwebenden Verhandlungen behufs Regulirung der gutsherrlichen u. bäuerlichen Verhältnisse u. Dienst-Ablösungen. Berichterstatter: Abg. Maaß. Berlin 1848.

Rechtliche Bedenken über das in der National-Versammlung vom 20. Juni 1848 proponirte von Patow'sche Promemoria betr. . . die zeitgemäße Reform der guts- u. grundherrlichen Verhältnisse ꝛc. Münster 1848.

Henckel-Donnersmarck, Leo Amadeus Gf., Reform des Adels, überhaupt des Erbganges im ländlichen Grundbesitz. Berlin 1868.

Verordnung, daß adelige Güter an Personen bürgerlichen Standes, ohne Sr. Königl. Majestät Höchsteigenen Consens nicht verkauft, auch diese bürger=lichen Eigenthümer verschiedene Rechte in Ansehung dieser adeligen Güter nicht genießen sollen. De Dato Berlin, den 18. Febr. 1775.

Edict, daß in Südpreußen adelige Güter, ohne specielle Concession von keinen andern, als wirklich Adeligen erblich besessen werden sollen. Posen (1793).

Knothe, Herm., Auskaufungen von Bauergütern in der Oberlausitz. o. O. u. J.

Niendorf, M. Ant., Die Rittergüter der östlichen Provinzen. Ihre historische Entstehung, Entwicklung ꝛc. Berlin 1871.

(Sachsen.)

Haun, Frdr. Johs., Bauer und Gutsherr in Kursachsen. Schilderung der ländl. Wirtschaft u. Verfassung im 16., 17. u. 18. Jahrhundert. Straßburg 1892.

Otto, Viktor, Das Recht der Lehngüter in den Erblanden des Königr. Sachsen. Leipzig 1888.

(Andere deutsche Staaten.)

Das Grundeigenthum des Adels in Schwaben u. die Maximen der Umwälzung. Teutschland 1818.

Reinecke, A., Die Zoberbrüderschaft in Groß=Leinungen. o. O. 1876.

Balck, C. W. A., Domaniale Verhältnisse in Mecklenburg=Schwerin. Bd. 1. Wismar 1864.

Die Epigonen der Raubritter. Stuttgart 1894.

Schmidt, Charles, Les seigneurs, les paysans et la propriété rurale en Alsace au moyen age. Préface de M. Ch. Pfister. Paris 1897.

(Oesterreich.)

Schulhof, Jos., Staatsgüter und Großgrundbesitz in der österreichischen Monarchie. Wien 1862.

Günther, Franz, Der oesterreichische Großgrundbesitzer. Wien 1883.

— Vergangenheit, Gegenwart, Zukunft des österreichischen Großgrundbesitzers u. Güterbeamten. Wien 1900.

Krafft, Guido, Ein Großgrundbesitz der Gegenwart. Monographische Skizze der Besitzungen des Fürstenhauses Schwarzenberg in Böhmen. Wien 1872.

(Komers, A. E. Ritter v.,) Skizzen über die Verwaltungsorganisation von Großgrundbesitz=Complexen in Böhmen. Prag 1873.

Jechl, J. H., Der böhmische Großgrundbesitz. Prag 1874.

Bochenski, Ad., Beitrag zur Geschichte der gutsherrlich=bäuerlichen Verhältnisse in Polen. Krakau 1895.

(Rußland.)

Engelhardt, Herm. Frh. v., Beitrag zur Entstehung der Gutsherrschaft in Livland während der Ordenszeit. Leipzig=R. 1897.

Transehe=Roseneck, Astaf v., Gutsherr u. Bauer in Livland im 17. u. 18. Jahrhundert. Straßburg 1890.

Rakowski, Kasimir v., Entstehung des Großgrundbesitzes im 15. u. 16. Jahr=hundert in Polen. 2. Aufl. Posen 1899.

(England.)

Andrews, Charles McLean, The old english manor. Baltimore 1892.

Noakes, John, The right of the aristocracy to the soil considered. London 1847.

Sandwith, Humphry, The land and landlordism. 2. ed. London 1873.

Brodrick, George C., English land and english landlords. An enquiry into the origin and character of the english land system, with proposals for its reform. London 1881.

Blackie, John Stuart, The Scottish highlanders and the land laws. London 1885.

Rogers, J. E. Thorold, The history of rent in England. (London 1890.)

b) Pächter.

(Bennigsen, Rud. Chr. v.,) Oekonomisch=juristische Abhandlung vom Pacht u. Verpacht der Güter. 2 Theile. Leipzig 1759, 61.

Der wahre Grund der wider die Pachtsteigerung und Abkündigung der Güter ergangenen Landesgesetze in Teutschland. Hanau 1767.

Kletke, G. M., Rechtsverhältnisse zwischen Verpächtern u. Pächtern insbesondere bei der Pacht von Landgütern. Berlin 1866.

Blomeyer, Ab., Pachtrecht u. Pachtverträge. Berlin 1873.

Staas, W., Die Wirthschaftsverträge der Grundbesitzer. Frankfurt a. O. 1873.

Rabe, Otto, Die volkswirtschaftliche Bedeutung der Pacht. Berlin 1891.

Berghoff=Ising, Franz, Die Entwicklung des landwirthschaftlichen Pacht= wesens in Preußen. Leipzig 1887.

Mejer, Otto, Ueber die rechtliche Natur der schleswig=holsteinischen bäuerlichen Zeitpacht. Rostock 1874.

Preser, Carl, Pacht, Pachtrecht und Pachtvertrag über größere Landgüter in Oesterreich. Prag 1880.

Baer, William E., The relations of landlord and tenant in England and Scotland. London 1876.

Howard, James, The tenant farmer: Land laws and landlords. London 1897.

Pilling, William, Order from chaos. A treatise on land-tenure. London 1886.

Nisbet, J., Land tenure in Ireland. Edinburgh 1887.

Montgomery, Will. Ernest, The history of land tenure in Ireland. Cambridge 1889.

Report of the government of Bengal on the proposed amendment of the law of landlord and tenant in that province. 2 vols. Calcutta 1883.

The report of the Rent Law Commission, with the draft of a bill to consolidate and amend the law of landlord and tenant within the territories . . . of Bengal. 2 vols. Calcutta 1883.

c) Wirthschaftsbeamte.

Orth, Albert, Zur Förderung der Landwirthschafts=Beamten. Berlin 1890.

Suchsland, Karl, Das Recht der landwirthschaftlichen Beamten . . . in allen Bundesstaaten des Deutschen Reiches. Berlin 1895.

2. Bauern.

(Alterthum.)

Savigny, F. K. v., Ueber den römischen Colonat. Stuttgart 1835.

Heisterbergk, Bernh., Die Entstehung des Colonats. Leipzig 1876.

Bortaguolli, La colonia parziaria. Roma 1877.

Waaser, Max, Die colonia partiaria des römischen Rechts. Berlin 1885.

Esquiros, Alphonse, Les paysans. Paris 1871.

(Deutſchland.)

Bartels, Ad., Der Bauer in der deutſchen Vergangenheit. Leipzig 1900.

Meyer, Chriſtian, Die geſchichtlichen Grundlagen des heutigen deutſchen Bauernſtandes. Hamburg 1892.

— Zur Geſchichte des deutſchen Bauernſtandes. Berlin 1878.

Lamprecht, Karl, Das Schickſal des deutſchen Bauernſtandes bis zu den agrariſchen Unruhen des 15. u. 16. Jahrhunderts. (Berlin 1886.)

Ropp, G. Frhr. v. der, Socialpolitiſche Bewegungen im Bauernſtande vor dem Bauernkriege. Marburg 1899.

Allmers, Rob., Die Unfreiheit der Frieſen zwiſchen Weſer u. Jade. Stuttgart 1896.

Lamprecht, Die Entwicklung des rheiniſchen Bauernſtandes während des Mittelalters u. ſeine Lage im 15. Jahrhundert. Trier 1887.

Danneil, Frdr., Beitrag zur Geſchichte des magdeburgiſchen Bauernſtandes. 2 Tle. Halle a. S. 1896, 98.

Löwe, Fritz, Die rechtliche Stellung der fränkiſchen Bauern im Mittelalter. Würzburg 1888.

Hagelſtange, Alfr., Süddeutſches Bauernleben im Mittelalter. Leipzig 1898.

(Wirthſchaftliches. — Deutſchland i. Allg.)

Die Vereinzelung der menſchlichen Wohnſitze auf dem Lande. (Stuttgart 1844.)

Rau, K. H., Über das minimum eines Bauernguts. (Heidelberg 1851.)

Möhrlein, Fritz, Die Volkswirthſchaft im Bauernhofe. Ravensburg 1873.

Wohin hat der Liberalismus den Bauernſtand geführt? Hagen i. W. 1882.

Stolp, Herm., Die Begründung u. Erhaltung des Bauernſtandes. Berlin 1878.

Schönfeld, Otto, Die Volkswirthſchaft im Bauernhofe. Wriezen 1879.

Knebel, E. C., Des Kleinbauern Nothruf an die Staatsregierung. Trier 1882.

Bäuerliche Zuſtände in Deutſchland. Berichte veröffentlicht vom Verein für Socialpolitik. 3 Bde. Leipzig 1883.

Arco=Zinneberg, Gf. Ludw. zu, Die Erhaltung des Bauernſtandes. Ein Reformprogramm. Bearbeitet von G. Ratzinger. Freiburg i. Br. 1883.

Wiſſer, F., Ueber Lage und Verhältniſſe des ländlichen Grundbeſitzes unter Bezugnahme auf die Berichte des Vereins für Socialpolitik über die bäuerlichen Zuſtände Deutſchlands. Gotha 1883.

Berichte über die bäuerlichen Beſitz= und Wohlſtands=Verhältniſſe, erſtattet von den landwirthſchaftlichen Vereinen. Berlin 1888.

Mueller, Die Lage des ländlichen Grundbeſitzes in Deutſchland. Berlin 1884.

Witt, N. M., Die bäuerlichen Zuſtände in Deutſchland. Berlin 1884.

Preſer, Karl, Die Erhaltung des Bauernſtandes und die Grundeigenthumsfrage. Prag 1884.

Köhl, Karl, Die Bauernfrage. Würzburg 1884.

Jöſting, Heinr., Die Bedeutung der Bauerngüter für Volks= u. Staatsleben. Osnabrück 1885.

Stolp, Herm., Die Begründung und Erhaltung des Bauernſtandes, oder die neue geſetzliche Regelung des landwirthſchaftlichen Kleingrundbeſitzes auf genoſſenſchaftlichem Wege u. im Geiſte der Sozial=Reform. Berlin 1887.

Göler, Ernſt Aug. v, Die ſittlichen und ſozialen Notſtände auf dem Lande u. die innere Miſſion. Heilbronn 1889.

(Gebhardt, H.,) Zur bäuerlichen Glaubens= und Sittenlehre. 2. verm. Aufl.
  Gotha 1890.

E., E. (Ehrlich, Ernst,) Ein Weckruf ins neue Jahrhundert. Weiterungen
  aus u. zu D. Gebhardts bäuerlichen Glaubens= u Sittenlehre. Berlin 1901.

Richter, Stefan, Die sociale Frage und die Altersversorgung des Bauern=
  standes. (Wien) 1890.

Nolden, Hugo, Kritische Geschichte der neueren Bestrebungen und Vorschläge
  zur Erhaltung des deutschen Bauernstandes. Leipzig=R. 1892.

Frank, Friedr., Der Klerus u. der Bauernstand. Passau 1892.

Ammon, Otto, Die Bedeutung des Bauernstandes für den Staat und die
  Gesellschaft. Berlin 1894.

Stolp, Herm., Die neue Begründung und dauernde Erhaltung des Bauern=
  standes und gesamten landwirtschaftlichen Berufsstandes. Frankfurt a. M 1895.

Sohnrey, Heinr., Die Bedeutung der Landbevölkerung im Staate u. unsere
  besonderen Aufgaben auf dem Lande. Berlin 1896.

— Dasselbe. 2. durchgesehene Aufl. Berlin 1897.

Die Zukunft der Landbevölkerung. Flugschriften über die socialen, wirtschaft=
  lichen und sittlichen Angelegenheiten des Landvolkes herausgeg. von Heinrich
  Sohnrey. Bd. I (Heft 1—6). Göttingen 1896.

Sydow, E., Bildung auf dem Lande. Stuttgart 1898.

Sohnrey, Heinr., Wegweiser für ländliche Wohlfahrts= und Heimatpflege.
  Berlin 1900.

Lüpke, Hans v., Die Arbeit des Pfarrers für die Wohlfahrt des Landvolks.
  Berlin 1900.

(Preußen.)

Der westphälische Bauernstand. Elberfeld 1843.

Winkler, Alfr., Der Bauernstand in Westfalen. Berlin (1866).

Fuchs, Carl Johs., Der Untergang des Bauernstandes und das Aufkommen
  der Guts=Herrschaften. Nach archival. Quellen aus Neu=Vorpommern u.
  Rügen. Straßburg 1888.

Wrangel=Waldburg, Frhr. v., Die Entwicklung des bäuerlichen Besitzes
  u. die Arbeiterfrage in Ostpreußen. Berlin 1899.

Bähr, D., Die Erhaltung der Bauerngüter in dem ehemaligen Kurhessen.
  (Leipzig 1886.)

(Sachsen.)

Langsdorff, K. v., Die bäuerlichen Verhältnisse im Königr. Sachsen. Leipzig
  1883.

Corwey, Johs., Kleinbäuerliche Zustände in einem sächsischen Dorfe. (Berlin
  1895.)

(Bayern.)

Kalchgruber, Anton, Untersuchungen über landwirthschaftliche speziell bäuerliche
  Verhältnisse in Altbaiern. München 1885.

Riblinger, J., Radikalmittel zur Hebung des Notstandes der bayerischen
  Bauern. München 1895.

(Württemberg.)

Ergebnisse der Erhebungen über die Lage der bäuerlichen Landwirthschaft in
  den Gemeinden Willsbach OA. Weinsberg, Öschelbronn OA. Herrenberg,
  Oberkollwangen OA. Calw ꝛc. des Königr. Württemberg 1884—1885.
  Stuttgart 1886.

(Baden.)

Ludwig, Th., Der badiſche Bauer im 18. Jahrhundert. Straßburg 1896.

(Thüringen.)

Wittmann, E., Mittel und Wege zur Hebung der bäuerlichen Verhältniſſe in Thüringen. Hildburghauſen 1886.

(Mecklenburg-Schwerin.)

Vollbrügge, C. F. W., Das Landvolk im Grhzth. Mecklenburg-Schwerin. Güſtrow 1835.

Dankwardt, H., Das Mecklenburg-Schweriniſche Bauernrecht. Schwerin 1862.

Wiggers, Mor., Der Vernichtungskampf wider die Bauern in Mecklenburg. Leipzig 1864.

Bilguer, Hans Hubert v., Ueber die Entwickelung der ländlichen Beſitzverhältniſſe und die Verteilung von Grund und Boden in Mecklenburg-Schwerin. Leipzig (cr. 1885).

(Elſaß.)

Herzog, A., Die bäuerlichen Verhältniſſe im Elſaß durch Schilderung dreier Dörfer erläutert. Straßburg 1886.

(Oeſterreich-Ungarn.)

Der ſiebenbürgiſch-ſächſiſche Bauer. Hermannſtadt 1873.

Ivellio, Antonio degl', Saggi d'uno studio storico-critico sulla collonia e sul contadinaggio nel territorio di Ragusa. Ragusa 1873.

Leibenthal, Joh. Berſa v., Die Frage über das Colonenweſen im Raguſaner Gebiete vor dem Reichsrathe. Graz 1874.

Pappafava, Vlad., Studien über den Theilbau in der Landwirthſchaft, beſonders in Dalmatien. Innsbruck 1894.

(Schweiz.)

Claaßen, Walter, Schweizer Bauernpolitik im Zeitalter Ulrich Zwinglis. Weimar 1899.

Anderegg, F., Sozialpolitiſche Streiflichter für den ſchweizeriſchen Bauer. Bern 1892.

(Frankreich.)

Doniol, Henry, Histoire des classes rurales en France et de leurs progrès dans l'égalité civile et la propriété. 2. édit. Paris 1867.

Esquiros, Alph., Les paysans. Paris 1871.

Rerolle, Lucien, Du colonage partiaire et spécialement du métayage. Paris 1888.

Lallemand, Léon, De l'assistance des classes rurales au XIX⁰ siècle. Paris 1889.

Karéiew, N., Les paysans et la question paysanne en France dans le dernier quart du XVIII⁰ siècle. Traduit du russe par Mˡˡᵉ C. W. Woynarowska. Paris 1899.

(Belgien.)

Potter, Frans de, en Jan Broeckaert, Geschiedenis van den belgischen boerenstand tot op het einde der XVIII⁰ eeuw. o. O. (1880.)

(Niederlande.)

Koenen, H. J., De nederlandsche boerenstand historisch beschreven. Haarlem 1858.

(Dänemark.)

Scharling, Will., Die Beſtrebungen zur Sicherung des Kleingrundbeſitzes in Dänemark. Leipzig 1894.

(Italien.)

Bernardi, G., Die bäuerlichen Zustände Italiens. (Leipzig 1882.)

Sombart, Werner, Ueber Pacht= und Lohnverhältnisse in der Römischen Campagna. o. O. 1888.

Rumohr, C. F. v., Ursprung der Besitzlosigkeit des Colonen im neueren Toscana. Hamburg 1830.

Keller, A., Le condizioni dei contadini nel Veneto Padova 1882.

Assirelli, J. P., Paysan métayer (contadino mezzajuolo) de la commune de Roccasancasciano. Paris 1896.

(England.)

P(owell,) R(ob.), Depopulation arraigned, convicted and condemned by the lawes of God and man. London 1636.

Ferguson, W., The impending dangers of our country. London 1848.

Roscher, Wilh., Der neuere Umschwung in den englischen Ansichten vom Werthe des Bauernstandes. o. O. u. J.

Smith, Edward, The peasant's home 1760 — 1875. London 1876.

Samuelson, B., The agricultural holdings act, 1875. A speech. London 1879.

(Rußland.)

Koschelew, A., Ueber die Bauerngemeinde u. den Grundbesitz. Leipzig 1862.

Stepniak, The russian peasantry, their agrarian condition, social life, and religion. 2. edit. London 1890.

— Der russische Bauer. Uebers. von Viktor Adler. Stuttgart 1893.

Lehmann, C., u. Parvus, Das hungernde Rußland. Stuttgart 1900.

Die Zustände des freien Bauernstandes in Kurland. Von einem Patrioten. 2 Theile. Leipzig 1860, 63.

B(oettge)r, A. v., Der lief= u. ehstländische Bauer ist nicht der so gedrückte Sklave, für den man ihn hält. Dorpat 1786.

Jung = Stilling, Fr. v., Statistisches Material zur Beleuchtung livländischer Bauer=Verhältnisse. St. Petersburg 1869.

Transehe = Roseneck, Astaf v., Gutsherr und Bauer in Livland im 17. und 18. Jahrhundert. Straßburg 1890.

Stillmark, Frdr., Beiträge zur Kenntnis der altlivländischen Bauernrechte. Dorpat 1893.

Broecker, H. v., Zur Quotenfrage in Livland. Riga 1898.

Gernet, Axel v., Geschichte und System des bäuerlichen Agrarrechts in Estland. Reval 1901.

Rostworowski, A. J. F. C. Gf. v., Die Entwicklung der bäuerlichen Ver= hältnisse im Königr. Polen im 19. Jahrhundert. Jena 1896.

(Rumänien.)

· Boéresco, Const., De l'amélioration de l'état des paysans roumains. Précédé d'une lettre de Wolowski. Paris 1861.

3. Ländliche Arbeiter.

(Über Agrarsocialismus vergl. auch Abth. B der Bibliothek, Cap. XVII: Socialpolitik, über Arbeiterverhältnisse überhaupt, Arbeiterversicherung, Cap. XXXIII: Industrie.)

(Im Allgemeinen.)

Knapp, Georg Frdr., Der Landarbeiter in Knechtschaft und Freiheit. Leipzig 1891.

(Deutschland.)

Danneil, Fr., Die Brüderschaft der Ackerknechte auf den Magdeburgischen Dörfern u. das Hänseln. Magdeburg 1873.

Goltz, Frh. v. d., Beitrag zur Geschichte der Entwickelung ländlicher Arbeiterverhältnisse im nordöstlichen Deutschland bis zur Gegenwart. Berlin 1864.

Reventlow, Ernst, Die Arbeiter und der Arbeitgebende. Oldenburg 1848.

Schnell, Karl Ferd., Vorschläge zur Verbesserung der Arbeiterverhältnisse namentlich auf dem Lande. Mit Vorbemerkungen von Koppe. Berlin 1849.

Contzen, Heinr., Agricultur und Socialismus. Leipzig 1871.

Schönfeld, Otto, Kurze Bearbeitung der Arbeiter-Frage vom landwirthschaftlichen Standpunkt. Wriezen 1872.

Goltz, Frh. v. d., Die Mitwirkung der evangelischen Kirche bei der Lösung der ländlichen Arbeiterfrage. o. O. (1872.)

Czettritz-Neuhaus, Frh. v., Die ländliche Arbeiterfrage. Liegnitz 1872.

(—) Die Aufgaben des Großgrundbesitzes in der gegenwärtigen Uebergangszeit, gegenüber der Arbeiterbewegung. o. O. (1872.)

Die Verhandlungen der Berliner Conferenz ländlicher Arbeitgeber. Hrsg. im Auftrage des geschäftsführenden Ausschusses durch Frh. Th. v. d. Goltz. Danzig 1872.

Die Verhandlungen der I. Generalversammlung des deutschen Vereins ländlicher Arbeitgeber am 16. und 17. Mai 1873 zu Berlin. Hrsg. im Auftrage des geschäftsführenden Ausschusses von R. Meyer. Danzig 1874.

Thaer, Ueber ländliche Arbeiter-Wohnungen. Berlin 1872.

Löbe, William, Die landwirthschaftliche Arbeiterfrage. Leipzig 1873.

Ein Wort der Mahnung an die ländlichen Grundbesitzer. o. O. (1873.)

Prestele, A., Die Ausbildung des landwirthschaftlichen Grundbesitzers und dessen Verhältniß zum landwirthschaftlichen Arbeiter. Sigmaringen 1873.

Meyer, Rud., Die ländliche Arbeiterfrage in Deutschland. Berlin 1873.

Sucker, Osw., Die ländliche Arbeiterfrage, ihre Bedeutung u. die Mittel zur Abwendung der daraus entstehenden Schäden. Breslau 1874.

Goltz, Frh. Th. v. d., Die ländliche Arbeiterfrage und ihre Lösung. 2. umgearb. Aufl. Danzig 1874.

— Die Lage der ländlichen Arbeiter im Deutschen Reich. Bericht an die vom Congreß deutscher Landwirthe niedergesetzte Commission zur Ermittelung der Lage der ländlichen Arbeiter im Deutschen Reich unter Mitwirkung von Richter-Tharand u. v. Langsdorff erstattet. Berlin 1875.

Wedemeyer, L. W. v., Referat an den Ausschuß des Kongresses deutscher Landwirthe über den Bericht an die Kommission zur Ermittelung der Lage der ländlichen Arbeiter im Deutschen Reich, erstattet von Th. Frh. v. d. Goltz. Berlin 1875.

— Die ländliche Arbeiterfrage und die unser ganzes Staatsleben corrumpirende Macht des Großkapitals. Berlin 1876.

Laspeyres, E., Zur wirthschaftlichen Lage der ländlichen Arbeiter im Deutschen Reich. (Tübingen 1876.)

Calberla, G., Die Aufgaben und Pflichten der Landwirthe in der sozialen Frage der Gegenwart. Dresden 1877.

Lippe=Weißenfeld, A. Gf. zur, Der Landwirth u. der wachsende Socialis=
mus im Kreise seiner Arbeiter. Leipzig 1879.

Leo, Ottom. Vict., Zur Arbeiterfrage in der Landwirthschaft. Oppeln 1879.

(Henningsen, W.,) Die Arbeitsleute. Rückblick auf Verhandlungen vor 60,
40, 20 Jahren über eine Behörde (ein Organ) zur Vertretung der kleinen
Leute. Hamburg 1884.

Die ländliche Arbeiterfrage. Nach dem Russischen des Kablukow. Stuttgart 1888.

Richthofen=Rosen, Volko Frhr. v., Der ländliche Arbeitervertrag als ein
Hilfsmittel bei der Ordnung ländlicher Arbeiterverhältnisse. Breslau (1890).

Quistorp, W., Die sociale Not der ländlichen Arbeiter und ihre Abhilfe.
Leipzig 1891.

Zürn, Erich, Die angebliche sociale Not der landwirtschaftlichen Arbeiter.
Antwort auf die Abhandlung: Die sociale Not der ländl. Arbeiter 2c.
von Pastor W. Quistorp. Leipzig 1892.

Frankenstein, K., Die Arbeiterfrage in der deutsch. Landwirthschaft. Berlin 1893.

Hegel, Carl M., Die Arbeiternoth auf dem Lande und die Verbesserung
der ländlichen Arbeiterverhältnisse. Prag 1894.

Schenck, Carl, Der Unfall in der Landwirthschaft u. seine Verhütung.
Altenburg 1894.*)

Fiedler, Herm. Ernst, Die Arbeiterfrage auf dem Lande u. Vorschläge zur
Reform des ländlichen Arbeiterwesens. Leipzig 1895.

Schultz, Alb., Wie hilft der Sozialdemokrat, wie der Landwirt dem länd=
lichen Tagelöhner? Leipzig 1895.

Steiger, Georg, Zur Landarbeiterfrage. Jena 1898.

(In einzelnen Theilen Deutschlands.)

Trümpelmann, Aug., Bilder aus den Verhältnissen der ländlichen Arbeiter=
bevölkerung in Thüringen, Elsaß, Westphalen u. Ostfriesland. Gotha 1894.

Die Verhältnisse der Landarbeiter in Deutschland. 3 Bände. Leipzig 1892.
  Bd. I: Nordwestdeutschland, Württemberg, Baden u. die Reichslande. Mit einem
    Anhang: Zur Statistik der deutschen Landarbeiter.
   „ II: Hohenzollern, Reg.=Bez. Wiesbaden, Thüringen, Bayern, Grhrzth. Hessen,
    Reg.=Bez. Kassel, Königr. Sachsen 2c.
   „ III: Das ostelbische Deutschland. Dargestellt von Max Weber.

Die Landarbeiter in den evangelischen Gebieten Norddeutschlands. Einzel=
darstellungen. Hrsg. von Max Weber. Heft 1, 2. Tübingen 1899.
  Heft I: Goldschmidt, S., Die Landarbeiter in der Provinz Sachsen, Hrzth. Braun=
    schweig u. Anhalt.
   „ II: Grunenberg, A., Die Landarbeiter in den Prov. Schleswig=Holstein u.
    Hannover östl. der Weser, Fürstenthum Lübeck u. der freien Städte Lübeck,
    Hamburg u. Bremen.

(Preußen.)

Lengerke, Alex. v., Die ländliche Arbeiterfrage beantwortet durch die bei
dem Kgl. Landes=Oekonomie=Collegium aus allen Gegenden der preußischen
Monarchie eingegangenen Berichte landwirthschaftlicher Vereine. Berlin 1849.

Meitzen, Aug., Die Lage der ländlichen Arbeiter in Preußen u. ihr Ver=
hältniß zur Gemeinde. Berlin 1872.

Goltz, Th. Frh. v. d., Die ländliche Arbeiterklasse u. der preußische Staat.
Jena 1893.

---

*) Vergl Cap. XXXIII: Industrie, unter IX, C, 3. Unfallversicherung.

Wolff=Laitzen, A. Baron v., Beitrag zur ländlichen Arbeiterfrage in Pommern. Dessau 1875.

Ziemssen, Hugo, Die Kathenleute in Pommern. Ein Beitrag zur ländlichen Arbeiterfrage. München 1885.

Wittenberg, Hans, Die Lage der ländlichen Arbeiter in Neuvorpommern und Rügen. Leipzig 1893.

— Woran leidet der Landarbeiterstand in den östlichen Provinzen u. wie ist ihm zu helfen? Berlin 1894.

Weber, Max, Entwickelungstendenzen in der Lage der ostelbischen Landarbeiter. Berlin 1894.

Goltz, Th. Frh. v. d., Die Landarbeiter=Frage im nordöstlichen Deutschland. Göttingen 1896.

Kries, C. G., Ueber die Zustände der ländlichen Arbeiter in der Gegend von Marienwerder. Berlin 1852.

(Sachsen.)

Vorarbeiten zur Errichtung von Unterstützungscassen für die landwirthschaftl. Arbeiter im Kgr. Sachsen. Dresden 1867.

Statuten = Entwurf der Unterstützungscassen für landwirthschaftl. Arbeiter im Kgr. Sachsen. Dresden 1867.

Die Unterstützungscasse der landwirthschaftl. Arbeiter im Kgr. Sachsen nach den Beschlüssen des Landesculturrathes vom 18. Dec. 1867. Dresden 1868.

Langsdorff, v., Referat, die Errichtung von Unterstützungscassen für landwirthschaftl. Arbeiter betr. (Dresden 1878.)

(Mecklenburg.)

Bericht der vom Mecklenburgischen patriotischen Vereine ernannten Commission zur Berathung über die Verhältnisse der ländlichen Arbeiterklassen, über Auswanderung u. Arbeitermangel in Mecklenburg. Schwerin 1873.

Heintze, Ulrich, Die Lage der ländlichen Arbeiter in Mecklenburg. Rostock 1894.

Hofgängerleben in Mecklenburg. Mit einem Vorwort von A. Bebel. Berlin 1896.

(Oldenburg.)

Kollmann, Paul, Die Heuerleute im oldenburgischen Münsterlande. Jena 1898.

(Einzelfragen: Der Arbeitermangel auf dem Lande.)

Malzahn, Herm., Die ländliche Arbeiternoth u. ihre Ueberwindung von Seiten der Arbeitgeber. Norden 1876.

Kaerger, Karl, Die Sachsengängerei. Berlin 1890.

Trowitzsch, Eug., Wie wird der Fortzug landwirthschaftlicher Arbeiter gehemmt? Frankfurt a. O. 1892.

Meyer, Georg, Ueber die Schwankungen in dem Bedarf an Handarbeit in der deutschen Landwirtschaft u. die Möglichkeit ihrer Ausgleichung. Jena 1893.

Kaerger, Karl, Die Arbeiterpacht. Ein Mittel zur Lösung der ländlichen Arbeiterfrage. Berlin 1893.

Preuß, W., Welche Einrichtungen der Besitzer sind geeignet, ländliche Arbeiter vom Zug nach der Stadt zurückzuhalten? Berlin 1894.

Küster, A., Der Landarbeiter, insbesondere die Vorbeuge seines Abzuges zur Stadt. Neudamm 1895.

Kuczynski, R., Der Zug nach der Stadt. Stuttgart 1897.

Platzmann, Die Krisis am landwirthschaftlichen Arbeitsmarkt. Dresden 1898.

Riesen, E., Gedanken über eine Instmanns=Ordnung. Berlin 1899.

Was können die Arbeitsnachweise dazu beitragen, der Landwirthschaft Arbeits=kräfte zu erhalten u. zuzuführen? Berlin 1899.

Klitzing=Kolzig, W. v., Der Arbeitermangel auf dem Lande und seine Abhilfe. Berlin 1900.

Brentano, Lujo, Ueber Landwirtschaft u. Industrie. Wien 1900.

Déghilage P., La dépopulation des campagnes. Les causes, les effets, les remèdes. Paris 1900.

Brase, Arthur, Der Arbeitermangel in der deutschen Landwirtschaft, seine Ursachen u. die Mittel zur Abhilfe. Schöneberg=Berlin 1900.

(— Ländliche Lohnverhältnisse.)

Schulz, Ad., Ueber die Betheiligung der ländlichen Arbeitnehmer an dem Gutsertrage. Leipzig 1871.

Seifert, R., Ueber genossenschaftliche Gutsbewirthschaftung und Antheils=wirthschaft. Leipzig 1873.

Calberla, Georg Mor., Die Löhnung nach der Arbeitsleistung in einer sächs. Landwirthschaft. Dresden (1875).

Hejnowski, Leonhardt v., Die Lohnzahlungsformen u. Lohnsysteme in der Landwirthschaft. Thorn 1876.

Chrzanowski, Heinr. v., Die Lohnsysteme der ländlichen Arbeiter mit besonderer Berücksichtigung des Grhzth. Posen. Posen 1877.

(Oesterreich.)

Die landwirtschaftlichen Löhne in den im Reichsrate vertretenen Königreichen u. Ländern. Nach dem Stande des Jahres 1893. Wien 1895.

Richter, Stefan, Die Landarbeiterfrage mit besonderer Berücksichtigung des landwirtschaftlichen Arbeitsmarktes in Böhmen. Prag 1898.

(England.)

Davies, David, The case of labourers in husbandry stated and considered in three parts. With an appendix, containing a collection of accounts, shewing the earnings and expenses of labouring families, in different parts of the kingdom. London 1795.

Whitehead, Charles, Agricultural labourers. London 1870.

Hasbach, W., Die englischen Landarbeiter in den letzten hundert Jahren u. die Einhegungen. Leipzig 1894.

Royal Commission on Labour. — The agricultural labourer. 4 vols. London 1893.

(Schweden.)

Fahlbeck, Pontus, Die ländliche Arbeiterfrage in Schweden. Leipzig 1894.

Feilitzen, Urban v. (Robinson), Behöfver Sverige en arrendelag? Bidrag till meningsutbytet i jordarbetarfrågor. Malmö 1897.

(Rußland.)

Materialien zur Kenntniß der livländischen Agrarverhältnisse mit besonderer Berücksichtigung der Knechts= u. Tagelöhner=Bevölkerung. Riga 1885.

Die Lohn=Verhältnisse der ländlichen Arbeiter im Kurland. Mitau 1886.

(Italien.)

Pasolini, Comtesse Marie, Précis d'une monographie d'un ouvrier agriculteur de la campagne de Ravenne, journalier dans le système des engagements momentanés. Paris 1896.

C. Interessen-Vertretung.
(Congresse, Vereine, Ackerbaukammern.)

(Congresse.)

Stenographische Protokolle des ersten internationalen Congresses der Land- u. Forstwirthe 1873. Wien 1874.

Verhandlungen des agrarischen Congresses in Wien 1873. Wien 1873.

Special-Programm für den internationalen land- und forstwirthschaftlichen Congreß in Wien, 2. bis 6. Sept. 1890. Wien 1890.

Marchet, Gust., Die europäische Landwirthschaft auf dem internationalen Congresse in Wien 1890. Wien 1890.

Proskowetz, Max Ritter v., Bericht über die Verhandlungen u. Beschlüsse des internationalen land- u. forstwirthschaftlichen Congresses Wien 1890. Wien 1890.

— Der internationale landwirthschaftliche Congreß im Haag, 7. bis 14. Sept. 1891. Wien 1891.

Congrès international d'agriculture tenu à Budapest du 17 au 20 septembre 1896. Comptes-rendus rédigés par Eugène de Rodiczky. — Actes préliminaires. Séances. Appendice. Budapest 1897.

Internationaler landwirthschaftlicher Congreß, abgehalten in Budapest vom 17. bis 20. September 1896. Hauptbericht redigirt von Eugen von Robiczky. — Fragepunkte. Antworten. Denkschriften. Budapest 1897.

Bericht über die Verhandlungen des 2. 3. Kongresses Norddeutscher Land-wirthe zu Berlin. Berlin 1869, 70.

Bericht über die Verhandlungen des 1. 5. 6. 8—18. 20—24 Kongresses deutscher Landwirthe zu Berlin. Berlin 1872—1893.

Bericht über die Verhandlungen der 1.—5. 11. 12. Versammlung des deutschen Landwirthschaftsrathes. Berlin 1872—84.

(Vereine.*)

S., M. v., Was sollen die landwirthschaftlichen Vereine? o. O. 1869.

Stoehr, Hans Adam, Die landwirthschaftlichen Vereine in den Staaten des Deutschen Reiches. Regensburg 1873.

Erste Wanderversammlung der deutschen Landwirthschafts-Gesellschaft zu Dresden am 28. Juni bis 3. Juli 1886. Dresden 1886.

Satzungen des deutschen Bauernschafts-Vereins. Berlin-Charlottenburg 1887.

Scheffer, Zur Erweiterung der wirthschaftlichen Selbstverwaltung. Berlin 1888.

Stenographischer Bericht über die konstituirende Versammlung des Bundes der Landwirthe**) am 18. Febr. 1893. Berlin 1893.

Bund der Landwirthe. (Protokolle der Ausschußsitzungen am 16. u. 17. März 1893.) Berlin 1893.

Satzungen des Bundes der Landwirthe. Berlin 1893.

Reinecke u. Schabeberg, Landwirthschaftlicher Bauernverein des Saalkreises. Stenogr. Bericht über die Versammlung am 28. Nov. 1864. Halle 1864.

---

*) Über landwirthschaftliches Genossenschaftswesen s. Abth. D, Cap. XLI, VI, C. 3.
**) Vergl. auch oben bei IV, A 1. S. 49—50.

Beck, Otto, Was der preußischen Landwirthschaft Noth thut. Heft III, enthaltend Mittheilungen und Erörterungen über den jetzigen Stand der landwirthschaftl. Interessenvertretungsfrage u. das revidirte Regulativ für das Landes-Oekonomiekollegium vom 24. Mai 1870. Im Auftrage des landwirthschaftl. Vereins bearbeitet. Trier 1871.

Stabelmann, R., Das landwirthschaftliche Vereinswesen in Preußen. Seine Entwickelung, Wirksamkeit, Erfolge u. weiteren Ziele. Halle 1874.

am Ende, Ch. G. Ernst, Die Oekonomische Gesellschaft im Königreiche Sachsen in ihrer geschichtlichen Entwickelung seit 120 Jahren. Dresden 1884.

Bericht über die Haupt-Versammlung der Landwirthe des Königr. Sachsen am 26. Mai 1873 in Bautzen. Bautzen (1873).

Geschäftsbericht des landwirthschaftlichen Kreis-Vereins (der Oberlausitz) auf d. J. 1880. Bautzen 1881.

Protokoll über die 86., 106. Ausschußsitzung des landwirtschaftlichen Kreisvereins der Oberlausitz. Bautzen 1882, 1891.

Suft, Th., Festschrift zum 25jährigen Jubiläum des landwirthschaftlichen Vereins Bautzen am 26. Okt. 1881. (Bautzen 1881.)

Möbius, Reinh., Denkschrift über die 25jährige Thätigkeit des landwirthschaftlichen Kreisvereins im Erzgebirge. 1849—73. Klösterlein u. Chemnitz 1874.

Geschäfts-Bericht des landwirthschaftlichen Kreis-Vereins im Voigtlande pro 1889/90 und Protokoll der Haupt-Versammlung vom 23. Juli 1890. (Zwickau 1890.)

Oncken, Aug., Oesterreichische Agrarier. Ihre Bestrebungen in landwirthschaftlicher, nationalökonomischer u. culturhistorischer Hinsicht. Wien 1877.

Verhandlungen des I.—VI. Oesterreichischen Agrartages. Wien 1880, 83, 85, 94—96.

Rocquigny, Comte de, Les syndicats agricoles et le socialisme agraire. Préface de H. Le Trésor de la Rocque. Paris 1893.

(Ackerbaukammern. — Preußen.)

Stegemann, Landwirthschaftskammern. Berlin 1892.

Gesetz über die Landwirthschaftskammern. Vom 30. Juni 1894. Leipzig 1894.

Wittig, Die Landwirtschaftskammern nach dem Gesetz vom 30. Juni 1894. Berlin 1895.

(Sachsen.)

Entwurf eines Regulativs für den Landesculturrath. o. O. (1872.)

Der Landesculturrath für das Königr. Sachsen. Dresden 1873.

(Oesterreich.)

Schütz, Cosmas, Wirthschaftskammern. Beitrag zur Lösung der Frage einer Organisation der landwirthschaftlichen Interessenvertretung in Oesterreich. Klagenfurt 1880.

Gesetz(-Entwurf) betr. Die Errichtung von Berufsgenossenschaften der Landwirte. (Wien 1896.)

Richter, Stefan, Die landwirtschaftliche Berufsgenossenschaft u. das Rentengut. Prag 1898.

(Frankreich.)

Haguet, Lucien, Des chambres d'agriculture. Paris 1901.

(Gedruckt am 18. November 1901.)

V. Der landwirthschaftliche Betrieb.

A. Technik der Landwirthschaft, deren Hilfsmittel u. Förderung. Versuchsstationen.

(Allgemeine Landwirthschaftslehre.)

Wündsche, Joh. Wilh., Neu vermehrt= und verbessertes Memoriale oecono-
mico-politico-practicum, oder Unterrichtung, wie die Haushaltungs-Aemter,
Ritter = Güter, Forwerge oder Meyereyen . . . an Ackerbau, Vieh = Zucht,
Wiesen= u. Weinwachs 2c. nützlich verwaltet . . . werden können. Frankfurt
a. M. u. Leipzig o. J.

Golz, Frh. v. d., Die heutigen Aufgaben des landwirthschaftlichen Gewerbes
und seiner Wissenschaft. Danzig 1870.

Steiger=Leutewitz, Ad., Anschauungen über Berufs=Ziel und Berufs=Glück
in der Landwirthschaft in der Zeitperiode von 1750 bis zur Gegenwart.
Dresden 1887.

Leopold, Just. Lud. Günther, Handbuch der gesammten Landwirthschaft.
Zuerst: Das Buch vom Ackerbau. Schnepfenthal 1795.

Thaer, A., Grundsätze der rationellen Landwirthschaft. 4 Bde. 5. Aufl
Berlin 1853.

Fraas, C., Die Natur der Landwirthschaft. 2 Bde. München 1857.
  Bd. 1: Grundzüge des landwirthschaftl. Pflanzenbaues.
  „ 2: Grundzüge der landwirthschaftl. Thierproduktion.

Birnbaum, K., Ueber die Wirthschaftssysteme. Gießen 1857.

Emminghaus, A., u. A. Gf zur Lippe=Weißenfeld, Lehrbuch der all=
gemeinen Landwirthschaft nach Frdr. Gottl. Schulze's System. Leipzig 1863.

Schumacher, W., Der Ackerbau. Wien 1874.

Settegast, H., Die Landwirthschaft u. ihr Betrieb. 3 Bde Breslau 1875—79.

Fühling, J. J., Oekonomik der Landwirthschaft oder Allgemeine Landwirth=
schaftslehre. Hrsg von Th. Fühling. Berlin 1889.

Handbuch der gesamten Landwirtschaft. Herausg. von Th. Frh. v. d. Golz.
  Bd. 1. Tübingen 1890.

Krämer, Ad., Die Grundlagen und die Einrichtung des landwirtschaftlichen
Betriebes. Tübingen 1890. (Handb. d. gesamten Landwirtsch. Bd. 1.)

Kirchner, W., Die Leitung des landwirtschaftlichen Betriebes. Tübingen
1890. (Handb. d. gesamten Landwirtsch. Bd. 1.)

Muhr, Th., Alte und neue Wirtschafts = Regeln. Mit Vorwort von Albert
Orth. Berlin 1893.

Krafft, Guido, Die Ackerbaulehre. 6. umgearb. Aufl. Berlin 1894.

Martin=Zeeb, Handbuch der Landwirtschaft. 4. umgearb. Aufl. Von Wilh.
Martin. Stuttgart 1895.

(Kulturtechnik.)

Perels, Emil, Abhandlungen über Kulturtechnik. Jena 1889.

Dünkelberg, Frdr. Wilh., Die Entwicklung der Kulturtechnik. Braunschweig
1897.

Grundlehren der Kulturtechnik. 2. erweit Aufl. unter Mitwirkung von M.
Fleischer, P. Gerhardt u. A. herausg. von Th. Aug. Vogler. Bd. 2.
Kameralistischer Teil. Berlin 1899.

Golz, Th. Frhr. v. d, Die wirtschaftlichen Grundlagen der Kulturtechnik.
Berlin 1899.

Schulz, Karl Heinr., Beschreibung des Betriebes der Landwirthschaft in Zuschendorf. Dresden 1838.

Knaus, Karl Chr., Der Flurzwang in seinen Folgen und Wirkungen und die Mittel zu dessen Beseitigung. Stuttgart 1843.

Lengerke, A. v., Der Ackerbau in dem Landgebiete der Städte. Berlin 1850.

Ebert, Carl Jos., Die landwirthschaftlichen Verhältnisse in vergleichender Darstellung für das praktische Bedürfniß. 4. Aufl. Leipzig 1876.

Cotta, Heinr., Die Verbindung des Feldbaues mit dem Waldbau oder die Baumfeldwirthschaft. Nebst einer Fortsetzung. Dresden 1819, 20.

Frömbling, Fr. Wilh., Die Agricultur im Sylvanismus mit dem Wald-Gesetz. Stettin 1862.

Bernhardt, Aug., Die Haubergswirthschaft im Kreise Siegen. Münster 1867.

Philippi, F, Die Osnabrücker Laischaften. Osnabrück 1896.

Schulze, Frdr. G., Thaer oder Liebig? Versuch einer wissenschaftlichen Prüfung der Ackerbautheorie des . . . von Liebig. Jena 1846.

Rüsin, Alfr., Die Rieselwirthschaften großer Städte u. deren vortheilhafteste Ausnutzung durch sachgemäße Fruchtfolgen. Berlin 1877.

Roth, Rich., Untersuchungen über die Rentabilität der obererzgebirgischen Feld-graswirthschaft. Annaberg 1887.

Prout, John, Lohnender Ackerbau ohne Vieh. Aus dem Englischen von A. Küster. 2. Aufl. Berlin 1889.

Wodarg, K., Fünf Jahre viehlose Wirtschaft in Maulbeerwalde. Berlin 1893.

Dehlinger, G., Viehlose Gründungwirtschaft auf schwerem Boden. 2. Aufl. Berlin 1894.

Giersberg, Fr., Der Schniftenbergerhof. Ein Beispiel aus der Praxis. (Köln) o. J.

Bachmaier, Fr., Angenehmere Landwirtschaft. Eine Erörterung der . . . landwirtschaftlich-technischen Mittel zur Erleichterung der landwirtschaftlichen Arbeit. München 1895.

(Arndt, Fritz,) Führer . . . durch das Klostergut Oberwartha b. Cossebaude. o. O. 1898.

Nordmann, M. G., Agrarier! helft Euch selbst! Die Gestaltung des land-wirthschaftlichen Betriebes mit Rücksicht auf den herrschenden Arbeitermangel. Berlin 1899.

Njemetzki, Die Industrialisierung der Landwirtschaft. Berlin 1901.
— Die Überwindung der Getreidebrot-Krisis durch ländliche Bäckerei-Genossen-schaften. Berlin 1901.

Rau, K. H., Geschichte des Pfluges. Heidelberg 1845.

Eyth, Max, Das Agricultur-Maschinenwesen in Aegypten nach seinen Haupt-bestandtheilen. Stuttgart 1867.

Perels, Emil, Ueber die Bedeutung des Maschinenwesens für die Landwirth-schaft. Berlin 1867.

Bensing, Frz., Der Einfluß der landwirtschaftlichen Maschinen auf Volks- u. Privatwirtschaft. Breslau 1897.

Perels, Emil, Die landwirtschaftlichen Geräthe u. Maschinen. Wien 1877. (Bericht über die Weltausstellung in Philadelphia 1876.)

Perels, Emil, Die Dampfbodencultur. Berlin 1870.

Dyhrenfurth, Felix, Untersuchungen über die Anwendung der Dampfkraft in der Landwirthschaft. Breslau 1886.

Zieper, Carl, Von der Rentabilität der Dampfdreschmaschinen. Braunschweig 1870

Sinell, Emil, Die elektrische Arbeitsübertragung im Dienste der Landwirth= schaft. Berlin 1894.

— Ueber die Anwendung von Motoren, besonders die elektrischen Motoren, in der Landwirtschaft. Dresden 1898.

Seufferheld, Ab., Die Anwendung der Elektrizität im landwirtschaftlichen Betriebe. Stuttgart 1899.

(Strecker,) Die (Naumann'sche) Drillmaschine für Bergland u. Ebene. (Leipzig 1897.)

Settegast, Henry, Die Neilson'sche Erntemethode. Dresden 1882.

(Feldbahnen.)

Schubarth, E. O., Die Feldeisenbahnen. Essen 1885.

Taubert, F., Die Bauausführung u. der Betrieb von Kleinbahnen. Erfahrungen u. Rathschläge . . . den Herren Landwirthen zugeeignet. Berlin 1894.

Schweder, M., Die Kleinbahnen im Dienste der Landwirtschaft. Berlin 1895.

(Sonstige Förderungsmittel.)

Reuning, Mittel u. Wege zur weiteren Förderung der sächsischen Landwirth= schaft. Dresden 1873—75.

Wetzel, Frbr., Grundlagen zur zeitgemäßen Reform der Landwirthschaft mit Berücksichtigung der Verhältnisse des Königr. Sachsen. Olbernhau o. J.

Commission nommée pour examiner les procédés de culture et de fécondation artificielle de Daniel Hoolbrenk. Rapport . . . par Vaillant. Ire partie: Fécondation artificielle des céréales. Paris 1865.

Wolffenstein, O., Ueber das Sortiren von Saatgut. Göttingen 1875.

Nobbe, Frbr., Handbuch der Samenkunde. Physiologisch = statistische Unter= suchungen über den wirthschaftlichen Gebrauchswerth der . . . Saatwaaren. Berlin 1876.

(Tropische Agricultur.)

Caird, James, Prairie farming in America. New-York 1859.

Semler, Heinr., Die tropische Agricultur. 4 Bde. Wismar 1886—93.

Rieck, Herm., Praktische Anleitung zur Kultivation subtropischer Gebiete. München 1887.

Wohltmann, F., Handbuch der tropischen Agricultur für die deutschen Kolonien in Afrika. Bd. 1: Die natürlichen Faktoren der tropischen Agricultur u. die Merkmale ihrer Beurteilung. Leipzig 1892.

Rackow, Herm., Tropische Agricultur. Praktische Anleitung zur Beschaffung und Anwendung der Gebrauchsgegenstände für den tropischen Ackerbau. Berlin 1900.

Kaerger, Karl, Landwirtschaft u. Kolonisation im spanischen Amerika. 2 Bde. Leipzig 1901.

Preuß, Paul, Expedition nach Central= u. Südamerika 1899/1900. Berlin 1901.

(Landwirthschaftliche Versuchsstationen.)

Heiden, Ed., Die landwirthschaftlichen Versuchsstationen. Leipzig 1873.

Funke, Walter, Grundlagen einer wissenschaftlichen Versuchsthätigkeit auf größeren Landgütern. Berlin 1877.

Verhandlungen der VII. Wanderversammlung deutscher Agriculturchemiker, Physiologen u. Vorstände von Versuchs-Stationen. (Berlin 1871.)

Heiden, Ed., Denkschrift zur Feier des 25 jährigen Bestehens der agrikulturchemischen Versuchsstation Pommritz 1882. Hannover 1883.

Neßler, J., Bericht über Arbeiten der Großh. Versuchsstation Karlsruhe. Karlsruhe 1870.

B. Oekonomik.

Grundrente. Grundsätze. Betriebsergebnisse. Absatz und Preise. Concurrenz.

Grundrente.*)

Kirchmann, v., Die Grundrente in ihrer Beziehung zur sozialen Frage. Neugarten b. Ratibor 1850.

Fontenay, R. de, Du revenu foncier. Paris 1854.

Wolkoff, Mathieu, Opuscules sur la rente foncière. Paris 1854.

Mithoff, Th., Die Lehre von der Bodenrente in ihrer Beziehung zu den naturgesetzlichen Vorgängen im Landbau. (Göttingen 1867.)

Berens, Ed., Versuch einer kritischen Dogmengeschichte der Grundrente. Leipzig 1868.

Schumacher, H., J. H. von Thünen und Robbertus. Kapitalisationsprinzip oder Rentenprinzip? Rostock 1870.

Bericht der vom III. Kongreß Norddeutscher Landwirthe eingesetzten Kommission zur Prüfung der Rententheorie von Robbertus. Heft 1 u. 2. Berlin 1871.

Arndts, Carl Wilh., Ueber Production und die näheren Bedingungen einer gewinnbringenden Production. 2. Aufl. Trier 1860.

Loria, Achille, La rendita fondiaria e la sua elisione naturale. Milano 1880.

Pringsheim, Otto, Die Ricardo'sche Werththeorie im Zusammenhang mit den Lehren über Kapital- und Grundrente. Breslau 1883.

Lambl, J. B., Die Grundrente als Zweck aller Landwirthschaft und Viehzucht. 2. verm. Aufl. Prag 1888.

Abt, Heinr., Der Reinertrag der Landwirthschaft ꝛc. Uster 1890.

Seelhorst, Conrad v., Die Belastung der Grundrente durch das Gebäudekapital in der Landwirthschaft. Jena 1890.

Frankl, Lud., Die Verstaatlichung der Grundrente. Wien 1891.

(Grundsätze u. Wirthschaftssysteme.**)

Dombrowski, Raoul Ritter v., Die Urproduction u. Industrie gegenüber den Forderungen unserer Zeit u. dem Genossenschafts-Princip. 2. Aufl. Prag 1871.

Nicolai, J. D., Oekonomisch-juristische Grundsätze von der Verwaltung des Domainenwesens in den Preußischen Staaten. 2 Thle. Berlin 1802.

Bülow, Frdr. Franz v., Cameralistische Grundsätze, Erfahrungen u. Ansichten. Hamburg 1826.

Hlubek, F. X., Die Wirthschafts-Systeme in national-ökonomischer, statistischer und pecuniärer Beziehung. Prag 1851.

Warnant, A., La délivrance de l'agriculture. Bruxelles 1864.

---

*) Vergl. Cap. XXVIIIb: Nationalökonomie, unter Va.
**) Vergl. auch oben V, A. Technik der Landwirthschaft.

Funke, Walter, Betrachtungen über die Wirthschaftsorganisation von Landgüter im Lichte der neueren landwirthschaftlichen Naturforschung. Stuttgart 1868.

Schneider, Rud. Osc., Die freie Wirthschaft im Verhältniß zu den üblichen
Wirthschaftssystemen. Leipzig 1876.

Bytschkow, Gedeon v., Wesen, Bedeutung und Anwendbarkeit der „freien
Wirthschaft“. Göttingen 1879.

Gesekus, A., Die rationelle Wirthschaftsorganisation in der Landwirthschaft
zum Zweck der höchstmöglichen und allmählig steigenden Rentabilität.
Jena 1882.

Diehl, C., Economisten. System einer Reform der gewerblichen Oekonomik
und der politischen Oekonomie. Wien 1878.

Meyn, Frbr., Landwirthschaftliche Probleme u. Fundamentalsätze vom Gesichtspunkte der Wirthschaftspolitik und der Volkswirthschaft aus beleuchtet.
Jena 1878.

Steiger-Leutewitz, Ad., Ueber Ertragsfähigkeit größerer und mittlerer
Landgüter durch Selbstbewirthschaftung, durch Bewirthschaftung mittelst
selbstständiger Verwalter, durch Verpachtung. Dresden 1881.

Schultz-Lupitz, Die Verbilligung der landwirthschaftlichen Production. Berlin 1883.

Schmekel, Arthur, Die Verbilligung der landwirthschaftlichen Production.
Neudamm 1901.

Graß-Klanin, v., Die Association des landwirthschaftlichen Angebots. Danzig
1888.

Hafter, A., Landwirthschaftliche Wirthschaftsverhältnisse. Zürich 1885.

Andrä, Georg, Was hat der Landwirth beim Ankauf oder bei der Er-
pachtung eines Gutes zu berücksichtigen? Dresden 1886.

Platter, J., Kauf oder Pacht? Basel 1887.

Die landwirthschaftlichen Verkehrsverhältnisse Norddeutschlands. Berlin 1868.

Petermann, Carl F., Ueber den Einfluß, welchen die Umgestaltung der
Verkehrs- u. landwirthschaftlichen Verhältnisse auf den Grad der Intensität
u. auf die Productionsrichtung der sächsischen Landwirthschaft ausübt.
Leipzig 1885.

Roth, Joh. Frbr Wilh., Ueber die Intensität des landwirthschaftl. Betriebes im Kgr. Sachsen. Dresden 1888.

— Welchen Einfluß muß die Umgestaltung der Verkehrs- und wirtschaftlichen
Verhältnisse auf den Grad der Intensität und die Produktionsrichtung
der sächsischen Landwirtschaft ausüben? Leipzig 1890.

Tallerman, D., Agricultural distress and trade depression, their remedy in
the commercial realization of home-grown produce. London 1889.

Roth, Joh. Frbr. Wilh., Ueber veränderte Wirthschaftsweise bei Aufgabe
des Brennereibetriebes. Dresden 1889.

Engelheim, Franz, Unsere landwirthschaftlichen Zustände. Ansichten und
Vorschläge zur Verbesserung und Hebung des Landwirthschafts-Betriebes.
Stuttgart 1890.

Weiß, Max, Der landwirthschaftliche „Raubbau“. Ein Mahnruf! Berlin 1893.

Böhme, Gust., Landwirtschaftliche Sünden. — Fehler im Betriebe. 2. verm.
Aufl. Berlin 1894.

(Betriebsergebnisse.)

Flotow, Gust. v., Versuch einer Anleitung zu Fertigung der Ertrags-
Anschläge über Landgüter, besonders über Domainen. 2 Theile. Leipzig
1820, 22.

Lippe-Weißenfeld, Armin Gf. zur, Der landwirthschaftliche Ertrags-
anschlag. Leipzig 1862.

Werner, H., Der landwirthschaftliche Ertrags-Anschlag, die Wirtschaftsorganisation
und die Wirtschaftsleitung. 2. neubearb. Aufl. Breslau 1887.

Wessely, Jos., Verrechnung der Urproduktion I. Th. Theorie. Wien 1870.

Howard, Herm., Landwirthschaftliche Rentabilitäts-Berechnungen mit Rücksicht auf Brauchbarkeit doppelter Buchhaltung in der Landwirthschaft.
Leipzig 1873.

Henneberg, Herm., Einiges über doppelte Buchführung in Anwendung auf
Landwirthschaftsbetrieb. Gotha 1875.

Else, Herm., Die Lehre von der Buchhaltung für Landwirthe. 2. verm.,
verb. Aufl. Pirna a. E. 1878.

Möhrlin, Fritz, Der Pfennig in der Landwirthschaft. Stuttgart 1886.

Lehnert, E., Der ökonomische Erfolg der landwirtschaftlichen Produktion und
dessen Feststellung. Tübingen 1890.

Werner, H., Die rechnungsmäßige Kontrolle über den landwirthschaftlichen
Betrieb. Tübingen 1890

Pohl, Joh., Handbuch der landwirtschaftlichen Rechnungsführung. 2. umgearb.
Aufl. Berlin 1894.

Lippe, A. Gf. zur, Ermittelung von Produktionskosten und Reinertrag landwirthschaftlicher Betriebe. Berlin 1896.

Aereboe, Praktische Vorschläge über Einrichtung der landwirthschaftlichen Buchführung mit besonderer Berücksichtigung der kleineren Wirthschaften. Dresden 1899.

(Absatz u. Preise.*)

Soetbeer, Ad., Graphische Darstellung von Schwankungen der Getreide-
preise.**) 3 Tabellen. Hamburg 1854.
  I. Jährliche Durchschnitts-Preise für Weizen im Preuß. Staate, in Hamburg,
     England, Frankreich, Belgien während d. J. 1816—1853.
  II/III. Wöchentliche Preise für Weizen und Roggen nach dem Hamburgischen
     Preiscourant während d. J. 1846/47—1853/54.

Beiträge zur Geschichte der Preise ungarischer Landesproducte im 19. Jahrh.
nach den Notirungen des Pester Marktes. Budapest 1873.

Gromes, Franz, Die Entwicklung der Preise der landwirthschaftl. Produkte
in Böhmen im Zusammenhange mit den Fortschritten der Landwirthschaft.
Halle a. S. 1878.

Levasseur, É., Note sur la valeur de la production brute agricole de la
France. Paris 1891.

— Les prix. Aperçu de l'histoire économique de la valeur et du revenu
de la terre en France du commencement du XIII° siècle à la fin de
XIII°. Avec un appendice sur le prix du froment etc. Paris 1893.

---

*) Ueber Güterpreise s. oben C, 1, Grundwerth.
**) Vergl. u ter VI, A. Fruchtpreise und Cap. XXXIVa: Handel, unter VIII, A.
Getreidehandel.

Seelhorst, Conrad v., Der Roggen als Wertmaß für landwirtschaftliche Berechnungen. Jena 1888.

Platzmann, A., Der Einfluß der auswärtigen Getreideproduction auf den inländischen Getreidemarkt. Dresden 1887.

Kapp, Frdr., Die amerikanische Weizenproduktion. Berlin 1880.

Heitz, Ursachen und Tragweite der nordamerikanischen Concurrenz mit der westeuropäischen Landwirthschaft. Berlin 1881.

Peez, Alex., Die amerikanische Concurrenz. Wien 1881.

Semler, Heinr., Die wahre Bedeutung und die wirklichen Ursachen der nordamerikanischen Concurrenz in der landwirthschaftlichen Production. Mit einem Vorwort hrsg. v. C. Wilbrandt. Wismar 1881.

Meyer, R., Ursachen der amerikanischen Concurrenz. Ergebnisse einer Studienreise. Berlin 1883.

Neuhauß=Selchow, G., Unsere Landwirthschaft und die amerikanische Concurrenz. Reisebetrachtungen. Berlin 1884.

Report on condition of crops, on wheat in India, and on freight rates of transportation companies. Washington 1884.

Sering, Max, Die landwirthschaftliche Konkurrenz Nordamerikas in Gegenwart und Zukunft. Leipzig 1887.

Becker, Carl, Ueber den Einfluß der internationalen Getreidekonkurrenz auf die jährlichen Schwankungen der landwirtschaftlichen Geldroherträge und auf die Anbauflächen im Grhrzth. Hessen. Gießen 1898.

Simon, Carl, Der Export landwirtschaftlicher und landwirtschaftlich=industrieller Artikel aus den Vereinigten Staaten von Nordamerika und die deutsche Landwirtschaft. Leipzig 1899.

Wolf, Jul., Thatsachen und Aussichten der ostindischen Konkurrenz im Weizenhandel Tübingen 1886.

Ruhland, Gust., Die internationale landwirtschaftliche Konkurrenz ein kapitalistisches Problem in besonderer Bezugnahme auf die drohende anatolisch=mesopotamische Konkurrenz. Berlin 1901.

VI. Einzelne Zweige der Landwirthschaft.

A. Anbau von Cerealien. Fruchtpreise und Theuerungspolizei.

(Vergl. den vorhergehenden Abschnitt V, B, und Cap. XXXIV: Handel unter VIII, A: Getreidehandel.)

(Anbau von Cerealien.)

Michon, L. A. Jos., Des céréales en Italie sous les Romains. Paris 1859.

Krakauer, Gust., Das Verpflegungswesen der Stadt Rom in der späteren Kaiserzeit. Leipzig 1874.

Oppel, Alwin, Das Getreide und die Kartoffel in ihrer gegenwärtigen __ Bedeutung für das Völkerleben und die Weltwirtschaft. Bremen 1892.

Jacob, Will., Zweiter Bericht an die englische Regierung über den Anbau und Absatz des Getreides in mehreren europäischen Continental=Staaten. Hamburg 1828.

(Deutsches Reich.)

Heitz, E., Die Anbauverhältnisse in Deutschland beschreibend und vergleichend dargestellt auf Grund der Erhebung von 1878. (Leipzig 1882.)

Werner, Hugo, Welche Zukunft hat die Getreideproduction Deutschlands? Bonn 1879.

Lorenz, Ch., Deutschlands Getreideproduction, Brodbedarf und Brod=beschaffung. Berlin 1881.

Mucke, Joh. Rich., Deutschlands Getreide-Ertrag. Greifswald 1883.

Zoltowski, Adam Gf., Ist es für den mitteleuropäischen Landwirt thunlich, angesichts der überseeischen Concurrenz, den Anbau von Halmfrüchten auf=zugeben? Posen 1889.

Bode, Wilh., Ein Weg aus der Brotnot. Bremerhaven 1891.

Drill, Rob., Soll Deutschland seinen ganzen Getreidebedarf selbst produziren? Stuttgart 1895.

List, Alfr., Die Interessen der deutschen Landwirtschaft im Deutsch=Russischen Handelsvertrag vom $\frac{10.\ \text{Febr.}}{29.\ \text{Jan.}}$ 1894 mit besonderer Berücksichtigung des Brotgetreidebaues. Stuttgart 1900.

Engel, Vorläufige Ergebnisse der im Jahre 1878 vorgenommenen Ermittelung der landwirthschaftlichen Bodenbenutzung und des Ernteertrages im preußischen Staate und vergleichende Rückblicke auf die Erntemengen und Erntewerthe früherer Jahre. Berlin 1878.

Hermann, F. B. W. v., Ueber den Anbau u. Ertrag des Bodens im Königr. Bayern. I. Abthlg. München 1857.

(Andere Länder.)

Neumann, F. X., Die Ernten u. der Wohlstand in Oesterreich = Ungarn. Berlin 1874.

Ernteergebniß der wichtigsten Körnerfrüchte i. J. 1892. Wien 1893.

Lauer, Ernst, Die Hebung des schweizerischen Getreidebaues durch ein Getreidemonopol. Arau 1895.

Ronna, A., Le blé aux États - Unis d'Amerique. Production, transports, commerce. Paris 1880.

Report on the area of corn, potatoes and tobacco, and the condition of growing crops, and on rates of transportation. Washington 1884.

Report on condition of crops, yield of grain per acre, and on freight rates of transportation companies. Washington 1884.

Report on condition of crops, on wheat in India, and on freight rates of transportation companies. Washington 1884.

Album of agricultural graphics. — Values per acre of crops of the United States. Washington 1890.

(Fruchtpreise.)

Unger, Joh. Frdr., Von der Ordnung der Fruchtpreise und deren Ein=flusse in die wichtigsten Angelegenheiten des menschlichen Lebens. I. Theil. Göttingen 1752.

Herbert, Versuch einer allgemeinen Kornpolizei, nebst 2 Abhandlungen über die Preise und den Landbau. Aus dem Französischen von Joh. Sam. Haller. Berlin 1756.

Guth, Frz. Kritische Beleuchtung der Korn= und Brodfrage in deren weitesten volks= und staatswirthschaftlichen Beziehungen. Prag 1849.

Jellinek, Mor., Die niedrigen Getreidepreiſe. Volkswirthſchaftliche Studie über Mängel und Beſſerungsmittel im Betrieb der ungariſchen Land= wirthſchaft. Peſt und Wien 1865.

Kremp, J. H., Ueber den Einfluß des Ernteausfalles auf die Getreidepreiſe während der Jahre 1846—75 in den hauptſächlichſten Ländern Europas. Jena 1879.

Plaßmann, A., Der Einfluß der auswärtigen Getreideproduction auf den inländiſchen Getreidemarkt. Dresden 1887.

Hanſen, Jhs., Unterſuchungen über den Preis des Getreides mit beſonderer Rückſicht auf den Nährſtoffgehalt deſſelben. Jena 1887.

Meßler, Guſt. Karl, Statiſtiſche Unterſuchungen über den Einfluß der Ge= treidepreiſe auf die Brotpreiſe und dieſer auf die Löhne. Jena 1887.

Bloeck, Rich., Unterſuchungen über die Produktionskoſten der Getreidekörner. Jena 1888.

Drechsler, Guſt., Die Produktionskoſten der Hauptgetreidearten. Tübingen 1889.

Howard, W. H., Die Produktionskoſten unſerer wichtigſten Feldfrüchte. Auf Grund der Ergebniſſe von 140 Wirtſchaften während der letzten 3 bis 5 Jahre. Berlin 1901.

Teiſting, Carl, Kornvaluta und Kornbanken. Graz 1889.

Settegaſt, Henry, Die Werthbeſtimmung des Getreides als Gebrauchs= und als Handelswaare. Verſuch zur Aufſtellung eines Bonitirungsſyſtems der Körnerfrüchte. (Leipzig 1890)

Miklachevsky, Ivan, Du prix de revient des principales céréales en Russie et en Allemagne. Paris 1891.

Sering, M., Das Sinken der Getreidepreiſe und die Konkurrenz des Aus= landes. Berlin 1894.

Schumacher, H., Über Kornerträge in der Landwirtſchaft. I. Kann die deutſche Landwirtſchaft dem deutſchen Volke das zu ſeiner Ernährung er= forderliche Brotkorn liefern? Berlin 1901.

Tieſſen, Ed., Handbuch der deutſchen Getreideſtatiſtik ſeit 1880. Berlin 1896.
— Daſſelbe. 2. Aufl., die Statiſtik für 1895/96 einſchließend. Berlin 1896.

Rabe, Otto, Vierzig Jahre Brotgetreidebau. Ein Beitrag aus der Praxis zur Frage der Kornzölle. Berlin 1901.

Grothelm, Alb., Der ruſſiſche Handelsvertrag und die niedrigen Getreide= preiſe. Mit einem Anhange: Die Landwirtſchaft und der Zwiſchenhandel. Gera 1896.

Ruhland, Guſt., Grundſätze einer vernunftgemäßen Getreidepreispolitik mit einer graphiſchen Darſtellung. Berlin 1896.

Stumpfe, Emil, Der kleine Grundbeſitz und die Getreidepreiſe. Leipzig 1897.

Tittmann, Otto, Die Getreidepreiſe in der Stadt Leipzig im 17., 18., u. 19. Jahrhundert. Leipzig 1890.

Jollos, Gregor, Die Brottaxe in Paris. (Leipzig 1885.)

(Theuerung.)

Levasseur, E, Les prix . . . Avec un appendice sur le prix du froment et sur les disettes depuis l'an 1200 jusqu'à l'an 1891. Paris 1893.

Curſchmann, Fritz, Hungersnöte im Mittelalter. Leipzig 1900.
— Daſſelbe (erweitert). Leipzig 1900.

Seilbitz, Joh. Georg Flessa von, Dissertatio juridica de annona, germanice: Von der theuren Zeit. Jenae 1720.

Patriotische Bemerkungen über die gegenwärtige Theuerung in Wien. o. O. 1791.

Burke, Ed., Thoughts and details on scarcity, originally presented to William Pitt 1795. London 1800.

Zanthier, Aug. Carl Alex. v., Zweckmäßige Vorkehrungen gegen die aus= gebrochene Getreidetheuerung und untrügliche Mittel, jede künftige zu verhüten. Leipzig 1805.

Bell, Benjamin, Ueber Theuerung und Mangel. Aus dem Englischen von Albrecht Thaer. Wien 1805.

Die Theuerung. Dresden 1805.

Cölln, Frdr. v., Ueber Getreidehandel und Wucher, Brodtaxe u. s. w. (Berlin) 1818.

Prokop, Abelbert, Die Wuchertheuerung und landwirthschaftlichen Vereine in Teutschland. Leipzig 1846.

Petit, Vr, Le pain à bon marché, ou la preuve irrécusable qu'il peut ne jamais être cher. Paris 1847.

Poeschl, Jos., Gedanken und Vorschläge zur Verhinderung jeder künftigen Getreide-Theuerung. Linz 1848.

Pelz, Ed., (Treumund Welp,) Gegen den Hunger. Leipzig 1849.

Roeder, A., Die Theuerung, ihre Ursachen und Abhilfen. Wriezen a. O. 1855.

Roemisch, Paul, Ueber Korn = Theuerung und deren mögliche Verhütung. Frankfurt a. M. 1855.

Lecouteux, Éd., La question du blé et le gouvernement. Paris 1859.

Pezzani, A., Plus de disette du pain en tout temps. Lyon 1862.

Calemard de la Fayette, Ch., Les disettes. Paris 1868.

Becker, Frbr., Beitrag zur Ergründung der Ursache für die gegenwärtige Theuerung der nothwendigsten Nahrungsmittel. Hannover 1868.

Neumann, F. X. v., Die letzte Hungersnoth in Indien (1873—1874). Jena 1875.

Report of the Indian Famine Commission. Part I Famine relief. London 1880.

Arzruni, Grigor, Die Hungersnoth in Türkisch=Armenien. Übersetzt von A. Amirchanjanz. Tiflis 1880.

The Russian crisis. (London 1892.)

Dru, Léon, et É. Levasseur, La récolte do 1891 en Russie et l'exposition française de Moscou. Paris 1892.
  I. Dru, Léon, La disette en Russie en 1891.
  II. Levasseur, É., La récolte de 1891 en Russie

Tolstoi, Gf. Leo N., Die Hungersnoth in Rußland. Aus dem Russischen von L. A. Hauff. Berlin (1894.)

(Magazine.)
Werneburg, Ueber die Anlegung von Getreide-Magazinen in Silos zur Ab= hülfe der Noth in Jahren der Theuerung. Erfurt 1850.

Schadeberg, Jul., Die Silos. Halle 1854.

(L'Enfant, Frédéric,) Conservations des blós. Équilibre de la production avec la consommation. Caen 1859.

Scherzer, Karl v., Einige Mittheilungen über die Verbreitung des Mais über die Erde. o. O. 1863.

Pincert, Frbr. Aug., Der Hafer. Cultur u. Benutzung der einträglichsten Hafer-Arten. Leipzig 1871.

Malinverni, Alessio, Der Reisbau. Bearbeitung u. Handel des Reises in Vercelli. Übersetzt von A. Roncali. Vercelli 1873.

Oppel, Alwin, Der Reis. Bremen 1891.

Pincert, Frbr. Aug., Anleitung zur Cultur und Benutzung der Hirse als Körner- u. Futterpflanze. Leipzig 1871.

— Der Kartoffelbau nach seinen neuesten Fortschritten und Verbesserungen. Leipzig 1871.

Die Kartoffel u. ihre Kultur. Amtlicher Bericht über die Kartoffel-Ausstellung zu Altenburg vom 14.—24. Okt. 1875 u. ihre Ergebnisse, erstattet von R. A. Brückmann, K. v. Langsdorff, Fr. Nobbe u. A. Berlin 1876.

Blomeyer, Die Kartoffel (Solanum tuberosum). (Leipzig 1889.)

Oppel, Alwin, Das Getreide und die Kartoffel in ihrer gegenwärtigen Bedeutung für das Völkerleben u. die Weltwirtschaft. Bremen 1892.

Löbe, Will., Die Krankheiten der Kultur-Pflanzen auf Aeckern, in Obstanlagen rc. Hamburg 1864.

B. Futterbau und Viehzucht. Thierische Producte.
1. Futterbau.

Vorländer, Frbr., Die Siegensche Kunst-Wiese. Praktische Anleitung zu deren Anlegung und Pflege. 2. mit der herzogl. Nassauischen Wiesen-Ordnung rc. verm. Aufl. Siegen 1844.

Zeller, C., Das Wiesenkultur-Gesetz u. die sonstigen Mittel u. Anstalten zur Beförderung der Wiesenkultur im Grhrzth. Hessen. Darmstadt 1843.

Bericht über die Königl. Meliorations-Wiesen-Bauten in Westpreußen. Königsberg 1848.

Pohlenz, Rob., Technische Bemerkungen zum rationellen Wiesenbau nebst einer Anleitung zur Ausführung des Wässerns.*) Bautzen 1846.

Vincent, L., Der rationelle Wiesenbau, dessen Theorie und Praxis. 3. Aufl. Leipzig 1870.

Toussaint, Frbr. Wilh., Anleitung zum rationellen Grasbau. Mit einem Anhange: Ueber Gräser und Weidebau von Ferd. Hannemann. Breslau 1870.

Verhandlungen des I. Kongresses deutscher Wiesenbauer am 19. u. 20. Mai 1873 zu Wittkiel u. Flensburg. o. O. (1873.)

Wiesen-Ordnung für den Kreis Siegen vom 28. Okt. 1846. 3. Aufl. Siegen 1877.

Meyn, Frbr., Grundzüge des Wiesenbaues u. der Drainage. Heidelberg 1880.

Blunt, E. T., und R. Henry Rew, Süßpreßfutter in Feimen. Aus dem Englischen. 5. Aufl. Frankfurt a. M. o. J.

*) Ueber Bewässerung vergl. oben III. B, 2.

Calberla, Georg, Ueber Grünpreßfutter (Ensilage). Dresden 1888.

Riepenhausen=Crangen, Karl v., Stechginster (Ulex europaeus) und seine wirtschaftliche Bedeutung als Futterpflanze. 2. Aufl. Leipzig 1889.

Benecke, Franz, Die Bedeutung der mikroskopischen Untersuchung von Kraft= futtermitteln für die landwirthschaftliche Praxis. Dresden 1888.

2. Thierzucht.
a) Im Allgemeinen.
(Ueber Thierheilkunde vergl. Abth. C der Bibl., Cap. XXIV: Gesundheitswesen, VII.)

Weckherlin, A. v., Die landwirthschaftliche Thierproduction. 3 Thle. 2. Aus= gabe. Stuttgart 1851.

Carl, Alfred, Die Organisation der landwirthschaftlichen Tierproduktion. Halle a. S. 1900.

Pohlenz, Rob., Die Thierzüchtung u. die Vererbungs=Gesetze. Breslau 1863.
— Blut, Temperament und Form in ihrer Bedeutung für den Thierzüchter. Breslau 1866.

Adam, Th., Landwirthschaftliche Thierkunde u. Thierzucht. Augsburg 1873.

Settegast, Henry Otto, Untersuchungen über das Verhältniß der Thierzucht zum Ackerbau im Betriebe der Landwirthschaft. Leipzig 1879.

Werner, Eugen, Katechismus der landwirthschaftlichen Thierzucht. Leipzig 1880.

Zürn, Erich, Wie ist die bäuerliche Viehzucht zu heben? Leipzig 1894.

General = Bericht über den III. internationalen Zucht= und Mastvieh=, sowie Maschinen= und Geräthe=Markt am 14.—17. Mai 1869. Prag 1869.

Kluge, Ernst, Die Viehzählungs = Methoden in den europäischen Staaten. Jena 1871.

Lambl, J. B., Depecoration (Viehabnahme) in Europa. Leipzig 1878.

Quante, Hugo, Die Ergebnisse der Viehstatistik in den wichtigsten europäischen Ländern mit besonderer Berücksichtigung der deutschen Staaten. Bonn 1901.

(Deutschland im Allgemeinen.)

Settegast, H., Die deutsche Viehzucht, ihr Werden, Wachsen u. gegenwärtiger Standpunkt. Berlin 1890.

Müller, Rob., Staats= und volkswirtschaftliche Einrichtungen zur Förderung der landwirtschaftlichen Tierzucht, insbesondere in Deutschland. Leipzig 1900.

Die Viehhaltung im Deutschen Reich nach der Zählung vom 1. Dezember 1892. Berlin 1894.

Schultze, W., Deutschlands Vieh= u. Fleischhandel. 2 Thle. Berlin.
Thl. I: Deutschlands Außenhandel mit Vieh u. Fleisch. 1899.
„ II: Deutschlands Binnenhandel mit Vieh. Mit Atlas. 1900.

Schneider, K., Rechtsregeln des Viehhandels nach deutschem Gesetze. München 1899.

Stegemann, A., Der Viehhandel im Deutschen Reiche nach dem vom 1. Jan. 1900 an geltenden Rechte. Berlin 1899.

Stölzle, Hans, Viehkauf (Viehgewährschaft) nach dem Bürgerl. Gesetzbuche. Mit einem Anhang: Verordnung, betr. die Hauptmängel u. Gewährfristen beim Viehhandel. Vom 27. März 1899. Erläutert von Heinr. Weiß= kopf. Berlin 1899.

Reuter, M., u. K. Sauer, Die Gewährleistung bei Viehveräußerungen nach dem Bürgerl. Gesetzbuch. Berlin 1900.

(Preußen.)

Kirstein, Ernst, Die Entwickelung der Viehzucht und die Viehnutzung im Preuß. Staate von 1816 bis 1883. Berlin 1884.

Hauser, Eman., Die Entwickelung der Viehzucht in Preußen von 1816 bis 1883. Jena 1887.

(Sachsen.)

Die Viehzählungen im Königr. Sachsen von 1834—53. Dresden 1874.

Der Zustand der Viehhaltung im Reg.=Bez. Zwickau i. d. J. 1853 u. 1883. Dresden (1886.)

(Frankreich.)

Block, Maurice, État du bétail en France. Statistique comparative des animaux domestiques en France d'après les recensements de 1812, 1829 et 1839. Paris 1850.

(England.)

Bröbermann, C. A., Ueber englische Viehzucht. Bremen 1881.

b) Pferdezucht.

(Deutschland im Allg.)

Jannasch, R., Unsere Pferde. 2. verm. u. verb. Aufl. Dresden 1861.

Monteton, Otto v., Die Pferdezucht in der Natur und in der Kultur. Hamburg 1893

Mehne=Wallach, Gg., Offener Brief an die deutschen Pferdebesitzer aller Stände u Berufsklassen über die Zweckmäßigkeit ihrer genossenschaftlichen Vereinigung behufs Vertretung ihrer gemeinsamen Interessen ec. Berlin 1891.

Busch, Das Gestütswesen Deutschlands. Berlin 1891.

Dade, Heinr., Zum Schutz der deutschen Pferdezucht im landwirthschaftlichen u. militärischen Interesse. Berlin 1900.

(Preußen.)

Wedemeyer=Schönrade, v., Vorschläge zur Hebung der Landes=Pferdezucht. Berlin 1872.

Stoeckel, C. M., Die kgl. preuß. Gestüt=Verwaltung und die preuß. Landes=pferdezucht. Berlin 1890.

(Sachsen.)

Münster, G. Gf. zu, Anleitung zur rationellen Pferdezucht für die Landwirthe des Kgr. Sachsen. Dresden 1878.

— Die Pferdezucht Sachsens u. deren Hebung. Dresden 1879.

Zweite Mittheilung an die sächsischen Pferdezüchter vom Kgl. Landstallamt zu Moritzburg v. O. (1881.)

(Münster, G. Gf. zu,) Motive zur Führung der Zuchtregister im Kgr. Sachsen u. die Eintragung der Zuchtstuten in dasselbe durch den Landstallmeister. (Dresden 1884.)

Johne, Alb, Geschichte der sächsischen Pferdezucht. Leipzig 1888.

Die Militär=Verwaltung in ihrem Verhältniß zur Landespferdezucht. Dresden 1894.

(Baden.)

Lydtin, A., Die Pferdezucht im Grhrzth. Baden. Carlsruhe 1870.

ecklenburg.)

Hävernick, H, Die Pferdezucht in Mecklenburg. Berlin 1872.

ippe.)

Collmann, Ad., Rückblick auf die Geschichte der Landespferdezucht im Fürstenth. Lippe. Detmold 1890.

rankreich.)

Argus, Suppression de l'administration des haras, son remplacement par un service national de l'élevage. Angers 1889.

erein. Staaten.)

Oettingen, Burchard v., Ueber die Pferdezucht in den Vereinigten Staaten von Amerika. Berlin 1894.

––––––––––

Naundorff, E. v., Der große Distanz=Ritt Berlin=Wien i. J. 1892. Breslau 1893.

Pott, Emil, Der Distanzritt u. die Pferdezucht. München 1893.

Mayerhofer, Rob., Ein Distanzritt Agram=Wien. Wien 1894.

Rennwetten, Anglomanie oder Pferdezucht u. Reitkunst. Leipzig 1894.

Wilckens, M., Arbeitspferd gegen Spielpferd. Wien 1894.

Hufbeschlag.)

Rueff, A., Die Beschlagkunde. Berlin 1876.

Adam, P., Kurze Belehrung über Hufpflege u. Hufbeschlag. München 1880.

Walther, E. Th., Curt Heinrich Graf Einsiedel. Dessen Leben und Wirken auf dem Gebiete der Pferde= u. Hufbeschlagwissenschaft. Bautzen 1869.

c) Fleischproduction und Fleischversorgung.

Im Allgemeinen.)

Janke, Heinr., Der internationale Fleischverbrauch in seiner neuesten Gestalt. (Berlin 1868.)

Deutsches Reich.)

Denkschrift und Gutachten über Vorschläge zur Einführung der Transporte frischen Fleisches an Stelle der Beförderung lebenden Viehs im Deutschen Reich zur Abwehr gegen die Einschleppung der Rinderpest bei gleichzeitiger Versorgung der Bevölkerung mit frischem, gesunden u. billigerem Fleische. Berlin 1879.

Schreiber, S., Der Transport lebenden Viehes und der Fleischtransport. Hannover 1879.

Pierstorff, Jul., Die Bewegung der Fleisch= und Fettpreise in Deutschland seit d. J. 1852 u. ihre Ursachen. (Berlin 1880.)

Eisbein, C. J., Billiges Fleisch für Stadt und Land, flotter Absatz für die Viehzüchter. Bremen 1880.

Verhandlungen der Delegierten von Schlachtviehhofverwaltungen mit den Vertretern des deutschen Landwirtschaftsrats sowie des Viehhandels u. Fleischergewerbes. Berlin 1893.

Klapper, Edm., Zur Umgestaltung des deutschen Schlachtvieh=Marktverkehrs. Berlin 1896.

Boysen, Unsere Inlands=Produktion u. die Einfuhr von lebendem Vieh, Fleisch u. Fetten Leipzig 1898.

Schultze, W., Deutschlands Vieh= u. Fleischhandel. 2 Thle. Berlin.
    Thl. I: Deutschlands Außenhandel mit Vieh und Fleisch. 1899.
    „ II: Deutschlands Binnenhandel mit Vieh. Mit Atlas. 1900.

Hausburg, O., Der Vieh= u. Fleischhandel von Berlin. Berlin 1879.

Andreas, Franz, Mitteilungen aus der Zentral=Markthalle in Berlin. Berlin 1900.

Gerlach, Otto, Der Fleischkonsum Leipzigs nach amtlichen Quellen zusammengestellt. Jena 1886.

(Oesterreich = Ung.)

Meyer, Joh. L., Die Approvisionirung des europäischen Fleischmarktes in ihren Beziehungen zur oesterr. = ungarischen Landwirthschaft. Wien 1879.

Messing, Ludw., Die Wiener Fleischfrage. Wien 1899.

(England.)

On the high prices of butchers' meat. A supplement to Smithfield market. o. O. 1796.

Mathews, J., Remarks on the cause and progress of the scarcity and dearness of cattle, swine etc. etc. London 1797.

Fisher, Jos., Where shall we get meat? London 1866.

Hartstein, Ed., Der Londoner Viehmarkt u. seine Bedeutung für den Continent insbesondere Deutschland. Bonn 1867.

(Frankreich.)

Enquête législative sur la production et la consommation de la viande de boucherie. Tome I. Rapport fait au nom de la commission par M. V. Lanjuinais. Paris 1851.

Blanc, E., Les mystères de la boucherie et de la viande à bon marché. Paris 1857.·

(Amerika.)

Reuleaux, F., Ueber die Ausfuhr von frischem Fleisch von Amerika nach Europa. Berlin 1878.

Wie läßt sich der Fleischreichthum von Süd=Amerika für Deutschlands Armee u. Volk nutzbringend verwerthen? Leipzig 1878.

(Vorstellung an den Bundesrath betr. ein event. Verbot der Einfuhr von Schweinen und Schweinefleisch aus Nord=Amerika. Nebst Fortsetzung. Hamburg 1882.)

Sartorius, A. Frhr. v. Waltershausen, Das deutsche Einfuhrverbot amerikanischen Schweinefleisches. Jena 1884.

Nimmo, Jos., The production of swine in the United States, and the transportation, consumption, and exportation of hog products, with special reference to the introduction of american hog products from France and Germany. Washington 1884.

Swine products of the United States. Message from the president of the United States. (Washington 1884.)

Tait, J. S., The cattle-fields of the far west, their present and future. Edinburgh 1884.

d) Milchwirthschaft.

(Im Allgemeinen.)

Anderegg, F., Allgemeine Geschichte der Milchwirtschaft. Zürich 1894.

Schatzmann, R., Die Weide= u. Milchwirtschaften von Schweden, Dänemark, Holstein u. Holland. Aarau 1870.

Rost, B., Die Milchwirthschaft und die Bereitung der vorzüglichsten Molkereiprodukte 2c. Berlin 1875.

Wittmann, Eb., Das rationelle Molkereiwesen. Dresden 1881.

Malzan, M. Frhr. v., Welche Mittel sind anzuwenden, um der Magermilch bessere Verwerthung und als Volksnahrungsmittel weiteren Absatz zu verschaffen? Berlin 1893.

Deutschland.)

Schrott=Fiechtl, H., Statistische Notizen über die deutsche Milchwirtschaft u. deren Bedeutung. Bremen 1895.

Beschreibung der milchwirthschaftlichen Verhältnisse im Deutschen Reiche. Hrsg. vom Deutschen Milchwirthschaftlichen Verein. Bremen 1895.

Fleischmann, Wilh., Bericht des milchwirthschaftlichen Vereins an das Kgl. Preuß. Ministerium für Landwirthschaft 2c. über den gegenwärtigen Stand der größeren milchwirthschaftl. Unternehmungen sowie der Molkereischulen in Deutschland. Bremen 1882.

Petersen, C., Zur Lage der Absatzverhältnisse für die deutschen Molkerei= Erzeugnisse. Bremen 1888.

Burckhardt, E. H., Der unlautere Wettbewerb im Butterhandel. Ein Beitrag zur Beurteilung der Margarinefrage. Berlin 1895.

Boysen, Der augenblickliche Stand des deutschen Butter=Exports. Bremen 1897.

Helm, Wilh., Der Milchstaat. Bremen 1898.

Martiny, Benno, Die Milchversorgung Berlins. Berlin 1894.

— Die Butterversorgung Berlins durch die Eisenbahn im ersten Halbjahr 1899. Berlin 1901.

(Oesterreich-Ungarn.)

Hohenbruck, Arth. Frhr. v., Die Molkerei=Genossenschaften u. andere gemeinschaftliche Unternehmungen zur Verwerthung der Molkereiproducte in den im Reichsrathe vertretenen Königreichen und Ländern nach den pro 1891 vorliegenden Daten. Wien 1892.

Egán, Eb., Die milchwirtschaftlichen Bestrebungen in Ungarn. Bremen 1884.

(Verein. Staaten.)

Siedel, Johs., Wahrnehmungen auf milchwirthschaftlichem Gebiete in den Vereinigten Staaten von Nord=Amerika u. Kanada. Darmstadt 1894.

(Käserei.)

Hornig, E., Beiträge zur Geschichte, Technik u. Statistik der Käserei. Wien 1869.

Schatzmann, R.,. Käsereibüchlein oder Anleitung zum Betriebe der Käserei. 4. verm. u. verb. Aufl. Aarau 1885.

e) Rindvieh=, Schweine= u. Ziegenzucht.

(Rindviehzucht.*)

Ellerbrock, Ign. Jos., Die Holländische Rindviehzucht und Milchwirthschaft. Braunschweig 1853.

Lippe=Weißenfeld, Armin Gf. zur, Die Grundsätze der Züchtung für den kleineren Landwirth. Ehrenfriedersdorf 1868.

Langsdorff, K. v., Das Kgl. Sächs. Gesetz, die Bildung der Zuchtgenossen= schaften u. die Körung von Zuchtbullen betr. vom 19. Mai 1886. Vortrag. Dresden 1887.

Hucho, Herm., Die Mittel zur Hebung der sächsischen Rindviehzucht. Leipzig 1887.

— Wesen, Zweck und Ziele der landwirthschaftl. Statistik und ihre Bedeutung für die landwirthschaftl. Viehhaltung, dargestellt mit besonderer Beziehung auf die Rindviehhaltung des Königr. Sachsen. (Leipzig 1891.)

(Bayern.)

Bestimmungen über die Bildung eines Stammzuchtbezirkes für· den braunen Voigtländer Rindviehschlag. Regensburg 1873.

Göring, Ph., Das bayerische Gesetz vom 5. April 1888, betr. die Haltung und Körung der Zuchtstiere. Nördlingen 1888.

Reuter, Martin, Die Bestimmungen über die bayerische Rindviehzucht. Kommentar zum Gesetze vom 5. April 1888, betr. die Haltung und Körung der Zuchtstiere. München 1896.

(Württemberg.)

Das Gesetz über die Farrenhaltung vom 16. Juni 1882 nebst Vollzugs= Verfügung und Musterverträgen über die Farrenhaltung. Stuttgart 1883.

(Schweinezucht.*)

Heiden, Ed., Beiträge zur Ernährung des Schweines. 2 Hefte. Hannover 1876, 77.

Behmer, Rud., Grundsätze bei Züchtung und Prämiirung unserer Haus= thiere, besonders auch des Meißner Schweines. Dresden 1889.

(Ziegenzucht.)

Dettweiler, Fr., Die Bedeutung der Ziegenzucht, ihr Zustand und die Mittel zu ihrer Hebung. Bremen 1892.

Rost=Habbrup, Die nutzbringende Ziegenzucht. Bremen 1892.

Petersen, Peter, Die Ziegenzucht in Deutschland. Ihre Mängel u. Mittel zu ihrer Hebung. Berlin 1899.

Frankhauser jun., Die volkswirthschaftliche und forstliche Bedeutung der Ziege in der Schweiz. Bern 1887.

f) Schafzucht und Wollproduction.

(Schafzucht im Allg.)

May, Georg, Das Schaf. Seine Wolle, Racen, Züchtung, Ernährung und Benutzung, sowie dessen Krankheiten. 2 Bde. Breslau 1868.

Schmidt, G. F. v., Die Schafzucht und Wollkunde für Schafzüchter und Landwirthe. 3. verm. Aufl. Stuttgart 1869.

---

*) Vergl. hierüber auch oben V, A, Technik der Landwirthschaft.

(In einzelnen Ländern.)

Settegast, H., Welche Richtung ist der Schafzucht Norddeutschlands der Concurrenz des Auslandes gegenüber zu geben? Breslau 1869.

Bohm, J., Die heutige Lage der Schafzucht Norddeutschlands gegenüber den seit mehreren Jahren stetig sinkenden Wollpreisen. Leipzig 1870.

Thilo, Rud., Bericht über den am 24. und 25. Septbr. 1880 in Leipzig stattgehabten Woll-Convent und über die heutige Lage der Schafzucht. Neubrandenburg 1881.

Steiger-Leutewitz, Ab., Ueber Schafzucht, insbesondere Merino-Wollschaf-Zucht. Dresden 1885.

Heyne, Johs., Die Entwickelung der Schafzucht im Kgr. Sachsen von der Einführung der spanischen Merinos bis auf die Gegenwart. Dresden 1890.

Herzog, Osc., Die Schafzucht in Ungarn, Ursachen ihres Verfalles u. Mittel zu deren Hebung. Wien 1883.

Blacklock, Ambr., Englische Schafzucht oder die Vereblung des Schafs, seine Behandlung ꝛc. Mit einem Anhange über Wolle und Wollhandel, sowie über die Schafzucht in Australien. Aus dem Englischen von Chr. Hein. Schmidt. Weimar 1854.

Rohde, Ottomar, Das französische Merinoschaf mit mittelfeiner Wolle und seine Bedeutung für die deutsche Schafzucht. Berlin 1864.

Zeballos, Estanislao S., A travers les bergeries. Traduit par Alfred Biraben. Paris 1889.

(Schäfereirecht.)

Büff, L., Das Schäfereirecht auf Grunblage des gemeinen Rechts und seiner Ausbildung in Kurhessen. Cassel 1863.

(Wollproduction.)

Elsner, J. G., Das goldene Bließ oder die Erzeugung und der Verbrauch der Merinowolle. Stuttgart 1838.

— Die Wollproduction der Erde. (Breslau 1864.)

Janke, Heinr., Die Wollprobuktion unserer Erde u. die Zukunft der deutschen Schafzucht. Breslau 1864.

Die Wolle. Mittheilungen des Vereins der Wollinteressenten Deutschlands über Schafzucht, Wollkunde, Spinnerei, Weberei, Appretur, Färberei ꝛc. Herausgeg von Herm. Grothe. Berlin 1871, 1872.

Oppel, Alwin, Die Wolle in Bezug auf Erzeugung, Verarbeitung u. Handel. Bremen 1891.

Kohlschmidt, Carl, Die deutsche und überseeische Wolle im Konkurrenzkampfe. Halle a. S. 1889.

Antwerp versus London as a market for Australian Wool. Melbourne 1875.

Die Woll-Production der Colonie New South Wales. (Dresden) 1891.

Ebell, Gust., & Co., Jahres-Bericht über Colonial-Wolle 1882—1890. Berlin 1883—91.

Senkel, Willy, Wollproduktion und Wollhandel im 19. Jahrh. mit besonderer Berücksichtigung Deutschlands. Tübingen 1901.

Anhang: Kaninchen-Zucht.

Schuster, M. J., Lehrbuch der Kaninchen-Zucht. 2. Aufl. Ilmenau i. Th. 1894.

g) Geflügelzucht und Eierproduction.

Ruß, Karl, Das Huhn als Nutzgeflügel für die Stadt= und Landwirthschaft.
Magdeburg 1884.

C. Bau von Handelsgewächsen.

1. Im Allgemeinen.

Hofmann, Franz Wilh., Die Kultur der Handelsgewächse. Prag 1845.
Brockmeier, Heinr., Über den Einfluß der englischen Weltherrschaft auf die
Verbreitung wichtiger Culturgewächse, namentlich in Indien. Marburg
1884.
Semler, Heinr., Die tropische Agricultur. 4 Bde. Wismar 1886—93.
Wohltmann, F., Handbuch der tropischen Agricultur für die deutschen Kolonien
in Afrika. Bd. 1. Leipzig 1892.
Sadebeck, R., Die Kulturgewächse der deutschen Kolonien und ihre Erzeug=
nisse. Jena 1899.

2. Zuckerrüben.

Humbert, Gust, Agrarstatistische Untersuchungen über den Einfluß des Zucker=
rübenbaues auf die Land= und Volkswirthschaft unter besonderer Berück=
sichtigung der Prov. Sachsen. Jena 1877.
Roth, Hugo, Ueber den Einfluß des Zuckerrübenbaues auf die Höhe der
landwirtschaftlichen Kapitalien, besonders im Kgr. Sachsen. Leipzig = R.
1892.

3. Hopfen.

Lamprecht, Conr., Der Hopfen. Breslau 1874.
M(edem), F. L. C. Frh. v., Der Hopfen. Seine Herkunft und Benennung.
Homburg v. d. H. 1874.
Hocke, J. W., Böhmens Hopfenbau mit besonderer Würdigung der Vorzüglich=
keit seines Produktes. 2. Aufl. Wien 1846.
Flatau, Jos. Jac., Geschichte des Hopfenbaues und Hopfenhandels zu Neu=
tomischel bis zum J 1859. 2. Aufl. Berlin 1883.
Barth, Joh., & Sohn, Hopfenpreise d. J. 1798—1847, 1848—1877.
Nürnberg o. J.
Strube, Emil, Der Hopfenhandel. Produktion, Verkehr und Preise des
Hopfens. Berlin 1891.

4. Tabak.

(Vergl. Cap. XXIX: Finanzwesen, Cap. XXXIII: Industrie und Cap. XXXIV: Handel.)
(Tabakbau im Allgemeinen.)

Reichenbach, A. B., Der Tabak, seine Geschichte und Verbreitung, Natur=
geschichte. Leipzig 1853.
Schober, Hugo, Der Anbau des Tabaks. Leipzig 1853.
Knauer, Anton, Die Freigebung des Tabakbaues auch eine Lebensfrage für
Staat und Volk. Wien 1861.
Wagner, Ladislaus v., Tabakkultur, ... sowie Statistik des Tabakbaues x.
4. verm. Aufl. Weimar 1884.

Oppel, Alwin, Der Tabak in dem Wirthschaftsleben und der Sittengeschichte der Völker. Bremen 1890.

Der Tabak im Deutschen Zollgebiete. Produktion und Besteuerung, Einfuhr und Ausfuhr für die Zeit vom 1. Juli 1871 bis 30. Juni 1872. Berlin 1873.

Knoblauch, Hugo, Deutschlands Tabaks=Bau und Ernte. Berlin 1878.

Reichs=Enquete über den Tabakbau ꝛc. 1878. Berlin 1878.

Anlagen zum Bericht der Tabak=Enquete=Kommission. 5 Bde. (Berlin 1879.)

Schmitter, Aug., Einige Notizen zur Statistik des Tabakbaues in Elsaß=Lothringen. Straßburg 1877.

Seifarth, F., Notlage der Tabakbauern und Mittel zur Abhilfe. Stuttgart 1889.

Tscherbatscheff, Wolb., Der Tabak und seine Kultur in den nordamerikan. Staaten. (Berlin 1875.)

Arnold, B. W., History of the tobacco industry in Virginia from 1860 to 1894. Baltimore 1897.

Ferguson, A. M. & J., All about tobacco: including practical instructions for planting, cultivation etc. Colombo 1889.

De tabakscultuur in Deli. Amsterdam 1890.

5. Oelgewächse.

Pinckert, Frdr. Aug., Die anbauwürdigsten, einträglichsten und neuesten Winter = und Sommer = Oelgewächse als: Winterrübsen, Winter = Awehl, Biewitz, Senf und Leindotter. Berlin 1864.

Böttger, Max, Das Ganze des Oelgewächsbaues. Mit Vorwort von Will. Löbe. Leipzig 1865.

6. Gespinnststoffe.

Claussen, Chevalier, Die Flachs=Bewegung, ihre nationale Wichtigkeit und Vortheile, mit Anleitung zur Bereitung der Flachs=Wolle und der Cultur des Flachses. Aus dem Englischen mit Vorwort von Karl Schmutz. Linz 1851.

Cnarizius, C. G., Flachsbau und Leinenbereitung. Leipzig 1852.

Weibinger, C., Der Flachsbau und die Flachsbereitung. 2. verm., verb. Aufl. Leipzig 1853.

Langer, Ludw., Flachsbau und Flachsbereitung. Wien 1893.

Sonntag, C., Denkschrift über die landwirthschaftlichen Beziehungen zur Flachs=kultur in ihrer einstigen Bedeutung und die Nothwendigkeit einer Um=formung derselben. Berlin 1871.

Hohenbruck, Arth. Frhr. v., Der internationale Congreß der Flachs=Inter=essenten, abgehalten in Wien im August 1873. Bericht. Wien 1873.

Das Gesammt = Gebiet der deutschen Leinen = Industrie beziehungsweise der Hanf= und Flachsbau. Weißensee=Berlin 1887.

(Ein Convolut Zeitungsausschnitte den Flachsbau und die Leinen = Industrie in Hannover betr.)

Harkort, Frbr., Der Westphälische Flachsbau, in seiner Anwendung auf das gesammte Deutschland. Nach L. Upmeyer. Berlin 1851.

Bericht über Flachs- und Hanf-Cultur und Industrie in Oesterreich. Wien 1859.

Hohenbruck, Arth. Frhr. v., Die Flachs- und Hanfproduction in Oesterreich. o. O. u. J.

— Beiträge zur Statistik der Flachs- und Hanf-Production in Oesterreich. Wien 1873.

Neurenaer, J. A., Die Flachsbereitung in Holland. Berlin 1872.

Schindler, Franz, Die Flachsbau- und Flachshandels-Verhältnisse in Russland. Wien 1894.

(Nessel.)

Bouché, G. B., und Herm. Grothe, Die Nessel als Textilpflanze. Berlin 1877.

(Baumwolle.)

Ellison, Thomas, Handbuch der Baumwoll-Cultur und Industrie. Übersetzt von Bernard Roest. Bremen 1860.

Oppel, Alwin, Die Baumwolle in ihren verschiedenen Beziehungen zur Weltwirtschaft. Bremen 1891.

Kuhn, Heinr., Die Baumwolle, ihre Cultur, Structur und Verbreitung. Wien 1892.

Hammond, M. B., The cotton industry. Part I. The cotton culture in the United States. New York 1897.

Halle, Ernst v., Baumwollproduktion und Pflanzungswirtschaft in den nordamerikan. Südstaaten. 1. Tl. Leipzig 1897.

7. Andere.

(Karde.)

Lengerke, A. v., Der Kardenbau im Preußischen Staate. Berlin 1852.

Schober, Hugo, Der Anbau . . . der Weberkarden. Leipzig 1853.

(Kaffee.*)

Moreira, Nicolau Joaquim, Breves considerações sobre a historia e cultura do cafeeiro e consumo de seu producto. Rio de Janeiro 1873.

Van Delden Laërno, C. F., Brazil and Java. Report on coffee-culture in America, Asia and Africa. London 1885.

Fuchs, Max, Die geographische Verbreitung des Kaffeebaumes. Leipzig 1886.

Arnold, Edwin Lester, On the Indian hills or, Coffee-planting in Southern India. A new edition. London 1893.

Dafert, F. W., Ueber die gegenwärtige Lage des Kaffeebaues in Brasilien. Amsterdam 1898.

Romero, Matias, Coffee and india-rubber culture in Mexico. New-York 1898.

(Thee.)

Fries, Ludw. u. Sigm. Ritter von, Uebersichtliche Darstellung der Thee-Cultur u. des Thee-Handels in China. Wien 1878.

Saunders, Will., Tea-culture as a probable american industry. Washington 1879.

Baildon, Sam., The tea industry in India. London 1882.

Feistmantel, Ottokar, Die Theekultur in Britisch-Ost-Indien. Prag 1888.

---

*) Vergl. oben V, A, unter Tropischer Agricultur.

Harington, John E. M., Ostindischer Thee. Geschichtliche Darstellung seiner
   Cultur u. seines Handels. Ueberf. von C. F. Böttjer. Hamburg 1891.

Zuckerrohr.)
Tiemann, Walter, Zuckerrohr. Kultur, Fabrikation und Statistik. Berlin
   1899.

Gewürze, Drogen.)
Ferguson, A. M. & J., All about spices: pepper, cubebs, nutmegs, cloves,
   ginger, vanilla, pimento, cinnamon, including practical instructions for
   planting, cultivation and preparation for market. Colombo 1889.
— India rubber and gutta percha. 2. edit. revised and enlarged. Colombo 1887.
Owen, T. C., The cinchona planter's manual. Colombo 1881.
Bemmelen, J. M. van, Over de zamenstelling en den aard der grondsoorten,
   die voor de meekrapcultuur geschikt zijn. Haarlem 1864.

D. Obst-, Garten- u. Gemüsebau.

(Im Allgemeinen.)
Deutsche Garten- u. Obstbau-Zeitung. Jahrg. I, Nr. 1, 5—12. II. Leipzig
   1878, 79.
Kaufmann, Alex., Der Gartenbau im Mittelalter und während der Periode
   der Renaissance. Berlin 1892.
Rümpler, Th, Erfurts Land- u. Gartenbau in seinen wichtigsten Entwicklungs-
   Momenten. Erfurt 1865.
Morgenthaler, J., Der Wein-, Obst- u. Gartenbau auf der Pariser Welt-
   ausstellung 1889. Bericht. Aarau 1890.
Bouché, E., Handbuch des Gemüse- u. Obstbaues. Leipzig 1872.
Jäger, Herm., Katechismus der Nutzgärtnerei oder Grundzüge des Gemüse-
   u. Obstbaues. 5. verm. u. verb. Aufl. von J. Wesselhöft. Leipzig 1893.

(Obstbau und seine Feinde. *)
Degenkolb, Herrm., Der Obstbau in der Landwirthschaft. Dresden 1877.
Degenhard, W. M., Meine persönlichen Erfahrungen und Ansichten über die
   Nothwendigkeit der Einreihung des Obst- u. Gemüse-Baues in die Land-
   wirthschaft. Dresden (1879).
(Friesen, Heinr. Frh. v.,) Praktischer Führer im Obstbau. Leipzig (1881).
Lucas, Ed, Der Obstbau an Staats- u. Gemeindestraßen. Stuttgart (1881).
Pinckert, F. A., Die Obstbaumpflege in Gärten, Anlagen, Plantagen, an
   Straßen u. Wegen für Herrschaftsgüter. Leipzig 1882.
Friesen, F. O. H. Frh. v., Die volkswirthschaftliche Bedeutung des Baum-
   schnitts. Dresden 1880.
Wiedfeldt, Otto, Genossenschaftliche Obstzucht und Obstverwerthung. Offen-
   bach a. M. 1897.
Riebel, A. F., Ueber die Pflege des Obstbaues in der Mark Brandenburg
   durch den Großen Kurfürsten u. die Preußischen Könige. o. O. 1871.
Laemmerhirt, Otto, Festschrift zur 25 jährigen Jubelfeier des Landes-Obst-
   bauvereins für das Kgr. Sachsen über dessen Begründung u. seine Einwirkung auf die Entwickelung des Obstbaues im Kgr. Sachsen von 1874
   bis 1899. Dresden (1899).

_____

*) Vergl. oben II, unter Gartenrecht und unter VI, E: Weinbau.

Arndt, Fritz, Der Rückgang der Kirschenerträge des Dresdener Elbthals und
seine Ursachen. Berlin 1892.

Lucas, Ed., Württemberg's Obstbau. Ravensburg 1871.

(Krankheiten der Kulturpflanzen.*)

Löbe, Will, Die Krankheiten der Kultur=Pflanzen . . . in Obstanlagen, Wein=,
Gemüse= u. Blumengärten. Hamburg 1864

Die San José=Schildlaus (Aspidiotus perniciosus Comstock). Denkschrift hrsg.
vom Kais. Gesundheitsamt. Berlin 1898.

(Gemüsebau.)

Löffler, Carl, Kurze Anleitung zum Gemüsebau in Deutschland. Zwickau 1860.

Pinckert, Frdr. Aug., Die einträglichsten Gemüsepflanzen, Meerrettig, Zwiebeln,
Gurken, Kürbisse rc. in ihrer vortheilhaftesten Cultur und Benutzung.
Leipzig 1871.

Lucas, Ed., Der Gemüsebau. Anleitung zur Kultur der Gemüse in Garten
u. Feld. 4. Aufl. Stuttgart 1882.

Haupt, A., Die Bamberger Gärtnerei, ein Theil der freien Wirthschaft.
Bamberg 1866.

E. Weinbau.

(Im Allgemeinen.)

La Vigne Américaine et la viticulture en Europe. (Revue.) Année 4 — 10.
(Montpellier) 1880—1885.

Carlowitz, Georg Heinr. v., Versuch einer Culturgeschichte des Weinbaues,
von der Urzeit bis auf unsere Zeiten. Leipzig 1846.

Thudichum, Geo., Traube u. Wein in der Kulturgeschichte. Tübingen 1881.

Zobeltitz, Hanns v., Der Wein. Bielefeld 1901.

Morgenthaler, J., Der Wein=, Obst= und Gartenbau auf der Pariser Welt=
ausstellung. Aarau 1890.

Kohler, J. M., Der Weinstock u. der Wein. Aarau 1869.

Dumek, Jos., Handbuch des Weinbaues. Olmütz 1876.

Kober, Franz, Der Weinbau der Zukunft. Wien 1893.

Held, Ph., Weinbau. Berlin 1894.

(In einzelnen Ländern. — Preußen.)

Kaufmann, Ueber die Nothwendigkeit und die Mittel, dem außerordentlichen
Nothstand der Winzer am Niederrhein, an der Mosel, Saar, Nahe u. Ahr
zu begegnen. Bonn 1836.

Zur Lage des Winzerstandes. Eine Stimme vom Rhein. Neuß (1882).

Pfau=Schellenberg, G., Statistik über Weinlauf u. Rebbau des Rheinthales.
St. Gallen 1863.

Schwartz, Paul, Der Weinbau in der Mark Brandenburg, in Vergangenheit
u. Gegenwart. Berlin 1896.

(Sachsen.)

F., H. A., Dekonom. Abhandlung von gründlich bessern u. einträglichern Wein=
bergsbau, nebst angefügter Churfürstl. Sächs. Weingebürgs=Ordnung de
anno 1588. Dreßden 1765.

Liebezeit, Joh. Adam, Der Meißnische Weinbau. Meißen 1798.

---

*) Vergl. oben II, unter Gartenrecht und unten VI, E: Weinbau.

Bericht über ben Bestand u. die Wirksamkeit der Kgl. Sächs. Weinbau=Gesell-schaft von 1836 – 39. Grimma 1840.

Dietrich, W. M., Uebersichtliche Darstellung des Landwirthschaftsrechtes in Bezug auf den Weinbau unb bie bazu verwenbeten Landgrundstücke im Kgr. Sachsen. Grimma 1840.

Schubert, G. W., Der Weinbau in ber, ben Marktflecken Kötzschenbroba nebst Fürstenhain, bie Hof= u. Niederlößnitz rc. umfassenben Parochie Kötzschen-broba nach Alter, Rufe u. Umfange. Dresben 1862.

(Südbeutschlanb.)

Huber, F. B., Die Zukunft bes südbeutschen Weinbaues. Stuttgart (1892).

Fiebler, Wegweiser für Weinkäufer im Elsaß. Ein Verzeichnis der bebeutenbsten Weinorte bes Elsaß. Mülhausen i. E. 1885.

(Oesterreich=Ungarn.)

Schams, Franz, Vollständige Beschreibung sämmtlicher berühmter Weingebirge in Oesterreich, Mähren u. Böhmen. Pesth 1835.

Hohenbruck, Arth. Frh. v., Die Weinproduction in Oesterreich. Wien 1873.

Keleti, Charles, Statistique viticole. I. Viticulture de la Hongrie 1860—1873. Traduit par Fréd. Schwiedland. Budapest 1875.

Schröer, Rob., Der Weinbau u. bie Weine Oesterreich=Ungarns. Wien 1889.

(Schweiz.)

D., L. P., La culture de la vigne dans le canton de Neuchâtel. Neuchâtel 1866.

(Frankreich.)

Franck, W., Die Medoc= u. bie anberen rothen u. weißen Weine bes Departe-ments ber Gironde. 3. verm. Aufl. Magbeburg 1848.

Guyot, Jules, Étude des vignobles de France. 3 tomes. Paris 1868.

Reckenborfer, Ferb., Bericht über eine . . . Reise nach Frankreich zwecks Information über bie Einrichtung u. ben Betrieb von Hanbelsrebschulen mit amerikan. Reben. Wien 1892.

(Italien.)

Cerletti, G. B., Notes sur l'industrie et le commerce du vin en Italie. Rome 1889.

(Reblaus.)

Neßler, J., Die Rebwurzellaus, ihr Vorkommen bei Genf u. in Südfrankreich, ihr etwaiges Auftreten auch in Deutschlanb. Stuttgart 1875.

Barral, J. A. La lutte contro le phylloxera. 3. édit. Paris 1883.

Fiebler, P. J., Die Lösung der Reblausfrage. Stuttgart 1888.

Hubertz, C, Die Reblaus, ihre Natur, ihr Auftreten in Europa u. ihre Be-kämpfung. Jena 1888.

Keßler, H. F., Die Ausbreitung der Reblauskrankheit in Deutschlanb u. beren Bekämpfung. Berlin 1892.

Lassaulx, C. v., Die Bekämpfung der Reblaus burch Anzucht wiberstanbs-fähiger Reben. Köln 1893.

Moritz, J., Beobachtungen u. Versuche betr. die Reblaus, Phylloxera vastatrix Pl., u. beren Bekämpfung. Berlin 1893.

Verein zum Schutze des österr. Weinbaues (gegen bie Reblaus, ben Peronospora-Pilz). Mittheilung I. II. Wien 1885, 88.

La fillossera in Italia (1879—1881). Roma 1881.

F. Bienen- und Seidenzucht.

1. Bienenzucht.

Gmelin, Alb., Die Biene, von der Urwelt bis zur Neuzeit. Stuttgart 1899.

Wagner, Max, Das Zeidelweſen u. ſeine Ordnung im Mittelalter u. in der neueren Zeit. München 1895.

Lotter, J. M., Das alte Zeidelweſen in den Nürnbergiſchen Reichswaldungen. Nürnberg 1870.

Berlepſch, Aug. Baron v., Die Biene und die Bienenzucht in honigarmen Gegenden. Mühlhauſen i. Th. 1860.

Hermann, H. C., Die italieniſche Alpenbiene oder die Goldgrube der Landwirthſchaft. Chur 1859.

Kaſten, Adalbert, Geſchichte der Bienenzucht in Pommern. Hannover 1878.

Sauppe, M. O., Erſter Bericht über den . . . Bienenwirthſchaftlichen Haupt-Verein. Crimmitzſchau 1878.

(Bienenrecht.)

Buſch, F. B., Handbuch des heutigen in Deutſchland geltenden Bienen-Rechtes. Arnſtadt 1830.

Bälz, Karl, Das Recht an Bienen. Stuttgart 1891.

Beck, Paul Alex., Das Bienenrecht in Oeſterreich. Wien 1883.

2. Seidenzucht.

(Im Allgemeinen.)

Silbermann, Henri, Die Seide. Ihre Geſchichte, Gewinnung u. Verarbeitung. 2 Bde. Dresden 1897.

Julien, Staniſl., Ueber Maulbeerbaumzucht u. Erziehung der Seidenraupen. Aus dem Chineſiſchen in's Franzöſ. überſetzt. Deutſch von Fr. Lud. Lindner. 2. verm. Aufl. von Th. Mögling. Stuttgart 1844.

Kittel, Beantwortung der Frage: Was ſteht der Einführung der Seidenzucht in Bayern u. überhaupt in Teutſchland entgegen? Aſchaffenburg 1840.

Mögling, Th., Die Seidenzucht u. deren Einführung in Deutſchland. 2. verm. u. verb. Aufl. Stuttgart 1847.

Wandkalender zur Fütterung der Seidenraupe. Kirchheim u. T. 1851.

Ott, Ad., Zur Einführungsgeſchichte der neuen aſiatiſchen Seidenraupen in Europa. Zürich 1860.

— Die Fagara-Seidenraupe (Bombyx cynthia Drury) aus China. Ihre Geſchichte, ihre Zucht u. ihre Futterpflanze. Zürich 1861.

Brügger von Curwalden, Ch. G., Die Futterpflanzen der Fagara-Raupe, eines neuen Seidenſpinners aus China, u. die Urſachen der in Europa herrſchenden Krankheiten des Seidenwurms, der Weinrebe u. der Kartoffelpflanze. Zürich 1861.

Pathe, C. H., Die Maulbeerbaumzucht u. der Seidenbau vom Samenkorn bis zum Seidenfaden. 2. verm. Aufl. Berlin (1865).

Brinckmeier, Ed., Der Seidenbau. Leipzig 1882.

Meinecke, Guſtav, u. W. v. Bülow, Seidenzucht in den Kolonien. Berlin 1901.

C., v., Der Seidenbau in Sachsen u. angrenzenden Ländern. Zwickau 1844.

Chassagnieux, J., La sériciculture en Algérie. Alger 1858.

Babier, Ernst v., Japan's Seidenzucht, Seidenhandel und Seiden=Industrie.
Zürich 1874.

G. Landwirthschaftliche Gewerbe.

Crusius, Heinr., Die technischen Gewerbe in der Landwirthschaft. Leipzig 1885.

(Ueber die einzelnen Gewerbe vergl. Cap. XXXIII: Industrie.)

VII. Landwirthschaftliche Zustände einzelner Länder.
(Landwirthschaftliche Statistik.)

Im Allgemeinen.)

Colman, Henry, European agriculture and rural economy. 2 vols. in 10 parts.
Boston, London 1844—48.

Conrad, Johs., Die Statistik der landwirthschaftlichen Production, Kritik ihrer
bisherigen Leistungen, sowie Vorschläge zu ihrer Förderung. Jena 1868.

Meitzen, Aug., Die internationale land= und forstwirthschaftliche Statistik.
Berlin 1873.

Müller, Traugott, Untersuchungen über den gegenwärtigen Stand der Agrar=
statistik mit besonderer Berücksichtigung der landwirthsch. Produktionsstatistik
u. deren Entwicklung seit d. J. 1868. Halle a. S. 1887.

— Untersuchungen über den gegenwärtigen Stand der Agrarstatistik u. deren
Entwickelung seit d. J. 1868. Jena 1888.

(Deutschland.)

Funke, W., Die Entwickelung der deutschen Landwirthschaft während der letzten
zehn Jahre. Stuttgart 1866.

Bericht der Kommission für die weitere Ausbildung der Statistik des Zoll=
vereins betr. übereinstimmende Ermittelungen der landwirthschaftl. Boden=
benutzung und der Erndte=Erträge, sowie der Viehhaltung im Deutschen
Reiche. Berlin 1871.

Die Bodenkultur des Deutschen Reichs. Atlas der landwirthschaftlichen Boden=
benutzung nebst Darstellung der Forstfläche nach der Aufnahme im Jahre
1878. Hrsg. vom Kaiserl. Statist. Amt. Berlin 1881.

Landwirthschaftliche Betriebsstatistik nach der allgemeinen Berufszählung vom
5. Juni 1882. Berlin 1885.

Seifarth, F., Die Berufsstatistik des Deutschen Reiches nebst der landwirthschaftl.
Betriebs= u. Gewerbestatistik. Bd. II. Die landwirthschaftl. Betriebs= u.
Gewerbestatistik. Heidelberg 1893.

Die Landwirthschaft im Deutschen Reich. Nach der landwirthschaftlichen Betriebs=
zählung vom 14. Juni 1895. Berlin 1898.

Jösting, H., Die deutsche Landwirtschaft in der Gegenwart und Zukunft.
Jena 1898.

Blondel, Georges, Die landwirthschaftlichen Zustände im Deutschen Reiche.
Nach dem Französ. bearbeitet von Alb. Ahn u. Prosper Müllendorff.
Köln 1899.

Wölbling, Berthold, Der erste Rundgang der landwirthschaftlichen Wander=
ausstellungen in Deutschland 1887—1898. Berlin 1899.

Die deutsche Landwirthschaft auf der Weltausstellung in Paris 1900. Bonn 1900.

Georg, Sind die mancherlei unrichtigen statistischen Angaben Bebels in seinem Hauptwerk Fälschungen oder Dummheiten? Ribnitz 1892.

(Preußen.)

Lengerke, Alex. v., Entwurf einer Agricultur-Statistik des Preußischen Staates nach den Zuständen i. d. J. 1842 u. 1843. Berlin 1847.

Meitzen, Aug., Der Boden und die landwirthschaftlichen Verhältnisse des Preußischen Staates nach dem Gebietsumfange vor 1866, (bez) der Gegenwart. 6 Bde. Bd. 6 hrsg. mit Frdr. Großmann. Berlin 1868, 69, 71, 94, 1901.

Marcard, v., Die Ergebnisse der Preußischen Landwirthschaft i. d. J. 1885 u. 1886. Berlin 1888.

Ein Culturbild der Provinz Schlesien im Hinblick auf ihre Land- und Forstwirthschaft. Breslau 1869.

Fünfzig Jahre der Landwirthschaft Westpreußens. Danzig 1872.

Lackner, Carl, Darstellung der wirthschaftlichen u. socialen Verhältnisse einer Ostpreußischen Landgemeinde. Insterburg 1889.

Der kleine, mittlere und große Grundbesitz der Provinz Posen und der ihr verwandten Landestheile. Berlin 1882.

Brodnicki, Boleslaw v., Beiträge zur Entwickelung der Landwirthschaft in der Provinz Posen während d. J. 1815 bis 1890. Leipzig-R. 1893.

Backhaus, A, Agrarstatistische Untersuchungen über den preußischen Osten im Vergleich zum Westen. Berlin 1898.

Jacobi, Victor, Landwirthschaftliche und nationalökonomische Studien in der niederrheinischen Heimath. Leipzig 1854.

Lütgens, J. F. H., Kurzgefaßte Charakteristik der Bauernwirthschaften in den Herzogthümern Schleswig u. Holstein. Hamburg 1847.

Das ehemalige Königreich Hannover vom Standpunkte der landwirthschaftlichen Interessen aus betrachtet. (Berlin 1866.)

Goertz-Wrisberg, Werner Gf., Die Entwickelung der Landwirthschaft auf den Goertz-Wrisbergschen Gütern in der Provinz Hannover. Leipzig 1880.

Beiche, Ed., Die Provinz Sachsen u. ihr Boden in Hinsicht auf den jetzigen Zustand u. die Entwickelung der landwirthschaftl. Verhältnisse. Delitzsch 1874.

Grouven, Hubert, Salzmünde. Berlin 1866.

Backhaus, Alex., Entwicklung der Landwirthschaft auf den Gräflich Stolberg-Wernigerödischen Domänen. Jena 1888.

Radziwill, Carl Prinz, Entwicklung des fürstlich Stolbergischen Grundbesitzes seit dem 13. Jahrhundert mit besonderer Beachtung der Grafschaft Wernigerode. Jena 1899.

Jacobi, Ludw., Der Grundbesitz und die landwirthschaftlichen Zustände der preußischen Oberlausitz in ihrer Entwickelung u. gegenwärtigen Gestaltung. Görlitz 1860.

(Sachsen.)

Flotow, G. v., Beiträge zur Statistik des Kgr. Sachsen. Leipzig 1846.

Reuning, Die Entwickelung der Sächsischen Landwirthschaft i. d. J. 1845—1854. Dresden 1856.

Linke, C. A., Die sächsische und altenburgische Landwirthschaft. 2. Aufl. Leipzig 1851.

Festschrift für die 25. Versammlung deutscher Land= u. Forstwirthe zu Dresden
  1865. 2 Thle. Dresden 1865.
  Thl. I: Die Landwirthschaft in Sachsen. Thl. II: Darstellung der Kgl. Sächs.
      Staatsforstverwaltung u. ihrer Ergebnisse.
Geyer, C., Aus der Erfahrung. Vorträge u. Bemerkungen über verschiedene
  Gegenstände der Volks= u. Landwirthschaft mit besonderer Beziehung auf
  das Kgr. Sachsen. Aus dem Zeitraum von 1828—66. Dresden 1866.
Langsdorff, K. v., Die Landwirthschaft im Kgr. Sachsen u. ihre Entwickelung
  bis Ende 1875. Dresden 1876.
— Die Landwirthschaft im Kgr. Sachsen u. ihre Entwickelung i. d. J. 1876
  bis einschl. 1879. Dresden 1881.
— Die landwirthschaftl. Statistik des Kgr. Sachsen. Dresden 1886.
— Die Landwirthschaft im Kgr. Sachsen, ihre Entwickelung bis einschl. 1885
  u. die Einrichtungen u. Wirksamkeit des Landeskulturraths für das Kgr.
  Sachsen bis 1888 Dresden 1889.
— u. Raubold, Landwirtschaftliche Statistik des Kgr. Sachsen. Dresden 1898.
Jahres=Bericht über die Landwirtschaft im Kgr. Sachsen für d. J. 1900. Hrsg.
  von dem Landeskulturrat. Dresden 1901.
Uebersichten des Anbaues auf Acker= u. Gartenländereien, sowie der gesammten
  Bodenbenutzung u. der tragbaren Obstbäume im Kgr. Sachsen . . . i. J.
  1878. o. O. u. J.
Dietrich, Ed., Die Beziehungen der Landwirthschaft in Sachsen zum Verkehrs=
  wesen. Dresden 1884.
Petermann, Carl F., Ueber den Einfluß, welchen die Umgestaltung der Ver=
  kehrs= und landwirthschaftl Verhältnisse auf den Grad der Intensität und
  auf die Productionsrichtung der sächsischen Landwirthschaft ausübt.
  Leipzig 1885.
Böhme, Otto, Entwickelung der Landwirtschaft auf den Kgl. Sächs. Domänen.
  Berlin 1890.
Steglich, Edm, Beiträge zur Statistik des Grundeigenthums. Dresden 1893.
Amtlicher Bericht über die XXXII. Gesamtsitzung des Landeskulturrats am
  27.—29. Nov. 1894. Dresden.
Bericht über die fortschreitende Entwickelung der Land= und Forstwirthschaft in
  dem Kreis=Vereine des Kgl. Sächs. Markgrafthums Oberlausitz von seiner
  Begründung an. Bautzen (1874).
Lechla, Frz., Die Landwirthschaft im GAmtsbez. Geithain. Leipzig 1875.
Starke, Mor., Statistisches Handbuch der Landwirthschaft und geographisches
  Ortslexikon des Kgr. Sachsen. Leipzig 1878. (Adreßbuch.)
Dege, Herm., Adreßbuch des landwirthschaftlichen Grundbesitzes im Kgr. Sachsen.
  Leipzig 1891.
Hofmann, H. L., Die Rittergüter des Königreichs Sachsen. Dresden=Blasewitz 1901.

(Bayern.)

Die Landwirthschaft in Bayern. Denkschrift zur Feier des 50jährigen Bestandes
  des landwirthschaftl. Vereines in Bayern. München 1860.
Die bayerische Landwirthschaft in den letzten zehn Jahren. München 1872.
Rasp, Carl, Die landwirthschaftl. Bodenbenutzung in Bayern nach der Er=
  hebung des Jahres 1883 und die landwirthschaftl. Betriebe in Bayern.
  München 1887.

Die Landwirthſchaft in Bayern. Denkſchrift, nach amtlichen Quellen bearbeitet. München 1890.

Peetz, Hartw. Freim., Culturhiſtoriſche Einblicke in die Alpenwirthſchaft des Chiemgaues. München 1869.

C., K. v., Einige Worte über den Alpenſtreit. 2. Aufl. Waſſerburg a. J. 1869.

Schweyer, Franz, Schöffau, eine Gemeinde im bayeriſchen Voralpenland in ihren wirtſchaftlichen u. ſozialen Verhältniſſen dargeſtellt. Stuttgart 1896.

Die Unterfränkiſche Landwirthſchaft 1868—1893. Würzburg 1893.

(Baden.)

Sprenger, A. E., Die Lage der Landwirthſchaft in Baden. Karlsruhe 1884.

(Heſſen.)

Weidenhammer, R., Die Landwirthſchaft im Grhrzth. Heſſen. Darmſtadt 1882.

Schneider, H. K., Die Landwirthſchaft der Provinz Rheinheſſen. Mannheim 1867.

Wolff, Emil, Die Landwirthſchaft u. ihre Produkte als Beitrag zur Agrar=frage. Hiſtor.=ſtatiſtiſche Unterſuchung unter beſ. Berückſichtigung der Preis=bewegungen . . . im Grhrzth. Heſſen. 2. verb. Aufl. Mainz 1895.

(Thüringen.)

Franz, H., Die Landwirthſchaft in Thüringen und ihre Entwickelung in den letzten fünfzig Jahren. Berlin 1896.

Jacobi, Victor, Forſchungen über das Agrarweſen des Altenburgiſchen Oſter-landes. Leipzig 1845.

Lincke, C. A., Die . . . altenburgiſche Landwirthſchaft. 2. Aufl. Leipzig 1851.

Seifert, R., Die Landwirthſchaft im Hrzgt. Altenburg. Altenburg 1886.

Die Land= und Forſtwirthſchaft des Fürſtenth. Schwarzburg=Sondershauſen Sondershauſen 1862.

(Braunſchweig.)

Die Landwirthſchaft und das Forſtweſen im Hrzth. Braunſchweig. Braun-ſchweig 1858.

Buerſtenbinder, Rich., Die Landwirthſchaft des Hrzth. Braunſchweig. Braun-ſchweig 1881.

(Mecklenburg.)

Feſtgabe zur Feier der XXII. Verſammlung deutſcher Land= und Forſtwirthe. Schwerin 1861. (Enth. u. A.: „Beitrag zur Geſchichte der mecklenburg. Landwirthſchaft.)

Generalkataſter des ländlichen Grundbeſitzes in den Großherzogthümern Mecklen-burg. I. Thl.: Mecklenburg=Schwerin. Roſtock 1869.

(Elſaß-Lothringen.)

Touſſaint, Frbr. Wilh, Deutſch=Lothringen u. ſein Ackerbau. Metz 1875.

Fiedler, P. J., Fünf Kapitel aus der Landwirthſchaft des Ober=Elſaß. Geb-weiler 1881.

Unterſuchung der Lage und Bedürfniſſe der Landwirthſchaft in Elſaß=Loth-ringen 1884.

(Oeſterreich=Ungarn.)

Schullern=Schrattenhofen, Herm. v., Die öſterreichiſche Landwirthſchaft in ihren ſocialen Beziehungen. Wien 1900. (Sociale Verwaltung Oeſterreichs am Ende des 19. Jahrh. Bd. III, H. 5.)

Die Bodencultur=Verhältniſſe Oeſterreichs. Wien 1868.

Lorenz, Jos. R., u. Jos. Wessely, Die Bodencultur Oesterreichs. Wien 1873.

Lorenz v. Liburnau, Jos. R. Ritter, Atlas der Urproduction Oesterreichs in 35 Blättern mit erläuterndem Texte. Wien 1878.

Komers, A. E. Ritter v., Lage und Hilfskräfte der Landwirthschaft in der österr.-ung. Monarchie. Prag 1876.

Die Vertheilung der Culturflächen der im Reichsrathe vertretenen Königreiche und Länder auf die einzelnen Classen des Tarifes der jochweisen Reinerträge nach dem endgiltigen Ergebnisse der Grundsteuerregelung (1882). Wien 1892.

Bericht über die Thätigkeit des k. k. Ackerbau-Ministeriums 1887—1893. Wien 1895.

Mittheilungen über die Verhandlungen der Section für Land- u. Forstwirthschaft u. Montanwesen des Industrie- u. Landwirthschaftsrathes bei der 1., 2. u. 3. Tagung i. d. J. 1898, 1899, 1900. Wien 1900.

Lorenz, Jos. R., Statistik der Bodenproduction von zwei Gebietsabschnitten Oberoesterreichs (Umgebung von St. Florian u. Grünburg.) Wien 1867.

Brauner, F. A., Böhmische Bauernzustände. Wien 1847.

Stamm, Fernand, Verhältnisse der Volks-, Land- und Forstwirthschaft des Kgr. Böhmen. Prag 1856.

Rechenschafts-Bericht über die Thätigkeit des Central-Comités für die land- und forstwirthschaftliche Statistik des Kgr Böhmen i. J. 1868. Prag 1869.

(Komers, A. E. Ritter v.,) Skizzen über die Verwaltungs-Organisation von Grossgrundbesitz-Complexen in Böhmen. Prag 1873.

Schmied, Anton Adam, Die landwirthschaftlichen Verhältnisse im Böhmischen Erzgebirge. Prag 1875.

Inama-Sternegg, Karl Th. v., Die Alpenwirthschaft in Deutsch-Tirol. Wien 1883.

Artmann, Ferd., Eine Studie über Landguts-Wirthschaft im deutschen Etschlande. Wien 1893.

Wehler, Die Capitalarmuth und Creditnoth der Landwirthe Ungarns, deren Ursachen u. Abhilfsmittel. (Leipzig 1877.)

Wirth, Max, Ungarn u. seine Bodenschätze. Frankfurt a. M. 1885.

Leuschner, Karl, Die landwirthschaftlichen u. socialen Verhältnisse im westlichen Ungarn. Jena 1888.

Cautes, Die Lage der ungarischen Landwirthschaft. Budapest 1895.

Ungarns Landwirthschaft 1896. Hrsg. vom Kgl. Ungar. Minister für Ackerbau. Budapest 1897.

Rudloff, Reinhold, Die Landwirthschaft Ungarns in Reisebriefen. Schöneberg-Berlin 1897.

Pfeifer-Hochwalden, Rich. Ritter v., Die Entwickelung der Landwirthschaft in Slavonien. Leipzig 1897.

Die Landwirthschaft in Bosnien und der Hercegovina. Hrsg. von der Landesregierung. Sarajevo 1899.

(Schweiz.)
Wilckens, Martin, Die Alpenwirthschaft der Schweiz, des Algäus und der westösterreich. Alpenländer. Wien 1874.

Trientl, Ab., Die Verbesserung der Alpenwirthschaft. Wien 1870.

Miaskowſki, Aug. v., Die Agrar=, Alpen= u. Forſtverfaſſung der deutſchen
    Schweiz in ihrer geſchichtl. Entwickelung. Baſel 1878.

(Rumänien.)

Statistica din Romania. Statistica agricola pe anii 1873 — 1875. Bucuresci
    1876, 77.

(Bulgarien.)

Pantſchow, Wladimir S., Die Agrarverhältniſſe des Fürſtentums Bulgarien
    in ihrer geſchichtlichen Entwickelung. Leipzig=R. 1893.

(Italien.)

Sagnier, Henri, L'agriculture en Italie. Paris 1878.

Eheberg, K. Th, Agrariſche Zuſtände in Italien. Leipzig 1886.

Sombart, Werner, Die römiſche Campagna. Leipzig 1888.

Jacini, Stefano, La proprietà fondiaria e le popolazioni agricolo in Lombar-
    dia. Milano 1854.

Jacini, Stephan, Grundbeſitz u. Landvolk in der Lombardei. Ueberſ. von
    Peter Franco. Mailand 1857.

Stivanello, Luigi Carlo, Il Montello considerato sotto l'aspetto economico,
    politico e sociale. Venezia 1874.

(Niederlande.)

Verslag over den landbouw in Nederland 1880, 81, 82. 's Gravenhage
    1882— 84.

(Belgien.)

Laveleye, Émile de, Congrès agricole international de Paris 1878.—
    L'agriculture belge. Rapport. Bruxelles 1878.

Chlapowo Chlapowſki, Alfr. v., Die belgiſche Landwirtſchaft im 19. Jahrh.
    Stuttgart 1900.

Krauß, Guſt., Die Landwirtſchaft in Flandern. Berlin 1873.

(Frankreich.)

Lavergne, L. de, Économie rurale de la France depuis 1789. 2. édit.
    Paris 1861.

— L'agriculture et la population en 1855 et 1856. Paris 1857.

Bauer, Max, Nordfranzöſiſche Landwirthſchaft u. ihr Vergleich mit den ent=
    ſprechenden deutſchen Cultur=Verhältniſſen. Halle 1869.

Monny de Mornay, J. de, Generalbericht über die franzöſiſche Ackerbau=
    Enquête. Deutſch von M. Bauer, W. Rawack u. C. Filly. Berlin
    1871.

Heuzé, Gust., Notice sur les objets exposés par la direction de l'agriculture.
    (Exposition universelle de Vienne en 1873) Paris 1873.

Reitzenſtein, J. Frhr. v., und Erwin Naſſe, Agrariſche Zuſtände in
    Frankreich u. England. Leipzig 1884.

Grandeau, Louis, La production agricole en France, son présent et son avenir.
    Paris 1885.

Baudrillart, Henri, Les populations agricoles de la France. Normandie et
    Bretagne. Passé et présent. Paris 1885.

— Les populations agricoles de la France. Maine, Anjou, Touraine, Poitou,
    Flandre, Artois, Picardie, Ile-de-France. Passé et présent. Paris 1888.

Statistique agricole de la France (Algérie et Colonies). Résultats généraux de
    l'enquête décennale de 1882. Nancy 1887.

Grohmann, Heinr., Studie über die landwirthschaftlichen Zustände Frankreichs i. J. 1882. Berlin 1891.

Maurice, Fernand, L'agriculture et la question sociale. — La France agricole et agraire. Paris 1892.

Guéry, Georges, Économie rurale. — Mouvements et diminution de la population agricole en France. (Histoire et démographie.) Paris 1895.

(England.)

(Young, A.,) A six weeks tour through the southern counties of England and Wales. — Describing particulary I. The present state of agriculture and manufactures. II. The different methods of cultivating the soil etc. etc. 3. edit. London 1772.

Loudon, Philanthropic economy. London 1835.

Lavergne, Léonce de, Essai sur l'économie rurale de l'Angleterre, de l'Écosse, et de l'Irlande. 2. édit. Paris 1855.

Poggendorff, P. A., Die Landwirthschaft in England. Leipzig 1860.

Reuning, Landwirthschaftliche Briefe über England. Dresden 1862.

Fesca. Max, Landwirthschaftliche Studien in England und Schottland Göttingen 1876.

Koerner, Th., Die Landwirthschaft in Großbritannien. Berlin 1877.

L'agriculture de l'Angleterre. Série de traités préparés . . . pour le Congrès international de l'agriculture en 1878, traduits de l'anglais par F. R. de La Tréhonnais. Paris 1878.

L'agriculture de l'Écosse et de l'Irlande. Série de traités préparés pour le Congrès international de l'agriculture en 1878, traduits de l'anglais par Ernest Mérice. Paris 1878.

Birnbaum, K., Großbritannien in land= und volkswirthschaftlicher Beziehung. 2. Aufl. Leipzig 1879.

Klepl, Johs. Max, Die Entwickelung der englischen Landwirthschaft nach Aufhebung der Kornzölle. Bautzen 1888.

Gräfe, Herm., Die Entwickelung der englischen Landwirtschaft nach Aufhebung der Kornzölle. Leipzig 1889.

Koenig, F. Ph., Die Lage der englischen Landwirtschaft unter dem Drucke der internationalen Konkurrenz der Gegenwart. Jena 1896.

Williams, Ernest Edwin, The foreigner in the farmyard. London 1897.

Playfair, Lyon, On the declining production of human food in Ireland. Edinburgh 1870.

Agricultural returns of Great Britain, with abstract returns for the United Kingdom, British Possessions and foreign countries. 1876, 1883—1888. u. flg. London 1876, 1884—88, 1895 u. flg.

Agricultural produce statistics of Great Britain. 1884—1887. London 1884—87.

(Dänemark.)

Godefroy, Jules, Économie rurale du Danemark. Paris 1878.

Holstein=Ledreborg, Jos. Gf. v., Aus den landwirtschaftlichen Zuständen in Dänemark. Mit einem Schlußwort von Gustav Ruhland. Berlin 1900.

(Rußland.)

Haxthausen, Aug. v., Studien über die inneren Zustände, das Volksleben u. insbesondere die ländlichen Einrichtungen Rußlands. 3 Bde. Berlin 1847, 52.

Rußlands ländliche Zustände seit Aufhebung der Leibeigenschaft. Drei russische Urtheile, übers. u. commentirt von Jul. Eckardt. Leipzig 1870.

Walcker, Carl, Die russische Agrarfrage mit besonderer Berücksichtigung der Agrar-Enquête von 1873. Berlin 1874.

Krümmel, Otto, Die Productionszonen des europäischen Rußland. (Bremen 1877.)

Wilson, J., Agriculture et économie rurale en Russie. St. Pétersbourg 1878.

Yermolow, A., Mémoire sur la production agricole de la Russie. St. Pétersbourg 1878.

Samson, H. v., „Vom Lande". Vergleichende agrarpolitische Studien über Mittelrußland u. Livland. Dorpat 1883.

Jessen, Alex. v., Ueber die Landwirthschaft im mittleren Rußland vor und nach der Aufhebung der Leibeigenschaft. Leipzig 1887.

Hourwich, Isaac A., The economics of the Russian village. New York 1892.

(Bigelow, Poultney,) On a Russian farm. (London 1893.)

Agriculture and forestry, with coloured maps by the Department of Agriculture Ministry of Crown Domains for the World's Columbian Exposition at Chicago. Editor for the english translation John Martin Crawford. St. Petersburgh 1893.

Bleklov, S., Travaux statistiques des zemstvos russes. Paris 1893.

Kraus, Alois, Landbau u. Landbauzonen Rußlands. Prag 1899.

Nicolai=on, Die Volkswirtschaft in Rußland nach der Bauern=Emancipation. Aus dem Russischen von Georg Polonsky. München 1899.

Ssemenow, D. P., u. W. J. Kasperow, Rußlands Landwirtschaft und Getreidehandel. Aus dem Russischen von Maxim Blumenau. München 1901.

Brüggen, Ernst v. b., Die agrarischen Verhältnisse in den russischen Ostsee= provinzen. Berlin 1883.

Recke, Baron C., Die baltische Agrarreform und Herr Prof. Kawelin. Reval 1883.

Heyking, Alfons Baron, Statistische Studien über die ländlichen Zustände Kurlands. Mitau 1862.

Rutenberg, Otto v., Mecklenburg in Kurland. Leipzig 1863.

Behr, Ed. v., Otto von Rutenberg in partibus infidelium. Eine Entgegnung auf die Schrift: „Mecklenburg in Kurland." Mitau 1863.

Hollmann, Hans, Kurlands Agrarverhältnisse. Riga 1893.

(Spanien.)

Caballero, D. Fermin, Fomento de la poblacion rural. 3. edic. Madrid 1864.

(Nordamerika. — Kanada.)

Wiedersheim, Ed., Kanada. Reisebeschreibung u. Bericht über die dortigen land= u. volkswirthschaftlichen Verhältnisse. Stuttgart 1882.

(— Vereinigte Staaten.)

Pflaume, K., Einleitung zur Kenntniß der nordamerikanischen Landwirthschaft. Leipzig 1866.

Le Viseur, L., Der heutige Stand der Colonisation im Westen der Verein. Staaten von Nordamerika und die Ursachen ihres schnellen Fortschreitens. Berlin 1875.

Foster, James P., Die Public Lands der Verein. Staaten von Nordamerika. Berlin (1877).

Detken, Frdr., Reise eines deutschen Landwirths durch die Verein. Staaten von Nordamerika. Oldenburg 1880.

Mendel, v., Die landwirthschaftl. Production in den Verein. Staaten Nordamerikas u. ihr Einfluß auf unsere Landwirthschaft. Hildesheim (1881).

Sewell, Clare, u. A. Alb. Pell, über den Agriculturzustand der Verein. Staaten und Kanada. Übers. von E. E. Madden mit Vorbemerkung von H. Thiel. Berlin 1881.

Blum, Rich., Die Entwickelung der Verein. Staaten von Nordamerika in Hinsicht ihrer Production auf landwirthschaftlichem Gebiete. Leipzig 1882.

Lemcke, Heinr., Der Niedergang der Landwirthschaft in den Verein. Staaten Nordamerikas. Kiel 1884.

Berlepsch, Heinr. Frhr. v., Bericht über die im Auftrage des k. k. Ackerbau-Ministeriums in den Verein. Staaten von Nordamerika unternommene Reise. Wien 1886.

Tigerstroem, v., Meine Erfahrungen in Amerika auf dem Gebiete der Landwirthschaft im Gegensatz zu den mir in Deutschland erworbenen landwirthschaftl. Kenntnissen. Mit besonderer Berücksichtigung der Frage: Welche Ziele hat der deutsche Landwirth zu befolgen, um mit Amerika concurriren zu können? 2 Hefte. Putbus 1886, 87.

Wilckens, Martin, Nordamerikanische Landwirthschaft. Tübingen 1890.

Detken, Fr., Die Landwirthschaft in den Verein. Staaten von Nordamerika, sowie die allgemein-wirthschaftlichen, sozialen u. Kultur-Verhältnisse dieses Landes zur Zeit des Eintritts Amerikas in das 5. Jahrhundert nach seiner Entdeckung. Berlin 1893.

Bentley, Arthur F., The condition of the western farmer. Baltimore 1893.

Mueller, Traugott, Die amerikanische Bewässerungswirthschaft und andere landwirthschaftl. Reisebeobachtungen aus Nordamerika. Berlin 1894.

Wohltmann, F., Landwirthschaftl. Reisestudien über Chicago u. Nordamerika. Breslau 1894.

Levasseur, É., L'agriculture aux États-Unis. Paris 1894.

Maercker, Max, Amerikan. Landwirtschaft u. landwirtschaftliches Versuchs- u. Unterrichtswesen. Berlin 1895.

Ramm, E., Die Landwirtschaft in den Verein. Staaten von Nordamerika. Mit besonderer Berücksichtigung der für die einheimische Landwirtschaft brauchbaren technischen Methoden, der wirtschaftlichen Lage des amerikanischen Farmers rc. Stuttgart 1895.

Report of the commissioner of agriculture for the year 1884, 1888. Washington 1884, 89.

Report on the distribution and consumption of corn and wheat, and the rates of transportation of farm products. March 1884, 86, 90—92. Washington 1884 etc.

(Merifo.)

Pimentel, Francisco, La economia politica aplicada a la propiedad territorial en Mexico. Mexico 1866.

(Argentinien.)

Villanueva, Carlos E., „El litoral y el interior." Observaciones sobre ganaderia y agricultura. Buenos Aires 1887.

Censo agrícolo-pecuario de la provincia de Buenos Aires, levantado en el mes de octubre de 1888. Buenos Aires 1889.

(Kleinasien.)

Proslowetz von Proslow u. Marstorff, Max., Streifzüge eines Landwirths Wien 1881.

Herrmann, Rich., Anatolische Landwirtschaft auf Grund sechsjähriger Erfahrung. Leipzig 1900.

(Indien.)

Vilmorin, Henri, La production agricole dans l'Inde méridionale. Paris 1878.

Baden-Powell, B. H., A short account of the land revenue and its administration in British India; with a sketch of the land tenures. Oxford 1894.

(China u. Japan.)

Plath, Die Landwirthschaft der Chinesen u. Japanesen im Vergleiche zu der europäischen. (München 1873.)

Schencking, Aug. B., Die Landwirtschaft in China u. in Europa. 3. Aufl. Münster i. W. 1893.

Liebscher, Georg, Japan's landwirthschaftliche und allgemeinwirthschaftliche Verhältnisse. Jena 1882.

Nagai, Shinkizi, Die Landwirthschaft Japans, ihre Gegenwart u. ihre Zukunft. Dresden 1887.

Fesca, M., Beiträge zur Kenntniß der Japanischen Landwirthschaft. 2 Thle. nebst Atlas. Berlin 1890, 93.

(Australien.)

Joubert, Jules, L'agriculture in Australie. (Paris 1878.)

Richter, Georg, Die Landwirthschaft Australiens und den Verein. Staaten von Nordamerika. Dresden 1882.

Wallace, Rob., The rural economy and agriculture of Australia and New Zealand. London 1891.

(Egypten.)

Anderlind, Leo, Ackerbau u. Biehzucht in Egypten. Berlin 1887.

— D. B. Leo, Die Landwirthschaft in Egypten. Leipzig (1889).

(Süd-West-Afrika.)

Büttner, C. G., Ackerbau und Biehzucht in Süd-West-Afrika. (Damara und Gr. Namaqualand.) Leipzig 1885. *)

---

*) Vergl. auch Cap. VIII: Auswanderung u. Colonisation, V, B, 1, Colonien des Deutschen Reiches.

Cap. XXXI.

Forst= und Jagdwesen. — Fischerei.

Cap. XXXIᵃ· Forst- und Jagdwesen.

Uebersicht.

I. Allgemeines. (Periodica. Forstgeschichte.)

Periodica.)

Weise, W., Chronik des deutschen Forstwesens i. J. 1888. XIV. Jahrg. Berlin 1889.

Tharander Forstliches Jahrbuch. Hrsg. unter Mitwirkung der Lehrer an der kgl. sächs. Forstakademie von F. Judeich, (bez.) M. Kunze. Bd. 34—38, 47—49. Dresden 1884-88, 97—99.

(Forstgeschichte.)

Koch, Karl, Die Bäume u. Sträucher des alten Griechenlands. Berlin 1884.

Seidensticker, Aug., Waldgeschichte des Alterthums. 2 Bde. Frankfurt a. O. 1886.

Trubrig, J., Die Waldwirthschaft der Römer. Wien 1888.

Stieglitz, Chr. Ludw., Geschichtliche Darstellung der Eigenthumsverhältnisse an Wald u. Jagd in Deutschland von den ältesten Zeiten bis zur Ausbildung der Landeshoheit. Leipzig 1832.

Smoler, Frz. Xaver, Historische Blicke auf das Forst= und Jagdwesen, seine Gesetzgebung u. Ausbildung von der Urzeit bis zu Ende des 18. Jahrh. Prag 1847.

Berg, C. H. Edm. Frhr. v., Geschichte der deutschen Wälder bis zum Schlusse des Mittelalters. Dresden 1871.

Schwappach, Adam, Handbuch der Forst= und Jagdgeschichte Deutschlands. Berlin 1888.

Seidensticker, Aug., Rechts= u. Wirthschafts=Geschichte norddeutscher Forsten. 2 Bde. Göttingen 1896.

Die Entwickelung der Staatsforstwirthschaft im Königr. Sachsen. 1817—1893. Dargestellt durch die Kgl. Sächs. Forsteinrichtungsanstalt. Mit Atlas. Dresden 1897.

Raab, C. v., Ein Beitrag zur Geschichte der Staatsforsten im Vogtlande bis Ende des 16. Jahrh. Plauen i. V. 1896.

Gerber, Aug., Beitrag zur Geschichte des Stadtwaldes von Freiburg i. B. Tübingen 1901.

Kmiotek, Bruno, Siedelung u. Waldwirtschaft im Salzforst. Leipzig 1900.

Geschichte der österreichischen Land= und Forstwirthschaft und ihrer Industrien 1848—1898. 4 Bde. Wien 1899.

Miaskowski, Aug. v., Die Agrar=, Alpen= u. Forstverfassung der deutschen Schweiz in ihrer geschichtlichen Entwickelung. Basel 1878.

Maury, L. F. Alfred, Les forêts de la Gaule et de l'ancienne France. Paris 1867.

II. Forstpolitik.

Der Wald im Haushalt der Natur und des Volkes. Ent= und Bewaldung.

(Forstpolitik im Allgemeinen.*)

Lehr, J., Forstpolitik. Tübingen 1887.

Graner, F., Die forstpolitischen Ziele der Gegenwart. Tübingen 1887.

Lassaulx, Vorschläge zur Beseitigung des Waldnothstandes in der Rheinprovinz. Bonn 1891.

Schwappach, Adam, Forstpolitik, Jagd= u. Fischereipolitik. Leipzig 1894.

(Der Wald.)

Zwierlein, K. A., Vom großen Einfluß der Waldungen auf Cultur u. Beglückung der Staaten. Würzburg 1806.

Schultes, G. v., Der neue Sylvan. Vorlesungen über den Einfluß der Wälder auf die National=Oekonomie. Ilmenau 1832.

Schmidt, Herm., Schutz den Waldungen bei Eisenbahnbauten. Magdeburg 1848.

Hohenstein, Ad., Der Wald sammt dessen wichtigem Einfluß auf das Klima**) der Länder, Wohl der Staaten u. Völker. Wien 1860.

Coaz, J. W., Der Wald. Leipzig 1861.

Rentzsch, Herm., Der Wald im Haushalt der Natur u. der Volkswirthschaft. 2. Aufl. Leipzig 1862.

Baur, Frz., Der Wald u. seine Bodendecke im Haushalte der Natur u. der Völker. Stuttgart 1869.

Rivoli, J., Ueber den Einfluß der Wälder auf die Temperatur der untersten Luftschichten. Posen 1869.

-----

*) Vergl. auch die Lehrbücher der Nationalökonomie, Cap. XXVIIIb, unter IV.
**) Über Klima vergl. Cap. VI: Geographie, I, B, Klimatologie, und Cap. XXX: Landwirthschaft III, B. 3, Klima.

Landolt, El., Der Wald im Haushalt der Natur u. der Menſchen. Zürich 1870.

Löffelholz=Colberg, Frdr. Frhr. v., Die Bedeutung u. Wichtigkeit des Waldes, Urſachen und Folgen der Entwaldung, die Wiederbewaldung ꝛc. Leipzig 1872.

Hennig, Carl, Beiträge zur Begründung des Einfluſſes der Wälder auf das Wohl der Bevölkerung. Leipzig 1872.

Contzen, H., Ein Wort über u. für den Wald. 2. Aufl. Berlin 1873.

Ebermayer, Ernſt, Die phyſikaliſchen Einwirkungen des Waldes auf Luft u. Boden u. ſeine klimatologiſche u. hygieniſche Bedeutung. Berlin 1873.

Sofka, Teiche u. Wälder, ein Raubbau der Neuzeit. 3. verb. Aufl. Wien 1874.

Weber, Rud., Der Wald im Haushalte der Natur u. des Menſchen. Berlin 1874.

Rey, Ed., Ueber den Einfluß des Waldes auf die Bewohnbarkeit der Länder. Prag 1875.

Lauterburg, Rob., Ueber den Einfluß der Wälder auf die Quellen= u. Stromverhältniſſe der Schweiz u. des Hügellandes. 3. Ausg. Bern 1878.

Lorenz, Joſ. R., Über Bedeutung u. Vertretung der land= u. forſtwirthſchaftlichen Meteorologie. Wien 1877.

Lorenz v. Liburnau, J. R. Ritter, Wald, Klima u. Waſſer. München 1878.

Simony, Frdr., Schuß dem Walde! Nebſt einem Anhange: Über einige Feinde des Waldes. Wien 1878.

Geyer, Ph., Der Wald im nationalen Wirthſchaftsleben. Leipzig 1879.

Baur, Frz., Die ökonomiſche u. ſocialpolitiſche Seite des Waldes. Berlin 1884.
— Ueber die Sonderſtellung des Waldes im nationalen Wirthſchaftsleben. München 1895.

Landolt, El., Der Wald u. die Alpen. Zürich 1881.

Touſſaint, Frdr. Wilh., Die ökonom. Vertheilung von Boden und Waſſer. Eine national=ökonom. Studie im Intereſſe des Waldſchutzes. Berlin 1882.

Danckelmann, Bernh., Die deutſchen Nutzholzzölle. Eine Waldſchutzſchrift. Berlin 1883.

Bühler, A., Der Wald in der Culturgeſchichte. Baſel 1885.

Maeder, Der Wald in ſeiner kulturhiſtoriſchen u. naturgeſchichtlichen Bedeutung. Davos 1886.

Rey, C. E., Ueber den Einfluß des Waldes auf das Klima. Berlin 1886

Graſſer, Georg, Der Wald u. ſeine Bedeutung. Kulmbach 1888.

Heß, Rich., Ueber Waldſchuß u. Schutzwald. Gießen 1888.

Meixner, H., Der Wald u. ſeine Bedeutung. Minden i. W. (1889).

Gayer, Karl, Der Wald im Wechſel der Zeiten. München 1889.

Rey, C. E., Der Wald u. die Quellen. Tübingen 1893.

Kniep, Ernſt, Der deutſche Wald mit beſonderer Berückſichtigung des nordweſtlichen Deutſchlands. Hannover=Linden 1894.

(Entwaldung.)

Moreau de Jonnès, Alex., Unterſuchungen über die Veränderungen, die durch die Ausrottung der Wälder in dem phyſiſchen Zuſtand der Länder entſtehen. Aus dem Franzöſ. v. W. Widenmann. Tübingen 1828.

Marchand, A., Über die Entwaldung der Gebirge. Bern 1849.

Lattorf, Herm. v., Die Entwaldung unſerer Gegenden u. die Nothwendigkeit eines Forſtkultur=Geſetzes. Deſſau 1858.

Poehlmann, Frih, Ein Schuhbrief für den Wald. Neustadt a/A. o. J.

Weisbrobt, Gust., Die Seuche der Entwaldung. (Braunschweig 1882.)

(Bewaldung.)

Männel, Die Moore des Erzgebirgs und ihre forstwirtschaftl. und national= ökonomische Bedeutung. München 1896.

Pannewih, Jul. v., Anleitung zum Anbau der Sandflächen im Binnenlande u. auf den Strand=Dünen. Marienwerder 1832.

Salfeld, A., Die Kultur der Haidflächen Nord=West=Deutschlands. 2. umgearb. Aufl. Hildesheim 1870.

Gottlieb, Alex. W., Die Sandebenen Ungarns und ihre forstliche Kultur. Pest 1856.

Scharnaggl, Simon, Die Forstwirthschaft im österreichischen Küstenlande mit vorzüglicher Rücksicht auf die Karst=Bewaldung. Wien 1873.

Seckendorff, Arthur Frhr. v., Ueber „Aufforstung von Oedungen". Wien 1879.

Die französische Gesetzgebung wegen Wieder=Bewaldung u. Berasung der Berge. Berlin 1866.

Demontzey, P., Traité pratique du reboisement et du gazonnement des montagnes. 2. édit. revue et augm. Paris 1882.

Trottier, Boisement dans le désert et colonisation. Alger 1869.

Seckendorff, Arthur Frhr. v., Ueber Wildbach= u. Lawinenverbauung, Aufforstung von Gebirgshängen u. Dammböschungen. 2. Aufl. Wien 1881.

— Das forstliche System der Wildbach=Verbauung. Wien 1886.

Dombrowski, Raoul Ritter v., Culturschuh u. Wildhege. Wien 1897.

Gerbing, L., Die Wald=, Heide= und Moorbrände. Abwehr, Entstehen und Löschen. 2. Aufl. Neudamm 1899.

III. Forstwirthschaft. Forsttechnisches. Forstliches Versuchswesen.

(Forstwirthschaft als Wissenschaft.)

Fraas, C., Geschichte der Landbau= u. Forstwissenschaft. Seit dem 16. Jahrh. bis zur Gegenwart. München 1865.

Heß, Rich., u. Carl Urich, I. Ueber den Umfang und die Bedeutung der Forstwissenschaft als Universitäts=Disciplin. — II. Ueber die Lichtseiten des forstlichen Universitäts=Unterrichts. Gießen 1882.

(Im Allgemeinen.)

Liebich, Christ., Der Waldbau nach neuen Grundsätzen, als die Mutter des Ackerbaues. Prag 1834.

Cotta, Heinr., Anweisung zum Waldbau. 7. Aufl. Hrsg. v. Edm. v. Berg. Dresden 1849.

— Grundriß der Forstwissenschaft. 6. Aufl. Hrsg. von Heinr. u. Ernst v. Cotta. Leipzig 1872.

Wiese, Ernst, Allgemeine Forstwirthschaftslehre als Einleitung in die forstwissenschaftliche Bibliothek. Berlin 1874.

Landolt, El., Der Wald. Seine Verjüngung, Pflege u. Benuhung. 3. verb. Aufl. Zürich 1877.

Heyer, Carl, Der Waldbau oder die Forstproductenzucht. 3. neu bearb. Aufl. von Gustav Heyer. Leipzig 1878.

Meschwitz, Frdr. Wilh., Praktische Erfahrungen im Bereiche des Kultur= u. Forstverbesserungswesens. Dresden 1882.

Schwappach, Adam, Handbuch der Forstverwaltungskunde. Berlin 1884.

Wagener, Gust., Der Waldbau u. seine Fortbildung. Stuttgart 1884.

Fischbach, Carl v., Lehrbuch der Forstwissenschaft. 4. verm. Aufl. Berlin 1886.

Lorey, Tuisko, Handbuch der Forstwissenschaft, hrsg. in Verbindung mit A. Bühler, R. v. Dombrowski u. A. Bd. 2. Forstliche Betriebslehre u. Forstpolitik. Tübingen 1887.

Judeich, Frdr, Die Forsteinrichtung. 5. verm. u. verb. Aufl. Dresden 1893.

Gedanken über Forstwissenschaft u. Forstwirthschaft. Boppard 1897.

Schwappach, Adam, Forstwissenschaft. Leipzig 1899.

Einzelnes über Forstwirthschaft.)

Cotta, Heinr., Die Verbindung des Feldbaues mit dem Waldbau oder die Baumfeldwirthschaft. Nebst 1. Fortsetzung. Dresden 1819, 20.

Frömbling, Fr. Wilh., Die Agricultur im Sylvanismus mit dem Wald=Gesetz. Stettin 1862.

Grebe, Carl, Ueber den Holzanbau innerhalb der Feldfluren. o. O. u. J.

Weber, Rud., Untersuchungen über die agronomische Statik des Waldbaues. Leipzig 1857.

Salisch, Heinr. v., Forstästhetik. Berlin 1885.

Grebe, C., Gebirgskunde, Bodenkunde u. Klimalehre in ihrer Anwendung auf Forstwirthschaft. 4. verb. Aufl. Berlin 1886.

Neumeister, Die Forsteinrichtung der Zukunft. Dresden 1900.

(Forsttechnisches.)

Burckhardt, Heinr., Säen u. Pflanzen nach forstlicher Praxis. 5. verb. Aufl. Trier 1880.

Preßler, M. R., Das Gesetz der Stammbildung u. dessen forstwirthschaftliche Bedeutung. Leipzig 1865.

Uhlig, Cölestin, Die wirthschaftliche Bedeutung der Aufastung. Dresden 1875.

Danckelmann, Anbauversuche mit ausländischen Holzarten in den preuß. Staats= forsten. Berlin 1884.

Borggreve, Bernard, Die Verbreitung u. wirtschaftl. Bedeutung der wichtigsten Waldbaumarten innerhalb Deutschlands. Stuttgart 1888.

Rost, B., Anleitung zur Anlage allerhand Einfriedigungen als lebender Hecken, Wälle, Zäune, Gräben rc. Leipzig 1873.

Quensell, C. G. L., Rathgeber bei Anpflanzung nutzbarer Bäume im Einzelnen, in Gruppen, Alleen, kleineren Forstanlagen rc. Dresden 1889.

Mühlhausen, C., Welches sind die vortheilhaftesten Ansteigungen für unsere Waldwege? Helmstedt 1878.

Stötzer, H, Waldwegebaukunde. 2. verm. Aufl. Frankfurt a. M. 1885.

Schubarth, C. O., Die Feldeisenbahnen, insbesondere Spalding's Feldeisenbahn= System im Dienste der Waldwirthschaft. Essen 1885.

Runnebauer, Ad., Die Waldeisenbahnen. Berlin 1886.

Jagenberg, Ferd., Die Waldeisenbahn in ihrer Bedeutung ... beim Abfahren des Holzes aus den Forsten. Gelsenkirchen 1891.

Ueber die Anlage u. Bewirthschaftung von Eichenschälwaldungen. Berlin 1854.

Neubrand, J. G., Die Gerbrinde mit besonderer Beziehung auf die Eichen=schälwald=Wirthschaft. Frankfurt a. M. 1869.

Lohekultur u. Mineralgerbung. Wolfenbüttel (1878).

Winkelmann, J., Die Terpenthin= u. Fichtenharz=Industrie. Berlin 1880.

Danhelovsky, Ad., Abhandlung über die Technik des Holzwaaren=Gewerbes in den slavonischen Eichenwäldern. Fünfkirchen 1873.

Schmidt, A., Die Anpflanzung und Behandlung der Korb= und Bandweiden. Stuttgart 1883.

Sallač, Karl, Die Kultur u. Bearbeitung der Weiden. B.=Leipa 1886.

Dochnahl sen., Frbr. Jak., Die Band= und Flecht=Weiden und ihre Cultur. Basel 1887.

(Forstliche Versuchsstationen.)

Baur, Frz., Ueber forstliche Versuchsstationen. Stuttgart 1868.

Seckendorff, Arth. Frh. v., Das forstliche Versuchswesen insbesondere dessen Zweck u. wirthschaftliche Bedeutung. Wien 1881.

IV. Forstverwerthung und Forsttaxation.

Endres, Max, Die Waldbenutzung vom 13. bis Ende des 18. Jahrhunderts. Tübingen 1888.

H. v., Ueber den Holzmangel. Nebst Gegenschrift vom Churf. Sächs. Geh. Finanz=Collegium. Dresden u. Leipzig 1799.

(Einige kurzgefaßte Bemerkungen über Holzwuchs und Holzfrevel. Veranlaßt durch die Schrift: Ueber den Holzmangel. Dreßden 1799.

(Holzpreise.)

Ruhtisch, Joh. Heinr., Versuch einer Beantwortung der beyden Fragen: Sind die Klagen über den Mangel und die Theurung des Holzes in Sachsen begründet? u. wie ist selbigem abzuhelfen? Leipzig 1799.

Münscher, K., über die Erhöhung der Holzpreise in den kurhessischen Waldungen. Kassel 1839.

Hauck, Hieron., Ueber das Steigen der Holzpreise seit Anfang des 18. Jahrh. Nürnberg 1853.

Eggert, Udo, Die Preisbewegung in den masurischen Forsten von 1800—1879 Berlin 1884. .

(Forstverwerthung.)

Könige, Aloys Albr. v., Von dem nachhaltigen Ertrage der Waldungen bei verschiedenen Betriebsarten. Heidelberg 1828.

Laurent, Paul, Du produit du sol forestier. Nancy 1848.

Roscher, Ueber ein nationalökonomisches Hauptprincip der Forstwissenschaft. Leipzig 1854.

Preßler, Max Rob., Des Waldbau's Zustände u. Zwecke. Dresden 1858.

Pfeil, W., Forstbenutzung und Forsttechnologie. 3. verm. u. verb. Aufl. Leipzig 1858.

König, G., Die Forstbenutzung. 2. verm. Aufl. Eisenach 1861.

Braun, E., Der sogen. rationelle Waldwirth, insbesondere die Lehre von der Abkürzung des Umtriebes der Wälder, d. h. Versilberung der älteren Holzbestände x. Frankfurt a. M. 1865.

Preßler, M. R., Die Forstwirthschaft der sieben Thesen oder der forstlichen Reform= u. Streitfragen Kernpunkt. Dresden 1865.

— Der Waldbau des Nationalökonomen als Begründer wahrer Einheit zwischen Land= u. Forstwirthschaft u. deren Schulen. Dresden 1865.

Reuning, Beiträge zu der Frage über die naturgesetzlichen u. volkswirthschaft= lichen Grundprincipien des Waldbaues. Dresden 1871.

Micklitz, Rob., Forstliche Haushaltungskunde. 2. verb. Aufl. Wien 1880.

Martin, Heinr., Die Forstwirthschaft des isolirten Staates u. ihre Beziehungen zur forstlichen Praxis. Leipzig 1881.

Gayer, Die neue Wirthschaftsrichtung in den Staatswaldungen des Spessarts. München 1884.

König, G., u. Carl Grebe, Die Forstbenutzung. 3. verb. Aufl. Berlin (1882).

Gayer, Karl, Die Forstbenutzung. 7. neubearb. Aufl. Berlin 1888.

Jaeger, Ludw., Vom Mittelwald zum Hochwald. Frankfurt a. M. 1889.

(Forsttaxation.)

Preßler, Max. Rob., Die forstliche Finanzrechnung mit Anwendung auf Wald= Werthschätzung u. =Wirthschaftsbetrieb. Dresden 1859.

Heyer, Gust, Anleitung zur Waldwerthrechnung. Leipzig 1865.

Judeich, F., Antwort an Herrn Hofrath Dr. Helferich in München. Tharand 1872. (Betrifft die Waldrente.)

Preßler, M. R., Das Hochwaldideal der höchsten Wald= bei höchster Boden= Rente. 3. verm. Aufl. Leipzig 1872.

Heiß, E., Forstregal u. Waldrente. Stuttgart (1878).

Guttenberg, Ritter v., Die Reinertrags= und Bestandswirtschaft in ihrer praktischen Durchführung. (Wien 1885.)

Frey, Ludw., Die Methode der Tauschwerthe. Ein Beitrag zur Lösung der Waldwerthrechnungsfrage. Berlin 1888.

Wimmenauer, Karl, Grundriß der Waldwertrechnung u. forstlichen Statik. Leipzig 1891.

Behringer, Martin, Ueber den Einfluß wirthschaftlicher Maßregeln auf Zu= wachsverhältnisse u. Rentabilität der Waldwirthschaft. Berlin 1891.

Reitzenstein, A. Frhr. v., Betrachtungen über die Rentabilität der Waldungen. Bamberg 1894.

Trebeljahr, W., Die Rentabilität der Forstwirthschaft. Berlin 1897.

V. Forstservituten und deren Ablösung.

Riegler, Wahrmund, Beiträge zur Lehre von den Moosdecken u. von der Waldstreu. Mit Vorbemerkungen von R. Lor. Ritter v. Liburnau. Wien 1879.

Fraas, C., Wie wird Waldstreu entbehrlich? 5. Aufl. München 1857.

Haustein, Heinr., Ueber die Bedeutung der Waldstreu für den Wald. (Darm= stadt 1863.)

Ramann, E., Die Waldstreu und ihre Bedeutung für Boden und Wald. Berlin 1890.

Jösting, H., Die Bedeutung, Verwüstung u. Wiederbegründung des Waldes. Lennep 1896. (Gegen die Entnahme der Waldstreu.)

Pfeil, W., Anleitung zur Ablösung der Wald=Servituten. 2. Aufl. Berlin 1844.

Albert, Jos., Lehrbuch der Forstservituten=Ablösung. Würzburg 1868.

Goldenberg, Alfr., Von den Pflichten des Staates gegen die Forst=Bevölkerungen. Straßburg 1870. (Belassung der Streu=, Holzungs= 2c. Rechte.)

Laubinger, Ab., Das Gesetz vom 13. Juni 1873 über die Abstellung von Forstservituten in der Prov. Hannover. Hannover 1877.

Burckhardt, Bemerkungen zur Frage des Zinsfußes bei Abfindung von Wald= servituten. o. O. u. J.

VI. Das Forstpersonal.

Vorschriften über Ausbildung, Prüfungen u. Anstellung im Försterdienst u. im Forstverwaltungsdienst. 2. Aufl. Berlin 1886.

Regulativ über Ausbildung, Prüfung und Anstellung für die unteren Stellen des Forstdienstes in Verbindung mit dem Militärdienst im Jägerkorps. Vom 1. Okt. 1893. Neudamm 1893.

Mücke, Frbr., Der preußische Forst= u. Jagdschutzbeamte. 3. verm. u. verb. Aufl. Neudamm 1894.

Jentsch, Fr., Die Arbeiterverhältnisse in der Forstwirthschaft des Staates. Berlin 1882.

Instruction für den Revierförster im Kgl. Sächs. Forstdienst. Dresden (1818).

Instruction für den Unterförster im Kgl. Sächs. Forstdienst. Dresden (1818).

Hertel, Verzeichniß des Personales der Kgl. Sächs. Forstverwaltung u. der Forstakademie 1890. Dresden.

Der Preis der Arbeit im Staatsforstdienst. Tübingen 1893.

Christiani, Johs. Georg, Ueber die Waldarbeiterverhältnisse auf dem badischen Schwarzwald in Vergangenheit u. Gegenwart. Karlsruhe 1894.

Braun, E., Die Stellung des Forstschutzpersonals, insbesondere im Grhrzth. Hessen. Darmstadt 1858.

Micklitz, R., Neue Beiträge zur Pensions=Statistik der land= und forstwirth= schaftlichen Beamten. Wien 1886.

VII. Staats-, Gemeinde- u. Privat-Forstwesen. Staatsaufsicht über das Forstwesen.

(Staats-Forstwesen.)

Berg, Karl Heinr. Edm. v., Die Staatsforstwirthschaftslehre. Leipzig 1850.

Bernhardt, Aug., Zur Geschichte der Staatsforstwirthschaftslehre im 19. Jahrh. Leipzig 1873.

(Preußen.)

Schlieckmann, E., Handbuch der Staatsforstverwaltung in Preußen. 2 Thle. Mit Nachträgen u. Veränderungen. Berlin 1883, 86.

(Sachsen.)

Berg, Frhr. v., Das Forsteinrichtungswesen im Kgr. Sachsen. Geschichtlich dargestellt. Leipzig 1854.

Quenzel, Die Forstverwaltung im Kgr. Sachsen. Pirna 1888.

(Bayern.)

Nitzsche, W. H., Die bayerische Staatsforst = Verwaltung und ihre Reform. Leipzig 1884.

(Andere deutsche Staaten.)

Berg, Frhr. v., Betrachtungen über den Einfluß der kleineren deutschen Staaten auf die Entwickelung u. den Fortschritt des Forstwesens. Dresden 1867.

(Staatswaldveräußerung u. Verstaatlichung des Waldes.)

Legros Saint-Ange, De l'aliénation projetée dos foréts de l'état. Paris 1848.

L'aliénation des foréts de l'état devant l'opinion publique. Paris 1865.

Müller, Udo, Ueber Staatswaldveräußerungen. Tübingen 1894.

Gedanken über Forstwissenschaft und Forstwirthschaft. Eine die Verstaatlichung des Waldes fordernde Kritik. Boppard 1897.

(Gemeinde= u. Privat=Forstwesen. — Staatsaufsicht.)

Von Commun= u. Privatwäldern, nebst einem Anhange von der Waldhüthung. Frankfurt a. M. 1789.

Lette, Beitrag zur Erörterung der Frage betreffend die Staatsaufsicht über Waldwirthschaft. (Berlin 1868.)

Hahn, Martin, Praktische Anleitung zur Bewirthschaftung der Bauern= Waldungen. Prag 1869.

Wiese, Ernst, Ansichten über die Bewirthschaftung der Privatforsten. Berlin 1874.

Dankelmann, Bernh., Gemeindewald und Genossenwald. Ein Beitrag zur Beurtheilung des Preuß. Gesetzes über gemeinschaftliche Holzungen vom 14. März 1881. Berlin 1882.

Arndt, Ernst, Die Privatforstwirthschaft in Preußen. Berlin 1889.

Gesetz, betr. Schutzwaldungen und Waldgenossenschaften. Vom 6. Juli 1875. Berlin 1875.

Offenberg, L., Das Waldschutzgesetz vom 6. Juli 1875, Zusammenlegung u. Enteignung u. andere Mittel zur Aufforstung, Walderhaltung u. Waldpflege im privaten Wald= u. Öblandsbesitz. Berlin 1901.

Gesetzliche Bestimmungen über Gemeinde=Waldungen und Gehöferschaften. Trier 1893.

Burckhardt, H., Die Theilforsten und ihre Zusammenlegung zu Wirthschafts= verbänden, die Gemeinde= u. Genossenschaftsforsten in der Prov. Hannover. Hannover 1876.

Valois, Jul, Ueber die forstpoliceiliche Beaufsichtigung der bürgerlichen Privat= waldungen in Württemberg. Tübingen 1842.

Jäger, L., Das württembergische Gemeindewaldgesetz. Stuttgart 1884.

Heck, Carl, Das Genossenschaftsleben in der Forstwirthschaft. Berlin 1887.

VIII. Forstrecht. Forstfrevel und Forstschutz.

(Forstrecht.)

Albert, Jos., Lehrbuch der gerichtlichen Forstwissenschaft. Wien 1864.

Ebing, H., Die Rechtsverhältnisse des Waldes. Berlin 1874.

Heiß, Ludw., Der Wald u. die Gesetzgebung. Berlin 1875.

Ziebarth, Karl, Das Forstrecht. Berlin 1887, 88, 89.

Grauer, F., Forstgesetzgebung u. Forstverwaltung. Tübingen 1892.

Ziegner = Gnüchtel, H., Der Forſtdiebſtahl. Darſtellungen aus dem in Deutſchland
geltenden Rechte. Berlin 1888.

Geſetze, Verordnungen u. Inſtruktionen, welche auf das Forſtweſen Bezug haben.
1894 .... II. Für das Deutſche Reich. Zuſammengeſtellt von H. Flemming.
Dresden (1896).

Daſſelbe. 1898. Dresden (1900).

Daſſelbe. 1899. Dresden (1901).

(Forſtſchutz im Allgemeinen.) :

Kauſchinger, G., Die Lehre vom Waldſchutz und der Forſtpolizei. 2. verm.
Aufl. Aſchaffenburg 1872.

Grunert, J. Th., Die Waldſchutzfrage u. deren Behandlung auf dem Wege
internationaler Congreſſe. Leipzig 1873.

König, G., u. Carl Grebe, Der Waldſchutz u. die Waldpflege. 3. erweit.
Aufl. Gotha 1875.

(Zu einzelnen Ländern. — Preußen.)

Heß, Rich., Der Forſtſchutz. 2 Bde. 2. umgearb. Aufl. Leipzig 1887, 90.
— Ueber Waldſchutz u. Schutzwald. Hamburg 1888.

Berger, Der Forſt= u. Jagdſchutz in Deutſchland u. insbeſondere in Preußen.
Cammin i. H. (1889).

Beck, Otto, Die Waldſchutzfrage in Preußen. Berlin 1860.

Kylburg, Aug., Handbuch der preuß. Forſt= u. Jagd=Geſetze. 2. bis 1875
vervollſt. Ausg. Berlin 1875.

Höinghaus, R., Das neue Geſetz betr. den Forſtdiebſtahl. 2. Aufl. Berlin 1878.

Schlotheim, Frhr. v., General = Repertorium forſtlich wichtiger Geſetze und
Verwaltungs=Beſtimmungen Preußens. Berlin 1880.

Bülow, K. Frhr. v., u. F. Sterneberg, Das Feld= und Forſtpolizeigeſetz
vom 1. April 1880 mit Erläuterungen. Berlin 1880.

Günther, W. A., Das preußiſche Feld= u. Forſtpolizeigeſetz vom 1. April 1880.
Breslau 1880.

Zander, C., Die Feld= u. Forſtſchutzgeſetze nebſt Erläuterungen für Preußen.
Leipzig 1880.

Oehlſchläger, O., u. A. Bernhardt, Geſetz, betr. den Forſtdiebſtahl. Vom
15. April 1878. 3. verm. Aufl. Berlin 1880.

Rotering, F., Das Feld= und Forſtpolizeigeſetz. Vom 1. April 1880.
Berlin 1887.

Klemm, Rob., Inſtruktion zur praktiſchen Handhabung der den Forſt= u. Jagd=
ſchutz betr. Geſetze u. Verordnungen. Halle a. S. 1887.

Sterneberg, F., Die zum Feld= und Forſtpolizei=Geſetz vom 1. April 1880
erlaſſenen Polizeiverordnungen. Berlin 1890.

Forſt=Ordnung für Oſt=Preußen u. Litthauen. De Dato Berlin, den 3. Dec. 1775.
Königsberg o. J.

Forſt= u. Jagd=Ordnung für Weſtpreußen u. den Netz=Diſtrict. De Dato Berlin,
den 8. Oct. 1805. Marienwerder o. J.

Erneuerte Forſt= u. Holtz=Ordnung des Fürſtenthumbs Heſſen=Kaſſeliſchen Theils.
Caſſel 1698.

Gundel, Frbr. Wilh., Sammlung der auf das Forst-, Jagd- und Fischerei-Wesen in Kurhessen Bezug habenden Landes-Ordnungen ꝛc. vom Jahre 1648 bis 1843. Caffel 1845.

Bähr, D., Der hessische Wald Eine Darstellung der in dem vormaligen Kur-fürstenthum Hessen am Walde bestehenden Rechtsverhältnisse. Kassel 1879.

Sachsen.)

Einige kurzgefaßte Bemerkungen über Holzwuchs und Holzfrevel. Veranlaßt durch die Schrift: Ueber den Holzmangel. Dreßden 1799.

Wie ist dem Holzdiebstahl zu steuern? o. O. 1799.

Schilling, Ernst Mor., Handbuch des im Kgr. Sachsen giltigen Forst- u. Jagd-Rechts. Leipzig 1827.

Gesetz, die Forst-, Feld-, Garten-, Wild- u. Fischdiebstähle ꝛc. betr. (Dresden 1855.)

Beyer, Rob. Alex., Die sächs. Forststraf- u. Jagdgesetze u. die damit in Ver-bindung stehenden neuern Gesetze. Leipzig 1864.

Bedingungen für gemeinschaftliche Nutzholz-Auctionen (Stammholz-Massen-auctionen) im Forstbez. Grillenburg. (Dresden 1887.)

Kaeubler, Johs., Das Forst- und Feldstrafgesetz vom 30. April 1873 und 24. April 1894 u. das Gesetz, das Verfahren in Forst- u. Feldrügesachen betr. vom 10. März 1879 u. 24. April 1894, sowie das Gesetz, einige Zusatzbestimmungen zu dem Gesetz vom 10. März 1879 u. 24. April 1894 über das Verfahren in Forst- u. Feldrügesachen betr. vom 27. Febr. 1882 u. 24. April 1894 mit Erläuterungen. Leipzig 1895.

Mangoldt, Paul v., Das Forst- u. Feldstrafgesetz vom 30. April 1873 u. 24. April 1894 mit den das Verfahren in Forst- u. Feldrügesachen betr. Gesetzen. Leipzig 1895.

— Dasselbe. 2. Aufl. bearb. von Heinr. v. Feilitzsch. Leipzig 1901.

Gesetze, Verordnungen u. Instruktionen, welche auf das Forstwesen Bezug haben. 1894. I. Für das Kgr. Sachsen ... Zusammengestellt von P. Flemming. Dresden (1896).

Dasselbe. 1898, 99. Dresden (1900, 01.)

(Bayern.)

Bayrische Forstordnung. (München) 1598.

Heppe, Carl v., Der sich selbst rathende Jäger, oder ... Casus u. streitige Fälle, welche täglich bey dem Forst- ꝛc. Wesen vorkommen. Augsburg 1754.

Feßmann, S., Handbuch zum Forst-Gesetz für das Kgr. Bayern. 2. durchges. Aufl. Nördlingen 1874.

Das Forstgesetz für das Kgr. Bayern vom 28. März 1852 nach den Ab-änderungen vom 26. Sept. 1879. Würzburg 1880.

Ganghofer, Aug. v., Das Forstgesetz für das Kgr. Bayern (neue Textirung v. J. 1879) nebst den revidirten Vollzugs-Vorschriften unter Berücksichtigung der ... i. d. J. 1884—1889 erfolgten Aenderungen. 2. neubearb. Aufl. Nördlingen 1889.

Im Kgr. Bayern zu Recht bestehende Gesetze u. Verordnungen ... zusammen-gestellt von Georg Schanz. I. Landwirthschaft, Forstwirthschaft ꝛc. Würzburg 1891.

(Württemberg.)

Deß Herzogthumb Wurtenberg ernewerte Vorst-Ordnung. 3 Theile. Stuttgart 1651.

Die württembergische Waldfeuerlöschordnung vom 4. Juli 1900. Stuttgart 1901.

(Baden.)

Chur-Fürstlicher Pfalz Forst= u. Wald= auch Weid=Werks=Jagd= u. Fischerei=
Ordnung. Heidelberg 1711.

Asal, Karl, Das badische Forstrecht ... nach dem Stande vom 1. Jan. 1898.
Karlsruhe 1898.

(Hessen.)

Handbuch der Gesetze, Verordnungen u. sonstigen Vorschriften für das Forststraf=
wesen im Grhrzth. Hessen. 1. Abthlg. Darmstadt 1840.

Dasselbe. 3. verb. Aufl. Darmstadt 1863.

Braun, E., Die Stellung des Forstschutzpersonals, insbesondere im Grhrzth. Hessen.
Darmstadt 1858.

(Braunschweig.)

Mansfeld, W., Die Forst=, Jagd= und Fischerei = Strafgesetze des Hrzth.
Braunschweig. Braunschweig 1879.

(Elsaß-Lothringen.)

Solff, F., u. G. Mitscher, Die in Elsaß=Lothringen geltenden Forst= u. Jagd=
gesetze. Straßburg 1876.

(Oesterreich.)

Gesetze betr. das Forstwesen und den Feldschutz nebst allen ergänzenden und
erläuternden Verordnungen. 9. Aufl. Wien 1890.

(Frankreich.)

Dommanget, Code du garde particulier des bois et forêts et du garde pêche.
2. édit. revue et corr. par Charles Boullay. Paris 1887.

(Italien.)

Rodino, Giuseppe, La legge forestale del 20 giugno 1877. 2. ediz.
Torino 1879.

(Rußland.)

Die Waldschutzgesetze Rußlands. Hrsg. von D. Korsch. Ueberf. von C. Jürgens.
Reval 1890.

IX. Forststatistik.

Meißen, Aug., Die internationale land= und forstwirthschaftliche Statistik.
Berlin 1873.

Dimitz, Ludw., Forste und Forstwirthschaft an der Wende des neunzehnten
Jahrhunderts. Wien 1892.

(Deutschland im Allgemeinen.)

Baur, Karl Frbr., Forststatistik der deutschen Bundesstaaten. 2 Thle.
Leipzig 1842.

Maron, E. W., Forststatistik der sämmtlichen Wälder Deutschlands. Berlin 1862.

Bernhardt, Aug., Forststatistik Deutschlands. Berlin 1872.

Leo, Ottom. Vict., Ueber die Einrichtung der Forststatistik im Deutschen Reiche.
2. Aufl. Leipzig 1874.

Statistische Uebersicht u. Personalstatus der Forsten des Deutschen Reichs u.
der Deutschen Forst=Verwaltungen. 1885. 1891. Berlin 1885, 91.

(Preußen.)

Hagen, Otto v, Die forstlichen Verhältnisse Preußens. 2. Aufl., bearb. v.
K. Donner. 2 Bde. Berlin 1883.

Ein Culturbild der Prov. Schlesien im Hinblick auf ihre Land= u. Forstwirth=
schaft. Breslau 1869.

Beiträge zur Kenntniß der forstwirthschaftlichen Verhältnisse der Prov. Hannover.
Hannover 1881.

Resultate der Forstverwaltung im Reg.=Bez. Wiesbaden. Jahrg. 1877. Wies=
baden 1878.

Wagner, A., Die Waldungen des ehemaligen Kurfürstenth. Hessen, jetzigen Kgl.
Preuß. Reg.=Bez. Cassel. Hannover 1886.

(Sachsen.)

Darstellung der Kgl. Sächs. Staatsforstverwaltung und ihrer Ergebnisse.
Dresden 1865. (Festschrift für die XXV. Versammlung deutscher Land=
u. Forstwirthe zu Dresden 1865. 2. Thl.)

Friedrich, Osk., u. Gustav Heppe, Vorträge über die Hauptproducte der
Forstwirthschaft... in Sachsen. Zwickau 1870. (Sachsens Boden. 2. Bd.)

Gebauer, Heinr., Die Waldungen des Kgr. Sachsen. I. II. Bremen 1896.

Bericht über die fortschreitende Entwickelung der Land= und Forstwirthschaft in
dem Kreis=Vereine des Kgl. Sächs. Markgrafenth. Oberlausitz von 1860 bis
1873. Bautzen 1874.

(Baden.)

Ueber die Beziehungen zwischen Landwirthschaft u. Forstwirthschaft im Grhrzth.
Baden. Tübingen 1885.

Krutina, Frdr., Die Badische Forstverwaltung u. ihre Ergebnisse in den 12
Jahren 1878—1889. Karlsruhe 1891.

(Mecklenburg=Schwerin.)

Festgabe zur Feier der XXII. Versammlung Deutscher Land= und Forstwirthe.
Schwerin 1861. (S. 247 flg. betrifft die Forstwirthschaft Mecklenburgs.)

(Braunschweig.)

Die Landwirthschaft und das Forstwesen im Hrzth. Braunschweig. Braun=
schweig 1858.

(Anhalt.)

Zusammenstellung der wichtigsten Wirthschafts=Ergebnisse in den Staatsforsten
der Herzogthums Anhalt 1890/91. (Dessau 1892, 93.)

(Thüringen.)

Hock, F., Statistische Mittheilungen über die forstwirthschaftlichen Verhältnisse
im Hrzth. Coburg. Coburg 1854.

Die Land= und Forstwirthschaft des Fürstenthums Schwarzburg=Sondershausen
in ihrer Entwickelung. Sondershausen 1862.

(Elsaß=Lothringen.)

Berg, Frhr. v., Mittheilungen über die forstlichen Verhältnisse in Elsaß=
Lothringen. Straßburg 1883.

(Oesterreich=Ungarn.)

Wessely, Jos., Oesterreichs Waldschätze und sein Holzexport. o. O. (1867).

Oesterreichs Forstwesen 1848—1888. Denkschrift... unter Mitwirkung von
Carl Bauer, Aug. Böhm ꝛc., redig. von Ludw. Dimitz. Wien 1890.

Mittheilungen über die Verhandlungen der Section für Land= u. Forstwirthschaft
u. Montanwesen des Industrie= u. Landwirthschaftsrathes bei der ersten u.
zweiten Tagung i. b. J. 1898 u. 1899. Wien 1900.

(Gedruckt am 13. Dezember 1901.)

Stamm, Fernand, Verhältnisse der Volks=, Land= und Forstwirthschaft des Kgr. Böhmen. Prag 1856.

Rechenschafts = Bericht über die Thätigkeit des Centralcomité für die land= und forstwirthschaftl. Statistik des Kgr. Böhmens i. J. 1868. Prag 1869.

Hevera, Vincenz, Die Wälder Böhmens. Prag (1875).

Angerer, J., Die Waldwirthschaft in Tirol. Bozen 1883.

Trientl, Ad., Die Waldwirthschaft in den Alpenländern, insbes. in Tirol. Innsbruck 1893.

Statistische Daten aus den ungarischen Staatsforsten. Budapest 1873.

(Frankreich.)

Seckendorff, A. Frh. v., Die forstlichen Verhältnisse Frankreichs. Leipzig 1879.

(Rußland.)

Werekha, P. N., Notice sur les forêts et leurs produits. St. Pétersbourg 1873.

Henko, H. K., Beiträge zur Statistik der Forsten des Europäischen Rußlands 1888. Aus dem Russ. mit Vorwort von Guse. Berlin 1889.

Agriculture and forestry with coloured maps by the departement of agriculture ministry of crown domains for the world's Columbian exposition at Chicago. Editor of the english translation John Martin Crowford. St. Pétersbourg 1893.

Arnold, Frdr. v., Rußlands Wald. Aus dem Russischen. Hrsg. vom Berliner Holz=Comptoir. Berlin 1893.

(Griechenland.)

Chloros, Nikolaus A., Waldverhältnisse Griechenlands. München 1884.

(Amerika.)

Mayr, Heinr., Die Waldungen von Nordamerika, ihre Holzarten, deren An= baufähigkeit u. forstlicher Werth für Europa im Allgemeinen u. Deutschland insbesonders. München 1890.

Semler, Heinr., Tropische u. nordamerikanische Waldwirtschaft u. Holzkunde. Berlin 1888.

(Japan.)

Mayr, Heinr., Aus den Waldungen Japans. München 1891.

X. Forstvereine und Congresse.

Stenographische Protokolle des ersten internationalen Congresses der Land= u. Forstwirthe. Weltausstellung in Wien 1873. Wien 1874.

Bericht über die 7. 10. 12. 18. Versammlung deutscher Forstmänner i. d. J. 1878, 81, 83, 90.

Siebente Versammlung der deutschen Forstmänner zu Dresden am 13.—15. Aug. 1878. Dresden.

Satzungen des Deutschen Forstvereins und Geschäftsordnung seiner Hauptver= sammlung. Tübingen 1899.

Bericht über die 19. u. flg. Versammlungen des sächsischen Forstvereins, gehalten i. d. J. 1872 u. flg. Tharand.

Festgabe zur 25. Versammlung des sächsischen Forstvereines zu Bad Elster 1879. Colditz.

Register und Regesten zu den forstlichen Exercitien. Für die Besucher des
k. sächf. Forstvereins zu Leipzig 1874. I. II. o. O. 1874.
Exercitionationen für den k.sächf. Forstverein. Königsteiner u. Lohmener Revier.
o. O. 1883.
Lohmener Revier. o. O. 1846.

XI. Jagd und Jagdrecht. Vogelschutz.

1. Jagd u. Jagdrecht.

Jagd.)

Smoler, Frz. Xav., Historische Blicke auf das Forst- und Jagdwesen, seine
Gesetzgebung und Ausbildung von der Urzeit bis zu Ende des 18. Jahrh.
Prag 1847.
Mortillet, Gabriel de, Origines de la chasse etc. I. Paris 1890.
Rörig, Die Jagd in der Urzeit. Leipzig 1891.
Miller, Max, Das Jagdwesen der alten Griechen u. Römer. München 1883.
Rörig, Die Jagd in der fränkischen Zeit. Leipzig 1891.
Landau, G., Beiträge zur Geschichte der Jagd u. der Falknerei in Deutschland.
Die Geschichte der Jagd u. der Falknerei in beiden Hessen. Kassel 1849.
Wagner, Frhr. v., Das Jagdwesen in Württemberg unter den Herzogen.
Tübingen 1876.

— — — — — — —

Bermuth, Rob., Der praktische Jäger. Hand- u. Hülfsbuch. Dresden 1856.
Ueber Jagdwesen u. Landwirthschaft u. deren Verbindung. Wien 1857.
Heink, J. H., Der Jagdökonom und der größte Nutzen für jagdbare Thiere.
Dresden 1858.
(Middendorff,) Die Jagd in Sibirien. o. O. u. J.
Schmidt, Th., Der Wolf. Canis lupus Linn. o. O. u. J.
Eheberg, Karl Theob., Die Jagd in volkswirtschaftlicher Beziehung. Er-
langen 1901.

Jagdrecht. — Deutschland im Allgemeinen.)

Riccius, Chr. Gottl., Zuverlässiger Entwurff von der in Teutschland üblichen
Jagt-Gerechtigkeit. Nürnberg 1736.
Starcke, Joa. Frid., De jure phasianorum eorumque banno. Wittenberg 1752.
Berger, Der Forst- u. Jagdschutz in Deutschland u. insbesondere in Preußen.
Cammin i. P. (1889.)
Albert, Jos., Die deutsche Jagdgesetzgebung nach ihrem dermaligen Stande.
München 1890.
Bauer, Jos., Sammlung deutscher Jagdgesetze. 2. bis auf die Neuzeit ergänzte
Ausg. Neudamm 1896.
Brünneck, Wilh. v., Die Jagdgenossenschaften. Halle 1867.
Pachmayr, Manöverschäden u. Jagdrecht. München 1892.
Dombrowski, Raoul Ritter v., Das Wildern, dessen verschiedene Arten u.
wirksame Bekämpfung. Cöthen i. A. 1894.
Bauer, Jos., Das in Deutschland geltende Recht, revierende Hunde u. Katzen
zu tödten. 2. verm. Aufl. Neudamm 1897.
Berger, Die Stellung der wilden Kaninchen im Civil- und Strafrecht. Neu-
damm 1901.

8*

Dombrowski, Ernst v., Die Wildschäden. Weimar 1896.
— Raoul Ritter v., Culturschutz u. Wildhege. Wien 1897.

(Preußen.)

Publicandum, daß sich keiner auf Wild=Dieberey betreffen, auch in den Chur=
märkschen Städten kein Wild ohne Attest in den Thoren eingelassen werden
soll. De Dato Berlin, den 1. Dec. 1779.

Dalcke, A., Das preußische Jagdrecht. Breslau 1864.
— Dasselbe. 2. umgearb. Aufl. Breslau 1888.

Höinghaus, Rich., Sämmtliche Jagdgesetze für die Kgl. Preuß. Staaten.
Berlin 1870.

Kollmann, A., Preußens Jagdgesetze. Düsseldorf 1888.

Wagner, R., Die Preuß. Jagdgesetzgebung. 2. umgearb. Aufl. Berlin 1889.

Praktisches Handbuch des Jagdgesetzes. Leipzig 1890.

Berger, Jagdordnung in Preußen. Als Entwurf bearbeitet. Berlin 1894.

Scherr=Thoß, G. Frhr. v., Das Jagdscheingesetz vom 31. Juli 1895 nebst
der ministeriellen Ausführungsverfügung. Berlin 1895.

———

Welter, A. K., Die Jagdgerechtigkeit gegenüber dem Grundbesitz in Westfalen,
mit Rücksicht auf die Jagdtheilung. Münster 1845.

Beytrag zu den Materialien eines Normal=Gesetzes wegen Erstattung des Wildpret=
Schadens im Hannöverischen. o. O. 1789.

Stelling, H., Hannover's Jagdrecht. Mit einem Anhange, enthaltend: die
Preußischen, Braunschweigischen, Hessischen, Schaumburg Lippe'schen und
Waldeck'schen Jagdgesetze. Hannover 1896.
— Das heutige Gewohnheitsrecht der freien Pürsch in der Prov. Hannover.
Hannover 1897.
— Die freie Wasservögeljagd auf öffentlichen Gewässern der preußischen
Monarchie unter besonderer Berücksichtigung der Prov. Hannover.
Hannover 1901.

Gundel, Frdr. Wilh., Sammlung der auf das Forst=, Jagd= u. Fischerei=
Wesen in Kurhessen Bezug habenden Landes=Ordnungen zc. Cassel 1845.

Klingelhoeffer, Jagdordnung u. jagdpolizeiliche Vorschriften im Gebiete des
vormaligen Kurfürstenth. Hessen. Cassel 1896.

(— Wildschaden.)

Bentheim, Otto v., Was uns Noth thut! Wildschadenersatz, aber kein Hegungs=
verbot, keine Eingatterung der Forsten. Berlin 1688.

Berger, Wildschaden. Friedeberg i. d. N. (1890).

A., E. v., Zur Frage des Wildschadenersatzes. Hannover 1891.

Ein Wort zum Schutze des Wildes u. gegen das Wildschadengesetz. Berlin 1891.

Koch, W., Preuß. Wildschadengesetz nebst Preuß. Jagdpolizei = Ordnung und
Preuß. Wildschongesetz. 3. Aufl. Bielefeld (1891).

Holtgreven, A., Das Wildschadengesetz. Vom 11. Juli 1891. Mit Kommentar.
3. verb. Aufl. Berlin 1893.

Schwarze, W., Das Wildschadengesetz vom 11. Juli 1891, praktisch kommentirt.
Berlin 1893.

Bauer, Jos., Das preußische Wildschadengesetz vom 11. Juli 1891 und die
Bestimmungen des neuen Bürgerlichen Gesetzbuches für den Wildschaden.
2. verb. Aufl. Neudamm 1901.

(Sachsen.)

Solms=Wildenfels, Frdr. Mag. Gf. zu, Betrachtungen über die sogen. Errungenschaften der Neuzeit und einige ihrer Folgen. Dresden 1850. (Betrifft die Jagdberechtigung auf fremdem Boden.)

Einsiedel, Haubold v., Die Kgl. Sächs. Gesetzgebung über Jagd u. Fischerei. Leipzig 1885.

— Dasselbe. 2. umgearb. Aufl. Leipzig 1890.

Hucho, Heinr., Gesetze und Verordnungen betr. die Ausübung der Jagd im Kgr. Sachsen. Leipzig 1896.

Lotze, M., Die Kgl. Sächs. Jagdgesetze nebst den damit zusammenhängenden reichsgesetzlichen Vorschriften. Leipzig 1896.

Schimpff, v., König Albert u. das edle Waidwerk. 2. Aufl. Dresden 1895.

(Bayern.)

Heppe, Carl v., Der sich selbst rathende Jäger, oder . . . Casus und streitige Fälle, welche täglich bey dem Forst=, Jagd= u. Fischerey=Wesen vorkommen. Augsburg 1754.

Brater, Carl, Gesetz vom 25. Juli 1850, die Bestrafung der Jagdfrevel betr. o. O. u. J.

— Gesetz vom 30 März 1850, die Ausübung der Jagd betr. o. O. u. J.

S., A. v., Unsere jagdgesetzlichen und jagdpolizeilichen Bestimmungen und deren Mängel. München 1884.

Im Königr. Bayern zu Recht bestehende Gesetze u. Verordnungen . . . zusammen= gestellt von Georg Schanz. I. . . . Forstwirthschaft, Jagd ꝛc. Würzburg 1890.

Wirschinger, L. F., Das Jagdrecht des Kgr. Bayern. München 1891.

(Württemberg.)

Newe Constitution vnd Ordnung. Welcher massen vnd Gestalt im Hertzogthumb Würtemberg die Wildbrettschützen füröhin nach eines jeden Verwircken vnd Verbrechen gestrafft werden sollen. Stuttgart 1651.

Bauer, Das Jagdgesetz des Kgr. Württemberg vom 27. Okt. 1855. o. O. 1872.

Wick, W., Der Jagdschutz in Württemberg. (Ulm) 1886.

Rampacher, Das Jagd= u. Fischereirecht im Kgr. Württemberg. Ulm 1900.

(Baden.)

Das Badische Jagdgesetz vom 2. Dez. 1850 mit den Abänderungen vom 29. April 1886 nebst Vollzugs=Verordnung. 4. Aufl. Straßburg 1886.

Schenkel, K., Das Badische Jagdrecht, enthaltend das Gesetz vom 2. Dez. 1850, die Ausübung der Jagd betr., in der Fassung der Bekanntmachung vom 6. Nov. 1886. Tauberbischofsheim 1886.

Asal, Karl, Das badische Forstrecht . . . Nebst Anhang, das Jagd= u. Fischerei= recht ꝛc. enthaltend. Karlsruhe 1898.

Hessen.)

Haller, A., Die im Grhrzth. Hessen dermalen gültige Jagdgesetzgebung. 3. umgearb. Aufl. Darmstadt 1884.

(Sachsen=Weimar.)

Vollert, M., Das Jagdrecht des Grhrzth. Sachsen. Weimar 1887.

(Mecklenburg=Schwerin.)

Wischmann, Fr, Jagdrecht und Wildschaden in Mecklenburg = Schwerin. Rostock 1886.

(Braunſchweig.)

Mansfeld, W., Die Forſt=, Jagd= u. Fiſcherei=Strafgeſetze des Hrzths. Braun=
ſchweig. Braunſchweig 1879.

(Elſaß-Lothringen.)

Huber, Emil, Die Jagdgeſetze Elſaß-Lothringens. 2. umgearb. Aufl. Straß=
burg i. E. 1895.

(Oeſterreich.)

Schopf, Fr. J., Die Jagd = Verfaſſung, das Jagdrecht u. die Jagdpolizei in
den deutſchen, böhmiſchen, galiziſchen u. ungariſchen Kronländern des öſterr.
Kaiſerſtaates. 4. umgearb. Aufl. Peſt 1858.

Anders, Joſ. Frh. v., Das Jagd= u. Fiſchereirecht. Innsbruck 1884.

Weſſely, Joſ., Oeſterreichs Jagdrecht, ſeine morſchen Stellen u. ſeine zeitlich
beſte Reform. Wien 1890.

(Frankreich.)

Loi sur la police de la chasse. Paris 1844.

Pommeray, Léon, De la chasse en droit romain et en droit français (ancien
et moderne). Poitiers 1882.

Boulon, Charles, Le droit de chasse et la propriété du gibier en France
depuis l'origine de la monarchie jusqu'à nos jours. Paris 1887.

Jullemier, Lucien, Traité des locations de chasse. 3. édit. Paris 1887.

Boudrain, Victor, Des dégâts causés aux champs par les lapins. Responsabilité des propriétaires et locataires de chasse. Paris 1886.

Ducasse, Paul, Les banques agricoles par la mise en commun du droit de
chasse. Paris 1896.

(Belgien.)

Verhaegen, G., Recherches historiques sur le droit de chasse et sur la législation sur la chasse. Bruxelles 1873.

(Niederlande.)

Jordens, P. H., Wet van den 13. Junij 1857 tot regeling der jagt en
visscherij, zooals die wet is gewijzigd bij de wetten van 14. en 15. april
1886. Zesde druk. Zwolle 1890.

(England.)

Paterson, James, The game laws of the United Kingdom. London 1861.

(Italien.)

Martinelli, Amilcare, La legislazione italiana sulla caccia. Torino 1890.

(Rußland.)

Turkin, N. W., Das Jagdgeſetz vom 3. Februar 1892 in ſeiner hiſtor. Ent=
wickelung und mit den Motiven zu benſelben. Ueberſ. und hrsg. von
Georg von Peetz. Reval 1894.

2. Vogelſchutz.

Stadelmann, Ueber das Bedürfniß der Landes=Cultur für den Erlaß eines
Geſetzes zum Schutz der nützlichen Vögel. o. O. u. J.

Renovirtes Edict wegen Ausrottung der Sperlinge. Sub dato Berlin, den
11. Dec. 1721.

Renovirtes u. geſchärftes Edict wegen Ausrottung der Sperlinge und Krähen.
De Dato Berlin, den 22. Juni 1744.

Langsdorff, K. v., Der Haus=Sperling. o. O. u. J.

Koepert, Otto, Der Star (Sturnus vulgaris L.) in volkswirtschaftl. u. biologischer Beziehung. Ein Beitrag zur Vogelschutzfrage. Altenburg 1892.

Ruß, Karl, Zum Vogelschutz. Eine Darstellung der Vogelschutzfrage in ihrer geschichtlichen Entwickelung bis zur Gegenwart. Leipzig 1882.

Borggreve, Bernard, Die Vogelschutzfrage nach ihrer bisherigen Entwickelung u. wahren Bedeutung, mit besonderer Rücksicht auf die Versuche zu ihrer Lösung durch Reichsgesetzgebung u. internationale Vereinbarungen. 2. verm. u. verb. Aufl. Leipzig 1888.

Neumann, Carl, Schützt unsere Vogelwelt! Ilmenau 1890.

Der Vogel-Massenfang in Südtirol. Hrsg. vom tirolisch-vorarlberg. Thierschutz-verein. Innsbruck 1892.

Hartert, Ernst, Einige Worte der Wahrheit über den Vogelschutz. Neu-damm 1900.

———

Heinz, Frdr., Reichsgesetz, betr. den Schutz von Vögeln. Vom 22. März 1888. Nördlingen 1888.

Koch, W., Reichsgesetz, betr. den Schutz von Vögeln. 3. Aufl. Bielefeld (1888).

Das Reichsvogelschutzgesetz vom 22. März 1888. Leipzig 1892.

Schuurman, L. N., en P. H. Jordens, Wet van den 25. mei 1880, zooals die wet is gewijzigd bij de wet van den 15. april 1886 tot bescherming van diersoorten, nuttig voor landbouw of houtteelt. 2. druk. Zwolle 1886.

Cap. XXXI ᵇ· Fischerei und Fischzucht.

Uebersicht.

I. Fischerei im Allgemeinen. See= und Küstenfischerei.
II. Binnenfischerei und Fischzucht.
    A. Im Allgemeinen.
    B. In einzelnen Ländern.
III. Fischereigesetze und Fischschutz.

I. Fischerei im Allgemeinen. See= u. Küstenfischerei.

(Im Allgemeinen.)

Mortillet, Gabriel de, Origines de la chasse, de la pêche etc. I. Paris 1890.

(See= u. Küstenfischerei.)

Bohnhof, Ernst, Die Organisation der See=Fischerei in den Staaten Europas u. Nord=Amerikas. Berlin 1889.

(Deutschland.)

Wittmack, L., Beiträge zur Fischerei = Statistik des Deutschen Reichs ꝛc. Berlin 1875.

Lindeman, M., Beiträge zur Statistik der deutschen Seefischerei. Berlin 1888.

Mittheilungen der Section für Küsten= u. Hochsee=Fischerei. 1885—1892. — (jetzt u. b. T.:) Mittheilungen des Deutschen Seefischereivereins 1893 flg. Berlin. (Lesezimmer.)

Circular Nr. 2—7 des Bureau des Deutschen Fischerei=Vereins. Berlin 1870, 1883.

Deutscher Seefischerei=Almanach für 1898. Hrsg. vom Deutschen Seefischerei= verein. Leipzig 1897.

Sturz, J. J., Der Fischfang auf hoher See u. rationell betriebener Küsten= fischfang als eines der Hauptnahrungszweige des deutschen Volkes ꝛc. 2 Hefte. Berlin 1862, 65.

Lindeman, M., Die arktische Fischerei der Deutschen Seestädte 1620—1868. Gotha 1869.

Möbius, Karl, Ueber Austern= und Miesmuschelzucht und die Hebung derselben an den norddeutschen Küsten. Berlin 1870.

Perrot, F., Die Deutsche Seefischerei. (Rostock) 1871.

Hensen, Ueber die Befischung der deutschen Küsten. Berlin 1874.

Erste Deutsche Nordsee = Fischerei = Gesellschaft. Prospect und Statut (=Entwurf). (Bremen 1866.)

Darmer, Die Nordsee=Fischerei=Gründe. Karte, 1:800000. Nach den neuesten deutschen u. ausländischen Vermessungen. Hamburg 1894.

Darmer, Segel = Handbuch für Nordſee = Fiſcher. Ein Kommentar zur Karte:
Die Nordſee=Fiſcherei=Gründe. Hamburg 1894.

Ehrenbaum, Ernſt, Zur Naturgeſchichte des Crangon vulgaris Fabr. Studien
über Bau, Entwickelung, Lebensweiſe u. Fangverhältniſſe des Nordſee=Granat
im Auftrage . . . des Deutſchen Fiſcherei=Vereins. Berlin 1890.

Weigelt, Curt, Die Abfälle der Seefiſcherei. Berlin 1891.

(Preußen.)

Marcard, E., Darſtellung der preuß. Seefiſcherei und ihre jetzige Lage.
Berlin 1870.

Brünneck, Wilh. v., Das Recht auf Zueignung der von der See ausgeworfenen
oder angeſpülten Meeres=Producte und das Bernſtein=Regal.*) Königs=
berg i. P. 1874.

Friedländer, Hugo, Das Bernſtein=Monopol vor Gericht. Stolp i. P. 1896.

(Oeſterreich=Ungarn.)

Schmarda, Ludw. K., Die maritime Production der öſterr. Küſtenländer.
2 Abſchnitte. (Wien 1864, 65.)

Krafft, Carl, Die neueſten Erhebungen über die Zuſtände der Fiſcherei in
den im Reichsrathe vertret. Königreichen u. Ländern u. an den öſterr.=ung.
Meeresküſten. Wien 1874.

Kriſch, Anton, Die Fiſcherei im Adriatiſchen Meere mit beſonderer Berück=
ſichtigung der öſterr.=ung. Küſten. Pola 1900.

(Italien.)

Schmarda, Ludw. K., Die Fiſcherei u. Valli=Cultur der venetianiſchen Küſte.
(Wien 1865.)

Jacoby, L., Der Fiſchfang in der Lagune von Comacchio nebſt einer Darſtellung
der Aalfrage. Berlin 1880.

(Frankreich, England, Belgien.)

Tolle, A., Die Auſternzucht und Seefiſcherei in Frankreich und England.
Berlin 1871.

Philpots, John R., Oysters, and all about them. 2 vols. London 1890, 91.

Marins-pêcheurs, pêcheurs-côtiers et pêcheurs de morue à Terre-Neuve et Islande.
Paris 1899.

Stahl, Berthold, Fiſchereihäfen und Fiſchhallen in Belgien und England.
Berlin 1890.

(Rußland.)

Kusnetzow, J. D., Fiſcherei u. Thiererbeutung in den Gewäſſern Rußlands.
St. Petersburg 1898.

Schultz, Alex., Notice sur les pêcheries et la chasse aux phoques dans la
mer blanche, l'océan glacial et la mer caspienne. St. Pétersbourg 1873.

Lindeman, Mor., Die gegenwärtige Eismeer = Fiſcherei und der Walfang.
Berlin 1899.

(Norwegen.)

B., H., Die Fiſchereiinduſtrie Norwegens. 2. deutſche Ausgabe. Bergen 1880.

Decker, W., F. Heincke, H. Henking, Die Seefiſcherei Norwegens. Berlin
1901.

---

*) Vergl. auch Cap. XXXII: Bergbau, V, F.

Stamm, Fernand, Verhältnisse der Volks=, Land= und Forstwirthschaft des Kgr. Böhmen. Prag 1856.

Rechenschafts = Bericht über die Thätigkeit des Centralcomités für die land= und forstwirthschaftl. Statistik des Kgr. Böhmens i. J. 1868. Prag 1869.

Hevera, Vincenz, Die Wälder Böhmens. Prag (1875).

Angerer, J., Die Waldwirthschaft in Tirol. Bozen 1883.

Trientl, Ad., Die Waldwirthschaft in den Alpenländern, insbes. in Tirol. Innsbruck 1893.

Statistische Daten aus den ungarischen Staatsforsten. Budapest 1873.

(Frankreich.)

Seckendorff, A. Frh. v., Die forstlichen Verhältnisse Frankreichs. Leipzig 1879.

(Rußland.)

Werekha, P. N., Notice sur les forêts et leurs produits. St. Pétersbourg 1873.

Henko, H. K., Beiträge zur Statistik der Forsten des Europäischen Rußlands 1888. Aus dem Russ. mit Vorwort von Guse. Berlin 1889.

Agriculture and forestry with coloured maps by the department of agriculture ministry of crown domains for the world's Columbian exposition at Chicago. Editor of the english translation John Martin Crowford. St. Pétersbourg 1893.

Arnold, Frbr. v., Rußlands Wald. Aus dem Russischen. Hrsg. vom Berliner Holz=Comptoir. Berlin 1893.

(Griechenland.)

Chloros, Nikolaus A., Waldverhältnisse Griechenlands. München 1884.

(Amerika.)

Mayr, Heinr., Die Waldungen von Nordamerika, ihre Holzarten, deren An= baufähigkeit u. forstlicher Werth für Europa im Allgemeinen u. Deutschland insbesonders. München 1890.

Semler, Heinr., Tropische u. nordamerikanische Waldwirtschaft u. Holzkunde. Berlin 1888.

(Japan.)

Mayr, Heinr., Aus den Waldungen Japans. München 1891.

X. Forstvereine und Congresse.

Stenographische Protokolle des ersten internationalen Congresses der Land= u. Forstwirthe. Weltausstellung in Wien 1873. Wien 1874.

Bericht über die 7. 10. 12. 18. Versammlung deutscher Forstmänner i. d. J. 1878, 81, 83, 90.

Siebente Versammlung der deutschen Forstmänner zu Dresden am 13.—15. Aug. 1878. Dresden.

Satzungen des Deutschen Forstvereins und Geschäftsordnung seiner Hauptver= sammlung. Tübingen 1899.

Bericht über die 19. u. flg. Versammlungen des sächsischen Forstvereins, gehalten i. d. J. 1872 u. flg. Tharand.

Festgabe zur 25. Versammlung des sächsischen Forstvereines zu Bad Elster 1879. Colbitz.

Notizen und Wegweiser zu den forstlichen Excursionen. Für die Besucher des
sächs. Forstvereins zu Leipzig 1874. I. II. o. O. 1874.
Excursionskarten für den sächs. Forstverein. Königsteiner u. Lohmener Revier.
o. O. (1883).
Kühnheider Revier. o. O. (1846).

XI. Jagd und Jagdrecht. Vogelschutz.

1. Jagd u. Jagdrecht.

(Jagd.)

Smoler, Frz. Xav., Historische Blicke auf das Forst= und Jagdwesen, seine
Gesetzgebung und Ausbildung von der Urzeit bis zu Ende des 18. Jahrh.
Prag 1847.
Mortillet, Gabriel de, Origines de la chasse etc. I. Paris 1890.
Rörig, Die Jagd in der Urzeit. Leipzig 1891.
Miller, Max, Das Jagdwesen der alten Griechen u. Römer. München 1883.
Rörig, Die Jagd in der fränkischen Zeit. Leipzig 1891.
Landau, G., Beiträge zur Geschichte der Jagd u. der Falknerei in Deutschland.
Die Geschichte der Jagd u. der Falknerei in beiden Hessen. Kassel 1849.
Wagner, Frhr. v., Das Jagdwesen in Württemberg unter den Herzogen.
Tübingen 1876.

———

Bermisch, Rob., Der praktische Jäger. Hand= u. Hilfsbuch. Dresden 1856.
Ueber Jagdwesen u. Landwirthschaft u. deren Verbindung. Wien 1857.
Heink, J. H., Der Jagdökonom und der größte Nutzen für jagdbare Thiere.
Dresden 1858.
(Middendorff,) Die Jagd in Sibirien. o. O. u. J.
Schmidt, Th., Der Wolf. Canis lupus Linn. o. O. u. J.
Eheberg, Karl Theod., Die Jagd in volkswirtschaftlicher Beziehung. Er-
langen 1901.

(Jagdrecht. — Deutschland im Allgemeinen.)

Riccius, Chr. Gottl., Zuverlässiger Entwurff von der in Teutschland üblichen
Jagt=Gerechtigkeit. Nürnberg 1736.
Starcke, Joa. Frid., De jure phasianorum eorumque banno. Wittenberg 1752.
Berger, Der Forst= u. Jagdschutz in Deutschland u. insbesondere in Preußen.
Cammin i. P. (1889.)
Albert, Jos., Die deutsche Jagdgesetzgebung nach ihrem dermaligen Stande.
München 1890.
Bauer, Jos., Sammlung deutscher Jagdgesetze. 2. bis auf die Neuzeit ergänzte
Ausg. Neudamm 1896.
Brünned, Wilh. v., Die Jagdgenossenschaften. Halle 1867.
Pachmayr, Manöverschäden u. Jagdrecht. München 1892.
Dombrowski, Raoul Ritter v., Das Wildern, dessen verschiedene Arten u.
wirksame Bekämpfung. Cöthen i. A. 1894.
Bauer, Jos., Das in Deutschland geltende Recht, revierende Hunde u. Katzen
zu tödten. 2. verm. Aufl. Neudamm 1897.
Berger, Die Stellung der wilden Kaninchen im Civil= und Strafrecht. Neu-
damm 1901.

8*

Dombrowsti, Ernst v., Die Wildschäden. Weimar 1896.
— Raoul Ritter v., Culturschutz u. Wildhege. Wien 1897.

Publicandum, daß sich keiner auf Wild=Dieberey betreffen, auch in den Chur=
märkschen Städten kein Wild ohne Attest in den Thoren eingelassen werden
soll. De Dato Berlin, den 1. Dec. 1779.
Dalcke, A., Das preußische Jagdrecht. Breslau 1864.
— Dasselbe. 2. umgearb. Aufl. Breslau 1888.
Höinghaus, Rich., Sämmtliche Jagdgesetze für die Kgl. Preuß. Staaten.
Berlin 1870.
Kollmann, A., Preußens Jagdgesetze. Düsseldorf 1888.
Wagner, R., Die Preuß. Jagdgesetzgebung. 2. umgearb. Aufl. Berlin 1889.
Praktisches Handbuch des Jagdgesetzes. Leipzig 1890.
Berger, Jagdordnung in Preußen. Als Entwurf bearbeitet. Berlin 1894.
Scherr=Thoß, G. Frhr. v., Das Jagdscheingesetz vom 31. Juli 1895 nebst
der ministeriellen Ausführungsverfügung. Berlin 1895.

Welter, A. K., Die Jagdgerechtigkeit gegenüber dem Grundbesitz in Westfalen,
mit Rücksicht auf die Jagdtheilung. Münster 1845.
Beytrag zu den Materialien eines Normal=Gesetzes wegen Erstattung des Wildpret=
Schadens im Hannöverischen. o. O. 1789.
Stelling, H., Hannover's Jagdrecht. Mit einem Anhange, enthaltend: die
Preußischen, Braunschweigischen, Hessischen, Schaumburg Lippe'schen und
Waldeck'schen Jagdgesetze. Hannover 1896.
— Das heutige Gewohnheitsrecht der freien Pürsch in der Prov. Hannover.
Hannover 1897.
— Die freie Wasservögeljagd auf öffentlichen Gewässern der preußischen
Monarchie unter besonderer Berücksichtigung der Prov. Hannover.
Hannover 1901.
Gundel, Frdr. Wilh., Sammlung der auf das Forst=, Jagd= u. Fischerei=
Wesen in Kurhessen Bezug habenden Landes=Ordnungen rc. Cassel 1845.
Klingelhoeffer, Jagdordnung u. jagdpolizeiliche Vorschriften im Gebiete des
vormaligen Kurfürstenth. Hessen. Cassel 1896.

Bentheim, Otto v., Was uns Noth thut! Wildschadenersatz, aber kein Hegungs=
verbot, keine Eingatterung der Forsten. Berlin 1888.
Berger, Wildschaden. Friedeberg i. d. R. (1890).
A., E. v., Zur Frage des Wildschadenersatzes. Hannover 1891.
Ein Wort zum Schutze des Wildes u. gegen das Wildschadengesetz. Berlin 1891.
Koch, W., Preuß. Wildschadengesetz nebst Preuß. Jagdpolizei = Ordnung und
Preuß. Wildschongesetz. 3. Aufl. Bielefeld (1891).
Holtgreven, A., Das Wildschadengesetz. Vom 11. Juli 1891. Mit Kommentar.
3. verb. Aufl. Berlin 1893.
Schwarze, W., Das Wildschadengesetz vom 11. Juli 1891, praktisch kommentirt.
Berlin 1893.
Bauer, Jos., Das preußische Wildschadengesetz vom 11. Juli 1891 und die
Bestimmungen des neuen Bürgerlichen Gesetzbuches für den Wildschaden.
2. verb. Aufl. Neudamm 1901.

(Sachsen.)

Solms = Wildenfels, Frdr. Mag. Gf. zu, Betrachtungen über die sogen. Errungenschaften der Neuzeit und einige ihrer Folgen. Dresden 1850. (Betrifft die Jagdberechtigung auf fremdem Boden.)

Einsiedel, Haubold v., Die Kgl. Sächs. Gesetzgebung über Jagd u. Fischerei. Leipzig 1885.

— Dasselbe. 2. umgearb. Aufl. Leipzig 1890.

Hucho, Heinr., Gesetze und Verordnungen betr. die Ausübung der Jagd im Kgr. Sachsen. Leipzig 1896.

Lotze, M., Die Kgl. Sächs. Jagdgesetze nebst den damit zusammenhängenden reichsgesetzlichen Vorschriften. Leipzig 1896.

Schimpff, v., König Albert u. das eble Waidwerk. 2. Aufl. Dresden 1895.

(Bayern.)

Heppe, Carl v., Der sich selbst rathende Jäger, oder ... Casus und streitige Fälle, welche täglich bey dem Forst=, Jagd= u. Fischerey=Wesen vorkommen. Augsburg 1754.

Brater, Carl, Gesetz vom 25. Juli 1850, die Bestrafung der Jagdfrevel betr. o. O. u. J.

— Gesetz vom 30 März 1850, die Ausübung der Jagd betr. o. O. u. J.

S., A. v., Unsere jagdgesetzlichen und jagdpolizeilichen Bestimmungen und deren Mängel. München 1884.

Im Königr. Bayern zu Recht bestehende Gesetze u. Verordnungen ... zusammengestellt von Georg Schanz. I. ... Forstwirthschaft, Jagd ꝛc. Würzburg 1890.

Wirschinger, L. F., Das Jagdrecht des Kgr. Bayern. München 1891.

(Württemberg.)

Newe Constitution vnd Ordnung. Welcher massen vnd Gestalt im Hertzogthumb Würtemberg die Wildbrettschützen fürohin nach eines jeden Verwirken vnd Verbrechen gestrafft werden sollen. Stuttgart 1651.

Bauer, Das Jagdgesetz des Kgr. Württemberg vom 27. Okt. 1855. o. O. 1872.

Wick, W., Der Jagdschutz in Württemberg. (Ulm) 1886.

Rampacher, Das Jagd= u. Fischereirecht im Kgr. Württemberg. Ulm 1900.

(Baden.)

Das Badische Jagdgesetz vom 2. Dez. 1850 mit den Abänderungen vom 29. April 1886 nebst Vollzugs=Verordnung. 4. Aufl. Straßburg 1886.

Schenkel, K., Das Badische Jagdrecht, enthaltend das Gesetz vom 2. Dez. 1850, die Ausübung der Jagd betr., in der Fassung der Bekanntmachung vom 6. Nov. 1886. Tauberbischofsheim 1886.

Asal, Karl, Das badische Forstrecht... Nebst Anhang, das Jagd= u. Fischereirecht ꝛc. enthaltend. Karlsruhe 1898.

(Hessen.)

Haller, A., Die im Grhrzth. Hessen dermalen gültige Jagdgesetzgebung. 3. umgearb. Aufl. Darmstadt 1884.

(Sachsen-Weimar.)

Vollert, M., Das Jagdrecht des Grhrzth. Sachsen. Weimar 1887.

(Mecklenburg-Schwerin.)

Wischmann, Fr., Jagdrecht und Wildschaden in Mecklenburg = Schwerin. Rostock 1886.

(Braunschweig.)

Mansfeld, W., Die Forst=, Jagd= u. Fischerei=Strafgesetze des Hrzths. Braun=
    schweig. Braunschweig 1879.

(Elsaß-Lothringen.)

Huber, Emil, Die Jagdgesetze Elsaß=Lothringens. 2. umgearb. Aufl. Straß=
    burg i. E. 1895.

(Oesterreich.)

Schopf, Fr. J., Die Jagd=Verfassung, das Jagdrecht u. die Jagdpolizei in
    den deutschen, böhmischen, galizischen u. ungarischen Kronländern des österr.
    Kaiserstaates. 4. umgearb. Aufl. Pest 1858.

Anders, Jos. Frh. v., Das Jagd= u. Fischereirecht. Innsbruck 1884.

Wessely, Jos., Oesterreichs Jagdrecht, seine morschen Stellen u. seine zeitlich
    beste Reform. Wien 1890.

(Frankreich.)

Loi sur la police de la chasse. Paris 1844.

Pommeray, Léon, De la chasse en droit romain et en droit français (ancien
    et moderne). Poitiers 1882.

Boulon, Charles, Le droit de chasse et la propriété du gibier en France
    depuis l'origine de la monarchie jusqu'à nos jours. Paris 1887.

Jullemier, Lucien, Traité des locations de chasse. 3. édit. Paris 1887.

Boudrain, Victor, Des dégâts causés aux champs par les lapins. Respon-
    sabilité des propriétaires' et locataires de chasse. Paris 1886.

Ducasse, Paul, Les banques agricoles par la mise en commun du droit de
    chasse. Paris 1896.

(Belgien.)

Verhaegen, G., Recherches historiques sur le droit de chasse et sur la lé-
    gislation sur la chasse. Bruxelles 1873.

(Niederlande.)

Jordens, P. H., Wet van den 13. Junij 1857 tot regeling der jagt en
    visscherij, zooals die wet is gewijzigd bij de wetten van 14. en 15. april
    1886. Zesde druk. Zwolle 1890.

(England.)

Paterson, James, The game laws of the United Kingdom. London 1861.

(Italien.)

Martinelli, Amilcare, La legislazione italiana sulla caccia. Torino 1890.

(Rußland.)

Turkin, N. W., Das Jagdgesetz vom 3. Februar 1892 in seiner histor. Ent=
    wickelung und mit den Motiven zu demselben. Uebers. und hrsg. von
    Georg von Peetz. Reval 1894.

2. Vogelschutz.

Stabelmann, Ueber das Bedürfniß der Landes=Cultur für den Erlaß eines
    Gesetzes zum Schutz der nützlichen Vögel. o. O. u. J.

Renovirtes Edict wegen Ausrottung der Sperlinge. Sub dato Berlin, den
    11. Dec. 1721.

Renovirtes u. geschärftes Edict wegen Ausrottung der Sperlinge und Krähen.
    De Dato Berlin, den 22. Juni 1744.

Langsdorff, K. v., Der Haus=Sperling. o. O. u. J.

Koepert, Otto, Der Star (Sturnus vulgaris L.) in volkswirtſchaftl. u. biologiſcher
    Beziehung. Ein Beitrag zur Vogelſchutzfrage. Altenburg 1892.
Ruß, Karl, Zum Vogelſchutz. Eine Darſtellung der Vogelſchutzfrage in ihrer
    geſchichtlichen Entwickelung bis zur Gegenwart. Leipzig 1882.
Borggreve, Bernard, Die Vogelſchutzfrage nach ihrer bisherigen Entwickelung
    u. wahren Bedeutung, mit beſonderer Rückſicht auf die Verſuche zu ihrer
    Löſung durch Reichsgeſetzgebung u. internationale Vereinbarungen. 2. verm.
    u. verb. Aufl. Leipzig 1888.
Neumann, Carl, Schützt unſere Vogelwelt! Jlmenau 1890.
Der Vogel=Maſſenfang in Südtirol. Hrsg. vom tirolisch=vorarlberg. Thierſchutz=
    verein. Junsbruck 1892.
Hartert, Ernſt, Einige Worte der Wahrheit über den Vogelſchutz. Neu=
    damm 1900.

———

Heinz, Frdr., Reichsgeſetz, betr. den Schutz von Vögeln. Vom 22. März 1888.
    Nördlingen 1888.
Koch, W., Reichsgeſetz, betr. den Schutz von Vögeln. 3. Aufl. Bielefeld (1888).
Das Reichsvogelſchutzgeſetz vom 22. März 1888. Leipzig 1892.
Schuurman, L. N., en P. H. Jordens, Wet van den 25. mei 1880, zooals
    die wet is gewijzigd bij de wet van den 15. april 1886 tot bescherming
    van diersoorten, nuttig voor landbouw of houtteelt. 2. druk. Zwolle 1886.

Cap. XXXI[b]. Fischerei und Fischzucht.

Ueberſicht.

I. Fiſcherei im Allgemeinen. See= und Küſtenfiſcherei.
II. Binnenfiſcherei und Fiſchzucht.
    A. Im Allgemeinen.
    B. In einzelnen Ländern.
III. Fiſchereigeſetze und Fiſchſchutz.

I. Fiſcherei im Allgemeinen. See= u. Küſtenfiſcherei.

(Im Allgemeinen.)

Mortillet, Gabriel de, Origines de la chasse, de la pêche etc. I. Paris 1890.

(See= u. Küſtenfiſcherei.)

Bohnhof, Ernſt, Die Organiſation der See=Fiſcherei in den Staaten Europas u. Nord=Amerikas. Berlin 1889.

(Deutſchland.)

Wittmack, L., Beiträge zur Fiſcherei = Statiſtik des Deutſchen Reichs ꝛc. Berlin 1875.

Lindeman, M., Beiträge zur Statiſtik der deutſchen Seefiſcherei. Berlin 1888.

Mittheilungen der Section für Küſten= u. Hochſee=Fiſcherei. 1885—1892. — (jetzt u. b. T.:) Mittheilungen des Deutſchen Seefiſchereivereins 1893 flg. Berlin. (Leſezimmer.)

Circular Nr. 2—7 des Bureau des Deutſchen Fiſcherei=Vereins. Berlin 1870, 1883.

Deutſcher Seefiſcherei=Almanach für 1898. Hrsg. vom Deutſchen Seefiſcherei= verein. Leipzig 1897.

Sturz, J. J., Der Fiſchfang auf hoher See u. rationell betriebener Küſten= fiſchfang als eines der Hauptnahrungszweige des deutſchen Volkes ꝛc. 2 Hefte. Berlin 1862, 65.

Lindeman, M., Die arktiſche Fiſcherei der Deutſchen Seeſtädte 1620—1868. Gotha 1869.

Möbius, Karl, Ueber Auſtern= und Miesmuſchelzucht und die Hebung derſelben an den norddeutſchen Küſten. Berlin 1870.

Perrot, F., Die Deutſche Seefiſcherei. (Roſtock) 1871.

Henſen, Ueber die Befiſchung der deutſchen Küſten. Berlin 1874.

Erſte Deutſche Nordſee = Fiſcherei = Geſellſchaft. Proſpect und Statut (=Entwurf). (Bremen 1866.)

Darmer, Die Nordſee=Fiſcherei=Gründe. Karte, 1:800000. Nach den neueſten deutſchen u. ausländiſchen Vermeſſungen. Hamburg 1894.

Darmer, Segel = Handbuch für Nordsee = Fischer. Ein Kommentar zur Karte: Die Nordsee-Fischerei-Gründe. Hamburg 1894.

Ehrenbaum, Ernst, Zur Naturgeschichte des Crangon vulgaris Fabr. Studien über Bau, Entwickelung, Lebensweise u. Fangverhältnisse des Nordsee-Granat im Auftrage ... des Deutschen Fischerei-Vereins. Berlin 1890.

Weigelt, Curt, Die Abfälle der Seefischerei. Berlin 1891.

(Preußen.)

Marcard, E., Darstellung der preuß. Seefischerei und ihre jetzige Lage. Berlin 1870.

Brünneck, Wilh. v., Das Recht auf Zueignung der von der See ausgeworfenen oder angespülten Meeres = Producte und das Bernstein = Regal.*) Königs= berg i. P. 1874.

Friedländer, Hugo, Das Bernstein-Monopol vor Gericht. Stolp i. P. 1896.

(Oesterreich-Ungarn.)

Schmarda, Ludw. K., Die maritime Production der österr. Küstenländer. 2 Abschnitte. (Wien 1864, 65.)

Krafft, Carl, Die neuesten Erhebungen über die Zustände der Fischerei in den im Reichsrathe vertret. Königreichen u. Ländern u. an den österr.=ung. Meeresküsten. Wien 1874.

Krisch, Anton, Die Fischerei im Adriatischen Meere mit besonderer Berück= sichtigung der österr.=ung. Küsten. Pola 1900.

(Italien.)

Schmarda, Ludw. K., Die Fischerei u. Valli=Cultur der venetianischen Küste. (Wien 1865.)

Jacoby, L., Der Fischfang in der Lagune von Comacchio nebst einer Darstellung der Aalfrage. Berlin 1880.

(Frankreich, England, Belgien.)

Tolle, A., Die Austernzucht und Seefischerei in Frankreich und England. Berlin 1871.

Philpots, John R., Oysters, and all about them. 2 vols. London 1890, 91.

Marins-pêcheurs, pêcheurs-côtiers et pêcheurs de morue à Terre-Neuve et Islande. Paris 1899.

Stahl, Berthold, Fischereihäfen und Fischhallen in Belgien und England. Berlin 1890.

(Rußland.)

Kusnezow, J. D., Fischerei u. Thiererbeutung in den Gewässern Rußlands. St. Petersburg 1898.

Schultz, Alex., Notice sur les pêcheries et la chasse aux phoques dans la mer blanche, l'océan glacial et la mer caspienne. St. Pétersbourg 1873.

Lindeman, Mor., Die gegenwärtige Eismeer = Fischerei und der Walfang. Berlin 1899.

(Norwegen.)

B., H., Die Fischereiindustrie Norwegens. 2. deutsche Ausgabe. Bergen 1880.

Decker, W., F. Heincke, H. Henking, Die Seefischerei Norwegens. Berlin 1901.

---

*) Vergl. auch Cap. XXXII: Bergbau, V, F.

Jordan, David Starr, Observations on the fur seals of the Pribilof Islands. Preliminary report. Washington 1896.

Anhang:

Möbius, K., Die echten Perlen. Hamburg 1857.

II. Binnenfischerei und Fischzucht.

A. Im Allgemeinen.

Allgemeine Fischerei=Zeitung. Neue Folge der Bayerischen Fischerei=Zeitung. Hrsg. vom Bayerischen und vom Deutschen Fischerei=Verein. Redig. von Bruno Hofer und Kurt Weigelt. Jahrg. 18 — 25 flg. München 1893—1900 flg.

Fraas, Die künstliche Fischerzeugung. 2. Aufl. München 1854.

Neu, J. F., Die Teichwirthschaft, die Teichfischerei u der Teichbau. Bautzen 1859.

Hamm, Wilh., Die künstliche Fischzucht. Leipzig 1861.

Wirth, Max, Anleitung zum rationellen Betriebe der Fischzucht und des Fischfanges in fließenden Gewässern und Teichen. Berlin 1863.

Beta, H., Die Bewirthschaftung des Wassers und die Ernten daraus. Mit einem Vorworte von Brehm. Leipzig 1868.

Ackerhof, A. D., Die Nutzung der Teiche und Gewässer durch Fischzucht u. Pflanzenbau. Quedlinburg 1869.

Beta, H., Der wirthschaftliche Werth der Wassernutzung durch Fischzucht Berlin 1873.

Schenk, A. Th. A., Die Bedeutung der Fischzucht. o. O. 1874.

Seiblitz, Georg v., Volkswirthschaft und Fischzucht. 2. Aufl. Königsberg 1880.

Schroeder, Ed. Aug., Fischerei=Wirtschaftslehre der natürlichen Binnengewässer. Dresden 1889.

Anleitung betreffend die Herstellung von Fischwegen. Wien 1891.

Schulze, Erwin, Über die geographische Verbreitung der Süßwasserfische von Mitteleuropa. Stuttgart 1890.

Anleitung zum Bau und zur Bewirthschaftung von kleineren Teichanlagen. Bearb. unter Mitwirkung von Rud. Georg Linke vom Sächs. Fischerei= verein. Dresden 1893.

Borne, Max v. d., Süßwasserfischerei. Berlin 1894.

Nitsche, H., Der Flußaal und seine wirthschaftliche Bedeutung. Dresden 1886.

Weigelt, C., Die Schädigung der Fischerei durch Haus= und Fabrikabwässer. Berlin 1892.

B. In einzelnen Ländern.

Wittmack, L., Beiträge zur Fischerei=Statistik des Deutschen Reichs :c. Berlin 1875.

Nitsche, Hinrich, Bericht über eine ... Bereisung einiger wichtigeren Fisch= zuchtanstalten Deutschlands (Tharand 1879)

(Preußen.)

Metzger, A., Beiträge zur Statistik und Kunde der Binnenfischerei des Preuß. Staates. Berlin 1880.

Benecke, Berthold, Fische, Fischerei und Fischzucht in Ost= und Westpreußen. Königsberg i. P. 1881.

Fischerei=Verhältnisse im Reg.=Bez. Wiesbaden. Hrsg. von d. Kgl. Regierung zu Wiesbaden. Wiesbaden 1878.

Goßner, Erich, über die Entwicklung und heutige Organisation des Berliner Fischmarktes. Leipzig 1901.

Sachsen.)

Nitsche, H., Bericht über den Stand der künstlichen Fischzucht im Kgr. Sachsen bis zum Jahre 1882. Dresden 1883.

Schriften des Sächsischen Fischereivereines. H. 1, 4 — 8, 10 flg. Dresden 1886 flg.

Steglich, Bruno, Die Fischwässer im Kgr. Sachsen. Darstellung der gesammten sächsischen Fischereiverhältnisse. Dresden 1895.

Jahn, J. G., Die Perlenfischerei im Voigtlande, in topograph., natur= und zeitgeschichtl. Hinsicht. Oelsnitz 1854.

(Württemberg.)

Nübling, Eug., Ulms Fischereiwesen im Mittelalter. Ulm 1892.

Sieglin, Die Fischerei=Verhältnisse in Württemberg. Stuttgart 1896.

(Oesterreich=Ungarn.)

Krafft, Carl, Die neuesten Erhebungen über die Zustände der Fischerei in den im Reichsrath vertretenen Königreichen und Ländern. Wien 1874.

Krisch, Anton, Der Wiener Fischmarkt. Wien 1900.

Frič, Anton, Die Fluß-Fischerei in Böhmen und ihre Beziehungen zur künst= lichen Fischzucht und zur Industrie. Prag 1871.

— Fischerei=Karte des Kgr. Böhmen nebst erläuterndem Texte. Prag 1888.

Susta, Jos., Fünf Jahrhunderte der Teichwirthschaft zu Wittingau. Stettin 1899.

(Italien.)

Statuti della honoranda compagnia de' pescatori dell' inclita città di Bologna. (Bologna 1684.)

(Holland.)

Wild, J. A., Gesetz und Zustand der Binnenfischerei i. Holland. München 1861.

Bericht über die Fischerei mit Steert= und feststehenden Hamen auf dem Holländsch Diep und Haringvliet. Leiden 1888.

(England.)

Rapport sur la pisciculture et la pêche fluviales en Angleterre, en Écosse et en Irlande. Strasbourg 1863.

(Rußland.)

Soudakèvicz, Théodore, Notice sur le progrès de la pisciculture en Russie. St-Petersbourg 1873.

(Middendorff,) Der Fischfang in Sibirien. v. L. u. J.

III. Fischerei-Gesetze und Fischschutz.

(Deutschland im Allgemeinen.)

Seelig, F. W., Fischerei u. einschlagendes Wasserrecht betreffende Entscheidungen höherer deutscher Gerichtshöfe, insbesondere des Reichsgerichts. Leipzig-R. 1889.

(Preußen.)

Kletke, G. M., Die Fischerei-Gesetzgebung im Preuß. Staate. Eine Sammlung der auf die Fischerei, Bernstein-Fischerei und das Strandrecht bezügl. Gesetze und Verordnungen. Berlin 1868.

Fischereigesetz für den Preuß. Staat. Berlin 1874.

Harnisch, Rud., Die Preuß. Fischereigesetzgebung. Düsseldorf 1887.

Doersel, Emil, Das Preuß. Fischereigesetz vom $\frac{30.\ \text{Mai } 1874}{30.\ \text{März } 1880}$ nebst den bis auf die neueste Zeit dazu ergangenen Ausführungs-Verordnungen x. Rathenow 1887.

Lewald, Th., Die Abjacentenfischerei u. ihre Beschränkung nach Analogie der Jagd. Danzig 1888.

Schilgen, v., Das Gesetz betreffend die Fischerei der Ufereigenthümer in den Privatflüssen der Prov. Westfalen vom 30. Juni 1894. Hamm i. W. 1894.

Gunckel, Frdr. Wilh., Sammlung der auf das Forst-, Jagd- und Fischerei-Wesen in Kurhessen Bezug habenden Landes-Ordnungen x. vom Jahre 1648 bis 1843. Cassel 1845.

(Sachsen.)

Einsiedel, Haubold v., Die Kgl. Sächs. Gesetzgebung über Jagd und Fischerei. Leipzig 1885.

— Dasselbe. 2. umgearb. Aufl. Leipzig 1890.

(Bayern)

Heppe, Carl v., Der sich selbst rathende Jäger, oder: ... Casus und streitige Fälle, welche täglich bey dem ... Fischerey-Wesen vorkommen. Augsburg 1754.

Peetz, Hartwig, Die Fischwaid in den bayerischen Seen. München 1862.

Koch-Sternfeld, J. E. Ritter v., Der Fischfang (das jus piscandi) in Bayern und Oesterreich ob der Enns. München 1863.

Staudinger, Jul., Der Fischereischutz durch die Strafgesetzgebung. Nördlingen 1881.

— Die Landesfischereiordnung für das Kgr. Bayern vom 4. Okt. 1884. 2 Bde. Nördlingen 1885, 88.

Neber, Oskar, Taschenbuch des bayerischen Fischereirechts. 2 Thle. u. Ergänzungs-Bd. München 1885—1889.

Im Kgr. Bayern zu Recht bestehende Gesetze und Verordnungen zusammengestellt von Georg Schanz I. ... Fischerei. Würzburg 1891.

(Württemberg.)

Bauer, Das Jagdgesetz x. Nebst Abdruck des Fischerei-Gesetzes. o. O. 1872.

Wick, W., Der Fischereischutz in Württemberg. Ulm 1881.

Rampacher, Das Jagd- und Fischereirecht im Kgr. Württemberg. Ulm 1900.

(Baden.)

Chur-Fürstlicher Pfaltz ... Fischerei-Ordnung. Heidelberg 1711.

Buchenberger, A., Fischereirecht und Fischereipflege im Grhzgth. Baden. Tauberbischofsheim 1888.

(Braunschweig.)

Mansfeld, W., Die . . . Fischerei-Strafgesetze des Hrzgth. Braunschweig. Braunschweig 1879.

(Elsaß-Lothringen.)

Gesetz, betr. die Fischerei. Vom 2. Juli 1891. Straßburg 1892.

(Oesterreich.)

Anders, Jos. Frh. v., Das Jagd- u. Fischereirecht. Innsbruck 1884.

(Frankreich.)

Dommanget, Code . . . du garde pêche. 2. édit. rev. et corr. Paris 1837.

(Holland.)

Wilb, J. A., Gesetz und Zustand der Binnenfischerei in Holland. München 1861.

Jordens, P. H., Wet van den 13. Junij 1857 tot regeling der . . . visscherij zooals die wet is gewijzigd bij de wetten van 14. en 15. april 1886. Zesde druk. Zwolle 1890.

(Schuurman, L. N., en P. H. Jordens,) Wetten en besluiten betreffende de zee - visscherijen, de zalmvisscherij en de visscherij op de Schelde en Zeeuwsche stroomen. Zwolle 1884.

Cap. XXXII.

Bergbau.

Uebersicht.

I. Geschichte und Technik des Bergbau's.

A. Allgemeine Geschichte.

(Alterthum.)

Reitemeier, Joh. Frbr., Geschichte des Bergbaues u. Hüttenwesens bei den alten Völkern. Göttingen 1785.

Haupt, Th., Chronologische Uebersicht der wichtigsten Ereignisse beim Bergbau seit Wiederauffindung der Pandekten Justinians bis zur Einsetzung der Erbschächte. Braunschweig 1861.

Zippe, F. X. M., Geschichte der Metalle. Wien 1857.

H., G., Bergleute u. Metallarbeiter der Urzeit. (Leipzig 1861.)

Much, M., Das vorgeschichtliche Kupferbergwerk auf dem Mittelberg bei Bischofshofen (Salzburg). Wien 1879.

Soetbeer, Ad., Das Goldland Ofir. Berlin 1880.

Peters, Carl, Das goldene Ophir Salomo's. München 1895.

Hofmann, K. B., Das Blei bei den Völkern des Alterthums. Berlin 1885.

(Neuzeit.)

Die Fortschritte der berg- und hüttenmännischen Wissenschaften in den letzten hundert Jahren. Freiberg 1867.

‚Deutſchland im Allgemeinen.)

Moſch, Carl Frbr., Zur Geſchichte des Bergbaues in Deutſchland. 2 Bde. Liegnitz 1829.

‚Preußen.)

Neuburg, C., Goslars Bergbau bis 1552. Hannover 1892.

(Sachſen.)

Meltzer, Chr., De Hermundurorum metallurgia argentaria. Vom Erzgebürgiſchen Silber=Bergwerk. Leipzig 1680.

(Klotzſch,) Urſprung der Bergwerke in Sachſen. Chemnitz 1764.

Ueber den Bergbau Churſachſens auf Gold. Penig 1805.

Schreiter, Chriſtoph, Beiträge zur Geſchichte der alten Wenden und ihrer Wanderungen nebſt einigen Vermuthungen von dem Bergbau derſelben im Sächſ. Erzgebirge. Zwickau 1807.

Dietrich, Ewald Victoria, u. Gotth. Aug. Weber, Kurze Ueberſicht der Geſchichte des Bergbaues im königl. ſächſiſchen Erzgebirge. Annaberg 1822.

Hoffmann, Beſchreibung des Freybergiſchen Schmelz=Proceſſes. o. O. 1769.

Von einigen im Jahre 1754 bey denen Sächſiſchen Bergwercken vorgegangenen Unglücks=Fällen. Dresden 1755.

Kurtze Nachricht von der augenſcheinlichen Vorſorge Gottes bey dem ſo wohl beſchwerlichen als ſehr gefährlichen Leben der armen Berg = Leute. Dresden 1758.

Unglücksfälle in denen Freyberger Bergwerken des Quartals Reminiscere 1760. Dresden 1760.

Löſcher, Carl Immau., Hiſtoriſch bergmänniſche Briefe über verſchiedene Gegenſtände des Freybergiſchen Bergbaues. Leipzig 1786.

Breithaupt, Aug., Die Bergſtadt Freiberg im Kgr. Sachſen, in Hinſicht auf Geſchichte ꝛc., beſonders auf Bergbau u. Hüttenweſen. Freiberg 1825.

Benſeler, Guſt. Ed., Geſchichte Freibergs u. ſeines Bergbaues. 2 Abthlgn. Freiberg 1853.

Schurig, Kurt, Beiträge zur Geſchichte des Bergbaues im ſächſiſchen Vogt= lande. Plauen 1875.

Kell, Rich., Sebalt Schwertzer als Kurſächſ. Faktor u. Kaiſerl. Berghauptmann. Leipzig 1881.

Bruchmüller, W., Der Kobaltbergbau u. die Blaufarbenwerke in Sachſen bis zum J. 1653. Croſſen a. O. 1897.

(Oeſterreich.)

Kraus, Vict. Felix v., Die Wirtſchafts= u. Verwaltungspolitik des aufgeklärten Abſolutismus im Gmundener Salzkammergut. Freiburg i. B. 1899.

B. Technik.

Lottner, Hein., u. Alb. Serlo, Leitfaden zur Bergbaukunde. 2. verb. Aufl. 2 Bde. Berlin 1873.

Gurlt, Ad., Die Bergbau= u. Hüttenkunde. Eine gedrängte Darſtellung der geſchichtlichen u. kunſtmäßigen Entwickelung des Bergbaues u. Hüttenweſens. Eſſen 1879.

Köhler, G., Katechismus der Bergbaukunde. Leipzig 1891.

Althaus, F., Das Berg= u. Hüttenweſen auf der Welt=Ausſtellung zu Phila= delphia 1876. Berlin 1877.

Riedler, A., Personen= u. Lastenaufzüge u. Fördermaschinen. Wien 1877.
— Gesteins=Bohrmaschinen u. Luftcompressions=Maschinen. Wien 1877.
Schlußbericht des Centralcomités der österr. Commission zur Ermittelung der
    zweckmäßigsten Sicherheitsmaßregeln gegen die Explosion schlagender Wetter
    in Bergwerken. Wien 1891.
Reich, F., Die bisherigen Versuche zur Beseitigung des schädlichen Einflusses des
    Hüttenrauches bei den fiskalischen Hüttenwerken zu Freiberg. Freiberg 1858.
Hering, C. A., Die Verdichtung des Hüttenrauchs. Eine gedrängte Uebersicht
    über alle bekannt gewordenen Vorrichtungen u. Verfahren zum Auffangen
    des Flugstaubes ꝛc. Stuttgart 1888.

II. Bergrecht u. Bergverfassung. Bergpolizei.

(Im Allgemeinen.)

Wahle, G. H., Der Begriff „Bergrecht" im objectiven Sinne. Freiberg i. S. 1887.
Freiesleben, Carl Frdr. Gottl., Der Staat u. der Bergbau. Hrsg. mit
    Vorrede von Frdr. Bülau. 2. Aufl. Leipzig 1839.
Kapff, Sixtus Jacob, Rechtliche Untersuchung der Frage, ob der Torf zu
    den Regalien gehöre? Tübingen 1767.
Wagner, Thomas v., Ueber den Beweiß der Regalität des teutschen Berg=
    baues. Freyberg 1794.
Weiske, J., Der Bergbau u. das Bergregal. Eine Entgegnung auf die Schrift:
    Ueber den Ursprung des Bergregals in Teutschland von C. J. W. Kersten.
    Berlin 1844. Eisleben 1845.
Arndt, Ad., Zur Geschichte u. Theorie des Bergregals u. der Bergbaufreiheit.
    Halle 1879.
Schneider, Gust., Der Bergbau in seinen Rechtsbeziehungen zum Grundeigen=
    thum u. zu gemeinnützigen Anlagen. Wien 1877.
John, Jul., Bergbau u. Grundbesitz. Wien 1884.
Gothein, G., Sollen wir unseren Bergbau verstaatlichen? Breslau 1890.
Hückinghaus, Karl Aug., Die Verstaatlichung der Steinkohlenbergwerke.
    Jena 1892.
Wehberg, Heinr., Die Verstaatlichung der Bergwerke. Bremerhaven 1892.
Wolf, Jul., Verstaatlichung der Silberproduction. (Zürich) 1892.
Arndt, Ad., Bergbau u. Bergbaupolitik. Leipzig 1894.
Daubenspeck, Beiträge zur Lehre vom Bergschaden. Berlin 1885.

(In einzelnen Ländern.)

Walmesley, Oswald, Guide to the mining laws of the world. London 1894.

(Deutschland im Allgemeinen.)

Kreßner, Paul Martin, Systematischer Abriß der Bergrechte in Deutschland.
    Mit einem Anhang über die wichtigsten außerdeutschen Berggesetzgebungen.
    Freiberg 1858.
Arndt, Ad., Entwurf eines Deutschen Berggesetzes nebst Begründung.
    Halle a. S. 1889.
Daubenspeck, H., Bergrechtliche Entscheidungen des Deutschen Reichsgerichts,
    1879—1892. Berlin 1893.

(Preußen.)

Neu=wiederholtes u. vermehrtes Edict, das Salpeter=Wesen in Sr. Kgl. Maj.
    in Preußen Landen betreffende. Sub dato Berlin, den 12. Martii 1723.

Declaration wegen Ueberlassung des Grund und Bodens an die Bergbau
treibenden Gewerke zur Anlage der Abfuhr-Wege und Niederlagen. De
dato Berlin, den 27. Okt. 1804.

Das neue Bergrecht und die Aktien-Gesetzgebung in Preußen. 6. verm. Aufl.
Essen 1858.

Die Oberbergämter u. die Centralisation. Trier 1860.

Klostermann, R., Das allgemeine Berggesetz für die Preuß. Staaten vom
24. Juni 1865. 3. Aufl. Berlin 1874.

Daubenspeck, Die Haftpflicht der Bergwerksbesitzer aus der Beschädigung des
Grundeigenthums nach preuß. Recht. Berlin 1882.

Arndt, Ad., Allgemeines Berggesetz für die Preuß. Staaten vom 24. Juni
1865 u. die dasselbe ergänzenden u. abändernden Reichs- u. Landesgesetze.
2. verm. u. veränd. Aufl. Halle a. S. 1888.

Brassert, H., Allgemeines Berggesetz für die Preuß. Staaten vom 24. Juni
1865. Bonn 1888.

Menzen, Allgemeines Berggesetz für die Preuß Staaten vom 24. Juni 1865
in seinem derzeitigen Rechtsstande. Paderborn 1890.

Gesetz, betr. die Abänderung einzelner Bestimmungen des Allgemeinen Berggesetzes vom 24. Juni 1865. Vom 24. Juni 1892. Berlin 1892.

Engels, Ernst, Allgemeines Berggesetz für die Preuß. Staaten vom 24. Juni
1865 in der Fassung der Novelle vom 24. Juni 1892. Berlin 1892.

Brassert, H., Novelle zum Preuß. Allgemeinen Berggesetze vom 24. Juni
1892. Bonn 1894.

Buff, E., Die Gesetze u. Verordnungen betr. den Betrieb der Bergwerke u.
der damit verbundenen Anlagen im Preuß. Staate. 2. Aufl. Essen 1894.

Esser II, Rob., Die Gewerkschaft u. ihre Entwicklung unter dem Allgemeinen
Berggesetz für die Preuß. Staaten vom 24. Juni 1865. Berlin 1883.

Westhoff, Wilh., Das preußische Gewerkschaftsrecht unter Berücksichtigung der
übrigen deutschen Berggesetze. Bonn 1901.

———————

Bergpolizei-Verordnungen des Kgl. Oberbergamts zu Dortmund. Vom 6. Okt.
1887, betr. den Schutz der in Schächten rc. beschäftigten Personen, abgeändert laut Verordnung vom 1. Juli 1888. — Vom 12. Okt. 1887,
betr. die Wetterversorgung rc., abgeändert laut Verordnung vom 4. Juli
1888. Gelsenkirchen 1893.

Wutke, Konr., Studien über die Entwicklung des Bergregals in Schlesien.
Berlin 1897.

Allgemeine Bergpolizei-Verordnung für den Bezirk des Kgl. Oberbergamtes zu
Breslau vom 18. Jan. 1900. Amtl. Ausgabe. Breslau 1900.

(Sachsen.)

Ermisch, Hubert, Das Sächsische Bergrecht des Mittelalters. Leipzig 1887.

Opet, Otto, Die älteste venetianische Bergordnung und das sächs. Bergrecht.
o. O. u. J.

Ermisch, H., Das Zinnerrecht von Ehrenfriedersdorf, Geyer und Thum.
(Dresden 1886.)

Köhler. Alex. Wilh., Versuch einer Anleitung zu den Rechten u. der Verfassung bei dem Bergbaue in Chursachsen. Freyberg 1786.

9

Köhler, Alex. Wilh., Anleitung zu den Rechten u. der Verfassung bey dem Bergbaue im Königr. Sachsen. 2. verm. Aufl. Freyberg 1824.

Ueber die chursächsische Bergwerksverfassung. Leipzig 1787.

Schmid, Frdr. Aug., Archiv für Bergwerks = Geschichte, Bergrecht, Statistik u. Verfassung bei dem Bergbau im Kgr. Sachsen. Altenberg 1828.

— Der Bergprozeß nach Kgl. Sächs. Rechten. Dresden 1832.

Freiesleben, Carl Frdr. Gottl., Darstellung der Grundlagen der sächs. Bergwerksverfassung. Hrsg. mit Vorrede von Frbr. Bülau. Leipzig 1837.

— Handbuch der Berggesetzgebung des Kgr. Sachsen. Leipzig 1852.

Rachel, J. W., Bemerkungen zu dem Entwurfe eines allgemeinen Berggesetzes für das Kgr. Sachsen. Dresden 1864.

Seume, Th., Das allgemeine Kgl. S. Berggesetz vom 16. Juni 1868 nebst Ausführungsverordnung vom 2. Dez. 1868. Zwickau 1883.

Francke, Bernh., Die Berggesetzgebung des Kgr. Sachsen. Leipzig 1888.

Wahle, G. H., Das Allgemeine Berggesetz für das Kgr. Sachsen. Freiberg 1891.

Dannenberg, W., Das allgemeine Berggesetz für das Kgr. Sachsen vom 16. Juni 1868. Leipzig 1901.

Allgemeine Bergpolizeivorschriften für das Kgr. Sachsen vom 25. März 1886. (Dresden 1886.)

Bekanntmachung, betr. neue allgemeine Bergpolizeivorschriften für das Kgr. Sachsen vom 16. Jan. 1896. Leipzig 1896.

Kretzschmar, Karl, Die mit dem 1. Januar 1900 für den Sächsischen Berg= bau eingetretenen Neuerungen in den Vorschriften über den Dienstvertrag. Freiberg 1900.

(Bayern.)

Culmann, A., Die Bergbau = Systeme von Europa und der dem bayerischen Landtag vorgelegte Bergwerks=Gesetzentwurf. o. O. u. J.

Stupp, M., Das Berggesetz für das Kgr. Bayern vom 20. März 1869. München 1879.

Rauck, Alois, Das Berggesetz für das Kgr. Bayern vom $\frac{20.\ März\ 1869}{20.\ Juni\ 1900}$ in der Fassung der Bekanntmachung vom 20. Juli 1900. München 1900.

(Baden.)

Berggesetz für das Grhrzth. Baden vom 22. Juni 1890 nebst den Vollzugs= vorschriften. Karlsruhe 1892.

(Elsaß=Lothringen.)

Berggesetz u. Gesetz die Besteuerung der Bergwerke betr. vom 16. Dez. 1873 nebst Ausführungsverordnung. Straßburg o. J.

(Oesterreich.)

Gränzenstein, Gust. v., Das allgemeine österreich. Berggesetz vom 23. Mai 1854 u. die Verordnungen über die Bergwerksabgaben vom 4. Okt. 1854. Wien 1855.

Hingenau, Otto Frhr. v., Ueber die Nothwendigkeit einer Revision des all= gemeinen österreich. Berggesetzes vom 23. Mai 1854. Wien 1872.

Das allgemeine Berggesetz vom 23. Mai 1854 sammt der Vollzugsvorschrift u. allen darauf Bezug habenden Nachträgen. 5. verm. Aufl. Wien 1879.

Haberer, Ludw., u. Frbr. Zechner, Handbuch des österr. Bergrechtes auf
    Grund des allgemeinen Berggesetzes vom 23. Mai 1854. Wien 1884.
Lederer, Leo, Das österreich. Bergschadenrecht unter Berücksichtigung des
    deutschen Bergrechtes. Berlin 1893.

Berggesetz für Bosnien u. die Hercegovina u. Vollzugsvorschrift. Wien 1881.

(Frankreich.)

Lamé Fleury, E., De la législation minérale sous l'ancienne monarchie.
    Paris 1857.
Achenbach, H., Das französische Bergrecht u. die Fortbildung desselben durch
    das preuß. allgemeine Berggesetz. Bonn 1869.
Rey, P., Commentaire de la loi du 21 avril 1810 sur les mines. Paris 1870.
Féraud-Giraud, L. J. D., Code des mines et mineurs. Manuel de législation,
    d'administration, de doctrine et de jurisprudence concernant les mines,
    minières et carrières. 3 tomes. Paris 1887.
Aguillon, Louis, Législation des mines française et étrangère. 2. tirage.
    3 vols. Paris 1891.

(England.)

Baldwin, F. Spencer, Die englischen Bergwerksgesetze. Ihre Geschichte von
    ihren Anfängen bis zur Gegenwart. Stuttgart 1894.

(Rußland.)

Stoff, A., Vergleichender Umriß des Berggesetzes in Rußland u. Westeuropa.
    Thl. I. Hauptgrundlage des Berg= u. Salz=Gesetzes. St. Petersburg 1882.
    (Russisch.)
Walcker, Carl, Ueber den sogen. Sachwat der sibirischen Goldwäscher. Ein
    Beitrag zur Reform der russischen Berggesetzgebung. Dorpat 1869.

(Amerika.)

Berg=Ordnung für Neuspanien, welche in allen Theilen der vormaligen Kgl.
    Spanischen Besitzungen Amerika's noch rechtsbeständig ist. Aus dem
    Spanischen überf. von Jakob Nöggerath und Joh. Pet. Pauls.
    Bonn 1828.
Souza Bandeira, A. H. de, A propriedade das minas. Rio de Janeira 1885.

III. Persönliche Verhältnisse der Bergleute.

(Ueber Betriebsunfälle, Arbeiterversicherung und Arbeiterzustände vergl. Cap. XXXIII:
Industrie.)

Conférence internationale concernant le règlement du travail aux établissements
    industriels et dans les mines. Par autorisation officielle. Leipzig 1890.

(Deutschland im Allgemeinen.)

Taeglichsbeck, Otto, Der IV. Allgemeine Deutsche Bergmannstag in Halle
    (Saale) vom 4.—7. Sept. 1889. Halle (Saale) 1890.
Sechster Allgemeiner Deutscher Bergmannstag zu Hannover vom 10. bis
    12. Sept. 1895. Bericht. Essen (1896).
Schulze, Ad., Die Lage der Bergarbeiter in den Haupt=Kohlenbezirken
    Deutschlands. Berlin 1893.
Matthiaß, Ernst, Der nächste allgemeine Strike der deutschen Bergarbeiter
    u. seine rationelle Bekämpfung. Ratibor 1890.

Festenberg=Packisch, Herm. v., Entwickelung u. Lage des deutschen Berg=
bau es mit besonderer Berücksichtigung der Arbeiterverhältnisse in Preußen.
Breslau 1890.

Pitschke, H., Ueber die Entstehung u. Entwickelung des Mansfelder Knappschafts=
Vereins und der Wohlfahrts = Einrichtungen beim Mansfelder Bergbau.
Eisleben 1892.

Tolle, Karl Aug., Die Lage der Berg= und Hüttenarbeiter im Oberharze.
Berlin 1892.

Eschenbach, A., Die Lehren des Bergwerksstrikes vom Mai 1889. Mit 12
Aktenstücken. Berlin 1889.

Stolp, Herm., Der Streik der westfälischen Bergwerksarbeiter und die not=
wendige Stellungnahme der Gesetzgebung zu demselben. Charlotten=
burg 1889.

Natorp, Gust., Der Ausstand der Bergarbeiter im Niederrheinisch=Westfälischen
Industriebezirk. Essen 1889.

Oldenberg, Karl, Studien zur Rheinisch=Westfälischen Bergarbeiterbewegung.
(Leipzig 1890.)

Einkleidungs= und Paradedienst=Ordnung für den Knappschaftsverband auf den
Werken des Erzgebirg. Steinkohlen=Aktienvereins. o. O. (1854.)

Arbeiter=Ordnung für das Brendel'sche Steinkohlenwerk zu Burgwitz. Pot=
schappel 1879.

Vogelsang, Frhr. C. v., Das Gesetz zum Schutze der Bergarbeiter und die
Agitation gegen dasselbe. Wien 1883.

Zechner, Friedr., Der Bergarbeiterschutz in Oesterreich. Wien 1900.

Knapp, Rud., Das Gesetz über die Errichtung der Genossenschaften beim Berg=
bau vom 14. Aug. 1896. Wien 1897.

Gomel, Ch., Le projet de loi sur les délégués mineurs. Paris 1887.

Ledoux, Ch., L'organisation du travail dans les mines et particulièrement dans
les houillères tant en France qu'à l'étranger. Paris 1890.

Rutten, G. C., Nos grèves houillères et l'action socialiste. Bruxelles 1900.

Auerbach, Emil, Die Ordnung des Arbeitsverhältnisses in den Kohlengruben
von Northumberland u Durham. Leipzig 1890.

Nasse, R., u. G. Krümmer, Die Bergarbeiter=Verhältnisse in Großbritannien.
Saarbrücken 1891.

IV. Montanindustrie einzelner Länder.

Bock, Jean, Statistique internationale des mines et usines. I partie. Statistique
des mines et usines de la Grande-Bretagne et de l'Irlande de 1853 à
1870, de la Norvège de 1853 à 1870, de la Suède de 1853 à 1872,
de l'Autriche de 1853 à 1873, de la Hongrie de 1853 à 1871 et de
l'Allemagne (Zollverein) de 1853 à 1871. St. Pétersbourg 1877.

Serlo u. C. Stölzel, Bergbau u. Hüttenwesen. Braunschweig 1874. (Aus dem Amtl. Bericht über die Wiener Weltausstellung 1873.)

(Preußen.)

Carnall, R. v., Die Bergwerke in Preußen u. deren Besteuerung. Hierzu 31 Tabellen über Production der Bergwerke u. Hütten ꝛc. Berlin 1850.

Huyssen, A., Die allgemeinen Verhältnisse des Preußischen Bergwesens. Essen 1864.

Weiss, Paul, L'exploitation des mines par l'état. Mines fiscales de la Prusse etc. Paris 1901.

———

Oberschlesiens Montan-Industrie statistisch beleuchtet. Beuthen OS. 1868.

Volz, H., Die Bergwerks- u. Hüttenverwaltungen des Oberschlesischen Industrie-Bezirks. Mit Karte: „Der Oberschles. Industriebezirk" bearb. von Küntzel. Kattowitz 1892.

— Statistik der Oberschlesischen Berg- und Hüttenwerke für b. J. 1898. Kattowitz 1899.

Renauld, Edler v. Kellenbach, Jos. Ritter v., Der Bergbau u. die Hütten-industrie von Oberschlesien 1884—1897. Stuttgart 1900.

Uebersicht über die Verhältnisse des Hüttenwerkes Königshütte am Ende des Geschäftsjahres 30. Juni 1899. o. O. (1899.)

Hautzinger, Ferd., Der Kupfer- u. Silber-Segen des Harzes, die natürliche Quelle des deutschen Volksreichthums vom histor., volkswirthsch. und merkantilen Standpunkte. Berlin 1877.

Hoppe, Oscar, Die Bergwerke, Aufbereitungs-Anstalten u. Hütten, sowie die techn.-wissenschaftl. Anstalten, Wohlfahrts-Einrichtungen ꝛc. Clausthal 1883.

Blömeke, Conrad, Die Erzlagerstätten des Harzes u. die Geschichte des auf demselben geführten Bergbaues. Wien 1885.

Jacobi, Ludw. Herm. Wilh., Das Berg-, Hütten- u. Gewerbewesen des Reg.-Bez. Arnsberg. Iserlohn 1857.

Achepohl, Ludw., Das Rheinisch-Westfälische Bergwerks-Industrie-Gebiet. Essen 1888.

(Sachsen.)

Der verkannte Werth des sächsischen Bergbaues und besselben gute Sache. Leipzig 1781.

Hallbauer, C. F., Was wäre Sachsen ohne seinen Bergbau? Freyberg 1826.

Weissenbach, C. G. A. v., Sachsens Bergbau nationalökonomisch betrachtet. Freyberg 1833.

Freiesleben, Joh. Carl, Beiträge zur Geschichte, Statistik u. Litteratur des sächsischen Erzbergbaues. Hrsg. von C. Herm. Müller. Freiberg 1848.

Sterzel, T., Ueber die Entstehung des Erzgebirges. Chemnitz 1889.

Scheerer, Th., Die Gneuse des sächsischen Erzgebirges u. verwandte Gesteine. Berlin 1862.

Bochmann, Emil, Zusammenhänge zwischen den Bevölkerungen des Ober-erzgebirges u. des Oberharzes. Dresden 1889.

Zöllner, W., Die räumliche Ausbreitung des Erzgebirgischen Bergbaues im Mittelalter. (Chemnitz 1889.)

Schurtz, Heinr., Der Seifenbergbau im Erzgebirge u. die Walensagen. Stuttgart 1890.

Ihrer Kgl. Maj. in Pohlen und Churf. Durchl. zu Sachsen anderweite Declaration, Was dieselbe zur Errichtung einer General-Schmelz-Abministration
bey dem Berg- u. Hütten-Ambt zu Freyberg bewogen rc. Dresben (1712).

Erinnerungen an Freiberg's Bergbau. Ein Leitfaben bei dem Besuche der Hals-
brückner Amalgamir- u. Hüttenwerke rc. 2. verb. Aufl. Freiberg 1845.

Hasse, T. L., Denkschrift zur Erinnerung an die Verdienste des K. S. Berg-
rath's Werner und an die Fortschritte bei der Bergakademie zu Freiberg.
Dresben 1848.

Krumbiegel, Fritz, Zur Lage u. Entwickelung der Stadt Freiberg mit besonderer Bezugnahme auf Bergbau rc. Freiberg 1889.

Heydenreich, Eb., u. Paul Knauth, Die Beziehungen des Hauses Wettin
zur Berghauptstabt Freiberg. Freiberg 1889.

Heidenreich, Eb., Geschichte u. Poesie des Freiberger Berg- u. Hüttenwesens.
Freiberg 1892.

Mehner, Bruno, Die geologischen Verhältnisse der Umgebung von Freiberg.
2 Tle. Freiberg 1891, 92.

Freibergs Berg- u. Hüttenwesen. Hrsg. durch den Bergmännischen Verein zu
Freiberg. 2. neu bearb. u. verm. Aufl. Freiberg 1893.

Decret an die Stände, den Ankauf von brei Freiberger Gruben betr. Dresben
1885.

(Charpentier, Joh. Frbr. Wilh.,) Erklärungen der Bergwerks-Charte von
bem wichtigsten Theil der Gebürge im Bergamtsrefier Marienberg.
Annaberg (1770).

Müller, Herm., Die Erzgänge des Annaberger Bergrevieres. Leipzig 1894.

Conspectus des Berg-Baues in der Johann Georgenstäbter u. Schwarzenberger
Berg-Amts-Refier. o. O. (1782).

Beust, F. C. Frh. v., Der sächsische Metallbergbau in seiner Beziehung zu
den Staatsfinanzen. Freiberg 1855.

Herber, Siegm. Aug. Wolfg. Frh. v. Der tiefe Meißner Erbstolln. Der
einzige, den Bergbau der Freyberger Refier für die fernste Zukunft
sichernbe Betriebsplan. Leipzig 1838.

Friebrich, Osk., u. Gust. Heppe, Vorträge über die Hauptproducte . . .
des Bergbaues in Sachsen u. deren Gewinnung. Zwickau 1870.

Jahrbuch für das Berg- u. Hüttenwesen im Kgr. Sachsen. Jahrg. 1872 flg.
Freiberg.

Schönherr, Alphabet. Register zu dem Jahrbuche für das Berg- u. Hüttenwesen im Kgr. Sachsen auf die Jahre 1841 bis mit 1896. Freiberg 1896.

Bauer, J., Bericht des techn. Directors an den Aufsichtsrath der Sächs. Zinn-
und Arsenikwerke, Akt.-Gesellsch., über die Bergbau-Unternehmungen bei
Ehrenfriedersdorf. o. O. (1881).

(Oesterreich.)

Hofbauer, Wenzel, Bergwerks-Geographie des Kaiserthums Oesterreich.
Klagenfurt 1888.

Mittheilungen über die Verhanblungen der Section für Land- u. Forstwirthschaft
u. Montanwesen des Industrie- u. Landwirthschaftsrathes bei der 1. u. 2.
Tagung i. b. J. 1898 u. 1899. Wien 1900.

(Serbien.)

Breithaupt, Aug., Exposé über Meibanpek in Serbien. Freiberg 1857.

(Rußland.)

Tſchewkin, K. W, u. Al. D. Oſerſki, Rußlands Bergwerksproduction. Aus dem Ruſſ. von Carl Zerrenner. Leipzig 1852.

Keppen, A., Mining and metallurgy. St. Pétersbourg 1893.

Mayer, Heinr., Münzweſen u. Ebelmetallproduktion Rußlands. Leipzig 1893.

(Italien.)

Statistica del regno d'Italia. Industria mineraria. Firenze 1868.

(Frankreich.)

Statistique de l'industrie minérale et des appareils à vapeur en France et en Algérie. Resumé des travaux statistiques de l'administration des mines. 1873, 74, 75. Paris 1878.

Weiss, Paul, L'exploitation des mines par l'état. Mines fiscales de la Prusse et régime minier français. Paris 1901.

(Spanien.)

Exposition nationale de mines, arts métallurgiques etc. Madrid 1882.

(Verein. Staaten Amerikas.)

Raymond, Rossiter W., Statistics of mines and mining in the states and territories west of the Rocky Mountains. Washington 1873.

Simonin, L., Les richesses souterraines des États-Unis. Le charbon, le fer, le pétrole. (Paris 1875.)

Kupelwieſer, Frz., Das Hüttenweſen mit beſouderer Berückſichtigung bes Eiſenhüttenweſens in den Vereinigten Staaten Amerikas. Wien 1877.

(Süb-Amerika.)

Notizen über ben Minenbetrieb in Bolivien unb in den braſilianiſchen Mittel- provinzen Matto-Groſſo u. Goyaz im Gegenſatze zu dem im Weſten der Union. Berlin o. J.

Contzen, Leop., Potoſi. Bilder u. Geſchichten aus der Vergangenheit einer ſübamerikan. Minenſtabt. Hamburg 1893.

V. Einzelne Extractionsgewerbe.

A. Metallbergbau (excl. Eiſen).

(Im Allgemeinen.)

Scheib, Karl, Die Metalle. Leipzig 1901.

Sabatier, J. et L., Production de l'or, de l'argent et du cuivre chez les an- ciens et hôtels monétaires des empires romain et byzantin. St. Péters- bourg 1850.

Jacob, William, Ueber Probuction unb Conſumtion der eblen Metalle. Eine geſchichtliche Unterſuchung. Aus bem Engliſchen v. C. Th. Kleinſchrob. 2 Thle. Leipzig 1838.

Del Mar, Alex., A history of the precious metals from the earliest times to the present. London 1880.

Report . . . upon production of the precious metals in the United States during the calendar year 1887, 1888. Washington 1888, 90.

Richthofen, Ferb. Baron, Die Metall-Probuktion Californiens u. ber an- grenzenben Länder. Gotha 1864.

(Golb.)

Brugſch, Heinr., Die älteſten Golbbergwerke. v. D. (1890).

Schmid, Frid. Aug., Historia aurifodinarum et quae circa earum investituram in territoriis saxonicis obvenere vicissitudines. (Leipzig) 1804.

Faulhaber, Carl, Die ehemalige schlesische Goldproduktion. Breslau 1896.

Landrin, Traité de l'or. Paris 1863.

Rammelsberg, C., Die Gewinnung von Gold u. Silber. Berlin 1881.

Heim, Georg, Ist eine Abnahme der Goldproduktion zu befürchten? Berlin 1893.

Rücker, Anton, Einiges über das Goldvorkommen in Bosnien. Wien 1896.

Futterer, Karl, Afrika in seiner Bedeutung für die Goldproduktion in Vergangenheit, Gegenwart u. Zukunft. Berlin 1895.

Spiegel, E., Die Südafrikanische Republik (Transvaal) u. ihre Goldproduktion. Berlin 1893.

Schmeißer, Ueber Vorkommen und Gewinnung der nutzbaren Mineralien in der südafrikanischen Republik (Transvaal) unter besonderer Berücksichtigung des Goldbergbaues. Mit Karten. Berlin 1894.

Strecker, Carl Christoph, Auf den Diamanten= u. Goldfeldern Südafrikas. Freiburg i. Br. 1901.

Abraham, Felix, Die neue Aera der Witwatersrand=Goldindustrie. Mit einem authentischen Grubenfelder=Plan. Berlin 1894.

Ahrens, Felix B., Die Goldindustrie der südafrikanischen Republik (Transvaal). Stuttgart 1897.

Gribaßowy, M. W., Der Goldbergbau in Sibirien. Berlin 1896.

Schmeißer, Karl, Die Goldfelder Australiens. Mit Karten. Berlin 1897.
— Die Goldlagerstätten und der gegenwärtige Stand des Goldbergbaues in Australien. Berlin 1897.

Simonin, L., Les mines d'or et d'argent aux États-Unis. Les phases nouvelles de l'exploitation. (Paris 1875.)

Reyer, E., Ueber die Goldgewinnung in Californien. (Berlin 1885.)

Möller, Joachim van, Auf nach Alaska. Charlottenburg 1897.

Hayne, M. H. E., The pioneers of the Klondyke. London 1897.

Price, Jul. M., From Euston to Klondike. London 1898.

Windt, Harry de, Through the gold-fields of Alaska etc. London 1898.

Auzias-Turenne, Raymond, Voyage au pays des mines d'or, le Klondike. Paris 1899.

(Silber.)

Raymond, Rossiter W., Silver and gold. An account of the mining and metallurgical industry of the United States. New York 1877.

Der Silber= u. Blei=Bergbau zu Pribram (Böhmen). Wien 1875.

Wolf, Jul., Verstaatlichung der Silberproduction. (Zürich 1892.)

(Blei.)

Schmitz, L., u. H. Zander, Die Bleibergwerke bei Mechernich und Commern. Mechernich 1882.

Arche, A., Die Gewinnung der Metalle ꝛc. Heft 1: Die Gewinnung und Darstellung des Bleies u. seiner Producte. Leipzig 1888.

(Zinn.)

Flower, Phil. Will., A history of the trade in tin. A short description of tin mining and metallurgy etc. London 1880.

Schütz, Joh. Carl, Kurze Beschreibung des Zinnstockwerks zu Altenberg. Leipzig 1789.

(Kupfer.)

Danckelman, Frh. v., Die Mansfeld'sche Kupferschieferbauende Gewerkschaft. Stuttgart 1868.

Der Kupferschieferbergbau u. der Hüttenbetrieb zur Verarbeitung der gewonnenen Minern (sic!)in den beiden Mansfelder Kreisen und im Sangerhäuser Kreise. (Eisleben 1881.)

Verwaltungs=Bericht von der Mansfeld'schen Kupferschieferbauenden Gewerkschaft zu Eisleben pro 1884. Eisleben 1885.

Süßmilch, Ernst, Mansfeld'sche Kupferschieferbauende Gewerkschaft. Leipzig 1900.

B. Eisen- und Kohlengewinnung. Torfgräberei.

1. Eisen.

(Im Allgemeinen.)

Schweickhardt, E., Das Eisen in historischer u. nationalökonom. Beziehung. Tübingen 1841.

Hartmann, Carl, Steinkohlen u. Eisen in statist., staatswirthschaftl., technischer Beziehung. 2. Ausg. Weimar 1856.

Baer, Wilh., Das Eisen. Seine Geschichte, Gewinnung und Verarbeitung. Leipzig 1862.

Kreußer, Heinr., Das Eisen, sein Vorkommen u. seine Gewinnung. 2. Aufl. Weimar 1893.

Beck, Ludw., Die Geschichte des Eisens in technischer und kulturgeschichtlicher Beziehung. Abtlg. 1—5. Braunschweig 1890—1901.

Wedding, H., Das Eisenhüttenwesen. Leipzig 1900.

(In einzelnen Ländern.)

Atkinson, Edward, The future situs of the principal iron production of the world. Where is it? Baltimore 1890.

(Deutschland im Allgemeinen.)

Hasse, C. L., Die Eisenerzeugung Deutschlands aus dem Gesichtspunkte der Staatswirthschaft betrachtet. Leipzig 1836.

Meidinger, Heinr., Deutschlands Eisen= und Steinkohlenproduction in der Neuzeit. Gotha 1857.

Goldenberg, Alfr., Die Krisis der metallurgischen Industrie des Zollvereins. Straßburg 1875.

Pütz, Carl, Ursachen u. Tragweite der Krise in der Kohlen= u. Roheisen=industrie Deutschlands. Gießen 1877.

(Preußen.)

Karte über die Production, Consumtion und die Circulation des Roheisens in Preußen während d. J. 1880. Berlin 1882.

(Schweden.)

Strippelmann, Leo, Die Eisenerzlagerstätten Schwedens. Mit Vorwort von Bernhard v. Cotta. Prag 1873.

Höfer, Hans, Die Kohlen= u Eisenerz=Lagerstätten Nordamerikas. Wien 1878.

2. Kohlen.

(Im Allgemeinen.)

Toula, Frz., Steinkohlen, ihre Eigenschaften, Vorkommen, Entstehung und nationalökonomische Bedeutung. Wien 1888.

Wagner, Jul., Werden u. Vergehen der Steinkohle. Leipzig 1899.

Hartmann, Carl, Steinkohlen u. Eisen in statist., staatswirthschaftl., technischer Beziehung. 2. Ausg. Weimar 1856.

Dursy, Andreas, Die industriellen Beziehungen der Steinkohle. Zweibrücken 1857.

Ulbricht, Kohlen, Dampf u. Eisenbahnen. Dresden 1888.

Franke, G., Bild eines Steinkohlen-Bergwerkes u. Braunkohlen-Tagebaues nebst Erläuterung. Berlin 1901.

Nasse, R., Die Kohlenvorräthe der europäischen Staaten, insbes. Deutschlands, u. deren Erschöpfung. Berlin 1893.

Sohncke, L., Was dann? Berlin 1890. (Betrifft den Fall des Rarwerdens der Kohlen.)

Frech, Fritz, Ueber Ergiebigkeit u. voraussichtliche Erschöpfung der Steinkohlenlager. Stuttgart 1901.

Hayn, Paul, Der Ursprung der Grubenwasser, die wichtigste Frage des Steinkohlen-Bergbaues. Freiberg i. S. 1887.

(Kohlenhandel.)

Saward, Fred. E., The coal trade. A compendium of valuable information relative to coal production, prices, transportation etc. at home and abroad. New York 1878.

Effertz, R., Was sind „normale" Kohlenpreise? Essen 1891.

Kanitz-Podangen, Gf. v., Die Kohlen-Verkaufsvereine u. ihre wirthschaftliche Berechtigung. 2. Aufl. Berlin 1891.

Effertz, R., Die Kohlen-Verkaufsvereine u. ihre wirthschaftl. Nothwendigkeit. Eine Antwort auf: „Die Kohlen-Verkaufsvereine rc. des Gf. Kanitz-Podangen." Berlin 1891.

Kohlenringe. Berlin 1891.

Zur Abhülfe der Kohlennoth. Breslau 1900.

(Verstaatlichung der Kohlenwerke.)

Hückinghaus, Karl Aug., Die Verstaatlichung der Steinkohlenbergwerke. Jena 1892.

Schlefer, Ad., Das Volkseigenthum an den Bergwerken. Ein Beitrag zur Frage der Verstaatlichung der Bergwerke. Wien 1900.

(In einzelnen Ländern.)

Büttgenbach, Frz., Der erste Steinkohlenbergbau in Europa. Aachen 1898.

Fischer, Ferd., Die Brennstoffe Deutschlands und der übrigen Länder der Erde und die Kohlennoth. Braunschweig 1901.

(Deutschland im Allgemeinen.)

Meidinger, Heinr., Deutschlands Eisen- u. Kohlenproduction in der Neuzeit. Gotha 1857.

Pütz, Carl, Ursachen und Tragweite der Krise in der Kohlen- und Roheisen-Industrie Deutschlands. Gießen 1877.

Preußen.)

Karte über die Production, Consumtion und Circulation der mineralischen Brennstoffe in Preußen während des Jahres 1881. Berlin 1883.

Cramer, H., Darstellung der Hauptmomente in der Rechts= u. Verwaltungs= geschichte des Steinkohlen = Bergbaues im Saalkreise der Preuß. Prov. Sachsen bis zum Jahre 1851. Eisleben 1856.

Vollert, Max, Der Braunkohlenbergbau im Oberbergamts=Bezirk Halle und in den angrenzenden Staaten. Halle a. S. 1889.

Brons, B., Der westfälische Kohlen = Bergbau und die an ihm Betheiligten. Hamburg 1892.

Büttgenbach, Frz., Geschichtliches über die Entwickelung des 800 jährigen Steinkohlenbergbaues an der Worm. 1113 — 1898. Aachen 1898.

Runge, Wilh., Das Ruhr=Steinkohlenbecken. Berlin 1892.

[Sachsen.)

Die Steinkohlen des Königr. Sachsen in ihrem geognostischen und technischen Verhalten geschildert auf Veranlassung des Kgl. Sächs. Ministerii des Innern. 4 Abthlgn. Leipzig.

    Abth. 1: Geinitz, Hans Bruno, Geognostische Darstellung der Steinkohlen- formation in Sachsen. 1856.

    „ 2: Stein, W., Chemische u. chemisch-technische Untersuchung der Steinkohlen Sachsens. 1857.

    „ 3: Hartig, Ernst, Untersuchungen über die Heizkraft der Steinkohlen Sachsens. 1860.

    „ 4: Koettig, R. F., Geschichtliche, technische u. statistische Notizen über den Steinkohlen=Bergbau Sachsens. 1861.

Der Kohlenverkehr (bez.) Kohlentransport auf der unter Kgl. Sächs. Staats= verwaltung stehenden Eisenbahnen i. J. 1876, 79, 90. Dresden 1876, 80, 91.

Kurze Nachricht von den zu Planitz bey Zwickau gefundenen Stein=Kohlen= Bruch. Dresden 1732.

Herzog, Emil, Geschichte des Zwickauer Steinkohlenbaues. Dresden 1852.

Hänsel, G., Special=Karte des Lugau=Delsnitzer Beckens. Dresden 1872.

Knop, A., Beiträge zur Kenntniß der Steinkohlen = Formation und des Roth- liegenden im Erzgebirgischen Bassin. Stuttgart 1859.

Naumann, Carl F., Geognostische Beschreibung des Kohlenbassins von Flöha. Leipzig 1864.

— Geognostische Karte des erzgebirgischen Bassins im Kgr. Sachsen. 2 Sec- tionen. Leipzig 1866.

(Oesterreich.)

S., D., Schafft uns billige Kohlen! Ein Mahnruf an die österreichischen Eisenbahnverwaltungen. Wien 1863.

Zur Kohlentarifs=Frage. Wien 1863.

Spitzer, Sn., Gesammt=Uebersicht über die Production, Consumtion u. Circu- lation der Mineralkohle als Erläuterung zur Kohlenrevier = Karte des Kaiserstaates Oesterreich. Wien 1864.

Pechar, J., u. A. Peez, Mineralische Kohle. Ausstellungs=Bericht. Wien 1874.

Schram, Karl, Schach dem Kohlenwucher. Wien 1876.

Buhl, H., Der Alp der böhmischen Industrie. Ein Wort über den Kohlen= verein u. seine Schleppträger c. Prag 1863.

Das Nordwestböhmische Bahnnetz. Kohlenverschleiß = Verein und Buschtehrader Bahn. Wien 1868.

Ueber den Braunkohlen=Bergbau in Böhmen. Denkschrift. Prag 1876.

Pollack, Rich., Statistik des böhmischen Braunkohlen=Exportes für d. J. 1869. Dresden 1870.

Statistik des Böhmischen Braunkohlen = Verkehrs i. J. 1889 flg. Herausgeg. von der Direction der Aussig = Teplitzer = Eisenbahn = Gesellschaft. Teplitz 1890 flg.

Ueber die Verhältnisse des böhmischen Kohlenbergbaues. Prag 1890.

(Frankreich.)

Michel, Georges, Histoire d'un centre ouvrier. (Les concessions d'Anzin.) Avec la collaboration d'Alfred Renouard. Paris 1891.

(England.)

Lozé, Ed., Les charbons britanniques et leur épuisement. Appendice sur la production et la consommation des charbons, des lignites et pétroles dans le monde et sur l'empire colonial, la marine et l'armée britanniques. 2 tomes. Paris 1900.

(Nordamerika.)

Broja, R., Der Steinkohlenbergbau in den Verein. Staaten von Nord=Amerika mit besonderer Berücksichtigung der neuesten Fortschritte. Mit Atlas. Leipzig 1894.

Foreign markets for American coal. Washington 1900.

3. Der Torf.*)

Kapff, Sixtus Jac., Rechtliche Untersuchung der Frage: Ob der Torf zu den Regalien gehöre? Tübingen 1767.

Mayer, J. B., Der Torf in seiner Wichtigkeit für Deutschland. Dessen Vorkommen, Abbau, Fortpflanzung u. Aufbereitung. Coblenz 1841.

Seybel, Leo, Der Torf u. seine rationelle Verwerthung. Berlin o. J.

Birnbaum, Ed., Ueber das Moorbrennen u. die Wege zu seiner Beseitigung. Glogau 1873.

— E. u. R., Die Torf=Industrie und die Moor=Cultur. 7. Aufl. Braunschweig 1880.

Männel, Die Moore des Erzgebirgs. München 1896.

C. Petroleumgewinnung.

(Im Allgemeinen.)

A brief history of petroleum. o. O. u. J.

Buchenau, Frz., Ueber Petroleum. Berlin 1872.

Ramsauer, Peter, Petroleum. Oldenburg 1886.

Swoboda, Jul., Die Entwickelung der Petroleum=Industrie in volkwirthschaftl. Beleuchtung. Tübingen 1895.

Mancke, Walther, Ein Weltmonopol in Petroleum. Berlin 1895.

---

*) Vergl. auch Cap. XXX: Landwirthschaft III, B, 1. Moorcultur.

Höfer, Hanns, Die Petroleum = Industrie Nordamerikas in geschichtlicher, wirthschaftl., geologischer u. technischer Hinsicht. Wien 1877.

Otten, Gerard, Ueber ein Erdöl aus Argentinien. Karlsruhe 1888.

Strippelmann, Leo, Die Petroleum-Industrie Oesterreich-Deutschlands dargestellt . . . in geschichtl., geologisch = bergmännischer, wirthschaftlicher und technischer Beziehung. 3 Abthlgn. I/II. Oesterreich. III. Deutschland. Leipzig 1878, 79.

Fairman, E. John, Trattato sulle zone petroleifere d'Italia. Traduzione dall' Inglese di Achille Donzelli. Bologna 1876.

Thieme, C. W., Die Organisation der Bakuer Naphtha = Industrie. (Odessa) 1880.

Schneider, Oskar, Ueber die kaukasische Naphtaproduction. Dresden 1887.

Zoepfl, Gottfr., Der Wettbewerb des russischen u. amerikanischen Petroleums. Berlin 1899.

D. Salzgewinnung.

Hehn, Vict., Das Salz. Berlin 1873.

Möller, J., Ueber das Salz in seiner culturgeschichtlichen u. naturwissenschaftlichen Bedeutung. Berlin 1874.

Schleiden, M. J., Das Salz. Seine Geschichte, seine Symbolik und seine Bedeutung im Menschenleben. Leipzig 1875.

Pick, S., Die Alkalien. 2. verb. Aufl. Wien 1894.

Paxmann, H., Die Kaliindustrie in ihrer Bedeutung und Entwicklung. Staßfurt 1899.

Inama = Sternegg, Karl Th. v., Zur Verfassungsgeschichte der deutschen Salinen im Mittelalter. Wien 1886.

Kralič, Edler v. Wojnarowsky, J. W., Die Verbreitung des Stein= bezw. Kalisalzlagers in Norddeutschland und die geschichtliche Entwickelung der Kali=Industrie seit ihrem 30 jährigen Bestehen. Magdeburg 1894.

Bischof, F., Die Steinsalzwerke bei Staßfurt. Halle 1864.

Rohde, Wm., Die Salzlager in Staßfurt. Berlin 1873.

Frank, A., Staßfurter Kali=Industrie u. Kalidüngmittel. Braunschweig 1875.

Krause, G., Die Industrie von Staßfurt und Leopoldshall und die dortigen Bergwerke. Cöthen 1877.

Precht, Die Salz = Industrie von Staßfurt und Umgegend. 3. verm. Aufl. Staßfurt 1889.

Lierke, E., Die Staßfurter Kali=Industrie. Wien 1891.

Knothe, Emil, Ueber die Soolen Salzungens. Göttingen 1858.

Laband, Paul, Denkschrift über das Recht der Salzgewinnung im Fürstenthum Reuß j. L. Straßburg 1878.

Siemssen, G., Verbrauch an Kalirohsalzen in der deutschen Landwirtschaft i. d. J. 1894 u. 1898. Berlin 1901.

Dürrenberg im Herzogthum Salzburg und seine Grubenfahrt. 2 Hefte. München 1847.

(Frankreich.)

Enquête sur les sels. (Publiée par le) Ministère de l'agriculture, du commerce
et des travaux publics. 3 tomes. Paris 1868, 69.

E. Steinbrüche.

(Im Allgemeinen, insbes. Sandstein.)

Herrmann, O., Steinbruchindustrie u. Steinbruchgeologie. Technische Geologie
nebst praktischen Winken für die Verwertung von Gesteinen unter ein-
gehender Berücksichtigung der Steinindustrie des Kgr. Sachsen. Berlin
1899.

Von allerhand nutzbaren Steinbrüchen in Sachsen. Dresden 1730.

Treue Darstellung des unglücklichen u. denkwürdigen Ereignisses in den weißen
Steinbrüchen zwischen Wehlstädtchen u. Rathen in der sächs. Schweiz am
11. Mai 1829. Pirna (1829).

(Spazier, O. R.,) Das Grab der Steinbrecher bei Wehlen. Dresden 1829.

(Marmor.)

Roßmann, Bernh., Die Marmorarten des Deutschen Reichs. Berlin 1888.

(Kalkstein.)

Martins, Ueber das Rübersdorfer Kalkstein-Gebirge. Berlin 1830.

Hanraths, George, Die Kalksteinbrüche bei Rübersdorf I. Berlin 1899.

Wunder, Gust., A. Herbrig u. Ad. Cultz, Der Kalkwerkbetrieb Sachsens.
Leipzig 1867.

(Serpentin.)

Schmidt, Jul., Geschichte der Serpentin-Industrie zu Zöblitz im sächs. Erzgebirge. Dresden 1868.

Zabel, H., Geschichte der Serpentinstein-Industrie zu Zöblitz. Annaberg 1890.
— Dasselbe. Annaberg 1894.

(Schiefer.)

Blavier, A., Essai sur l'industrie ardoisière d'Angers. Angers 1863.

Buß, Ernst, u. Alb. Heim, Der Bergsturz von Elm den 11. Sept. 1881.
Zürich 1881.

(Halbedelsteine, Achat.)

Lange, G., Die Halbedelsteine aus der Familie der Quarze u. die Geschichte
der Achatindustrie. Kreuznach 1868.

Upmann, Beiträge zur Geschichte der Grafschaft Oberstein nebst Wegweiser u.
Abhandlung über das Fabrikwesen. Mainz 1872.

Nöggerath, Gust. Ad., Die Achat-Industrie im Oldenburgischen Fürstenthum
Birkenfeld. Berlin 1876.

F. Sonstige Fossilien. Guano.

(Diamanten.)

Cohen, Ueber die südafrikanischen Diamantfelder. Metz 1882.

Abraham, Felix, Die Diamant-Gesellschaften Südafrikas. Ihre Geschichte u.
Entwicklung vom finanziellen Standpunkt. (Berlin 1887.)

(Meerschaum.)

Ziegler, Alex., Die Geschichte des Meerschaums mit besonderer Berücksichtigung
der Meerschaumgruben bei Eski Schehr in Kleinasien u. der betreffenden
Industrie zu Ruhla in Thüringen. Dresden 1878.

[Bernstein.*)]

Runge, Wilh., Der Bernstein in Ostpreußen. Berlin 1868.

Tesdorpf, W., Gewinnung, Verarbeitung und Handel des Bernsteins in Preußen von der Ordenszeit bis zur Gegenwart. Jena 1887.

Moldenhauer, Paul, Das Gold des Nordens. Ein Rückblick auf die Geschichte des Bernsteins. Danzig 1894.

[Phosphate, Salpeter. — Guano.)

Yermolow, Al. S., Recherches sur les gisements de phosphate de chaux fossile en Russie. St. Pétersbourg 1873.

Neu-wiederholtes und vermehrtes Edict, das Salpeter-Wesen in Sr. Kgl. Maj. in Preußen Landen betr. Sub dato Berlin, den 12. Martii 1723.

Salpêtres et Guano du désert d'Atacama. Saint-Denis 1877.

Palatowsky, H., Der Chilisalpeter u. die Zukunft der Salpeterindustrie. 2. Aufl. Berlin 1895.

---

*) Vergl. auch Cap. XXXI b: Fischerei I. See- u. Küstenfischerei.

Cap. XXXIII.

Induſtrie u. Arbeiterverhältniſſe.

I. Zeitschriften. Allgemein Culturgeschichtliches.

(Zeitschriften.)

Allgemeine Gewerbe=Zeitung. Organ des Vereins selbständiger Handwerker u. Fabrikanten. Jahrg. 2—6. Berlin 1875—79.

Deutsche Industrie=Zeitung. Organ des Zentralverbandes Deutscher Industrieller zur Beförderung u. Wahrung nationaler Arbeit. Hrsg. von A. Steinmann= Bucher. Jahrg. 19 flg. Berlin 1900 flg. (Lesezimmer.)

Berichte über Handel u. Industrie. Zusammengestellt im Reichsamt des Innern. Bd. 1 flg. Berlin 1900 flg. (Lesezimmer.)

Mittheilungen für Handel u. Gewerbe. Organ für die Handels= u. Gewerbe= kammern 2c Erster Jahrg. Berlin 1894. Fortgesetzt u. d. T.:

Handel u. Gewerbe. Zeitschrift für Deutschlands gesammte Gewerbsthätigkeit 2c. Jahrg. 2 flg. Berlin 1895 flg. (Lesezimmer.)

Ministerial=Blatt der Handels= und Gewerbe=Verwaltung. Hrsg. im Königl. (Preuß.) Ministerium für Handel und Gewerbe. Jahrg. I, 1 flg. Berlin 1901.

Gewerbeschau. Sächsische Gewerbezeitung. Hrsg. von H. Gebauer und B. Steger. Jahrg. 16 flg Dresden, (bez.) Zittau 1884 flg. (Lesezimmer.)

(Geschichte.)

Rehlen, C. G, Geschichte der Gewerbe. Leipzig 1855.

Körner, Frbr., Industrie= u. Handelsgeschichte. Leipzig 1875.

Scherzer, Karl v., Die Anfänge menschlicher Industrie. Berlin 1883.

10

(Gedruckt am 27. Dezember 1901.)

Bücher, Karl, Die gewerblichen Betriebsformen in ihrer historischen Entwickelung. Karlsruhe 1892.

Richelot, Henri, Esquisse de l'industrie et du commerce de l'antiquité. Paris 1838.

Büchsenschütz, B., Die Hauptstätten des Gewerbfleißes im klassischen Alterthum. Leipzig 1869.

Blümner, Hugo, Die gewerbliche Thätigkeit der Völker des klassischen Alterthums. Leipzig 1869.

Rieger, Paul, Versuch einer Technologie u. Terminologie der Handwerke in
der Mišnah. I. Teil. Berlin 1894.

Blümner, Hugo, Technologie u. Terminologie der Gewerbe u. Künste bei
Griechen u. Römern. 3 Bde. Leipzig 1875, 79, 84.

Francotte, Henri, L'industrie dans la Grèce ancienne. 2 tomes. Bruxelles
1900, 01.

Weinlig, Christ. Albert., Industria Romanorum digestorum et codicum locis
nonnullis explanata 2 particulae. Erlangae 1846.

Voigt, Mor., Die technische Produktion u. die bezüglichen römisch-rechtlichen
Erwerbtitel. Leipzig 1890.

Du Sommerard, E., Commission de l'histoire du travail. Rapport. Paris 1867.

Verdeil, F., De l'industrie moderne. Paris 1861.

Bücher, Frbr, Unsere Arbeiter der Neuzeit. Leipzig 1870.

Giuria, P., Lettere e industrialismo. Genova 1860.

Simmonds, P. L., Science and commerce: their influence on our manufactures.
London 1872.

Schwarz, H., Stoff u. Kraft in der menschlichen Arbeit oder die Fundamente
der Production. Wien 1885.

Kapp, Ernst, Grundlinien einer Philosophie der Technik. Zur Entstehungsgeschichte der Cultur aus neuen Gesichtspunkten. Braunschweig 1877.

Grothe, Herm., Bilder und Studien zur Geschichte der Industrie und des
Maschinenwesens. 1. (einzige) Sammlung. Berlin 1870.

II. Technisches. Gewerbliches Leben im Allgemeinen.

A. Technisches.

(Im Allgemeinen.)

Karmarsch, Karl, Geschichte der Technologie seit der Mitte des 18. Jahrhunderts. München 1872.

Poppe, J. H. M. v., Ausführliche Volks = Gewerbslehre oder allgemeine und
besondere Technologie. 4. verm. u. verb. Aufl. Stuttgart 1839.

Eschner, Max, Illustrierte Gewerbekunde für Schulen u. zur Selbstbelehrung.
4 Teile. Stuttgart 1899, 1900.

Wagner, Rud, Handbuch der chemischen Technologie. 9. Aufl. Leipzig 1873.
— Dasselbe. 13. stark verm. Aufl. Neu bearb. von Ferd. Fischer. Leipzig
1889.

Heinzerling, Chr., Abriß der chemischen Technologie. Cassel, Berlin 1888.

Hoyer, Egbert, Lehrbuch der vergleichenden mechanischen Technologie. 2.
neubearb. Aufl. 2 Bde Wiesbaden 1888.

    Bd. I: Verarbeitung der Metalle u. des Holzes.
    „ II: Verarbeitung der Faserstoffe. (Spinnerei, Weberei, Papierfabrikation.)

Brauns, D., Die technische Geologie oder die Geologie in Anwendung auf Technik, Gewerbe u. Landbau Halle 1878.

Herrmann, E., Technische Fragen u Probleme der modernen Volkswirthschaft. Leipzig 1891.

Schott, E., Technisch=soziale Zeitbetrachtungen. Essen 1893.

(Erfindungen.)

Kohl, J. G., Beiträge zur Urgeschichte einiger Erfindungen. Königsberg 1834.

Muyden, G. van, u. Heinr Frauberger, Die Erfindungen der neuesten Zeit. Zwanzig Jahre industrieller Fortschritte im Zeitalter der Welt= ausstellungen. Leipzig, Berlin 1883.

Das Buch der Erfindungen, Gewerbe und Industrien. Hrsg. v. F. Reuleaux. 8. umgearb. u. verm. Aufl. 8 Bände u. ein Ergänzungsband. Leipzig.
    Bd. I: Einführung in die Geschichte der Erfindungen. 1884.
    „ II: Die Kräfte der Natur u. ihre Benutzung. 1885.
    „ III: Die Gewinnung der Rohstoffe. 1885.
    „ IV: Die chemische Behandlung der Rohstoffe. 1886.
    „ V: Die Chemie des täglichen Lebens. 1886.
    „ VI: Die mechanische Bearbeitung der Rohstoffe. 1889.
    „ VII, VIII: Der Weltverkehr u. seine Mittel. I. II. 1888, 89.
    „ IX: Die Elektrizität, ihre Erzeugung und ihre Anwendung von Arthur Wilke. 1893.

Dasselbe. 9. durchaus neugestaltete Aufl. 10 Bände. Leipzig.
    Bd. I: Entwickelungsgang u. Bildungsmittel der Menschheit. Von H. Schurz. Entwickelung der Baukunst. Von G. Ebe. Technik des Bauwesens. Von J Faulwasser. Ortsanlagen. Gemeinnützige bauliche Ein= richtungen der modernen Städte. Von B. Rowald. Beleuchtung, Heizung, Ventilation. Von Th. Schwartze. 1896.
    „ II: Die Kräfte der Natur u. ihre Benutzung. 1898.
    „ III: Die Elektrizität, ihre Erzeugung u. ihre Anwendung. 1897.
    „ IV: Landwirtschaft u. landwirtschaftliche Gewerbe u. Industrien 1897.
    „ V: Bergbau u. Hüttenwesen. 1899.
    „ VI: Die Verarbeitung der Metalle. 1900.
    „ VII: Die Industrie der Steine u. Erden. Chemische Industrie. 1899.
    „ VIII: Verarbeitung der Faserstoffe. (Holz=, Papier= u. Textilindustrie.) 1898.
    „ IX, X: Der Weltverkehr u. seine Mittel. 2 Tle. 1901.

Die neuesten Erfindungen und Erfahrungen auf den Gebieten der praktischen Technik, Elektrotechnik, der Gewerbe, Industrie, Chemie ꝛc. Hrsg. u. red. von Th. Koller. Jahrg. 20 flg. Wien 1894 flg.

Illustrirtes Jahrbuch der Erfindungen. Hrsg. v. Karl Prochaska. Jahrg. 1901 flg. Wien.

(Handarbeit. Werkzeuge.)

Lessing, Jul., Handarbeit. Berlin 1887.

Kick, Friedr., Die Entwicklung der Werkzeuge. Prag o. J.

Klemm, Gust., Die Werkzeuge und Waffen, ihre Entstehung und Ausbildung. Sondershausen 1858.

Förtsch, Oscar, Die Entstehung der ältesten Werkzeuge und Geräthe. Halle a. S. 1892.

Noiré, Ludw., Das Werkzeug und seine Bedeutung für die Entwicklungs= geschichte der Menschheit. Mainz 1880.

(Maschinen= u. Fabrikwesen.)

(Kunth,) Ueber Nutzen oder Schaden der Maschinen, besonders in Fabriken. (Berlin) 1820.

Bernoulli, C., Untersuchungen über die angeblichen Nachtheile des zunehmenden Fabrik= u. Maschinenwesens. Basel 1828.

(Brougham, Henry,) Die Resultate des Maschinenwesens in Bezug auf dessen Einfluß auf die Wohlfeilheit der Natur= u. Kunsterzeugnisse sowie auf die Vermehrung der Arbeit. Aus dem Englischen von Joh. Heinr. Rieken. Leipzig 1833.

Babbage, Charles, Ueber Maschinen= u. Fabrikenwesen. Aus dem Englischen von G. G. Friedenberg. Mit einer Vorrede von K. F. Klöden. Berlin 1833.

Ure, Andrew, The philosophy of manufactures: or, an exposition of the scientific, moral and commercial economy of the factory system of Great Britain. London 1835.

— Das Fabrikwesen in wissenschaftlicher, moralischer u. commercieller Hinsicht. Aus dem Englischen von A. Diezmann. Leipzig 1847.

Gasparin, Aug. de, Considerations sur les machines. Paris 1835.

Pecqueur, C., Économie sociale. Des intérêts du commerce, de l'industrie et de l'agriculture, et de la civilisation en général, sous l'influence des applications de la vapeur. Machines fixes. — Chemins de fer etc. etc. 2 Tomes. Paris 1839.

Burg, A. Ritter v., Ueber den Einfluß des Maschinenwesens auf unsere sozialen Verhältnisse. (Wien 1857.)

Kapp, Ernst, Das Maschinenwesen aus dem Gesichtspunkte der sozialen Anthropologie u. der Culturwissenschaft. Jena 1876.

Reuleaux, F., Die Maschine in der Arbeiterfrage. Minden i. W. 1885.

Samuelson, James, Labour - saving machinery. An essay on the effect of mechanical appliances in the displacement of manual labour in various industries. London 1893.

Hobson, John A., The evolution of modern capitalism. A study of machine production. London 1894.

Fraßl, Franz, Das Maschinenrecht. Ein Beitrag zur sozialen Frage u. Nachwort zur Wiener Gewerbe-Enquête des Jahres 1893. Dresden 1893.

(Dampfmaschinen u. andere Motoren.)

Thurston, Robert H., Die Dampfmaschine. Geschichte ihrer Entwickelung. Bearb. und mit Ergänzungen versehen von W. H. Uhland. 2 Theile. Leipzig 1880.

Reuleaux, F., Kurzgefaßte Geschichte der Dampfmaschine. Braunschweig 1891.

Wieckhorst, H., Der Einfluß des Dampfmaschinenwesens auf die deutsche Volks= u. Landwirthschaft. Berlin 1881.

Gerland, E., Die Dampfmaschine im 18. Jahrhundert in Deutschland. Hamburg 1887.

Schweiger=Lerchenfeld, Amand Frhr. v., Das eiserne Jahrhundert. Wien 1884.

Ulbricht, Kohlen, Dampf u. Eisenbahnen. Kulturhistorische Skizze. Dresden 1888.

Radinger, J. F., Dampfmaschinen und Transmissionen in den Vereinigten Staaten von Nord=Amerika. Wien 1878.

— Dampfkessel u. deren Ausrüstung in den Vereinigten Staaten von Nord=Amerika. Wien 1877.

Schwarze, Th., Katechismus der Dampfkessel, Dampfmaschinen und anderer
Wärmemotoren. 6. verm. u. verb. Aufl. Leipzig 1897.

Klausmann, A., Central = Anlagen der Krafterzeugung für das Kleingewerbe.
Berlin 1893.

————————

Albrecht, Heinr., Die volkswirthschaftliche Bedeutung der Kleinkraftmaschinen.
Leipzig 1889.

Lieckfeld, G., Die Petroleum= u. Benzinmotoren, ihre Entwicklung, Konstruktion
u. Verwendung. München 1894.

Kosak, Georg, Einrichtung, Betriebs= und Anschaffungskosten der wichtigsten
Motoren für Kleinindustrie. 2. neubearb. Aufl. des Katechismus der
„Motoren für Kleinindustrie". Wien 1894.

— Einrichtung und Betrieb der für landwirthschaftliche u. der als Motoren
der Klein= und Großindustrie, sowie elektrischer Lichtmaschinen dienenden
Locomobilen. 4. umgearb. u. erweit. Aufl. der 3. Aufl. des „Katechismus
der Locomobilen." Wien 1895.

(Andere Maschinen.)

Wencelides, Franz, Hilfsmaschinen und Werkzeuge für Eisen= und Metall=
Bearbeitung. Wien 1877.

Riedler, A., Gesteins=Bohrmaschinen u. Luftcompressions=Maschinen. Wien 1877.

Mannlicher, J., Pumpen u. Feuerlöschapparate. Wien 1877.

Riedler, A., Personen= u. Lastenaufzüge u. Foerdermaschinen. Wien 1877.

Reiser, Felix, Holzbearbeitungsmaschinen mit einem Anhang über Werkzeug=
maschinen für Steinbearbeitung. Wien 1877.

Spaöil, Joh., Wagen, Dynamometer u. Materialprüfungs=Maschinen. Wien
1877.

Hartig, E., Versuche über Leistung u. Arbeits=Verbrauch der Werkzeugmaschinen.
Leipzig 1873.

— Versuche über den Kraftbedarf der Maschinen in der Flachs= und Werg=
spinnerei. Leipzig 1869.

(Maschinenlehre.)

Marin, A. G., Elemente der Maschinenlehre. Brünn 1856.

Rühlmann, Mor, Allgemeine Maschinenlehre. Bd. I, II u. IV. Braun=
schweig 1862, 65, 75.

Luckenbacher, Franz, u. Frdr. Kohl, Die Schule der Mechanik u. Maschinen=
kunde. 2. verm Aufl. Leipzig 1865.

— Neue Schule der Mechanik u. Maschinenkunde. 3. Aufl. bearb. von
Th. Schwarze. Leipzig 1880.

(Elektrotechnik*)

Zeitschrift für angewandte Elektricitätslehre. Hrsg. von Ph. Carl. Zweiter
Jahrg. München 1880.

Retoliczka, Eugen, Jllustrierte Geschichte der Elektricität. Wien 1886.

Wilke, Arthur, Die volkswirthschaftliche Bedeutung der Elektricität und das
Elektromonopol. Wien 1883.

Urbanitzky, Alfr. Ritter v., Die Elektricität im Dienste der Menschheit.
Wien 1885.

————————

*) Ueber elektrische Beleuchtung s. Cap. XXV: Bauwesen V,

Krieg, Martin, Die elektrischen Motoren u ihre Anwendungen in der Industrie u. im Gewerbe ꝛc. Leipzig 1891.

Uppenborn, F., Der gegenwärtige Stand der Elektrotechnik u. ihre Bedeutung für das Wirthschaftsleben. Berlin 1892.

Sanoy, J., Physikalisch-ökonomische Studien. Die Bedeutung der Elektrizität für das soziale Leben. Konstanz 1892.

Krieg, M., Taschenbuch der Elektrizität. 3. verm. Aufl. Leipzig 1892.

— Dasselbe. 4. verm. Aufl Leipzig 1896.

Wille, Arthur, Die Elektrizität, ihre Erzeugung und ihre Anwendung in Industrie u. Gewerbe. Leipzig 1893.

Wiesengrund, Bernh., Die Elektrizität, ihre Erzeugung, praktische Verwendung u. Messung. Frankfurt a M. 1893.

— Dasselbe. 4. verb. Aufl., teilweise bearb. von Kußner. Frankfurt a. M. o. J.

Elektrische Kraftübertragung u Kraftverteilung. Nach Ausführungen durch die Allgemeine Elektricitäts-Gesellschaft Berlin. Berlin 1894.

Epstein, J., Ueberblick über die Elektrotechnik. 2. verm. Aufl. Frankfurt a. M. 1894.

Liebetanz, Frz., Die Elektrotechnik aus der Praxis — für die Praxis. Düsseldorf 1895.

Bermbach, W., Der elektrische Strom und seine wichtigsten Anwendungen. Leipzig 1895.

Elektrizitäts-Aktiengesellschaft vormals Schuckert & Co., Nürnberg, Die Verwendung der Elektromotoren für gewerbliche Zwecke. Nürnberg (1895).

Schurig, Ewald, Die Elektrizität. Leipzig 1896.

Schollmeyer, G., Was muß der Gebildete von der Elektrizität wissen? 5. neubearb. Aufl. Berlin 1896.

Schwartze, Th., Katechismus der Elektrotechnik. 6. umgearb. Aufl. Leipzig 1896.

Graetz, L., Die Elektricität u. ihre Anwendung. 7. verm. Aufl. Stuttgart 1898.

Weiler, W., Die Dynamomaschine. Magdeburg 1892.

— Dasselbe. 3. umgearb. u. verm. Aufl. Magdeburg 1897.

Biscan, Wilh., Die Dynamomaschine. 2. verm. Aufl. Leipzig 1894.

Seefehlner, E. E., Beitrag zur Theorie der Synchron-Motoren u. Wechselstromgeneratoren. Wien 1900.

Pleßner, May., Ein Blick auf die großen Erfindungen des zwanzigsten Jahrhunderts. II. Die Dienstbarmachung der Windkraft für den elektrischen Motorenbetrieb. Berlin 1893.

Wengler, Alfr., Elektrizität u. Recht im Deutschen Reiche. Leipzig 1900.

Pfleghart, A., Die Elektrizität als Rechtsobjekt. I. Allgem. Teil. Straßburg 1901.

Die Stellung der Industrie zu den Gesetzentwürfen über Reichstelegraphen-Anlagen u. elektrische Anlagen. Berlin 1891.

B. Gewerbliches Leben im Allgemeinen.

Siemens, Werner, Das naturwissenschaftliche Zeitalter. Berlin 1886.

Weichs-Glon, Frhr. v., Die industrielle Production, ihr Wesen und ihre Organisation. Wien 1897.

Reinhold, Karl Th, Der Weg des Geistes in den Gewerben. Grundlinien zu einer modernen Lehre von den Gewerben ꝛc. Bd. 1. Leipzig 1901.

Banfield, T. C., Four lectures on the organization of industry. London 1845.

Schildknecht, C. F., Vorschläge zur Hebung der deutschen Industrie u. Abhülfe der Geldnoth des Staates Berlin 1848

Bleibtreu, Gust., Industrie u. Proletariat. Frankfurt a. M. 1848.

Gréau ainé, Défense du travail libre contre la concurrence des maisons centrales de détention *) Troyes 1848.

Bodemer, Heinr., Zehn Artikel zu Gunsten der Gewerbe. Stuttgart 1848.

— Die industrielle Revolution mit besonderer Berücksichtigung der erzgebirgischen Erwerbsverhältnisse. Dresden 1856.

Joblbauer, M., Wirthschaftliche Wandernotizen. 2. Aufl. Augsburg 1859.

Renouard, Du droit industriel dans ses rapports avec les principes du droit civil sur les personnes et sur les choses. Paris 1860.

Zschweigert, Wilh, Das Leben und Weben der Arbeit und die Grundsätze des rationellen Gewerbsbetriebes. Erster (einziger) Theil: Selbstständige Arbeit. Plauen 1863.

— Versuch zur Lösung jetziger Zeitfragen. Aus den Materialien zum 2. Theile seines Werkes über: „Leben und Weben der Arbeit ꝛc." Erste (einzige) Lieferung. Plauen 1864.

Müller, Karl, Gewerbliches Leben. 2 Bändchen. Halle 1865.

Brunner, J. C., Die Licht= u. Schattenseiten der Industrie. 2. verm. Aufl. Aarau 1870.

La décentralisation industrielle par un homme de travail. Paris 1871.

Waneck, Ab., Ueber die Schäden des heutigen Gewerbebetriebes u. die Mittel zu deren Heilung. Wien 1885.

Zbinden, Fritz, Aus gedeihlicher Landwirthschaft erwächst blühende Industrie. Uebers. v Rob. Ringger. Zürich 1885.

Brentano, Lujo, Die Schrecken des überwiegenden Industriestaats. Berlin 1901.

(Industrie=Verwaltung.)

Courcelle-Seneuil, J. G., Traité théorique et pratique des entreprises industrielles, commerciales et agricoles ou Manuel des affaires. Paris 1855.

Der Arbeitgeber in seinem Wesen u. in seiner sozialen Stellung. Berlin 1873.

Bourcart, J. J., Die Grundsätze der Industrie=Verwaltung. Zürich 1874.

— Notizen über Spinnerei=Verwaltung. (Zürich 1873)

— Notizen über Weberei=Verwaltung. (Zürich 1873.)

Syme, David, Outlines of an industrial science. London 1876.

Guilbault, C. Adolphe, Traité d'économie industrielle. Paris 1877.

Haushofer, M., Grundzüge der Industrie= u. Fabrikbetriebslehre. Stuttgart 1879.

Prouteaux, Albert, Principes d'économie industrielle. Paris 1888.

Schulze=Gävernitz, Gerhart v., Der Großbetrieb, ein wirthschaftlicher u. socialer Fortschritt. Leipzig 1892.

Schmoller, Gust., Ueber die Entwickelung des Großbetriebes u. die soziale Klassenbildung. (Berlin 1892.)

*) Ueber Gefängnißarbeit vergl. Abth. C Cap. XXIII: Gefängnißwesen VI. B.

Vorster, Jul., Die Großindustrie eine der Grundlagen nationaler Social=
politik. Jena 1896.
Liefmann, Rob., Über Wesen und Formen des Verlags (der Hausindustrie).
Freiburg i. B. 1899.

––––––––––

Guilbault, C. Adolphe, Traité de comptabilité et d'administration industrielles.
Avec atlas de 40 planches. 2. édit. revue et augm. Paris 1880.
Röhrich, Wilh., Buchhaltung für Fabrikgeschäfte. 2. erweit. Aufl. Leipzig
1900.
Gerlach, J. B., Wie erlangt der Betriebsbeamte gute Stellung, Selbständig=
keit u. Ehren? Düsseldorf 1893.

(Oekonomik des Handwerks.)

Krebs, Aug., Lerne ein Handwerk. Ein Ratgeber bei der Wahl eines ge=
werblichen Berufs. Leipzig 1884.
Eick, Wilh, Praktischer Ratgeber für Gewerbtreibende aller Art. Berlin (1888).
Fellmeth, Heinr., Handwerker=Buchführung. München 1891.
Güttinger, G., Der Handwerker als Kaufmann. Praktisches Lehr= u. Hand=
buch für den Handwerkerstand. Mit Vorwort von F. C. Huber. Weimar
1894.
Tormleg, H., Der kleinere Gewerbtreibende u. das Handelsgesetzbuch. Zittau
1894.
Grosse, Carl, Die Kalkulation. Berlin 1894.
Tolkmitt, H., Die Kalkulation im Geschäftsleben. Leipzig 1896.
Reymann, C., Führer für das gewerbliche Leben. Neubearbeitung von Glasers
Haus= u. Werkstatt=Kalender. Berlin 1899.

(Submissionswesen.)

Huber, F. C., Das Submissionswesen. Tübingen 1885.
Beiträge zur Statistik der Submissionen, insbesondere auf Eisen= u. Stahlhütten=
Producte u. auf Eisenbahn=Material i. b. J. 1873 bis 1880. Hrsg. vom
Kgl. preuß. statist. Bureau. Berlin 1887.
Bazire, H., Des conditions du travail imposées aux entrepreneurs dans les ad-
judications de travaux publics. Paris 1898.
Oubert, Adolphe, Des conditions du travail dans les adjudications de travaux
publics. Paris 1900.

(Unternehmer=Verbände. — Kartelle, Syndicate im Allgem.)

Kleinwächter, Frbr., Die Kartelle. Innsbruck 1883.
Cola Proto, Francesco de, Delle coalizioni industriali e commerciali. (Dei
reati contro l'economia pubblica. Parte III.) Messina 1885.
Lemberg, Arthur, Vertragsmäßige Beschränkungen der Handels= u. Gewerbe=
freiheit. Breslau 1888.
Brouilhet, Charles, Essai sur les ententes commerciales et industrielles et
les transformations qu'elles pourraient apporter dans l'ordre économique
actuel. Paris 1895.
Wirthschaftliche Krisen u. industrielle Syndikate. (Berlin 1895.)
Weiskirchner, Richard, Das Cartellwesen vom Standpunkte der christlichen
Wirthschaftsauffassung. Wien 1896.
Gonart, Charles, Les syndicats industriels. Gand 1896,

Liefmann, Rob., Die Unternehmerverbände (Konventionen, Kartelle), ihr
    Wesen u. ihre Bedeutung. Freiburg i. B. 1897.
Hitschmann, Max, Kartelle u. Staatsgewalt. Wien 1897.
Martern, Jul., Die Industrie=Kartelle als Entwickelungsstufe der berufsgenossen=
    schaftlichen Organisation der nationalen Güterproduktion. München 1897.
Pohle, L., Die Kartelle der gewerblichen Unternehmer. Leipzig 1898.
Berdrow, W., Die Unternehmer = Cartelle und der Weg zum wirthschaftlichen
    Frieden. Berlin 1898.
John, V., Genossenschaften oder Kartelle? Prag 1900.
(— In einzelnen Ländern.)
Kulemann, W., Die Gewerkschaftsbewegung. Darstellung der gewerkschaftlichen
    Organisation der Arbeiter u. der Arbeitgeber aller Länder. Jena 1900.
Trusts and trade combinations in Europe. Washington 1900.
Rousiers, Paul de, Les syndicats industriels de producteurs en France et à
    l'étranger. (Trusts — Cartells — Comptoirs.) Paris 1901.
Über wirtschaftliche Kartelle in Deutschland und im Auslande. Fünfzehn
    Schilderungen nebst einer Anzahl Statuten u. Beilagen. Leipzig 1894.
Feuchter, Georg, Der deutsche Pulver=Ring u. das Militär=Pulvergeschäft.
    Göppingen 1896.
Lange, Ernst, Der Zusammenschluß der deutschen Spiritusinbustrie. Berlin
    1901.

(Trusts.)
Aschrott, P. F., Die amerikanischen Trusts als Weiterbildung der Unternehmer=
    Verbände. Tübingen 1889.
Spelling, Thomas Carl, A treatise on trusts and monopolies. London 1893.
Jeans, J. Stephen, Trusts, pools and corners as affecting commerce and in-
    dustry. London 1894.
Rousiers, Paul de, Les industries monopolisées (trusts) aux États - Unis.
    Paris 1898.
Gunton, George, Trusts and the public. New York 1899.
Wallace, Henry, Trusts and how to deal with them. Des Moines, Iowa 1899.
Ely, Richard T., Monopolies and trusts. New York 1900.
Katzenstein, Louis, Die Trusts in den Vereinigten Staaten. Berlin 1900.
Industrial Commission. Reports. 2 vols. Washington 1900.
    · Vol. I. Preliminary report on trusts and industrial combinations.
    „ II. Trusts and industrial combinations, statutes, decisions etc.

III. Geschichte, Beschreibung und Statistik.

A. Fabrik= u. Hausindustrie.

1. Allgemeine Uebersicht.

Garzoni, Thomas, Piazza universale: Das ist: Allgemeiner Schawplatz,
    Marckt vnd Zusammenkunfft aller Professionen, Künsten, Geschäfften, Händeln
    und Handt=Werken ꝛc. Franckfurt am Mayn 1641.
Weigel, Christoff, Abbildung der gemein=nützlichen Haupt=Stände, von denen
    Regenten und ihren so in Friedens= als in Kriegs=Zeiten zugeordneten
    Bedienten an, biß auf alle Künstler und Handwerker, nach Jedes Ambts=
    und Beruffs=Verrichtungen. Regensburg 1698.

Marperger, Paul Jacob, Das Neu=Eröffnete Manufacturen-Hauß, in welchen die Manufacturen insgemein, dero differenten Arten 2c vorgestellet werden. Hamburg 1707.

Stolle, Eb., Industrie=Atlas. Blatt 1—4. Berlin.
    Bl. 1: Uebersichtskarte der Zuckerproduction der ganzen Erde. 1853.
    „   2: — der Rübenzucker=Industrie. 2. Aufl. 1853
    „   3: — der Eisenproduktion der ganzen Erde 1855.
    „   4: — des Wein= u. Tabakbaues der ganzen Erde. 1855

Fürstebler, Leop., Beobachtungen über die Fortschritte auf dem Gebiete der Industrie u. des gewerblichen Unterrichtes. Wien 1868.

Chevalier, Michel, Die Weltindustrie in der zweiten Hälfte des 19. Jahr-hunderts Aus dem Franzöj. von J. E. Horn. Stuttgart 1869.

Scherzer, Karl v., Weltindustrien. Studien während einer Fürstenreise durch die britischen Fabrikbezirke. Stuttgart 1880.

Bertillon, Jacques, Projet de nomenclature des professions présenté à l'Institut international de statistique (Session de Vienne 1891). Paris 1891.
— La nomenclature des professions dans les recensement. Rapport Rome 1892.

Braun, Ad., Zur Statistik der Hausindustrie. Wien 1888.

2. Einzelne Länder u. Orte.*)

(Deutschland, bez. Deutsches Reich.)

(Pfeiffer,) Die Manufacturen und Fabriken Deutschlands nach ihrer heutigen Lage betrachtet. 2 Bde. Franckfurt am Mayn 1780.

Versuch eines allgemeinen Handlungs= u. Fabrikenadreßbuches von Deutschland u. einigen damit verwandten Provinzen. Ronneburg, Leipzig 1798.

Franß, Ad., Tabellen der Gewerbe=Statistik der Staaten des deutschen Zoll-vereins mit Beachtung der Mainlinie. Brieg 1867.

Engel, E., Die industrielle Enquete u. die Gewerbezählung im Deutschen Reiche u. im Preußischen Staate am Ende des Jahres 1875. Berlin 1878.

Heiß, E., Ueber die Vorlage zur Erhebung einer deutschen Gewerbestatistik. München 1878.

Die Ergebnisse der Gewerbezählung vom 1. Dezember 1875 im Deutschen Reiche. 4 Theile. Berlin 1879.

Thomaschewski, A., Die Gewerbezählung im Deutschen Reiche am 1. Dec. 1875. Nach den Veröffentlichungen des Kaif. statist. Amts zusammen-gestellt. Berlin 1879.

Petermann, Th., Groß= u. Kleinbetrieb in den handwerksmäßigen Gewerben nach der Volkszählung des Deutschen Reichs vom 1. Dec. 1875. Dresden 1880.

Berufsstatistik nach der allgemeinen Berufszählung vom 5. Juni 1882. Hrsg. vom Kaif. Statist. Amt. 5 Bände. Berlin 1884.
    1. Berufsstatistik des Reichs u. der kleineren Verwaltungsbezirke.
    2. — der deutschen Großstädte.
    3. — der Staaten u. größeren Verwaltungsbezirke 3 Thle.

Gewerbestatistik nach der allgemeinen Berufszählung vom 5. Juni 1882. Hrsg. vom Kaif. Statist. Amt. 3 Bde. Berlin.

) Vergl. auch Cap. XXVIII, IV: Wirthschaftsgeschichte u Wirthschaftsgeographie einzelner Länder.

I Gewerbestatistik des Reiches u. der Großstädte.
    1. Thl.: Gewerbestatistik des Reichs mit einer Einleitung zur gesammten
        Gewerbestatistik. 1886.
    2. „ Gewerbestatistik der Großstädte 1885.
II. Gewerbestatistik der Staaten u. größeren Verwaltungsbezirke. 1886.
    1. Abschn.: Anzahl u. Personal der Gewerbebetriebe.
    2. „ Betriebsumfang, Motorenbenutzung, Hausinbustrie und Besitz=
        verhältnisse der Gewerbebetriebe.

Seifarth, F., Die Berufsstatistik des Deutschen Reiches nebst der landwirtschaft=
    lichen Betriebs= u. Gewerbestatistik. 2 Bde. Heidelberg 1892, 93.

Berufs= und Gewerbezählung vom 14. Juni 1895. Hrsg. vom Kais. Statist.
    Amt. 18 Bde. Berlin.
      Berufsstatistik für das Reich im Ganzen (2 Thle.), der Bundesstaaten (3 Thle.),
        der deutschen Großstädte (2 Thle.), der kleineren Verwaltungsbezirke, und nach
        Ortsgrößenklassen. 1897.
      Die berufliche u. soziale Gliederung des deutschen Volkes. 1899.
      Die Landwirthschaft im Deutschen Reich. 1898.
      Gewerbestatistik für das Reich im Ganzen, der Bundesstaaten (2 Thle.), der Groß=
        städte, der Verwaltungsbezirke (2 Thle.) 1898.
      Gewerbe u. Handel im Deutschen Reich. 1899.

Hauptergebnisse der Berufszählung vom 14. Juni 1895 im Deutschen Reich.
    Berlin 1896.

Rauchberg, Heinr., Die Berufs= u. Gewerbezählung im Deutschen Reich vom
    14. Juni 1895. Berlin 1901.

Fleischmann, A., Die selbständige deutsche Hausinbustrie u. ihr Großhandel.
    Hilbburghausen 1879.

Die deutsche Hausinbustrie. 5 Bde. Leipzig 1889, 90 91.

Hausinbustrie u. Heimarbeit in Deutschland u. Oesterreich. 3 Bde. Leipzig 1899.

Regenhardt, C., Adreßbuch der Manufakturisten u. aller verwandten Geschäfts=
    zweige. Deutsches Reich. Berlin 1889.

Sinzheimer, Ludw., Ueber die Grenzen der Weiterbildung des fabrikmäßigen
    Großbetriebes in Deutschland. Stuttgart 1893.

Williams, Ernest Edwin, „Made in Germany". London 1896.
  — „Made in Germany". Der Konkurrenzkampf der deutschen Industrie gegen
    die englische. Ueberf. von C. Willmann. Mit Vorwort von Rob. Wuttke.
    Dresden 1896.

Oldenberg, K., Deutschland als Industriestaat. Göttingen 1897.

Huber, F. C., Teutschland als Industriestaat. Stuttgart 1901.

Blondel, Georges, L'essor industriel et commercial du peuple allemand. Paris
    1898.
  — Le même. 2 édit., refondue et augmentée. Paris 1899.

(Preußen.)

Gewerbetabelle von sämmtlichen Städten des Preuß. Staats . . . für b. J. 1822.
    v. O. u. J.

Reden, Frhr. Frbr. Wilh. v., Erwerbs= und Verkehrs=Statistik des Königs=
    staats Preußen. 3 Abthgn. Darmstadt 1853, 54.

Die definitiven Ergebnisse der Gewerbezählung vom 1. Dec. 1875 im Preuß.
    Staate. I. Thl.: Die Gewerbebetriebe in den einzelnen Verwaltungs=
    bezirken, Kreisen u. größeren Städten. Berlin 1878.

Haßlacher, A., Das Industriegebiet an der Saar und seine hauptsächlichsten
    Industriezweige. Saarbrücken 1879.

Hocker, Nicolaus, Die Großindustrie Rheinlands u. Westfalens, ihre Geographie, Geschichte, Production u. Statistik. Leipzig 1867.

Thun, Alphons, Die Industrie im Reg = Bez. Aachen und die letzte Krisis. Leipzig 1879.

Kneebusch, Handbuch für die Provinz Westfalen. Mit Angaben über Berg= werke, Industrien rc. Dortmund 1890.

Patje, Kurzer Abriß des Fabriken=, Gewerbe= u. Handlungs=Zustandes in der Chur Braunschweig, Lüneburgischen Landen. Göttingen 1796.

Haacke, Heinr., Handel u. Industrie der Prov. Sachsen 1889—1899 unter dem Einfluß der deutschen Handelspolitik. Stuttgart 1901.

Hirschfeld, Paul, Hannovers Großindustrie u. Großhandel. Leipzig 1891.

Frankenstein, Kuno, Bevölkerung u. Hausindustrie im Kreise Schmalkalden seit Anfang dieses Jahrhunderts. Tübingen 1887.

Grünhagen, Ueber den Zustand des Handels und der Industrie Schlesiens am Ende des 17. Jahrhunderts. (Breslau) 1872.

Wiebfeldt, Otto, Statistische Studien zur Entwicklungsgeschichte der Berliner Industrie von 1720 bis 1890. Leipzig 1898.
— Dasselbe. Dissertation. Leipzig 1897.

Schwetschke, Eugen, Zur Gewerbegeschichte der Stadt Halle von 1680 bis 1880. 1. Bd. 1680 -- 1806. Thl. 1. Halle a. S. 1883.

(Sachsen.)   Rößig, C. G., Die Produkten=, Fabrik=, Manufaktur= und Handelskunde von Chursachsen u. dessen Landen. 2 Thle. Leipzig 1803, 1804.

Wieck, Frdr. Georg, Industrielle Zustände Sachsens. Chemnitz 1840.
— Die Manufaktur= u. Fabrikindustrie des Königreichs Sachsen. Leipzig 1845.

Die Dampfmaschinen im Königreiche Sachsen. Ein Beitrag zur gewerblichen Statistik. Leipzig (1847).

Album der Sächsischen Industrie. 2 Bände. Neusalza (1859—63).

Isbary, C. R., Statistik u. Lage der Industrie u. des Handels im Königr. Sachsen bis auf die neueste Zeit, Ende 1864. 2 Abthgn. Leipzig 1865.

Bueck, H. A., Eine Fahrt durch Sachsens Industriebezirke. Düsseldorf (1886).

Morgenstern u. Besser, Uebersicht über die Dampfkessel u. Dampfmaschinen im Königr. Sachsen für den 1. Jan. 1886. (Dresden 1887, 88).

Uebersichts = Karte der Dampfkessel im Königr. Sachsen 1891, 1892. Leipzig.

Statistik des Gewerbebetriebes im Umherziehen im Königr. Sachsen während d. J. 1883—1888. o. D. u. J.

Leuchs, Adreßbuch aller Länder der Erde, der Kaufleute, Fabrikanten, Gewerb= treibenden rc. rc. Bd. V: Königreich Sachsen. 9. Ausgabe für 1887 bis 1890. 10. Ausgabe für 1893 bis 1896. Nürnberg.

Klockhaus, H., Kaufmännisches Handels= u. Gewerbe=Adreßbuch des Deutschen Reichs. Bd. VII: Königreich Sachsen 1892. Berlin.

Adreßbuch der Dampfbetriebe im Kgr. Sachsen rc. 1902. Dresden.

Flohr, Fabrikanten=Adreßbuch vom Königreich Sachsen und den Thüringischen Staaten. Dresden 1893.

Thomann, Heinr., Darstellung u. Kritik der bisherigen berufs= u. gewerbe= statistischen Erhebungen im Königr. Sachsen u. die Vergleichbarkeit ihrer Ergebnisse. Leipzig 1892.

(Gebauer,) Sachsens industrieller Charakter. (Dresden 1896.)

Einige Ergebnisse der Gewerbezählung vom 5. Juni 1882 für den Bezirk der Handels= u. Gewerbe=Kammer Dresden. Dresden 1889.

Ausführung der Berufs= u. Gewerbezählung in Dresden auf Grund des Reichs= gesetzes vom 8. April 1895. Dresden 1895.

Schöbel, Herm., Dresdner Berufs= u. Gewerbestatistik u. die Aufgaben der Berufs= u. Gewerbe=Zählungen. Dresden 1901.

I. Jahresbericht an die Handels= u. Gewerbekammer Dresden über die industriellen Verhältnisse des Müglitzthales vom Gewerb=Verein Glashütte. 1865.

Hirschfeld, Paul, Leipzigs Großindustrie und Großhandel in ihrer Kultur= bedeutung. Mit Vorwort von Rud. Wachsmuth. Leipzig 1887.

Morgenstern, K., Die Industrie Leipzigs und der nächsten Umgebung. Leipzig (1887).

Die Ergebnisse der Volkszählung vom 2. Dez. 1895 und der Berufs= und Gewerbezählung vom 14. Juni 1895 in der Stadt Leipzig. 2 Thle. Leipzig 1897, 99.

Zöllner, C. W., Geschichte der Fabrik= und Handelsstadt Chemnitz von den ältesten Zeiten bis zur Gegenwart. Chemnitz 1888.

Fischer, Hugo, Technologische Studien im Sächsischen Erzgebirge. Mit Vor= wort von E. Hartig. Leipzig 1878.

Bein, Louis, Die Industrie des sächsischen Voigtlandes. 2 Thle. Leipzig 1884. Thl. I: Die Musikinstrumenten=Industrie. Thl. II: Die Textil=Industrie.

Dietrich, B., Die Industrie des Voigtlandes u. westlichen Erzgebirges. 3 Hefte. (Leipzig 1895.)

(Thüringen.)

Schwerdt, H., Das industrielle u. kommerzielle Thüringen. Gera 1867.

Sax, Emanuel, Die Hausindustrie in Thüringen. 3 Thle. Thl. 1 in 2. verm. Aufl. Jena 1888, 84, 88.

Adreßbuch der Dampfbetriebe im Kgr. Sachsen u der Thüringischen Staaten. 1902. Dresden.

Gewerbe, Industrie u. Handel des Meininger Oberlandes in ihrer historischen Entwickelung. Lfg. 1. 2. Hildburghausen 1876.

(Bayern.)

Bayerische Gewerbe=Statistik. (Aufnahme vom 1. Dez. 1875.) 3 Thle. München 1879, 81.

Amthor, Max, Industriegeographie des Königr. Bayern. Gera 1881.

Lotter, Hans, Groß=Industrie u Groß=Handel von Nürnberg=Fürth u. Um= gebung. Mit Einleitung von J. M Lotter. Nürnberg 1894.

Beck, L. C., Bayerns Großindustrie u. Großhandel. 1. Thl.: Maschinen= u. Metall= waaren=Fabrikation des Industriebez. Nürnberg=Fürth. Nürnberg 1895.

Zöpfl, Gottfr., Die bayerische Industrie u. die bayerische Landes=Ausstellung (in Nürnberg) 1896. Würzburg 1896.

Schanz, Georg, Zur Geschichte der Kolonisation und Industrie in Franken. Erlangen 1884.

Reinsch, H., Notizen über die industrielle Thätigkeit Erlangens. Erlangen 1862.

Kahn, Jul., Münchens Großindustrie u. Großhandel. München 1891.

Herberger, Th., Augsburg u. seine frühere Industrie. Augsburg 1852.

Graßmann, Jos., Die Entwickelung der Augsburger Industrie im neunzehnten Jahrhundert. Augsburg 1894.

(Württemberg.)

Mohl, Mor., Ueber die württembergische Gewerbs = Industrie. 1. (einzige)
Abtheilung. Stuttgart 1828.

Vischer, L., Die industrielle Entwicklung im Königr. Württemberg und das
Wirken seiner Centralstelle für Gewerbe und Handel in ihren ersten 25
Jahren. Stuttgart 1875.

Riecke, Karl Victor, Statistik der Industrie des Königreichs Württemberg
nach dem Stande vom 1. Dez. 1875. Stuttgart 1878.

Hirschfeld, Paul, Württembergs Großindustrie und Großhandel. Mit Vor=
wort von v. Gaupp. Leipzig 1889.

Nübling, Eugen, Ulm's Handel u. Gewerbe im Mittelalter. Eine Sammlung
von Einzeldarstellungen. Heft 1—5. Ulm 1892, 93, 1900.

(Baden.)

Dietz, Rud., Die Gewerbe im Großherzogth. Baden. Ihre Statistik, ihre
Pflege, ihre Erzeugnisse. Karlsruhe 1863.

Trenkle, J. B., Geschichte der Schwarzwälder Industrie von ihrer frühesten
Zeit bis auf unsere Tage. Karlsruhe 1874.

(Mecklenburg.)

Beckmann, W., Die Gewerbe Mecklenburgs im 13. Jahrhundert. Rostock 1872.

(Lippe.)

Asemissen, Oskar, Kleinstädte u. Kleinstaaten auf industriellen u. gewerblichen
Gebieten. Bielefeld 1885.

(Elsaß-Lothringen.)

Hack, Carl, Die Gewerbe in Elsaß-Lothringen nach der Zählung vom 1. Dez.
1875. Straßburg 1881.

Grad, Charles, Études statistiques sur l'industrie de l'Alsace. 2 tomes.
Colmar 1879, 80.

(Oesterreich = Ungarn.)

Haschtek, Hans J., Das Manufacturhaus auf dem Tabor in Wien. Ein
Beitrag zur österr. Wirthschaftsgeschichte des 17. Jahrh. Leipzig 1886.

Beiträge zur Geschichte der Gewerbe und Erfindungen Oesterreichs von der
Mitte des XVIII. Jahrhunderts bis zur Gegenwart. Red. von Wilh.
Franz Exner. 2 Reihen. Wien 1873.
I. Rohproduction und Industrie. II. Ingenieurwesen, wissenschaftl. und musikal.
Instrumente, Unterricht.

Keeß, Stephan Edler v., Darstellung des Fabriks= und Gewerbswesens im
österr. Kaiserstaate. 2 Thle. in 3 Bdn. Wien 1819, 20, 23.

Brodhuber, L., C. Holdhaus u. A. Martin, Industrie und Handel im
Kaiserthume Oesterreich. Wien 1861.

Entwicklung von Industrie u. Gewerbe in Oesterreich i. d. J. 1848 — 1888.
Wien 1888.

Statistik der Oesterr. Industrie nach dem Stande vom Jahre 1885, 1890.
Wien 1889, 1894.

Berufsstatistik nach den Ergebnissen der Volkszählung vom 31. Dec. 1890 in
den im Reichsrathe vertretenen Königreichen und Ländern. Heft 1.
Wien 1894.

Statistik der Dampfkessel nach dem Stande vom Jahre 1890. Wien 1894.

Raunig, A. G., Die Bedeutung der Industrie für Oesterreich. Eine statistische
Skizze. Wien 1897.

Exner, Wilh., Die Hausinbustrie Oesterreichs. Wien (1890).

Schwiebland, Eugen, Kleingewerbe u. Hausinbustrie in Österreich. 2 Tle. Leipzig 1894.

Hausinbustrie u. Heimarbeit in Deutschland u Oesterreich. 3 Bde. Leipzig 1899.

Schwiebland, E., Ziele u. Wege einer Heimarbeitsgesetzgebung. Wien 1899.

Bericht der k. k. Gewerbe=Inspectoren über die Heimarbeit in Österreich. Bd. I: Die Heimarbeit in Böhmen. Wien 1900.

Statistischer Bericht über Industrie und Gewerbe des Erzherzogth. Österreich unter der Enns i. J. 1885. Wien 1889.

Kreutzberg, K. J., Skizzirte Uebersicht des gegenwärtigen Standes und der Leistungen von Böhmens Gewerbs= u. Fabrikinbustrie in ihren vorzüglichsten Zweigen. Prag 1836.

Lahmer, Rob., Industrielle Briefe aus Nordböhmen. Warnsdorf 1886.

Beiträge zur Geschichte der deutschen Industrie in Böhmen. Hrsg. vom Verein für Geschichte der Deutschen in Böhmen. Heft I—VI. Prag 1893—98.

Hieke, W., Literatur zur Geschichte der Industrie in Böhmen bis zum Jahre 1850. Prag 1893.

Stenographisches Protokoll über die in der Zeit vom 14. bis 19. März 1898 abgeführten Verhandlungen der von der Prager Handels= u. Gewerbekammer veranstalteten Enquête behufs Feststellung der Ursachen des Niederganges unserer Industrie u. der Mittel zur Abhilfe. Prag 1898.

Tayenthal, Max v., Die Gablonzer Industrie u. die Produktivgenossenschaft der Hohlperlenerzeuger im polit. Bez. Gablonz. Tübingen 1900.

Hallwich, Herm., Firma Franz Leitenberger 1793 1893. Eine Denkschrift Prag 1893.

Langer, Ed., Firma Benedict Schroll's Sohn. Prag 1895.

Lehmann, Guido, Ueber die Zukunft einiger Industriezweige in Ungarn. (Wien 1865.)

Jpolyi, Arnold, Die geschichtliche Entwickelung des Gewerbwesens in Ungarn. Aus dem Ungarischen von A. Dux. Budapest 1877.

Jannasch, Rob., Mitteilungen über die industriellen Unternehmungen in Sieben= bürgen. 2 Hefte. (Berlin 1900.)

(Belgien.)

Recensement général des industries et des métiers (31 octobre 1896). Vol. I—V. Dénombrement A — Analyse des volumes I et II, IV et V. Bruxelles 1900, 01.

Les industries à domicile en Belgique. Vol. I—III. Bruxelles 1899, 1900.

(Niederlande.)

Koenen, H. J., Voorlezingen over de geschiedenis der nijverheid in Nederland. Haarlem 1856.

(England.)

Poppe, Joh. Heinr. Mor., Geist der englischen Manufakturen. Heidelberg 1812.

Burness, W., Essay on the elements of british industry. London 1848.

Viebahn, Georg B., Der englische Gewerbfleiß, seine geschichtliche Ent= wickelung, gegenwärtigen Hauptsitze und volkswirthschaftlichen Ergebnisse. Braunschweig 1852.

Great industries of Great Britain. Illustrated. 3 vols. London o. J.

British manufacturing industries. Edited by G. Phillips Bevan. 14 vols. London 1876, 77.

Bevan, G. Phillips, The industrial classes and industrial statistics. 2 vols. London 1876, 77.

Helb, Adolf, Zwei Bücher zur socialen Geschichte Englands. Aus dem Nachlaß hrsg. v. G. F. Knapp. (Buch II: Entwicklung der Großindustrie. Vom Verfall des Handwerks bis zur Fabrikindustrie.) Leipzig 1881.

Toynbee, Arnold, Lectures on the industrial revolution of the 18th century in England. Together with a short memoir by B. Jowett. 4. edition. London 1894.

Matheson, Ewing, The depreciation of factories, mines and industrial undertakings and their valuation. 2. edit. London 1893.

Gibbins, H. de B., Industry in England. London 1896.

Schmib, Carl Alfr., Beiträge zur Geschichte der gewerblichen Arbeit in England während der letzten 50 Jahre. Jena 1896.

Deiss, Édouard, A travers l'Angleterre industrielle et commerciale. Paris 1898.

Bremner, David, The industries of Scotland, their rise, progress and present condition. Edinburgh 1869.

(Frankreich.)

Dictionnaire portatif des arts et métiers. 2 tomes. Amsterdam 1767.

Chaptal, Comte, De l'industrie française. 2 tomes. Paris 1819.

Martin, Germain, La grande industrie sous le règne de Louis XIV (plus particulièrement de 1660 à 1715). Paris 1899.

— La grande industrie en France sous le règne de Louis XV. Paris 1900.

Des Cilleuls, Alfred, Histoire et régime de la grande industrie en France aux XVIIᵉ et XVIIIᵉ siècles. Paris 1898.

Levasseur, E., Histoire de classes ouvrières et de l'industrie en France avant 1789. 2. édition (entièrement refondue). 2 tomes. Paris 1900, 01.

Mohl, Mor., Aus den gewerbswissenschaftlichen Ergebnissen einer Reise in Frankreich. Stuttgart 1845.

Bacquès, Henri, Des arts industriels et des expositions en France. Paris 1855.

Poiré, Paul, La France industrielle ou description des industries françaises. 2. édition. Paris 1875.

Barberet, J., Le travail en France. Monographies professionnelles. Tome 1—7. Paris 1886, 87, 89, 90.

Vibert, Paul, Les industries nationales, celles qui naissent et grandissent, celles qui meurent et se transforment. Paris 1895.

Avenel, Vicomte G. d', Le mécanisme de la vie moderne. Paris 1896.

Annuaire de l'industrie française et du commerce d'exportation. 1898. Paris.

Mucke, Joh. Rich., Stand und Entwickelung der Industriebevölkerung von Paris i. b. J. 1860—1872. Berlin 1877.

Le Creusot. Son industrie, sa population. Paris 1867.

(Schweiz.)

Baer, W., Die Industrie der Schweiz. Leipzig 1859.

Die Ergebnisse der Eidgenössischen Volkszählung vom 1. Dez. 1888. Bd. 3: Die Unterscheidung der Bevölkerung nach dem Berufe. Bern 1894.

Italien.)

Errera, Alberto, L'Italia industriale. Roma 1873.

Morpurgo, Eugenio, Le piccole industrie di Venezia. Venezia 1873.

Notizie sulle condizioni industriali della provincia di Verona. Roma 1890.

Testa, Luigi, L'ultimo quarto di secolo dell' industria italiana. Milano 1898.

(Spanien.)

Gaston-Routier, L'industrie et le commerce de l'Espagne. 3. édition. Paris 1901.

(Rußland.)

Tugan=Baranowsky, M., Geschichte der russischen Fabrik. Deutsch von B. Minzès. Berlin 1900.

Orbega, Sigism. v., Die Gewerbepolitik Rußlands von Peter I. — Katharina II. (1682—1762). Tübingen 1885.

Hartmann, G. D. A., Rußlands Industrie unter der Regierung Nicolaus des Ersten. Wegesack 1860.

Weschniakoff, W., Notice sur l'état actuel de l'industrie domestique en Russie. St. Pétersbourg 1873.

Grünwaldt, C., Das Artelwesen (Genossenschaftswesen) u. die Haus=Industrie in Rußland. St. Petersburg 1877.

Cech, C. D., Rußlands Industrie auf der nationalen Ausstellung in Moskau 1882. Moskau 1885.

Stellmacher, Alex., Ein Beitrag zur Darstellung der Hausindustrie in Rußland. Riga 1886.

The industries of Russia. For the World's Columbian Exposition at Chicago. Editor of the english translation John Martin Crawford. 5 vols. St. Petersburg 1893.

Thun, Alphons, Ueber die Hausindustrie im Gouvernement Moskau. o. O. u. J.

Gripenberg, Lennart, Übersicht über Finnlands Industrie u. auswärtigen Handel. Übersetzung. Helsingfors 1895.

Luxemburg, Rosa, Die industrielle Entwicklung Polens. Leipzig 1898.

Stieda, Wilh., Die gewerbliche Thätigkeit in der Stadt Dorpat. Dorpat 1879.

(Vereinigte Staaten.)

Wright, Carroll D., The industrial evolution of the United States. London 1896.

United States industrial directory: comprising woollen, cotton, silk, jute, flax, linen etc. etc. manufacturers. 1876. Boston.

Grothe, Herm., Die Amerikanische Industrie u. die Ausstellung in Philadelphia 1876. Berlin 1877.

— Die Industrie Amerika's (Vereinigte Staaten von Nordamerika), ihre Ge= schichte, Entwicklung u. Lage. Berlin 1877.

— Herr Dr. Karl Braun über „Die Industrie Amerika's". Abfertigung einer kritischen Compilation desselben. Berlin 1878.

(Nimmo, Jos.,) American manufacturing interests. (New York 1883.)

Schoenhof, J., The industrial situation and the question of wages. New York 1885.

Gutermuth, M. F., E. Reichel, A. Riedler, Maschinenarbeit u. Ausnutzung der Naturkräfte in Amerika. 2 Thle. Berlin 1893.

(Gedruckt am 20. Januar 1902.)

Levasseur, E., The concentration of industry, and machinery in the United
    States. Philadelphia 1897.
Hittell, John S., The commerce and industries of the Pacific coast of North
    America. 2. edit. San Francisco 1882.
The royal road to wealth. An illustrated history of the successful business
    houses of Philadelphia. Philadelphia o. J.

(Indien.)

Jagor, F., Ostindisches Handwerk u. Gewerbe mit Rücksicht auf den europäischen
    Arbeitsmarkt. Berlin 1878.
Birdwood, George C. M., The industrial arts of India. (London 1880.)

(China.)

Julien, Stanislas, et Paul Champion, Industries anciennes et modernes
    de l'empire chinois. Paris 1869.

3. Einzelne Industrien.

(Nahrungsmittel. — Im Allgemeinen.)

Thiel, Carl Eugen, Nahrungs= u. Genußmittel als Erzeugnisse der Industrie.
    Braunschweig 1874.
British manufacturing industries. Edited by Ph. Bevan. London 1876.
Manley, J. J., Salt, preservation of food, bread and biscuits. London 1876.
    (British manufacturing industries.)
Evans, Morgan, Butter and cheese. London 1876. (British manufacturing
    industries.)

(Müllerei.)

Mohr, Paul, Die Entwicklung des Großbetriebs in der Getreidemüllerei
    Deutschlands. Berlin 1899.
Holländer, Lud., Die Lage der deutschen Mühleninbustrie unter dem Einfluß
    der Handelspolitik 1879—1897. Stuttgart 1898.
Roßmüller, G., Die Frachtkostenfrage in der Müllerei. Hannover 1901.
Kustermann, Rob., Das Mühlengewerbe im rechtsrheinischen Bayern. Stutt=
    gart 1899.
Kreuter, Frz., Die österreichische Hochmüllerei. Ihre Beziehungen zum Acker=
    bau, Getreide= und Mehlhandel in Europa und den überseeischen Ländern.
    Wien 1884.

(Bierbrauerei. *)

Michel, Carl, Geschichte des Bieres von den ältesten Zeiten bis zum Jahre
    1900. Augsburg 1901.
Roback, Gust., Die Bierproduction in Oesterreich=Ungarn, im Deutschen Reich,
    in Großbritannien und Irland, Belgien, Frankreich, den Niederlanden,
    Schweden u. Norwegen, Rußland u. Nord=Amerika. Wien 1873.
Pooley, T. A., Brewing, distilling. London 1876. (British manufacturing
    industries.)
Goldschmidt, Friedr., Die Brau=Industrie auf der Weltausstellung zu
    Philadelphia 1876. Berlin 1876.

---

*) Vergl. Cap. XXIX: Finanzwesen, unter IV. C, 3, und Cap. XXIV: Gesundheits=
wesen, unter IV. 3.

Struve, Emil, Die Entwicklung des bayerischen Braugewerbes im neunzehnten
Jahrhundert. Leipzig 1893.

Erste Culmbacher Aktien=Exportbier=Brauerei 1872 — 1897. Culmbach 1897.

Buhlstehe, Jules, Die Bierbereitung in den Vereinigten Staaten von
Amerika. Deutsch von Wilh. Windisch. Berlin 1893.

(Branntweinbrennerei. *)

Engel, Ernst, Die Branntweinbrennerei in ihren Beziehungen zur Land=
wirthschaft, zur Steuer u. zum öffentlichen Wohl. Dresden 1853.

Pooley, T. A., Brewing, distilling. London 1876. (British manufacturing
industries.)

Meyer, Herm., Die Krisis in der Branntwein=Produktion Norddeutschlands
u. der Weg zur Besserung. Posen 1886.

Deininger, Aug., Die Rektifikation des Rohspiritus ohne Vor= u. Nachlauf
indirekt u. direkt aus der Maische. 2. veränd. Auflage. Berlin (1886).

Tiedemann, Erich v., Das neue Branntweinsteuergesetz u. die Selbsthülfe
der Brenner. Berlin (1888).

(Zucker. — Im Allgemeinen.*)

Schwackhöfer, Frz., Technologie der Kohlehybrate (Rübenzucker=, Stärke=,
Dextrin= u. Stärkezucker=Fabrikation). Wien 1883.

Gill, C. Haughton, Sugar refining. London 1876. (British manufacturing
industries.)

Lippmann, Edm. O. v., Geschichte des Zuckers, seine Darstellung und Ver=
wendung, seit den ältesten Zeiten bis zum Beginne der Rübenzucker=
fabrikation. Leipzig 1890.

Tiemann, Walter, Zuckerrohr. Kultur, Fabrikation u. Statistik. Berlin 1899.

Kaufmann, Rich. v., Die Zucker=Industrie in ihrer wirthschaftlichen u. steuer=
fiskalischen Bedeutung für die Staaten Europas. Berlin 1878.

Paasche, Herm., Zuckerindustrie u. Zuckerhandel der Welt. Jena 1891.

(— In einzelnen Ländern. — Deutschland.)

(R., F D. F.) Deutschlands Goldgrube, oder durch welche inländischen Er=
zeugnisse kann der fremde Kaffee, Thee u. Zucker möglichst ersetzt werden?
Und was ist insbesondere von der Zuckerbereitung aus Runkelrüben und
Ahornblättern zu erwarten? Berlin 1799.

Bemerkungen über die Fabrikation des Zuckers aus Runkel=Rüben, insbesondere
mit Rücksicht auf Handels=Verträge, welche von Holland aus in Antrag
gebracht werden. Darmstadt 1837.

Kupfer, J. C. H., Zweites Sendschreiben an einen Gutsbesitzer über die
Zuckerfrage. Berlin 1841.

Stölzel, Carl, Die Entstehung u. Fortentwicklung der Rübenzucker=Fabrikation
u. insbesondere die Concurrenz zwischen Rohr= u. Rübenzucker. Berlin 1848.

Schulze, Frdr. G., Die deutsche Zuckerfrage mit besonderer Beziehung auf
die Rübenzuckerfabrikation. Jena 1850.

Die Rübenzuckerfabrikation im Zollverein. Stuttgart 1861.

Michelhaus, Bericht über die Arbeiten der Versuchsanstalt des Deutschen Reichs
für Zuckerraffination. Berlin 1879.

---

*) Vergl. Cap. XXIX: Finanzwesen, unter IV. C, 3 b.

Bittmann, Carl, Zur Entwickelung der Deutschen Rübenzuckerindustrie. Hildesheim 1884.

Bericht der Zucker=Enquete=Kommission über die Gründe des finanziellen Rück= gangs der Rübenzuckersteuer u. die zur Abhülfe geeigneten Mittel. Bd. I bis III, V. Berlin 1884.

Görz, J., Handel u. Statistik des Zuckers. Mit besonderer Berücksichtigung der Absatzgebiete für deutschen Zucker. Nebst Ergänzungsband. Berlin 1884, 85.

Claassen, H., Kurzer Ueberblick über die Zuckerindustrie Deutschlands. Nienburg 1888.

Bröbermann, Die zeitweilige Lage der Zuckerindustrie. Güstrow 1894.

Katzenstein, Willy, Die deutsche Zuckerindustrie u. Zuckerbesteuerung in ihrer geschichtlichen Entwicklung. Berlin 1897.

(Ausland.)

Kutschera, Edm., Der Artikel Zucker. Wien 1895.

Morawetz, Sig. Jos., Die Bedeutung der böhmischen Zucker=Industrie für den Prager Platz. Prag 1882.

Gill, C. Haughton, Sugar refining London 1876. (British manufacturing industries.)

Bönicke, Arth. v., Die Rübenzucker=Industrie Rußlands. Leipzig 1874.

Wiley, H. W., The northern sugar industry. Washington 1884.

(Stärke.)

Borght, R. van der, Beiträge zur Geschichte der deutschen Reisstärke=Industrie. Berlin 1899.

Saare, O., Die Industrie der Stärke u. der Stärkefabrikate in den Vereinigten Staaten. Berlin 1896.

(Chokolade.)

Bericht des Verbandes deutscher Chokolade=Fabrikanten über das 19.—21. 23. 24. Verbandsjahr 1894/95 — 96/97, 1898/99, 1899/1900. Dresden.

Rüger, Otto, Festschrift zum 25 jährigen Bestehen des Verbandes deutscher Chokoladen=Fabrikanten. Dresden 1901.

(Mineralwasser.)

Mineral-water industry (in foreign countries.) — (Reports from consuls of the United States.) Washington 1901.

(Tabak.*)

Tiedemann, Frbr., Geschichte des Tabaks u. anderer ähnlicher Genußmittel. Frankfurt a. M. 1854.

Meyer, F. H., Aus der Habanna. Erfahrungen und Ansichten über die Fabrikation der echten Cigarren. Bremen 1854.

Becker, Lothar, Die Fabrikation des Tabaks in der alten und neuen Welt. Bremen 1878.

Dunning, John, Tobacco. London 1876. (British manufacturing industries.)

Wagner, Ladisl. v., Tabakkultur, Tabak= u. Zigarrenfabrikation, sowie Statistik des Tabakbaues, Tabakhandels und der Tabakindustrie. 4. verm. Aufl. Weimar 1884.

---

*) Vergl. Cap. XXIX: Finanzwesen, unter IV, C, 3, u. Cap. XXX: Landwirthschaft, unter VI, C 4.

Anlagen zum Bericht der Tabak=Enquete=Commission. 5 Bde. (Berlin 1879)

Lewinstein, Gust., Die deutsche Tabak=Industrie. Berlin 1896.

Mémorial des manufactures de l'état. — Tabacs. Tome I — III, livr. 1. 2. Paris 1884—1901.

Arnold, B. W., History of the tobacco in Virginia from 1860 to 1894. Baltimore 1897.

Cigar and cigarette industry in Latin America. Washington 1900.

(Chemikalien.)

Goldschmidt, Guido, Die chemische Industrie. Wien 1877.

Witt, Otto N., Die chemische Industrie auf der Columbischen Weltausstellung zu Chicago u. in den Vereinigten Staaten von Nord=Amerika i. J. 1893. Berlin 1894.

Süssenguth, Otto, Die Industrie der Abfallstoffe.*) Darstellung der gebräuchlichsten Methoden zur technischen Verwerthung von Abgängen des Thier=, Pflanzen= u. Mineralreichs. Leipzig 1879.

Church, Acids, alkalies,**) soda, ammonia, and soap. London 1876. (British manufacturing industries.)

Williams, W. M., Oils and candles. London 1876. (British manufacturing industries.)

Patterson, R. H. G., nd lighting. London 1876. (British manufact. industr.)

Pick, S.. Die Alkalien. Darstellung der Fabrikation der gebräuchlichsten Kali= u. Natron=Verbindungen, der Soda, Potasche, des Salzes, Salpeters ꝛc. ꝛc. 2. verb. Aufl. Wien 1894.

Lierke, C., Die Staßfurter Kali=Industrie. Wien 1891.

Goldstein, J., Deutschlands Sodaindustrie in Vergangenheit und Gegenwart. Stuttgart 1896.

Fränkel, Heinr., Die gegenwärtige Lage der deutschen Seifenindustrie und der Weg zur Gesundung. Würzburg 1891.

Wilhelm, Frz., Pharmaceutische u. technische Drogen u. Chemikalien. Wien 1877.

Meyer, Rich., Die Industrie der Theerfarbstoffe. Berlin 1881.

Caro, Heinr., Ueber die Entwickelung der Theerfarben=Industrie. Berlin 1893.

Grandhomme, Die Fabriken der Aktien=Gesellschaft Farbwerke vorm. Meister, Lucius & Brüning zu Höchst a. M. 3. Aufl. Frankfurt a. M. 1893.

Pezold, Jul., Prof. Joh. Carl Gottfried Reichard in Döhlen. (Begründer der Fabrikation von Schwefelsäure im Großen in Sachsen.) Dresden 1844.

Acetic acid in foreign countries. (Reports from the consuls of the United States.) Washington 1900.

Lunge, G., Das Verbot der Phosphorzündhölzchen in der Schweiz u. dessen Wiederaufhebung. Zürich 1883.

---

*) Vergl. auch Cap. XXXII: Bergbau, V, F.
**) Vergl. ebenda unter V, D.

Kraufe, D., Zur Zündhölzchenfrage. o. D. u. J.

Cufter, Guft., Fort mit den giftigen Phosphorzündhölzchen! Populäre Beleuchtung einer brennenden . . . Tagesfrage mit befonderer Berückfichtigung
der fchweizerifchen Phosphorzündholz-Induftrie. Zürich 1887.

Mémorial des manufactures de l'état. Tome III, **1. 2. Allumettes. Paris** 1898,
1901.

Bernheim, Ueber die Fabrikation der Nachtlichte in Fürth und Nürnberg
Fürth 1861.

———— — ———

Die Rothgerberei u. die Mineralgerberei von Gottfriedfen & Co. in Braunfchweig.
Wolfenbüttel o. J.

Lohekultur u. Mineralgerbung. Wolfenbüttel 1878.

Eitner, Wilh., Leder-Induftrie. Wien 1877.

Collins, James, Hides and leather. London 1876. (Brit. manufact. ind.)

(Keramik. — Im Allgemeinen.)

Gräffe, Joh. Geo. Th., Beiträge zur Gefchichte der Gefäßbildnerei, Porzellanfabrikation, Töpfer- u. Glasmacherkunft bei den verfchiedenen Nationen der
Erde. Dresden 1853.

Cohaufen, v., u. G. v. Pofchinger, Induftrie der Stein-, Thon- u. Glas-
waaren. Braunfchweig 1874.

Arnoux, L., Pottery. London 1876. (British manufacturing industries.)

Kerl, Bruno, Handbuch der gefammten Thonwaareninduftrie. 2. verm. u.
verb. Aufl. Braunfchweig 1879.

(Diefelbe in einzelnen Ländern.)

Eye, A. v., Beiträge zur Gefchichte der Kunft-Töpferei in Sachfen. o. D. u. J.

Köpcke, Otto, Die Töpferei im Handelskammerbezirk Dresden u. in Königsbrück.
Leipzig 1896.

Wolf, Frz., Die Meißner Ofeninduftrie. Meißen 1891.

Boch, Roger v., Gefchichte der Töpferarbeiter von Staffordfhire im 19. Jahrh.
Stuttgart 1899.

Dümmler, K., Die Ziegel- und Thonwaaren-Induftrie in den Vereinigten
Staaten u. auf der Columbus-Weltausftellung in Chicago 1893. Halle a. S.
1894.

(Porzellaninduftrie.)

Engelhardt, Carl Aug., J. F. Böttger, Erfinder des Sächfifchen Porzellans.
Hrsg. v. Aug. Mor. Engelhardt. Leipzig 1837.

Die Königl. Porcellan-Manufactur zu Meißen. Eine gefchichtliche Skizze als
Feftgabe zur 150j. Jubelfeier diefer Anftalt am 6. Juni 1860. Meißen
1860.

Böhmert, Victor, Urkundliche Gefchichte u. Statiftik der Meißner Porzellan-
manufaktur von 1710 bis 1880. Dresden 1880.

Seidlitz, W. v., Die Meißner Porzellanmanufactur unter Böttger. o. D. u. J.

Berling, K., Die Fayence- u. Steingutfabrik Hubertusburg. Ein Beitrag
zur Gefchichte der fächfifchen Keramik. Dresden 1891.

(Gotzkowsky, Joh. Ernft,) Gefchichte eines patriotifchen Kaufmanns. o. D.
1768. (S. 84 flg.: Entftehung der Berliner Porcellanfabrik.)

Weber, Ottocar, Die Entftehung der Porcellan- und Steingutinduftrie in
Böhmen. Prag 1894.

Du Sartel, O., Rapport au nom de la Commission de perfectionnement de la manufacture nationale de Sèvres. Paris 1884.

Lauth, Charles, La manufacture nationale de Sèvres. 1879—1887. Paris 1889.

L(orenzini), C., La manifattura delle porcellane di Doccia. Firenze 1861.

Foreign trade in heating and cooking stoves. (Reports from the consuls of the United States.) Washington 1901.

(Glasinbustrie.)

Antoni Neri, Florentini, de arte vitraria libri septem, et in eosdem Christoph Merretti observationes et notae. Amstelodami 1668.

Lobmeyr, L., Alb. Jlg u. Wend. Boeheim, Die Glasinbustrie, ihre Geschichte, gegenwärtige Entwicklung u. Statiftik. Stuttgart 1874.

Barff, Fredk. S., Glass and silicates. London 1876. (British manufacturing industries.)

Lange, Guft., Die Glasinbustrie im Hirschberger Thale. Leipzig 1889.

Bopelius, Eb., Entwicklungsgeschichte der Glasinbustrie Bayerns (nach seinem heutigen Umfang) bis 1806. Stuttgart 1895.

Schmibt, Alb., Die Geschichte der Glas= u. Perlenfabrikation im Fichtelgebirge. Bayreuth 1900.

Amrhein, A., Die kurmainzische Glashütte Emmerichsthal in Burgjoffa. Würzburg 1900.

Rick, Die Entwicklung der Glasinbustrie in Lothringen. Meß 1899.

Schebel, Ebm., Böhmens Glasinbustrie u. Glashandel. Prag 1878.

Schoenlank, Bruno, Die Fürther Quecfilber=Spiegelbelagen u. ihre Arbeiter. Stuttgart 1888.

(Eifen= u. andere Metallinbustrien im Allgemeinen.)

H., G., Bergleute u. Metallarbeiter der Urzeit. (Leipzig 1861.)

Moß, F., Ueber die Metallarbeiter der heroischen Zeit. Meiningen 1868.

Seelhorst, G., Metall=Jnbustrie. Braunschweig 1874.

Smyth, Warington W., Metallic mining and collieries. London 1876. (British manufacturing industries.)

Rinmann, Sven, Versuch einer Geschichte des Eisens in Anwendung für Gewerbe u. Handwerker. Aus dem Schwedischen von Joh. Gottl. Georgi. 2 Bbe. Berlin 1785.

Baer, Wilh., Das Eisen. Seine Geschichte, Gewinnung und Verarbeitung. Leipzig 1862.

Williams, W. Mattieu, Iron and steel. London 1876. (British manufacturing industries.)

Phillips, Arthur, Copper smelting. London 1876. (British manufacturing industries.)

Graham, Walter, Brass founding, tin plate and zinc working. London 1876. (British manufacturing industries.)

Beck, Ludw., Die Geschichte des Eisens in technischer und kulturgeschichtlicher Beziehung. Abtlg. I—V, 1—4. Braunschweig 1890—1901.

— Beiträge zur Geschichte der Eiseninbustrie. o. O. u. J.

Webbing, H., Das Eisenhüttenwesen. Leipzig 1900.

Kleinstüber, A., Die Entwickelung der Eiseninbustrie u. des Maschinenbaues im 19. Jahrhundert. Stuttgart (1901).

Gas and oil engines in foreign countries. (Reports from the consuls of the United States.) Washington 1901.

Fitch, Charles H., Report on the manufacture of firearms and ammunition. Washington 1882.

Polain, Jules, Gesetzliche Strafbestimmungen Belgiens, Frankreichs, Englands, Oesterreichs u. Deutschlands, die Probe von Feuerwaffen betreffend. Aus dem Franzöf. 2 Aufl. Lüttich 1894.

Aitken, W. C., Guns, nails, locks, wood screws, railway bolts and spikes, buttons, pins, needles, saddlery, and electroplate. London 1876. (British manufacturing industries.)

Kern, Albert, Die Kratzeninbustrie in Vergangenheit u. Gegenwart. Aachen 1896.

Lunge, Georg, Das Zeitalter des Stahles. Hamburg 1894.

Délégation ouvrière à l'exposition universelle de Paris en 1867. Rapport des délégués ciseleurs, tourneurs et monteurs. Bronze. Paris 1869.

(Dieselben in einzelnen Ländern. — Deutschland.)

Goldenberg, Alfr., Die Krisis der metallurgischen Industrie des Zollvereins. Straßburg 1875.

Adreßbuch der beutschen Maschinen = Industrie, Eisen=, Stahl= und Metallwerke für 1891. Dresden.

The iron and steel industries of Belgium and Germany. Report. London 1896.

Was thut der Eisen=Industrie in Preußen noth! Köln 1876.

Thun, Alphons, Beiträge zur Lehre von den gewerblichen Betriebsformen. Solinger u. Remscheiber Industrie. Dorpat 1880.

Ziegler, Franz, Wesen und Wert kleinindustrieller Arbeit, gekennzeichnet in einer Darstellung der Bergischen Kleineiseninbustrie. Berlin 1901.

Schmidt=Weißenfels, Krupp*) u. sein Werk. Berlin 1888.

Baedeker, Diedrich, Alfred Krupp und die Entwickelung der Gußstahlfabrik zu Essen. Essen 1889.

(Schütz, Jul. v.) Die Entwicklung des Grusonwerk während der letzten Jahre. Rathenow 1888.

Geschichtliche und erläuternde Notizen über das Grusonwerk in Magbeburg= Budau. 2. Aufl. Magbeburg 1890.

Geitel, Max, Hermann Gruson, der Begründer des Grusonwerkes. Braun= schweig 1891.

(Trautscholdt, Joh. Frbr.) Geschichte und Feyer des ersten Jahrhunderts des Eisenwerks Lauchhammer Schloß Mückenberg am 25. Aug. 1825. Dresden.

Königin Marienhütte, Aktiengesellschaft in Cainsdorf. o. O. u. J.

---

*) Vergl. auch unten X, C. Arbeiterwohnungen x.

Morgenstern, Frdr., Die Fürther Metallschlägerei. Tübingen 1890.

Ausland.)

Jonreaux, Émile, Histoire de quatre ouvriers anglais: Henry Maudslay —
George Stephenson — William Fairbairn — James Nasmyth. Précédé
d'une introduction sur l'industrie du fer. Paris 1868.

Annual statistical report of the secretary to the members of the British Iron
Trade Association on the home and foreign iron and steel industries in
1884. London 1885.

The iron and steel industries of Belgium and Germany. Report. London 1896.

Hewitt, Abram S., Iron and labor. (New York) 1890.

Carnegie, Andrew, Development of steel manufacture in the United States.
London, New York 1901.

Zinn.)

Flower, Philip William, A history of the trade in tin; a short description
of tin mining and metallurgy . . . and of the ancient and modern processes
of manufacturing tinplates. London 1880.

(Fahrzeuge.)

Errera, Alberto, e Giannantonio Zanon, La industria navale. Venezia
1870, 71.

Pim, Bedford, Ship-building. London 1876. (British manufacturing industries.)

Clark, D. Kinnear. Railways and tramways. London 1876. (British manufacturing industries)

Feyrer, Alois v., Der Locomotivbau in den Verein. Staaten von Nordamerika.
Wien 1877.

Vehicle industry in Europe. Washington 1900. (Reports from the consuls of
the United States.)

(Juwelierarbeiten.*)

Rapports de la délégation ouvrière française à l'exposition universelle de Vienne
1873. — Orfèvres. Paris 1874.

Studnitz, Arth. v., Die gesetzliche Regelung des Feingehaltes von Gold= u.
Silberwaaren. Nebst einer Sammlung der Bestimmungen sämmtlicher
zivilisirten Staaten u. einer tabellarischen Übersicht über die Feingehalts=
Gesetzgebung. 2. umgearb. u. verm. Aufl. Pforzheim 1875.

Studnitz, Arth. v., Gold: or legal regulations for the standard of gold and
silver wares in different countries of the world. Translated by Brewer.
With notes and additions by Edw. W. Streeter. London 1877.

Bürner, Rich., Der Feingehalt der Gold= u. Silberwaaren. Seine gesetzliche
Regelung in den verschiedenen Staaten. Weimar 1897.

Böbiker, T., Die gesetzliche Regelung des Feingehaltes der Gold= u. Silber=
waaren. Leipzig 1886.

Rode, P., Das Reichsgesetz betreffend den Feingehalt der Gold= und Silber=
waaren. Leipzig 1896.

*) Vergl. unten III. C, 3. Einzelne Handwerke.

Schuurman, L. N., en P. H. Jordens, Wet van den 18 den Sept. 1852, omtrent den waarborg en de belasting der gouden en zilveren werken. Vierde druck. Zwolle 1883.

Müller sen., Mor., Eine Betrachtung über die Goldwaarenfabrikation und den Goldwaarenhandel bei Gelegenheit der Legirungs= und Stempelungs= frage. Stuttgart 1877.

Wernsdorf, Jul., Das kapitalistische Konzentrationsgesetz in der Pforzheimer Bijouterieindustrie. Stuttgart 1899.

Boutell, Charles, Gold working. London 1876. (British manufacturing industries.)

Wallis, George, Jewellery. London 1876. (British manufacturing industries.)

Denekamp, Emile Eb., Die Amsterdamer Diamantindustrie. Heidelberg 1895.

Hen, Isidore, De arbeidsovereenkomsten in de diamantindustrie. Haarlem 1900.

Upmann, Beiträge zur Geschichte der Grafschaft Oberstein nebst Wegweiser u. Abhandlung über das Fabrikwesen. (Halbedelsteine.) Mainz 1872.

Hifferich, L. Th., Hausindustrie im Gebiete der Schmuck= und Zierstein= verarbeitung, die Jdar=Obersteiner Industrie. Oberstein 1894.

(Kurzwaaren)

Senfft, Carl, Kurzwaaren. Braunschweig 1875.

Kanitz, Eb., Kurzwaaren=Industrie. Wien 1877.

Callis, F., Cutlery. London 1876. (British manufacturing industries.)

Bücker, Frdr., Zwei Jubilarinnen. (Nähnadel u. Stahlfeder.) Berlin 1871.

(Uhren.*)

Britten, F. J., Watches and clocks. London 1876. (British manufacturing industries.)

Mittheilungen über die Entwickelung der Uhren=Industrie zu Glashütte (Sachsen). Glashütte 1895.

Scheven, Paul, Die Uhrenindustrie in Glashütte und ihr Begründer Ferd. Ad. Lange. (Berlin 1895.)

Dem Andenken an Herrn Ferd. Ad. Lange, den hochverdienten Begründer der Sächsischen Taschenuhren = Industrie, zur Erinnerung an das 50 jähr. Bestehen derselben gewidmet von der Firma A. Lange & Söhne. (Glashütte 1895.)

Meitzen, Aug., Ueber die Uhren=Industrie des Schwarzwalds. Freiburg i. Br. 1900.

(Instrumente.)

Jolly, Ph. v., Listing, Frick und Gurlt, Wissenschaftliche Instrumente. Braunschweig 1874.

Fleischl, Ernst v., Mikrostope. Wien 1877.

Bauernfeind, Carl Max v., Joseph von Utzschneider u. seine Leistungen auf staats= u. volkswirthschaftlichem Gebiet. München 1880.

Kupka, P. F., Geodätische Instrumente. Wien 1877.

Küppers, Paul, Ein Beitrag zur Geschichte des Musik=Instrumentenmacher= Gewerbes. o. O. 1866.

---

*) Vergl. unten III. C, 3. Einzelne Handwerke.

Rimbault, E. F., Musical instruments. London 1876. (British manufacturing industries.)

Berthold, Th., u. Mor. Fürstenau, Die Fabrikation musikalischer Instrumente u. einzelner Bestandtheile derselben im Kgl. Sächs. Vogtlande. Leipzig 1876.

Beln, Louis, Die Industrie des sächsischen Voigtlandes. Thl. 1: Die Musik= instrumenten=Industrie. Leipzig 1884.

Fürstenau, M., Die Geschichte der Orgelbaukunst in Sachsen. o. O. 1861.

Oehme, Fritz, Handbuch über ältere u. neuere berühmte Orgelwerke im Kgr. Sachsen von 1710 an bis zur Gegenwart. Dresden (1897).

(Spielwaaren.)

Gebauer, H., Die Spielwaarenindustrie des Erzgebirges. Chemnitz 1889.

Fleischmann, A., Die Entstehung der Spielwaaren = Industrie in Sonneberg nach dem dreißigjährigen Kriege. Hildburghausen 1877.

— Die Sonneberger Spielwaaren=Hausindustrie u. ihr Handel. Zur Abwehr gegen die fahrenden Schüler des Katheder=Sozialismus in der National= Oekonomie. Berlin 1883.

— Die Arbeiter=Agitatoren des Katheder=Sozialismus und die Sonneberger Spielwaaren=Industrie u. ihr Handel. Berlin 1884.

Stillich, Oskar, Die Spielwaren=Hausindustrie des Meininger Oberlandes. Jena 1899.

Bücher, Karl, Von den Productionsstätten des Weihnachtsmarktes. Basel 1887.

Schreiber, E. O., Das Spielzeug unserer Kinder. Leipzig 1897.

Samhammer, Ph., Bericht über die Spielwaaren = Industrie auf der Welt= ausstellung zu Chicago 1893. Sonneberg 1894.

(Holz. Schnitzstoffe.)

Brinckmann, Just., Holzindustrie. Braunschweig 1875.

Pollen, J. H., Furniture and woodwork. London 1876. (British manu= facturing industries.)

Thonet, Frz., Die Holzindustrie mit besonderer Rücksicht auf die Anwendung gebogener Hölzer. Wien 1877.

Lauboeck, G., Die Holz verarbeitende Hausindustrie Österreichs. Wien 1900.

Engel, Alex. v., Ungarns Holz = Industrie u. Holzhandel. 2 Thle. Thl. 1 in 2. Aufl. Wien 1892.

Pfungen, Otto Frhr. v., Notizen über amerikanische Holz=Debitage. Wien 1878.

Friedrich, Carl, Die Kammfabrikation, ihre Geschichte u. gegenwärtige Be= deutung in Bayern. Nürnberg o. J.

(Textilindustrie im Allgemeinen.)

Schultze, Wilh., Die Produktions= u. Preisentwickelung der Rohprodukte der Textilindustrie seit 1850. Jena 1896.

Voigt, Fr. Herm., Der kommerzielle Geschäftsbetrieb der Weberei, oder die Geschäftsleitung, Buchführung u. Fabrikorganisation, sowie die Garn= u. Waarenkenntniß u. Berechnung bei dem Betriebe der Hand= u. Kunstweberei u. der mechanischen Weberei. Weimar 1863.

Bourcart, J. J, Notizen über Spinnerei=Verwaltung. (Zürich 1873.)

— Notizen über Weberei=Verwaltung. (Zürich 1873.)

Garne, Gewebe, alle Arten Bekleidungs=Gegenſtände ꝛc. auf der Welt=Ausſtellung zu Paris i. J. 1867. Wien 1867.

Weigert, Max. Textil= u. Bekleidungs=Induſtrie. Braunſchweig 1874.

Potier des Echelles, Rud. Baron, Die Textil=Induſtrie, deren Entwicklung u. gegenwärtigen Beziehungen zur Heeres=Bekleidung. Wien 1875.

Hausner, Joſ., Darſtellung der Textil=, Kautſchuck= und Leder=Induſtrie mit beſonderer Rückſicht auf Militär=Zwecke. Wien 1875.

Willkomm, Guſt., Die Technologie der Wirkerei. 2 Thle. Mit Tafeln. Leipzig.
    Thl. I: Die Elemente der Handwirkerei u. die Waarenunterſuchungen. 1875.
    „ II: Die mechaniſche Wirkerei, die Herſtellung der Formen gewirkter Gebrauchs= gegenſtände u. das Nähen der Wirkwaaren. 1878.

Baudrillart, H., Vie de Jacquard. Paris 1866.

Johann Liebig. Ein Arbeiterleben. Leipzig 1871.

Bein, Louis, Die Induſtrie des ſächſiſchen Voigtlandes. Thl. 2: Die Textil= Induſtrie. Leipzig 1884.

Die ſächſiſche Textil=Induſtrie u. ihre Bedeutung. (Leipzig 1893.)

The textile industry of Saxony and its importance. (Leipzig 1893.)

(Baumwolle.)

Elliſon, Thomas, Handbuch der Baumwoll=Cultur und Induſtrie. Deutſch von Bernhard Noeſt. Bremen 1860.

Reybaud, Louis, Le coton, son régime, ses problems, son influence en Europe. Paris 1863.

Watts, Isaac, Cotton. London 1876. (British manufacturing industries.)

Nieß, Benno, Die Baumwollen=Spinnerei in allen ihren Theilen. Mit Vor= wort von Max Hauſchild. Nebſt Atlas. Weimar 1869.

Peez, Alex., Baumwolle u. Baumwoll=Waaren. (Ausſtellungsbericht.) Wien 1873.

Glogau, Lud., Die Wirkwaaren. (Ausſtellungsbericht.) Wien 1873.

(In einzelnen Ländern.)

Jannaſch, R., Die europäiſche Baumwollen=Induſtrie und deren Productions= bedingungen. Berlin 1882.

(Deutſchland.)

Gelly, A., Statiſtiſche Überſicht der Produktion, Aus= und Einfuhr, Zoll= einnahmen ꝛc. Englands, Amerikas, Indiens und der größeren Staaten Europas in Beziehung zur deutſchen Baumwollinduſtrie. Straßburg 1879.

Reichs=Enquete für die Baumwollen= und Leinen=Induſtrie. Statiſtiſche Er= hebungen. Heft V. Berlin o. J.

König, Albin, Die ſächſiſche Baumwolleninduſtrie am Ende des vorigen Jahr= hunderts u. während der Kontinentalſperre. Leipzig 1899.

Engel, Ernſt, Die Baumwollen=Spinnerei im Königreich Sachſen ſeit Anfang dieſes Jahrhunderts. Dresden 1856.

Die Annexion von Elſaß=Lothringen und die Lage der deutſchen Baumwollen= Induſtrie. Ulm o. J.

(Gelly, A., Die Lage der elſäſſiſchen Baumwolleninduſtrie. Straßburg 1878.)

La crise de l'industrie cotonnière. Mulhouse 1879.

Herkner, Heinr., Die oberelſäſſiſche Baumwolleninduſtrie und ihre Arbeiter. Straßburg 1887.

Moßmann, X., Offener Brief an Herrn Dr. H. Herkner über sein Buch:
Die oberelsässische Baumwollenindustrie u. ihre Arbeiter. Mülhausen 1887.
Herkner, Heinr., Die oberelsässische Baumwollenindustrie und die deutsche
Gewerbeordnung. Eine Erwiderung. Straßburg 1887.

(England.)

Baines Jun., Edw., History of the cotton manufacture in Great Britain.
London (1835).
Baines b. J., Edw., Geschichte der brittischen Baumwollenmanufactur. Aus
dem Englischen von Christoph Bernoulli. Stuttgart 1836.

(Nordamerika.)

Hammond, M. B., The cotton industry. Part I. New York 1897.

(Leinen. Im Allgemeinen.)

Warden, Alex. J, The linen trade, ancient and modern. 2. edit London 1867.
Charley, W. T., Flax and linen. London 1876. (British manufacturing
industries.)
Das Leinen, ein modernes Aschenbrödel. Ein Beitrag zur Geschichte des
Leinens u. seine Verwendung im Haushalte. Prag 1890.
Book cloth in foreign countries. Washington 1900. (Reports form consuls
of the U. States.)

(— Deutschland.)

Breunlin, F., Ueber mechanische Leinen=Spinnereien, die Bedingungen zu dem
Gedeihen derselben x. 2. verb. u. verm. Aufl. Stuttgart 1844.
Biebahn, Georg Wilh. v., Über Leinen= u. Woll=Manufakturen, deren Ur=
sprung, Umfang u. Leistungen in Deutschland. Berlin 1846.
Noback, C., Die Leinen=Industrie in Deutschland. Hamburg 1850.
Die deutsche Leinenmanufaktur. o. O. u. J.
Das Gesammt=Gebiet der deutschen Leinen=Industrie. Weißensee=Berlin 1887.
Reichs=Enquete für die Baumwollen= u. Leinen=Industrie. Statistische Erhebungen.
Heft V. (Berlin) o. J.

————

Roscher, Wilh., Ueber die gegenwärtige Productionskrise des Hannoverschen
Leinengewerbes. Göttingen 1845.
(Ein Convolut Zeitungsausschnitte, den Flachsbau und die Linnen=Industrie in
Hannover betr.)
Woltmann, Wilh., Zur Statistik der Leineninduſtrie und des Leggewesens
der Provinz Hannover. Hannov. Minden 1873.
Zimmermann, Alfr., Blüthe und Verfall des Leinengewerbes in Schlesien.
Breslau 1885.
Brentano, Lujo, Die feudale Grundlage der schlesischen Leineninduſtrie.
Stuttgart 1899.

————

Richter, Frdr. Th., Geschichtlich=statiſtiſche Darstellung der Damaſtmanufactur-
Orte Groß= u. Neu=Schönau. Leipzig 1837.

(Wäsche=Industrie.)

Feig, Johs., Hausgewerbe u. Fabrikbetrieb in der Berliner Wäsche=Industrie.
Leipzig 1896.

(Wolle. Im Allgemeinen.)

Reybaud, Louis, La laine. Paris 1867.

Doren, Alfr., Die Florentiner Wollentuchinduſtrie vom 14. bis zum 16. Jahrh. Stuttgart 1901.

Rey, J., Études pour servir à l'histoire des châles. Paris 1823.

Sella, V. G., Studien über die Wollen = Induſtrie. Aus dem Italien. von F. Migerka. Wien 1876.

Archer, Wool, and its applications. London 1876. (British manufacturing industries.)

Bochner jun., Th., Wolle, Wollwaaren u. bei deren Fabrikation verwendete Maſchinen. Wien 1877.

Hülſſe, J. A., Die Kammgarn=Fabrikation. Stuttgart 1861.

(— Deutſchland.)

Biebahn, Georg Wilh. v., Ueber Leinen= u. Woll=Manufakturen, deren Ur= ſprung, Umfang u. Leiſtungen in Deutſchland. Berlin 1846.

Quandt, Georg, Die niederlauſitzer Schafwolleninduſtrie in ihrer Entwickelung zum Großbetrieb u. zur modernen Technik. Leipzig 1895.
— Daſſelbe. Diſſertation. Leipzig 1895.

Bericht der zur Unterſuchung der Lage der Glauchau = Meeraner Webwaaren= Induſtrie von dem Kgl. Sächſ. Miniſterium d. J. berufenen Enquete= Commiſſion. Chemnitz 1881.

Großmann=Herrmann, Ernſt, Feſt=Schrift zur 100 jährigen Jubelfeier der Firma F. G. Herrmann & Sohn Biſchofswerda=Sachſen am 7. Juli 1900. Biſchofswerda i. Sa. 1900.

Horn, Frz., Ueber die Tuchfabriken in Unterfranken, insbeſondere zu Biſchofs= heim vor der Röhne. Würzburg 1842.

Lehmann, Herm., Die Wollphantaſiewaren=Induſtrie im nordöſtl. Thüringen. Halle a. S. 1888.

(— Oeſterreich.)

Trenkler, Guſt., Oeſterreichs Tuch= u. Modewaarenfabrikation im Hinblick auf das Jahr 1892. Wien 1891.

Grunzel, Joſ., Die Reichenberger Tuchinduſtrie in ihrer Entwicklung vom zünftigen Handwerk zur modernen Großinduſtrie. Prag 1898.

Migerka, Frz., Rückblicke auf die Schafwollwaaren=Induſtrie Brünns 1765 bis 1864. Brünn 1890.

(— Belgien.)

Renier, J. S., Histoire de l'industrie drapière au pays de Liége et parti- culièrement dans l'arrondissement de Verviers depuis le moyen-age jusqu'à nos jours. Liége 1881.

(— England.)

Dechesne, Laurent, L'évolution économique et sociale de l'industrie de la laine en Angleterre. Paris 1900.

Lohmann, Frdr., Die ſtaatliche Regelung der engliſchen Wollinduſtrie vom 15. bis zum 18. Jahrh. Leipzig 1900.

Dresser, Christopher, Carpets. London 1876. (British manufacturing industries.)

Teppich = Erzeugung im Orient. Monographien von George Birdwood, Wilh Bode, C. Purdon Clarke u. A. Hrsg. vom k. k. österr. Handels= Museum. Wien 1895.

(Seide. — Im Allgemeinen.)

Lesson, R. P., Histoire de la soie. Rochefort 1846.

Pariset, Ernest, Histoire de la soie. 2 parties. Paris 1862, 65.

Joshiba, Tetsutaro, Entwickelung des Seidenhandels u. der Seidenindustrie vom Alterthum bis zum Ausgang des Mittelalters. Heidelberg 1895.

Cobb, B. F., Silk. London 1876. (British manufacturing industries.)

Silbermann, Henri., Die Seide. Ihre Geschichte, Gewinnung und Ver= arbeitung. 2 Bde. Dresden 1897.

(— In einzelnen Ländern.)

Hintze, O., Die Preußische Seidenindustrie im 18. Jahrh. u. ihre Begründung durch Friedrich den Großen. (Acta Borussica. Bd. 3.) Berlin 1892.

Bujatti, Frz., Die Geschichte der Seiden=Industrie Oesterreichs, deren Ursprung u. Entwicklung bis in die neueste Zeit. Wien 1893.

Bürkli = Meyer, Ad., Geschichte der zürcherischen Seidenindustrie vom Schlusse des 13. Jahrh. an bis in die neuere Zeit. Zürich 1884.

Statistica del regno d'Italia. Industria manifattrice. Trattura della seta. Anno 1864, 66, 67. Firenze 1865, 68, 69.

Broglio d'Ajano, Romolo Gf., Die venetianische Seidenindustrie und ihre Organisation bis zum Ausgange des Mittelalters. Stuttgart 1893.

(Spitzen, Stickereien u. Posamenten.)

Felkin, W., Hosiery and lace. London 1876. (British manufacturing industries.)

Schneider, Frdr. Aug., Die Spitzenfabrikation im sächsischen Erzgebirge Schneeberg 1860.

Finck, Emil, Barbara Uttmann, die Begründerin der Spitzenindustrie im Erz= gebirge. Annaberg 1886.

Dietrich, Bernh., Die Spitzenindustrie (Industrie des tulles et dentelles) in Belgien u. Frankreich zu Ende des 19. Jahrh. Leipzig 1900.

Engerand, Fernand, Les petites industries paysannes. — La dentelle aux fuseaux en Normandie. Paris 1901.

Les crises dentellières en Belgique. Paris 1901.

———————

Laurent, Gust. Ad., Die Stickerei=Industrie der Ostschweiz u. des Vorarl= berges, mit besonderer Berücksichtigung der Hausindustrie. Basel 1891.

Baumberger, Georg, Geschichte des Zentralverbandes der Stickerei=Industrie der Ostschweiz u. des Vorarlbergs. St. Gallen 1891.

———————

Siegel, Eduin, Zur Geschichte des Posamentiergewerbes mit besonderer Rücksichtnahme auf die erzgebirgische Posamentenindustrie. Annaberg 1892.

(Stroh.)

Duffner, Arth. H., Die Strohindustrie im bad. Schwarzwald. Emmendingen 1899.

(Hüte. Schirme.)

Hückel, Carl, Hüte aus Filz und Seide. Wien 1877.

R., Die Krisis in der Hutbranche u. ihre Ursachen. Ein Mahnwort ... zur
Hebung des gesammten Industriezweiges. Berlin 1896.

Achtelstetter, P. J., Die deutsche Schirm = Industrie und deren verwandte
Nebenzweige in der Entwicklung und den fortschreitenden Erfindungen und
Verbesserungen. Leipzig 1886.

(Papier u. andere Schreibmaterialien.)

Willkomm, M., Ueber den Lotos und Papyros der alten Aegypter und die
Papiererzeugung im Alterthum. Prag 1892.

Blanchet, Augustin, Essai sur l'histoire du papier et de sa fabrication.
I. Partie. Paris 1900.

Archer, Paper. London 1876. (British manufacturing industries.)

Hoyer, Egb., Ueber Entstehung und Bedeutung der Papiernormalien, sowie
deren Einfluß auf die Fabrikation des Papiers. München 1888.

Herzberg, Wilh., Papier=Prüfung. Berlin 1888.

Jahrbuch der Papier = Industrie. Eine Rundschau über in= und ausländische
technische u. praktische Neuerungen, Erfindungen und Fortschritte auf den
Gebieten der Papier=, Papierwaaren= und Pappenfabrikation, sowie der
Erzeugung und Verwendung der Roh= und Surrogat=Stoffe. Hrsg. von
E. Muth. Leipzig 1890.

Paper in foreign countries. — Uses of wood pulp. Washington 1900. (Reports
from the consuls of the U. States.)

Der Markt der deutschen Papierindustrie. o. O. u. J.

Landgraf, Jos., Papier=Holz contra Säge= u. Rund=Holz. Berlin 1897.

Kirchner, E., Die Papierfabrikation in Chemnitz. Chemnitz 1893.

(—) Die Geschichte der Papiermühle in Oberschlema (Sachsen). o. O. u. J.

Denkschrift zur Feier des 75 jähr. Jubiläums der Firma Sieler & Vogel in
Leipzig. 1825—1900. Leipzig 1900.

Raab, R., Die Schreibmaterialien und die gesammte Papier = Industrie. Mit
Vorwort von Daniel Sanders. Hamburg 1888.

Lindsey, G., Pens and papier mâché. London 1876. (British manufacturing
industries.)

Schwanhäusser, Ed., Die Nürnberger Bleistiftindustrie von ihren ersten An=
fängen bis zur Gegenwart. Greifswald 1893.

— Die Nürnberger Bleistiftindustrie u. ihre Arbeiter. Nürnberg 1895.

(Buchdruck.*)

Falkenstein, Karl, Geschichte der Buchdruckerkunst in ihrer Entstehung und
Ausbildung. Leipzig 1840.

Gutenberg=Fest zu Mainz i. J. 1900, zugleich Erinnerungs=Gabe an die Er=
öffnung des Gutenberg=Museums am 23. Juni 1901. Mainz 1901.

Lacroix, Paul (Bibliophile Jacob), Édouard Fournier et Ferdinand Seré,
Le livre d'or des métiers. — Histoire de l'imprimerie et des arts et
professions qui se rattachent à la typographie. Paris 1852.

Lord, Carl B., Handbuch der Geschichte der Buchdruckerkunst. 2 Thle.
Leipzig 1882, 83.

---

*) Vergl. unten III. C, 3: Einzelne Handwerke.

Faulmann, Karl, Illustrirte Geschichte der Buchdruckerkunst mit besonderer
Berücksichtigung ihrer technischen Entwickelung bis zur Gegenwart. Wien
1886.

Mantuani, Jos., Über den Beginn des Notendruckes. Wien 1901.

Hatton, Joseph, Printing and bookbinding. London 1876. (Brit. manufact. ind.)

Frauenlob, Rud., Die Typographie u. ihre Beziehungen zu den Verkehrs=
kreisen des sozialen Lebens. Wien 1861.

Scherzer, Karl v., Die Buchdruckerkunst u. der Kulturfortschritt der Menschheit.
Berlin 1882.

Vinne, Theodore L. de, Printing in the nineteenth century. London 1901.

Seemann, Th., Lehrbuch der vervielfältigenden Künste im Umriß. Kurze
geschichtl. Entwickelung und Technik des Holzschnitts, der Kupferstechkunst,
des Zink= u. Stahlstichs, der Lithographie ꝛc. Dresden 1894.

Gerstenberg, Alb., Die moderne Entwickelung des deutschen Buchdruckgewerbes
in statistischer u. sozialer Beziehung. Halle a. S. 1891.
— Die neuere Entwickelung des deutschen Buchdruck=Gewerbes in statistischer
u. sozialer Beziehung. Halle a. S. 1892.

Wie „Die Woche" entsteht. Ein Blick hinter die Kulissen. Berlin 1901.

Wiener, Ernst, Rückblick auf die Entwickelung des Deutschen Buchdrucker=
Vereins. Mainz 1894.

Gedenk=Blätter an den zweiten Sachsentag, abgehalten den 18. Aug. 1895.
Dresden.

Lorck, Carl B., Die Druckkunst und der Buchhandel in Leipzig durch vier
Jahrhunderte. Leipzig 1879.
— Die Zukunft des Buchgewerbes in Leipzig. Leipzig 1884.

Rocco, Carl, Führer durch das Buchgewerbe Leipzigs. Leipzig 1890.

Wiener, Ernst, Das Leipziger Buchdruckgewerbe am Ausgange des Jahr=
hunderts. Leipzig 1897.

Schöttgen, Christian, Historie derer Dreßnischen Buchdrucker. Dreßden 1740.

Der löblichen Buchdrucker=Gesellschaft zu Dreßden Jubel=Geschichte, A. 1740,
den 24. und 25. Junii. Mit Vorrede Christian Schöttgens. Dreßden.

Gottwald, Ed., Erinnerungsblätter an die vierte Säcularfeier der Erfindung
der Buchdruckerkunst zu Dresden 1840. Dresden 1840.

Rückblicke auf das 25jähr. Bestehen des Dresdner Buchdruckervereins. Dresden
1887.

Arnold, Ernst, Dresden als Druckerstadt von 1524 bis 1900. Dresden 1900.

Ausstellung von Arbeiten der vervielfältigenden Künste im Bayerischen Gewerbe=
museum zu Nürnberg 1877. Nürnberg.

Mayer, Anton, Wiens Buchdrucker=Geschichte 1482—1882. 2 Bde. Wien
1883, 1887.

Die Kaiserliche Wiener Hof= u. Staatsdruckerei bei der allgemeinen Industrie=
u. Kunstausstellung in Paris 1855. Wien 1855.

Fritz, G., Die k. k. Hof= u. Staatsdruckerei u. deren technische Einrichtungen.
Wien 1894.

(Gedruckt am 8. Februar 1902.)

Lorck, Carl B., Die graphiſchen Künſte auf der Ausſtellung zu Wien. Braun=
ſchweig 1874.

Degeorge, Léon, La maison Plantin à Anvers. Monographie complète de
cette imprimerie célèbre aux XVIe et XVIIe siècles. 2me édit. Bruxelles
1878.

(Buchgewerbe.)

Steche, Rich., Zur Geſchichte des Bucheinbands. Leipzig 1878.

Haſe, Oskar v., Die Entwickelung des Buchgewerbes in Leipzig. Leipzig
1887.

Der Centralverein für das geſammte Buchgewerbe u. das deutſche Buchgewerbe=
Muſeum in Leipzig. Leipzig 1893.

(Haſe, O. v.,) Centralverein für das geſammte Buchgewerbe am 29. Oktober
1894. Rückblick u. Zukunftsplan. (Leipzig 1894.)

Zur Erinnerung an das fünfzigjährige Geſchäftsjubiläum der Firma Julius Hager,
Leipzig, am 6. Dec. 1894. Leipzig.

Guſtav Fritzſche, Königl. Sächſ. Hofbuchbinderei, Leipzig. Leipzig (1895.)

B. Kunſtgewerbe.

(Im Allgemeinen.)

Neumann, Fr. Xav., Die Kunſt in der Wirthſchaft. Wien 1873.

Huber=Liebenau, v., Ueber das Kunſtgewerbe der alten und neuen Zeit.
Berlin 1880.

Dorn, Alex., Der wirthſchaftliche Werth des Geſchmacks. Berlin 1886.

Müller, Th., Kunſtgewerbe u. Handwerkerfrage. Minden i. W. 1886.

Ahrens, J. F., Die Reform des Kunſtgewerbes in ihrem geſchichtlichen Ent=
wickelungsgange. Berlin 1886.

Gurlitt, Cornelius, Die deutſche Muſterzeichner=Kunſt und ihre Geſchichte.
Darmſtadt 1890.

Leſſing, Jul., Das Kunſtgewerbe als Beruf. Berlin 1891.

Blockhuys, J., u. A. Gervais, Das Kunſtgewerbe oder die Kunſt in ihren
Beziehungen zur Induſtrie. Deutſch von Fr. Fall. München 1896.

(In einzelnen Ländern.)

Werkplatz. Verbands=Organ der ſelbſtändigen Bildhauer Deutſchlands. 4. Jahrg.
Nr. 1—19. Leipzig 1894.

Kimbel, Martin, Nothruf des Kunſtgewerbes! Schulung und Niedergang
deſſelben in Preußen. Darmſtadt 1893.

Kurzwelly, A., Die bäuerliche Kleinkunſt. Dresden 1900.

Voigt, Johs., Blicke in das kunſt= u. gewerbreiche Leben der Stadt Nürnberg
im 16. Jahrh. Berlin (1861).

Urbani de Gheltof, G. M., Les arts industriels à Venise au moyen age et
à la renaissance. Venise 1885.

Das Deutſche Kunſtgewerbe zur Zeit der Weltausſtellung in Chicago 1893.
Hrsg. vom Bayer. Kunſtgewerbe=Verein unter der Red. von Leop. Gmelin.
München 1893.

C. Handwerk.

1. Im Allgemeinen.

Delitzsch, Frz., Handwerkerleben zur Zeit Jesu. Erlangen 1868.

Meyer, Seligm., Arbeit u Handwerk im Talmud. Berlin 1878.

Jahn, Otto, Ueber Darstellungen des Handwerks und Handelsverkehrs auf
antiken Wandgemälden. Leipzig 1868

Riebenauer, Anton, Handwerk und Handwerker in den homerischen Zeiten.
Erlangen 1873.

Frohberger, Herm., De opificum apud veteres Graecos condicione dissertatio I. Grimae 1866.

Maué, Herm. C., Die Vereine der fabri, centonarii und dendrophori im
römischen Reich. I. Die Natur ihres Handwerks und ihre sacralen Beziehungen. Frankfurt a. M. 1886.

Liebenam, W., Zur Geschichte u. Organisation des römischen Vereinswesens.
Leipzig 1890.

Matthiass, Bernh., Zur Geschichte u. Organisation der römischen Zwangs-
verbände. Rostock 1891.

Léon le Sage, Le livre du préfet ou l'édit de l'empereur Léon le Sage sur
les corporations de Constantinople. Traduction française par Jules Nicole.
Genève 1894.

Hirsch, S., Das Handwerk u. die Zünfte in der christlichen Gesellschaft vornehmlich in Deutschland. Berlin 1854.

Arnold, W., Das Aufkommen des Handwerkerstandes im Mittelalter. Basel 1861.

Martin Saint-Léon, Étienne, Histoire des corporations de métiers depuis
leurs origines jusqu'à leur suppression en 1791. Paris 1897.

Le livre d'or des metiers. 7 tomes. Paris 1852—62.

Eberstadt, Rud., Magisterium u. Fraternitas. Eine verwaltungsgeschichtliche
Darstellung der Entstehung des Zunftwesens. Leipzig 1897.

— Der Ursprung des Zunftwesens und die älteren Handwerkerverbände des
Mittelalters. Leipzig 1900.

Fristus, Fridericus, Der vornehmsten Künstler u. Handwerker Ceremonial-
Politica. Leipzig 1708—14.

Meister Jacob's Wanderjahre. Ein Handwerkerbild aus dem vorigen Jahrhundert. St. Gallen 1864.

Zenotty, Franz de Paula, Die Schutzheiligen der verschiedenen Stände,
Gewerbe u. Handwerke. Wien 1887.

Sébillot, Paul, Légendes et curiosités des métiers. Paris o. J.

Bucher, Bruno, „Mit Gunst!" Aus Vergangenheit u. Gegenwart des Handwerks. Leipzig 1886.

Grenser, Alfr., Zunft=Wappen u. Handwerker=Insignien. Frankfurt a. M. 1889.

2. Einzelne Länder und Orte.

(Deutschland im Allgemeinen.)

Mascher, H. A., Das deutsche Gewerbewesen von der frühesten Zeit bis auf
die Gegenwart. Potsdam 1866.

Mummenhoff, Ernst, Der Handwerker in der deutschen Vergangenheit.
Leipzig 1901.

Stieda, Wilh., Handwerk. Jena (1894). (Handwörterbuch der Staatswissenschaften.)

Otto, Ed., Das deutsche Handwerk in seiner kulturgeschichtlichen Entwickelung. Leipzig 1900.

Stock, Th. C., Grundzüge der Verfassung des Gesellenwesens der deutschen Handwerker in alter u. neuer Zeit. Magdeburg 1844.

Saal, C. Th. B., Wanderbuch für junge Handwerker oder populäre Belehrungen über die Geschichte, Eintheilung, Rechts-, Zunft- u. Innungsverhältnisse ꝛc. der Handwerker. 3. verm. u. verb. Aufl. Weimar 1858.

Hahndorf, S., Zur Geschichte der deutschen Zünfte. Cassel 1861.

Pfalz, F., Ein Wort über den Urkundenschatz der Handwerksladen. Leipzig 1872.

Stahl, Fr. Wilh., Das deutsche Handwerk. Gießen 1874.

Schönberg, Gust., Zur wirthschaftl. Bedeutung des deutschen Zunftwesens im Mittelalter. Berlin 1868.

Huber-Liebenau, v., Das deutsche Zunftwesen im Mittelalter. Berlin 1879.

Philippi, F., Die gewerblichen Gilden des Mittelalters. (Berlin 1892.)

Neuburg, E., Zunftgerichtsbarkeit u. Zunftverfassung in der Zeit vom 13. bis 16. Jahrhundert. Jena 1880.

Schanz, Georg, Zur Geschichte der deutschen Gesellen-Verbände. Mit 55 bisher unveröffentlichten Documenten aus der Zeit des 14.—17. Jahrhunderts. Leipzig 1877.

— Zur Geschichte der Gesellenwanderungen im Mittelalter. o. O. u. J.

Stieda, Wilh., Zunfthändel im 16. Jahrhundert. o. O. u. J.

Koch, Willibald, Beiträge zur Geschichte des deutschen Handwerks. Leipzig 1880.

Schmoller, Gust., Zur Geschichte der deutschen Kleingewerbe im 19. Jahrhundert. Halle 1870.

Gans, S. P., Ueber die Verarmung der Städte u. des Landmanns u. den Verfall der städtischen Gewerbe im nördlichen Deutschland, besonders im Königr. Hannover. Braunschweig 1831.

Westien, Johs., (Willibald Koch,) Das zünftige Handwerk. Bilder und Skizzen aus der Geschichte des deutschen Gewerbewesens. 3. Aufl. Leipzig (1887).

Pfeiffer, Jul., Erlebnisse eines reisenden Handwerksburschen. Wanderungen durch Deutschland u. Dänemark vor 35 Jahren. Stuttgart 1897.

Ebner, Th., Vom deutschen Handwerk u. seiner Poesie. Hamburg 1895.

Schade, Osc., Deutsche Handwerkslieder. Leipzig 1865.

Schröber, Carl, Hervorragende Förderungsstätten des Deutschen Handwerks. Dresden o. J.

(Preußen.)

Thissen, Otto, Beiträge zur Geschichte des Handwerks in Preußen. Tübingen 1901.

Bodemann, Ed., Die älteren Zunfturkunden der Stadt Lüneburg. Hannover 1883.

Haber, J., Ein Beitrag zur Geschichte der Zünfte der Stadt Lauenburg in Pommern. Lauenburg i. P. 1878.

Blümcke, Otto, Die Handwerkszünfte im mittelalterlichen Stettin. Stettin 1884.

Panten, Emil, Ueber die Gewerbs- und Handelsgeschichte Danzigs bis zum
Jahre 1308. (Leipzig 1853.)

Meister, Curt, Die ältesten gewerblichen Verbände der Stadt Wernigerode
von ihrer Entstehung bis zur Gegenwart. Jena 1890.

Die Statuten der früheren Gilden, Ämter u. Zünfte binnen der Stadt Essen.
Mitgeteilt von Büscher. Essen 1884.

Verordnung . . . Wie es hinfüro bei denen Innungen, Gilden, Zünfften, und
Aembtern . . . gehalten werden soll. Cassel 1693.

Elkan, Eugen, Das Frankfurter Gewerberecht von 1617 — 1631. Tübingen
1890.

(Sachsen.)

Ermisch, Hubert, Ein Beitrag zur Geschichte des Handwerks in Sachsen.
o. O. u. J.

Flemming, Max, Die Dresdner Innungen von ihrer Entstehung bis zum
Ausgang des 17. Jahrhunderts. Erster (einziger) Tl. Dresden 1896.

— Das Lehrlingswesen der Dresdner Innungen vom 15. bis zum Ende des
17. Jahrh. Dresden 1887.

Berlit, G., Leipziger Innungsordnungen aus dem 15. Jahrh. Leipzig 1886.

Petrenz, Otto, Die Entwicklung der Arbeitsteilung im Leipziger Gewerbe
von 1751 bis 1890. Leipzig 1901.

Die älteren Meißner Zunftordnungen. Hrsg. von Wilh. Loose. Meißen
1893, 94.

Eine Beschwerdeschrift der Meißner Innungen von 1500. Eingeleitet von
Rob. Wuttke. Meißen o. J.

Knebel, Konr., Handwerksbräuche früherer Jahrhunderte insbesondere in
Freiberg. Freiberg o. J.

(Bayern.)

Mayr, Georg, Ueber die Grenzen der Vergleichbarkeit statistischer Erhebungen,
mit einer Skizze der Entwicklung des Handwerks in den Bayerischen
Städten diesseits des Rheins. München 1866.

Destouches, Ernst v., Fünfzig Jahre Münchener Gewerbe-Geschichte, 1848 bis
1898. München 1898.

Der Raths-Entschluß oder Bürger-Vergleich von München über die Handwerks-
Gerechtigkeiten, die Verleihung der Toleranzen rc. vom Jahre 1769. Ein
Beitrag zur Geschichte der bürgerlichen Gewerbe in München. o. O. 1804.

Gabler, Otto, Nürnbergs Bedeutung für die politische u. kulturgeschichtliche
Entwickelung Deutschlands im 14. u. 15. Jahrh. Berlin 1860.

Aller derer Namen verzeichnet, auß den Acht Löblichen Handtwerkern, so in
der Reichs Statt Nürnberg inn den Rath erwählet worden, auch wie lang
jeder denselben hat beygewohnet, von Anno 1370 biß dato. (Nürnberg
1611.)

Stockbauer, J., Nürnbergisches Handwerksrecht des 16. Jahrh. Nürnberg
1879.

Schoenlank, Bruno, Soziale Kämpfe vor dreihundert Jahren. Altnürnbergische
Studien. Leipzig 1894.

Albrecht, Georg, Handwerks Zunfft, d. i. kurze Erzehl- und Beschreibung der
vornehmsten Handwercken, so allhie in des H. Röm. Reichs Stadt Augspurg
getrieben werden. Leipzig 1631.

Seidl, Armin, Joh. Heinr. v. Schüle und sein Prozeß mit der Augsburger
    Weberschaft (1764 — 1785). München 1894.

Krallinger, J. B., Satzungen hervorragender Handwerkervereinigungen aus
    der Zeit vom 15. Jahrh. bis zur Gegenwart. München 1880.

— Neue Beiträge zur Geschichte des Landsberger Gewerbewesens. Landsberg
    1886.

Scharold, Carl Gottfr., Zunft = Chronik aller Gewerbe und Handwerke in
    Würzburg. Bd. I. H. 1. Würzburg 1822.

Abdruck der in dem unmittelbaren freyen Reichs-Ritter-Ort an der Baunach fest=
    gesetzten allgemeinen Zunft = Ordnung, welcher das hohe Stift Wirzburg
    den 18. Febr. 1750 beygetretten. o. O. u. J.

(Württemberg.)

Nübling, Eug., Ulm's Kaufhaus im Mittelalter. Ulm 1900.

Gothein, Eberh., Pforzheims Vergangenheit. Ein Beitrag zur deutschen
    Städte= u. Gewerbegeschichte. Leipzig 1889.

(Baden.)

Gothein, Eberh., Bilder aus der Geschichte des Handwerks in Baden.
    Karlsruhe 1885.

Erhebungen über die Lage des Kleingewerbes 1885. 3 Thle. Karlsruhe 1887, 88.

Das Gewerbewesen der Stadt Mannheim nach der Erhebung vom 14. Juni 1895
    Mannheim 1897.

Hartfelder, Karl, Die alten Zunftordnungen der Stadt Freiburg i. Br.
    Tl. I. Freiburg i. B. 1879.

(Freie Städte.)

Rüdiger, Otto, Die ältesten Hamburgischen Zunftrollen und Brüderschafts=
    statuten. Mit Glossar. Hamburg 1874.

— Aeltere Hamburgische u. hansestädtische Handwerksgesellendocumente. Nach=
    trag zu den „Aeltesten Hamburgischen Zunftrollen ꝛc." Hamburg 1875.

Hampke, Thilo, Die Hamburgischen Innungen. Jena 1898.

Wehrmann, C., Die älteren Lübeckischen Zunftrollen. 2. verb. Aufl. Lübeck
    1872.

(Elsaß-Lothringen.)

Heitz, Frd. C., Das Zunftwesen in Straßburg. Mit Vorwort von Lud. Spach.
    Straßburg 1856.

Löper, Carl, Die Rheinschiffahrt Straßburgs in früherer Zeit u. die Straßburger
    Schiffleut=Zunft. Nebst einleitender Abhandlung: Das Zunftwesen u. die
    Stadtverfassung der alten Reichsstadt Straßburg von E. Trauttwein
    von Belle. Straßburg 1877.

Straßburger Zunft= und Polizei-Verordnungen des 14. und 15. Jahrhunderts.
    Zusammengestellt von J. Brucker. Nebst Glossar von J. Brucker und
    G. Wethly. Straßburg 1889.

(Oesterreich = Ungarn.)

Reschauer, Heinr., Geschichte des Kampfes der Handwerkerzünfte und der
    Kaufmannsgremien mit der österreich. Bureaukratie. Vom Ende des 17.
    Jahrh. bis zum Jahre 1860. Wien 1882.

Die gewerblichen Genossenschaften in Oesterreich. Verfaßt u. hrsg. vom statist.
    Departement im k. k. Handels-Ministerium. 2 Bde. Wien 1895.

Sailer, Heinr. Frbr., Beiträge zur Geschichte des Zunftwesens in Nieder=
Oesterreich. Wien 1876.

Die gewerblichen Genossenschaften Niederösterreichs i. b. J. 1854, 1865 und
1898. Verfaßt vom statist. Bureau der Niederösterr. Handels= u. Gewerbe=
kammer. Wien 1899.

Mährische Zunftrollen. (Brünn 1773 — 1781.)

Bucher, Bruno, Die alten Zunft= u. Verkehrs=Ordnungen der Stadt Krakau.
Wien 1889.

Roth, Joh., Aus der Zunftzeit Agnethelns. Ein Beitrag zur Geschichte des
sächsischen Handwerkerlebens in Siebenbürgen. (Hermannstadt 1887.)

(Schweiz.)

Betrachtungen über das Wesen u. die Verhältnisse des Handwerkerstandes in
Basel. Basel 1846.

Geering, Traugott, Handel u. Industrie der Stadt Basel. Zunftwesen und
Wirtschaftsgeschichte bis zum Ende des 17. Jahrh. Basel 1886.

Burckhardt=Piguet, Th, Oberzunftmeister Benedict Socin 1594 — 1664.
o. D. u. J.

(Italien.)

Doren, Alfr., Entwicklung und Organisation der Florentiner Zünfte im 13.
u. 14. Jahrh. Leipzig 1897.

(Frankreich.)

Mazaroz, J. P., Histoire des corporations françaises d'arts et métiers avec
préface historique et conclusions pratiques. 2ᵉ édit. Paris 1878.

— Les deux phases d'organisation de la corporation du meuble sculpté de
Paris. Paris 1881.

Hubert-Valleroux, P., Les corporations d'arts et métiers et les syndicats
professionnels en France et à l'étranger. Paris 1885.

Martin Saint-Léon, Étienne, Les anciennes corporations de métiers et les
syndicats professionnels. Paris 1899.

Depping, G. B., Règlements sur les arts et métiers de Paris rédigés aux
XIII. siècle et connus sous le nom du livre des métiers d'Étienne Boileaux.
Paris 1837.

Franklin, Alfred, La vie privée d'autrefois. Arts et métiers . . . des
parisiens du XIIᵉ au XVIIIᵉ siècle. Paris 1889.

Lespinasse, René de, Les métiers et corporations de la ville de Paris
XIVᵉ — XVIIIᵉ siècle. 2 vols. Paris 1886, 92.

Baumann, Bericht über Gewerbe= u. Verkehrsverhältnisse von Paris. Karlsruhe
1865.

Ackermann, Jos. Carl, Haushalt und Kleingewerbe in Paris und in der
Pariser Weltausstellung. Wien 1879.

Ouin-Lacroix, Ch., Histoire des anciennes corporations d'arts et métiers et
des confréries religieuses de la capitale de la Normandie. Rouen 1850.

(Niederlande.)

Perreau, A., Essai de monographie des méreaux des corporations de métiers
des Pays-Bas. Bruxelles 1858.

— Recherches sur les corporations des métiers de la ville de Maëstricht et
sur leurs méreaux. Bruxelles 1848.

Ter Gouw, J., De gilden. Amsterdam 1866.

Feith jr., Henr. Octav., Dissertatio historico-juridica ... de gildis Groninganis.
Groningae 1838.

(Belgien.)

Vandervelde, Émile, Enquête sur les associations professionnelles d'artisans
et ouvriers en Belgique. 2 tomes. Bruxelles 1891.

(England.)

Smith, Toulmin, English gilds. The original ordinances of more than one
hunderd early english gilds. With an introduction and glossary by Lucy
Toulmin Smith, and a preliminary essay in five parts: On the history
and development of gilds, by Lujo Brentano. London 1870.

Herbert, Will., The history of the twelve great livery companies of London.
2 vols. London 1836, 37.

Arundell, Thomas, Historical reminiscences of the city of London and its
livery companies. London 1869.

(Rußland.)

Mettig, Conſtantin, Zur Geſchichte der Rigaſchen Gewerbe im 13. und
14. Jahrh. Riga 1883.

Stieda, Wilh., u. Conſtantin Mettig, Schragen der Gilden und Aemter
der Stadt Riga bis 1621. Riga 1896.

(Bulgarien.)

Jwantſchoff, Jw., Primitive Formen des Gewerbebetriebs in Bulgarien.
Leipzig-R. 1896.

Spaſſow, Athanas D., Der Verfall des alten Handwerks u. die Entſtehung
des modernen Gewerbes in Bulgarien während des 19. Jahrh. Greifswald 1900.

(Armenien.)

Tarajanz, Sedrak, Das Gewerbe bei den Armeniern. Leipzig 1897.

(Afrika.)

Schurz, Heinr., Das afrikaniſche Gewerbe. Leipzig 1900.

3. Einzelne Handwerke.

(Zuſammenſtellungen.)

Verlepſch, H. A., Chronik der Gewerke. Nach Forſchungen in den alten
Quellenſammlungen u. Archiven ꝛc. Bd. 1—9. St. Gallen (1850/53.)
(Die einzelnen Gewerke ſiehe unten.)

Le livre d'or des métiers. 7 tomes. Paris 1852—1862. (Die einzelnen
Handwerke ſiehe unten.)

(Nahrungsgewerbe. — Im Allgemeinen.)

Heyne, Mor., Das deutſche Nahrungsweſen von den älteſten geſchichtlichen
Zeiten bis zum 16. Jahrh. Leipzig 1901.

Nübling, Eug., Ulm's Lebensmittel-Gewerbe im Mittelalter. Ulm 1892.

(Bäckerei.)

Verlepſch, H. A., Chronik vom ehrbaren Bäckergewerk. St. Gallen (1851).

Schmidt-Weißenfels, Zwölf Bäcker. 3. Aufl. Stuttgart o. J.

Weichs-Glon, Frdr. Frh. zu, Die Brotfrage u. ihre Löſung. Leipzig 1898.

Nachricht von dem Maaß und Gewichte beym Semmel- und Brod-Backen.
(Dreßden 1574.)

Arnold, Ph., Das Münchener Bäckergewerbe. Stuttgart 1895.

Deß Hertzogthumbs Würtemberg newe Becken=Brobbeschawer= vnd Kornmesser=Ordnungen. Stuttgart 1651.

Der Römischen Kayserlichen, auch zu Hungern 2c. Khünigklichen Maiestabt 2c. Reformirte . . . Becken=Ordnung, die Statt Wienn betreffent. Anno 1618.

Join-Lambert, André, L'organisation de la boulangerie en France. Paris 1900.

Müllerei.)

Teichert, E. F. W., Nachrichten über das Mühlenwesen in und um Dresden Dresden (1850).

Kustermann, Rob., Das Mühlengewerbe im rechtsrheinischen Bayern. Stuttgart 1899.

Deß Hertzogthumb Würtemberg ernewerte Müller=Ordnung. Stuttgart 1651.

Der Römischen Kayserlichen, auch zu Hungern 2c. Khünigklichen Maiestabt 2c. Reformirte Müllner . . . =Ordnung, die Statt Wienn betreffent. Anno, 1618.

Ordnung der Mülleren und Pfisteren zu Bärn. Bärn 1689.

Fischerei.)

Nübling, Eug., Ulm's Fischereiwesen im Mittelalter. Ulm 1892.

Statuti dell' honoranda compagnia de' pescatori dell' inclita città di Bologna. (Bologna 1864.)

Fleischerei.)

Berlepsch, H. A., Chronik vom ehrbaren Metzgergewerk. St. Gallen (1851).

Schmidt=Weißenfels, Zwölf Metzger. Stuttgart o. J.

Verhandlungen der Delegierten von Schlachtviehhofverwaltungen mit den Vertretern des . . . Fleischergewerbes. Berlin 1893.

Fleischer=Ordnung für die Residenzstadt Dresden. 1830. Dresden.

14., 24. — 28. Geschäfts=Bericht der Fleischer=Innung zu Dresden. 1886, 1896 — 1900. Dresden.

Eyns Erbern Raths der Stadt Nürmberg satzung vnd ordnung, wie alles Fleysch durch das Handtwerck der Metzler, diser zeyt, nemlich Lucie, im 1526. Jar, vnterschiedlich verkaufft vnd bezalet werden sol. (Nürnberg 1526.)

Metzger=Ordnung, so Anno 1651 auffgerichtet. (Stuttgart) 1654.

Nübling, Eug., Ulm's Fleischereiwesen im Mittelalter. Ulm 1892.

(Brauerei.)

Schmidt=Weißenfels, Zwölf Brauer. Berlin o. J.

Henze, Torgisch Bier. Torgau 1897.

Scheben, Wilh., Das Zunfthaus u. die Zunft der Brauer in Köln. Köln 1875.

— Die Zunft der Brauer in Köln in ihrem inneren Wesen u. Wirken, nebst den i. J. 1603 erneuerten uralten Ordnungen 2c. Köln 1880.

(Baubandwerk. — Maurer. Steinmetzen. Zimmerleute.)

Schmidt=Weißenfels, Zwölf Männer vom Bau. Stuttgart o. J.

Heimsch, Carl, Handwerksbrauch der alten Steinhauer, Maurer u. Zimmerleute. Stuttgart 1872.

Dammann, A. W., Chronik der Maurer u. Steinmetzen. Hrsg. durch H. A. Berlepsch. St. Gallen (1853).

Die Verbindungen der Maurergesellen, oder authentische Darstellung der bei diesen Verbindungen üblichen Gebräuche 2c. Lübeck 1841.

Oldenberg, Karl, Das deutsche Bauhandwerk der Gegenwart. (Berlin) 1888.

Hündorf, P., Die Steinhauer-Zunft zu Oberkirchen. Halle a. S. 1887.

Stieglitz, C. L., Über die Kirche der heiligen Kunegunde zu Rochlitz u. die Steinmetzhütte daselbst. (Beilage: I. II. Ordnung der Steinmetzen v. J. 1613 u. 1462.)

Kreuzlam, Th, Das Baugewerbe mit besonderer Rücksicht auf Leipzig. Leipzig 1897.

Neuwirth, Jos., Die Satzungen des Regensburger Steinmetztages i. J. 1459. Wien 1888.

Lacroix, Paul, (Bibliophile Jacob), Émile Begin et Ferd. Seré, Le livre d'or des métiers. Histoire de la charpenterie et des anciennes communautés et confréries de charpentiers de la France et de la Belgique. Paris 1858.

Jupp, Edw. Basil, An historical account of the worshipful company of carpenters of the city of London. 2. edit. with a supplement by W. W. Porock. London 1887.

(Mühlenbauerei.)

Beyer, Johann Matthias, Theatrum machinarum molarium oder Schauplatz der Mühlen-Baukunst. Neue, verm. Aufl. 3 Thle. Dresden 1803, 1802, 1788.

(Töpferei.*)

Schmidt-Weißenfels, Zwölf Töpfer. Stuttgart o. J.

(Metallarbeiter i. Allgem.)

Berlepsch, H. A, Chronik der Feuerarbeiter. Namentlich der Huf-, Waffen-, Klingen- u. Messerschmiede, der Schlosser u. Maschinenbauer. St. Gallen (1852).

(Schmiede.)

Schmidt-Weißenfels, Zwölf Schmiede. 4. Aufl. Stuttgart o. J.

Metzger, Conrad, Statut der Schmiedegesellen in Flensburg. Flensburg 1883.

Artikel für die bürgerl. Zeug- u. Zirkelschmiedmeister, für die Zeug- u. Zirkelschmiedgesellen, — für die bürgerl. Kupferschmiedmeister, für die Kupferschmiedgesellen, — für die bürgerl. Schwerdtfeger, für die Schwerdtfegergesellen in dem Marggrafthum Mähren. (Brünn 1774.)

Sattler, Chr. Frbr, Vom Keßler- oder Kaltschmids-Schutze älterer Zeiten. Tübingen 1781.

(Schlosser.)

Schmidt-Weißenfels, Zwölf Schlosser. 2. Aufl. Stuttgart o. J.

Artikel für die Büchsenmacher-... meister, für die Büchsenmacher-... gesellen ... in dem Marggrafthum Mähren. (Brünn 1778)

(Gürtler u. Nadler.)

Artikel für die bürgerl. Gürtlermeister, für die Gürtlergesellen, — für die bürgerl. Nadlermeister, für die Nadler-Gesellen in dem Marggrafthum Mähren. (Brünn 1774, 1777.)

---

*) Vergl. auch oben unter Keramik. S. 166.

Weyde, Jul., Das Gablonzer Gürtler-Gewerbe u. die für den Gürtler erforderliche Buchführung. Gablonz a. N. 1901.

Gelb-, Zinngießer.)

(Patent, daß die Magistrate in Städten und auf dem Lande in Hinter=Pommern
und Cammin die frembde Zinn = Gießer, Hausierer etc. nicht dulden.
Stargard, den 31. Jan. 1716.

Artikel für die bürgerl. Gelbgießermeister, für die Gelbgießergesellen, — für
die bürgerl. Zinngießermeister, für die Zinngießergesellen in dem Marggrafthum Mähren. (Brünn 1777, 1775.)

Klempner.)

Schmidt = Weißenfels, Zwölf Klempner. Berlin o. J.

Gold- u. Silberschmiede.*)

Berlepsch, H. A., Chronik der Gold= u. Silberschmiedekunst. St. Gallen o. J.

Lacroix, Paul, (Bibliophile Jacob), et Ferd. Seré, Histoire de l'orfèvrerie-
joaillerie et des anciennes communautés et confréries d'orfèvres - joailliers
de la Franc et de la Belgique. Paris 1850. (Le livre d'or des metiers.)

Schmidt = Weißenfels, Zwölf Goldarbeiter. 4. Aufl. Stuttgart o. J.

Crull, Frbr, Das Amt der Goldschmiede in Wismar. Wismar 1887.

Loersch, Hugo, Die Rolle der Aachener Goldschmiedezunft vom 16. April 1573.
Aachen 1892.

Philippi, F., Zur Geschichte der Osnabrücker Goldschmiedegilde. Osnabrück
1890.

Hach, Th., Zur Geschichte der Lübeckischen Goldschmiedekunst. Lübeck 1893.

Meyer, Hans, Die Straßburger Goldschmiedezunft von ihrem Entstehen bis
1681. Leipzig 1881.

(Uhrmacher.*)

Hertz, Gust., Geschichte der Uhren. Berlin 1851.

Gelcich, Eugen, Geschichte der Uhrmacherkunst von den ältesten Zeiten bis
auf unsere Tage. 4. Aufl. von Barfuß' „Geschichte der Uhrmacherkunst"
neu bearb. Weimar 1887.

Schmidt = Weißenfels, Zwölf Uhrmacher. Berlin o. J.

Artikel für die . . . Großuhrmachermeister, für die . . . Großuhrmachergesellen,
— für die bürgerl. Kleinuhrmachermeister, für die Kleinuhrmachergesellen
in dem Marggrafthum Mähren. (Brünn 1778.)

(Holzbearbeitung. — Tischler.)

Schmidt = Weißenfels, Zwölf Tischler. Berlin o. J.

Schultz, Georg Adam, Hand = Werks Gewohnheit der schreiners Gesellen.
Weisenburg, den 31. März 1803. (Manuscript.)

Handwerks Gebrauch bei einer Hoblung. o. O. u J. (Manuscript.)

Maaß, Ludof, Der Einfluß der Maschine auf das Schreinergewerbe in
Deutschland. Ein Beitrag zur Kenntniß des Kampfes der gewerblichen
Betriebsformen. Stuttgart 1901.

Tischler-Innung Dresden. Erinnerung an die Feier des 300 jährigen Jubiläums
am 31. Mai 1883. Dresden.

Thurneyssen, Fritz, Das münchener Schreinergewerbe. Stuttgart 1897.

(Drechsler.)

Schmidt=Weißenfels, Zwölf Drechsler. Berlin o. J.

---

*) Vergl. oben III. A, 3: Einzelne Industrien.

(Böttcher.)

Berlepsch, H. A., Chronik vom ehrbaren Böttchergewerk. St. Gallen (1853).
Stieba, Wilh., Das Böttcherei-Gewerbe in Alt-Rostock. (Rostock 1892.)

(Bekleidungsgewerbe. — Weberei.[*])

Schmidt-Weißenfels, Zwölf Weber. Berlin o. J.

Marperger, Paul Jac., Beschreibung des Tuchmacher-Handwerks u. der aus grob und fein sortirter Wolle verfertigten Tücher ꝛc. Dresden, Leipzig 1723.

Kgl. Preuß. Tuch- und Zeugmacher- auch Schau-Ordnung vor die Chur- und Marck-Brandenburg, Hrzth. Magdeburg und Pommern ꝛc. Berlin, den 30. Jan. 1723.

Verordnung der Werkmeister u. Geschwornen des Wollenamtes zu Aachen vom Jahre 1387. Mitgetheilt von Känzeler. (Aachen 1870.)

(Cramer, v.,) I. Ob Ratinen Lacken seyen? II. Ob resp. Grautucher- und Tuchmachern von Rechtswegen ein auswärtiger Tuchhandel gebühre? o. O. u. J.

Mating-Sammler, A., Zur Geschichte der Schneider- u. der Tuchmacherinnung in Chemnitz. Chemnitz 1889.

Knothe, Herm., Geschichte des Tuchmacherhandwerks in der Oberlausitz bis Anfang des 17. Jahrh. Dresden 1883.

Troeltsch, Walter, Die Calwer Zeughandlungskompagnie u. ihre Arbeiter. Jena 1897.

Zunftrechnungen der Brüderschaft der Weber-Gesellen in Güstrow in Mecklenburg von 1755—1864. (Manuscript.)

Schmoller, Gust., Die Straßburger Tucher- u. Weberzunft u. das deutsche Zunftwesen vom 13.—17. Jahrh. Straßburg 1881.

Artikel für die bürgerlichen Tuchscheerermeister, für die Tuchscheerergesellen in dem Marggrafthum Mähren. (Brünn 1779.)

Werner, Karl, Urkundliche Geschichte der Iglauer Tuchmacher-Zunft. Leipzig 1861.

Babeau, Alb., Une corporation d'arts et métiers à Troyes. Les tondeurs de grandes forces. Troyes 1883.

Renier, J. S., Histoire de l'industrie drapière au pays de Liége et particulièrement dans l'arrondissement de Verviers depuis le moyen-age jusqu'à nos jours. Liége 1881.

———

Mating-Sammler, Alfr., Zur Geschichte des Handwerks der Lein- u. Zeugweber in Frankenberg i. S. Frankenberg (1878).
— Der Kampf der kursächsischen Leinweber um die Ehrlichkeit ihres Handwerks. Rochlitz 1879.

Nübling, Eug., Ulm's Baumwollweberei im Mittelalter. Leipzig 1890.

Artikel für die bürgerlichen Seiden- und Wollenstrumpfwirkermeister, für die Seiden- und Wollenstrumpfwirkergesellen in dem Marggrafthum Mähren. (Brünn 1774.)

Broglio d'Ajano, Romolo Gf., Die venetianischen Seidenweberzünfte vom 13. bis 16. Jahrh. Stuttgart 1893.

———

[*] Vergl. oben III. A, 8: Einzelne Industrien. S. 172 flg.

ärber.)

Schmidt=Weißenfels, Zwölf Färber. Berlin o. J.
Artikel für die bürgerl. Schwarzfärbermeister, für die Schwarzfärbergesellen in dem Marggrafthum Mähren. (Brünn 1875.)
— für die bürgerl. Neßler= u. Fellfärbermeister, für die Neßler= u. Fellfärbergesellen in dem Marggrafthum Mähren. (Brünn 1781.)

Schneider.)

Klemm, Gust., Die menschliche Kleidung. Dresden 1854.

Herrmann, Eman., Naturgeschichte der Kleidung. Wien 1882.

Schlegel, Emil, Die menschliche Bekleidung in der häuslichen Praxis. Mit besonderer Berücksichtigung einer rationellen Fußbekleidung und der Wollkleidung nach Prof. G. Jäger. Stuttgart 1882.

Berlepsch, H. A., Chronik vom ehrbaren und uralten Schneidergewerk. St. Gallen (1850).

Meinrich, Ernst Joh., Ehrenspiegel der löblichen Kleidermacher-Kunst. Erzählungen von interessanten Zunftgenossen. (Frankfurt a. M.) 1844.

Schmidt=Weißenfels, Zwölf Schneider. 4. Aufl. Stuttgart o. J.

Klemm, Heinr., Geschichte der altehrwürdigen u. wohlangesehenen Dresdner Schneider-Innung von ihren ersten Anfängen bis auf die Neuzeit. Dresden 1881.

Mating=Sammler, A., Zur Geschichte der Schneider= und der Tuchmacher-innung in Chemnitz. (Chemnitz 1889.)

(Gesuch der Damenkleidermacher in Magdeburg an die Hohe National=Versammlung, in die zu schaffende Gewerbe=Ordnung aufzunehmen, 1) daß Kaufleute nicht mit Erzeugnissen der Damenschneider Handel treiben dürfen, 2) daß Frauenzimmer ... nicht mit Gehülfinnen im Hause arbeiten, und nicht Lehrlinginnen anlernen dürfen. Magdeburg 1848.)

Becker, Herm., Das Dortmunder Wandschneider=Buch. Dortmund 1871.

Herzberg, Gust., Das Schneidergewerbe in München. Stuttgart 1894.

Brügel, E., Die Ansbacher Schneiderzunft. Ansbach 1897.

Herbert, Will., History of the worshipful company of merchant tailors of London. London 1887.

Renovatione de' statuti et ordini dell' università et arte di sartori di Cremona. Cremona 1599.

(Hutmacher.)

Marperger, P. J., Beschreibung des Hutmacher=Handwerks ... und von der Hutmacher ihren statutis, Handwerks=Gebräuchen x. Altenburg 1719.

Artikel für die bürgerlichen Hutmachermeister, für die Hutmachergesellen in dem Marggrafthum Mähren. (Brünn 1774.)

(Handschuhmacher.)

Beck, S. Will., Gloves, their annals and associations. London 1883.

Kment, J. A., Der Handschuh u. seine Geschichte. 3. verm. Aufl. Wien 1890.

(Kürschner, Gerber.)

Herbert, Will., History of the worshipful company of skinners of London. London 1887.

Schmidt=Weißenfels, Zwölf Gerber. Berlin o. J.

Laudner, A., Die Innungsartikel des Sämisch= u. Weißgerberhandwerks vom
J. 1661. Chemnitz 1893.

Junghans, Paul, Die Gerberei in Leipzig, Grimma, Oschatz und Rossen
Leipzig 1896.

Zehntner, H., Streitigkeiten zwischen der Gerberzunft in Basel u. den Land-
gerbern im 18. Jahrh. o. O. u. J.

(Schuhmacher.)

Vincent, Charles, Histoire de la chaussure, de la cordonnerie et des cordonniers
célèbres. Antiquité. — Introduction philosophique par Buchet de Cublize.
Paris 1861.

Lacroix, Paul, (Bibliophile Jacob,) et Alph. Duchesne, Histoire de la
chaussure depuis l'antiquité la plus reculée jusqu'à nos jours. Paris 1862.
(Le livre d'or des metiers.)

Hall, J. S., Das illustrirte Schusterbüchlein. Ober die Fußbekleidungskunst
bei den alten Egyptern, Hebräern, Persern x. Leipzig 1852.

Berlepsch, H. A., Chronik vom ehrbaren Schuhmachergewerk. St. Gallen (1850.)

Schmidt=Weißenfels, Zwölf Schuster. 2. Aufl. Stuttgart o. J.

Schöne, Mor., Die moderne Entwickelung des Schuhmachergewerbes in historischer,
statistischer u. technischer Hinsicht. Jena 1888.

Paoli, Cesare, Urkunden zur Geschichte der deutschen Schusterinnung in
Florenz. o. O. (1887.)

Statut der Schuh= u. Pantoffelmacher=Innung in Berlin. Berlin 1871.

Geissenberger, Nicolaus, Das Schuhmachergewerbe in Leipzig u. Umgebung.
Leipzig 1895.

Lingke, Aug. Fr., Die Schuhmacher = Innung zu Dresden. 1401—1901.
Dresden 1901.

Francke, Ernst, Die Schuhmacherei in Bayern. Stuttgart 1893.

Böhmert, Vict., Beiträge zur Geschichte des Zunftwesens. Leipzig 1862.
(Betr. hauptsächlich die Bremer Schusterzunft)

Paygert, Cornelius v., Die sociale und wirtschaftliche Lage der galizischen
Schuhmacher. Leipzig 1891.

(Friseure. Barbiere.)

Molé, Thiers, Dulaure, Nicolaï, P. Lacroix, Alph. Duchesne et
Ferd. Seré, Histoire de la coiffure, de la barbe et des cheveux postiches.
Paris 1858. (Le livre d'or des metiers.)

Marperger, Paul Jac., Ausführliche Beschreibung des Haar= und Feder=
Handels u. denen aus diesen beyden Materialien verfertigten Manufacturen,
dann . . . vornehmlich von denen Peruquenmachern x. Leipzig 1707.

Schmidt=Weißenfels. Zwölf Barbiere. Stuttgart o. J.

Sander, Paul, Die Lage des Barbier= u. Friseurgewerbes. München 1893.

(Tapezierer.)

Deville, J., Recueil de documents et de statuts relatifs à la corporation de
tapissiers de 1258 à 1875. Paris 1875.

(Seiler.)

Fischer, Gottfr., u. Joh. Chr. Thurm, Seiler=Gesellen Handwerksgewohnheit.
(Dresden) o. J.

(Papiermacher.)

Der löblichen Pappiermacher=Kunst Ordnung und Freyheiten. Wien 1656.

Buchdrucker.*)

Lacroix, Paul, (Bibliophile Jacob,) Éd. Fournier et Ferd. Seré, Histoire
do l'imprimerie et des arts et professions qui se rattachent à la typographie. Paris (1852). (Le livre d'or des metiers.)

Schmidt=Weißenfels, Zwölf Buchdrucker. 4. Aufl. Stuttgart o. J.

Fischer, Heinr., Buchdruckerleben. Leipzig 1894.

Buchbinder.*)

Schmidt=Weißenfels, Zwölf Buchbinder. 2. Aufl. Stuttgart o. J.

Rosel, Heinr., Chronik der Buchbinder=Innung zu Leipzig 1544—1894.
Leipzig 1894.

Bücher, Karl, Frankfurter Buchbinder=Ordnungen vom 16. bis zum 19. Jahrh.
Tübingen 1888.

IV. Der Staat und die Industrie.

A. Allgemeine Gewerbepolitik.

(Vergl. im Allgemeinen die Lehrbücher der Nationalökonomie: Cap. XXVIIIᵇ.)

Benzenberg, Ueber Handel u. Gewerbe, Steuern u. Zölle. Elberfeld 1819.

Say, Louis, (de Nantes,) Considérations sur l'industrie et la législation,
sous le rapport de leur influence sur la richesse des états. Paris 1822.

Bülau, Frdr., Der Staat u. die Industrie. Beiträge zur Gewerbspolitik
u. Armenpolizei. Leipzig 1834.

Roscher, Wilh., Nationalökonomik des Handels= u. Gewerbfleißes. („System
der Volkswirthschaft" Bd. 3.) 3. Aufl. Stuttgart 1882. 6. Aufl. 1892.
7. Aufl. bearb. von Wilh. Stieda. 1899.

Walcker, Karl, Gewerbe= und Handelspolitik. („Handbuch der National=
ökonomie" Bd. 3.) Leipzig 1884. 2. Aufl. 1888.

B. Gesetzgebung im Allgemeinen.

1. Aeltere deutsche.

(Deutschland im Allgemeinen.)

R***n, Worinnen besteht der wesentliche Begriff einer Fabrike und Manu=
factur; welches sind ihre wesentlichen Eigenschaften und Gerechtsame?
Leipzig 1791.

Petersen, Aug., Beantwortung der jetzt wichtigen Frage: Ob und wie dem
Landbaue, den technischen Gewerben und dem Handel mehrere Freiheiten
zu geben . . . sind? Göttingen 1831.

Weiske, Carl Aug., Handbuch des allgemeinen deutschen Gewerbsrechts mit
vorzüglicher Rücksicht auf Sächsisches Recht. Leipzig 1839.

Klemm jun., H., Specielle Erörterungen u. Vorschläge zu einer durchgreifenden
Reform des Gewerbwesens und der Arbeiterverhältnisse im Allgemeinen.
Leipzig 1848.

Meißner, Heinr. Aug., Vier Gesetze für das deutsche Gewerbewesen ent=
worfen. Leipzig 1848.

---

*) Vergl. oben III. A, 8. Einzelne Industrien. S. 176—178.

Entwurf einer allgemeinen Handwerker= u. Gewerbe=Ordnung für Deutschland. Berathen u. beschlossen von dem deutschen Handwerker= u. Gewerbe=Congreß zu Frankfurt a. M. Juli u. August 1848. Berlin 1848.

Entwurf einer Gewerbe=Ordnung für das Deutsche Reich. Frankfurt a. M. 1849.

Born, Dav., Die modernen Gewerbeordner. Ein Beitrag zur Kenntniß der gewerblichen Zustände deutscher Staaten. Berlin 1849.

Gewerbegesetzgebungen Deutscher Staaten. Für die 2. Versammlung deutscher Volkswirthe hrsg. von der ständ. Deputation des volkswirthschaftl. Congresses. Bremen 1859.

Die deutschen Gewerbegesetze und die Agitation für Gewerbefreiheit. II. Die deutsche Gewerbereform=Bewegung vom Jahre 1859 an. o. O. u. J.

Blesendorf, Georg. Laurent., Dissertatio juridica de jure hospitaturae. Vom Recht der Gastgeberey u. Herbergirung zc. Francofurti ad Viadrum 1673.

Boecler, Joh. Goth., Tractatus juridico-politicus de jure hospitiorum, Vom Gast=Recht. Uebers., verb. von J. J. Beck. Nürnberg 1748.

Schilling, Ernst Mor., Handbuch des Mühlenrechts. Mit besond. Beziehung auf die Preuß. u. Sächs. Gesetzgebung. Leipzig 1829.

(Preußen.)

Roehl, Hugo, Beiträge zur preußischen Handwerkerpolitik vom Allgemeinen Landrecht bis zur Allgemeinen Gewerbeordnung von 1845. Leipzig 1900.

Ebers, Joh. Jakob Heinr., Ueber Gewerbe und Gewerbefreiheit in Breslau. Breslau 1825.

Hoffmann, J. G., Die Befugniß zum Gewerbbetriebe. Zur Berichtigung der Urtheile über Gewerbefreiheit und Gewerbezwang, mit besond. Rücksicht auf den Preuß. Staat. Berlin 1841.

Falk, Leitfaden über das Innungs= und Prüfungs=Wesen der Handwerker. Berlin 1849.

Bergius, Carl Jul., Die preußischen Gewerbegesetze. Leipzig 1857.

Cremer, Rob., Concessionirung derjenigen gewerblichen Anlagen, welche in den Kgl. Preuß. Staaten in Gemäßheit des § 27 der allgem. Gewerbeordnung vom 17. Jan. 1845 einer besond. polizeilichen Genehmigung bedürfen. Braunschweig 1859.

Der handwerksmäßige Gewerbebetrieb in Preußen. (Antworten der Staats= u. städtischen Behörden auf ein Rescript vom 16. Juni 1860.) o. O. u. J.

Reichenheim, Leonor, Entwurf eines Gewerbegesetzes für Preußen, mit Motiven. Berlin 1860.

Risch, Th., Die Handwerks=Gesetzgebung Preußens u. der größeren Staaten Deutschlands. Berlin 1861.

Reinhardt, H., Die Preußische Gewerbegesetzgebung. Berlin 1865.

Heinrichs, W., Die Gewerbeordnung für das Kgr. Hannover. Hannover 1854.

Jänecke, Max, Die Gewerbepolitik des ehemal. Königreichs Hannover in ihren Wandlungen von 1815—1866. Marburg 1892.

Noltemeier, C. J., Hannoversche Eigenthümlichkeiten auf volkswirthschaftlichem Gebiete: Die Beschränkung des Rechts . . . der Gewerbeausübung zc. Hannover 1867.

May, M., Entwurf einer Gewerbeordnung der freien Stadt Frankfurt a. M. 2. Aufl. Frankfurt a. M. o. J.

Actenſtücke, die hieſigen Gewerbe = Verhältniſſe, insbeſondere die Aufhebung der
Zunftbeſchränkungen betr. (Frankfurt a. M. 1861—1864.)

Richter, (Eug., Die Freiheit des Schankgewerbes. Düſſeldorf 1862.

(Sachſen.)

Ihro Königl. Maj. von Sachſen etc. Mandat die Abſtellung verſchiedener
Innungsgebrechen betr. De dato Dresden, ben 7. Dec. 1810.

Petition, überreicht der Königl. Sächſ. Ständeverſammlung von ben Enbes=
unterſchriebenen Innungen und Perſonen der Stadt Leipzig i. J. 1839.
Leipzig.

Dufour=Feronce, A., u. Guſt. Harkort, Verſuch zur Beantwortung einiger
der durch die Commiſſion für Erörterung der Gewerbs= und Arbeits=
Verhältniſſe in Sachſen aufgeſtellten Fragepunkte. Leipzig 1848.

Entwurf einer Gewerbeordnung für das Kgr. Sachſen nebſt dazu gehörigem
Entſchädigungsgeſetz, Einleitung, Motiven u. Beilagen. Dresden 1857.

Meißner, Wilh. Aug., Beleuchtung des Entwurfs einer Gewerbe = Ordnung
für das Kgr. Sachſen nebſt dazu gehörigem Entſchädigungsgeſetz. Dresden
1857.

Berathung des Staatsraths über den Entwurf einer Gewerbeordnung u. eines
dazu gehörigen Entſchädigungsgeſetzes. Dresden (1858).

Gewerbegeſetz für das Kgr. Sachſen und die damit in Verbindung ſtehenden
Geſetze, Verordnungen u. Ausführungsverordnungen vom 15. Oct. 1861.
Dresden (1861).

Königsheim, A. W., Das Kgl. Sächſ Gewerbegeſetz nebſt den dazu gehörigen
Ausführungs = Geſetzen u. Verordnungen vom 15. Oct. 1861. Leipzig,
Dresden 1861.

Schmieder, Rob., Hilfsbuch für Gewerbtreibende, Innungen 2c. Döbeln 1862.

Rentzſch, Herm., Das für die Praxis Wichtigſte aus dem Sächſ. Gewerbe=
geſetze 2c. Dresden 1862.

— Gewerbeſtatiſtiſche Mittheilungen zur Berathung der Miniſterial = Vorlage
über das Gewerbegeſetz. Dresden 1866.

Bericht der Commiſſion der Handels= u. Gewerbekammer Plauen, das Gewerbe=
geſetz betr. Plauen 1867.

Boſe, Hugo v., Gewerbspolizeiliche Beſtimmungen hinſichtlich der Braunahrung,
Branntweinbrennerei, Gaſt= u. Schanknahrung. Oſchatz 1851.

(Bayern.)

Kaizl, Joſ., Der Kampf um Gewerbereform und Gewerbefreiheit in Bayern
von 1799—1868. Leipzig 1879.

(Rottmann, S.,) Ueber die Schädlichkeit des Bierzwanges u. der Rothwirthe
in Bayern. (München) 1799.

Einige Worte über den tarif= u. nichttarifmäßigen Gewinn der Bierbrauer in
Brauſtätten. Erlangen 1821.

Stuhlmüller, K. F., Verſuch einer bedingten Gewerbefreiheit in beſonderer
Beziehung auf Baierns Staats=Verhältniſſe. Kulmbach 1825.

Schichthörle, Ant., Die Gewerbsbefugniſſe in der K. Haupt= u. Reſidenz=
ſtadt München. 2 Bde. Erlangen 1844, 45.

13

Kleinschrod, C. Th. v., Entwurf einer Gewerbe-Ordnung für das Kgr. Bayern diesseits des Rheins. Würzburg 1859.

Gerstner, Ueber die bayerische Bier-Polizei. (Tübingen 1859.)

Leuchs, Joh. Carl, Die Realrechte in Bayern getilgt und zugleich versöhnt mit der Freiheit der Gewerbe u. der Ansäffigung. Nürnberg 1860.

Die neue Social-Gesetzgebung für das Kgr. Bayern in den Entwürfen sammt Motiven . . . 5) Gewerbswesen. Nördlingen 1867.

Gesetz „das Gewerbswesen betr." o. O. u. J.

(Württemberg.)

Sammlung der sämtlichen Handwerks-Ordnungen des Herzogthums Würtemberg. 2 Bde. Stuttgart 1758.

Heitz, E., Studien zur Handwerkerfrage. Stuttgart 1889. (Von der Handwerkergesetzgebung des Herzogtums Württemberg seit dem 15. Jahrh.)

Revidirte allgemeine Gewerbe-Ordnung im Kgr. Württemberg, vom 5. Aug. 1836. Stuttgart 1838.

Billich, Carl, Das Württembergische Gewerbe-Recht. Stuttgart 1852.

Anträge zur Umgestaltung der Gewerbe-Ordnung des Kgr. Württemberg. Stuttgart 1860.

Köhler, Ludw., Das Württembergische Gewerbe-Recht von 1805—1870. Tübingen 1891.

(Baden.)

Entwurf eines Gewerbe-Gesetzes für das Grhrzth. Baden. Karlsruhe 1861.

Turban, L., Gewerbegesetz für das Grhrzth. Baden nebst Vollzugsvorschriften ꝛc. Karlsruhe 1862.

(Braunschweig.)

Koch, C., Die Gewerbegesetzgebung des Hrzth. Braunschweig. Braunschweig 1865.

(Hamburg.)

Martens, J. F., Das Zunftwesen in Hamburg im Conflict mit der Gesellschaft. Hamburg 1846.

Entwurf einer Hamburgischen Gewerbe-Ordnung. Hamburg 1861.

2. Bundes-, Reichs- u. Landes-Gewerberecht seit 1869.

Gewerbearchiv für das Deutsche Reich. Sammlung der zur Reichsgewerbeordnung ergehenden Abänderungsgesetze u. Ausführungsbestimmungen ꝛc. Hrsg. von Kurt von Rohrscheidt. Bd. I, 1. Berlin 1902.

Beyendorff, R., Die Geschichte der Reichsgewerbeordnung. Leipzig 1901.

Verhandlungen des Reichstags über den Gesetzentwurf betr. die Gewerbeordnung für den Norddeutschen Bund. 3. ordentl. Session 1869. Berlin 1869.

Fischer, R., Die Ausführung der Gewerbe-Ordnung des Norddeutschen Bundes für sämmtliche Bundesstaaten. Glauchau, Leipzig 1870.

Reuling, W., Die norddeutsche Gewerbeordnung und die hessische Gewerbegesetzgebung. Darmstadt 1870.

Jacobi, L., Die Gewerbe-Ordnung vom 21. Juni 1869. 15. umgearb. Aufl. 2. Ausg. Berlin o. J.

Grotefend, G. A., Das Recht der Fabriken nach der preuß. und deutschen Gewerbegesetzgebung. Düsseldorf 1872.

Fabrik-Gesetzgebung des Deutschen Reiches u. der Einzelstaaten. Berlin 1873.

Cohn, Max, Studien zur Gewerbe = Ordnung. II. Ueber die ortspolizeilich regulirten Gewerbe. (Berlin 1873.)

Bischer, Ludw, Die deutsche Gewerbe = Ordnung, ihre Anwendung im Kgr. Württemberg. 2. verm. Aufl. Stuttgart 1874.

Wirschinger, F. L., Die deutsche Gewerbeordnung und deren Novellen mit besond. Rücksicht auf ihren Vollzug im Kgr. Bayern. Erlangen 1874.

Rickert, Heinr., Die Gewerbeordnungs=Novelle im Reichstage. I. Das gewerbl. Schiedsgericht. Danzig 1874.

Held, Ad., Der Entwurf der Novelle zur Gewerbeordnung. Jena 1874.

Reiz, Hans Ottomar, Die Reichs = Gewerbeordnung vom 21. Juni 1869. Berlin 1876.

— Dasselbe 2. verm. Aufl. Berlin 1880.

Katz, K., Die deutsche Gewerbeordnung erläutert nach den Entscheidungen der höchsten Gerichtshöfe. Berlin 1877.

Referate u. Verhandlungen der 5. Generalversammlung des Vereins für Social= politik . . . über Reform der Gewerbe=Ordnung. Leipzig 1877.

Ein Wort über principielle Reform der deutschen Gewerbeordnung. Hamburg 1878.

Die Gewerbeordnungsnovelle. (Leipzig 1878.)

Der Gesetzentwurf wegen Abänderung des Gewerbegesetzes. (1878.)

Schulze, Jul., Die Gewerbegesetzgebung des Deutschen Reiches im Lichte ihrer Ursachen u. Wirkungen. Heilbronn 1879.

Weinheimer, C., Die deutsche Gewerbe = Ordnung und ihre Ausführung im Kgr. Württemberg. Stuttgart 1879.

Landgraf, Jos., Das neue deutsche Arbeitsrecht. Stuttgart 1879.

Meves, Osc., Die strafrechtl. Bestimmungen der deutschen Gewerbeordnung vom 21. Juni 1869. Erlangen 1877.

Die Gewerbeordnung für das Deutsche Reich nebst den dieselbe abändernden u. ergänzenden Reichsgesetzen u. den im Kgr. Sachsen gültigen einschlägigen Gesetzen u. Verordnungen. Dresden 1879.

Miquél, Die Organisation des Handwerkerstandes. Landsberg a. W. 1879.

Pfeiffer, Otto, Die Reichs=Gewerbeordnung vom 21. Juni 1869 mit ihren Abänderungen durch die neueren Reichs= u. preuß. Gesetze. Magdeburg 1880.

Marcinowski, F., Die Reformgesetze der Gewerbeordnung aus d. J. 1880 u. 1881. Berlin 1881.

Reger, A., Erläuterungen zu der in Bayern geltenden Sozialgesetzgebung. Nördlingen 1880.

Seydel, Max, Das Gewerbe=Polizeirecht nach der Reichs=Gewerbeordnung. München, Leipzig 1881.

Krug, P. Herm., u. v. Bernewitz, Die Reichsgewerbeordnung nebst den damit in Verbindung stehenden Reichs= u. Sächs. Landesgesetzen. 4. verm. Aufl. Leipzig 1882.

Bernewitz, A. v., Die Reichs = Gewerbeordnung in ihrer dermaligen Fassung nebst den damit in Verbindung stehenden Reichs= u. Sächs. Landesgesetzen. 5. verm. Aufl. Leipzig 1883.

— Dasselbe. 6. verm. u. verb. Aufl. Leipzig 1897.

— Dasselbe. 7. Aufl. 2 Bde. Leipzig 1901.

Die Gewerbe = Ordnung für das Deutsche Reich. Complete Text = Ausgabe. Stuttgart 1883.

Schell, Wilh., Die Gewerbe = Ordnung für das Deutsche Reich in der auf Grund des Gesetzes vom 1. Juli 1883 veröffentlichten Fassung. Düsseldorf 1883.

Schenkel, K., Die Deutsche Gewerbe=Ordnung nebst Vollzugsvorschriften ... erläutert unter besond. Berücksichtigung des Grhrzth. Baden. Tauber= bischofsheim 1884.

— Dasselbe. 2. Aufl. 2 Bde. Karlsruhe 1892, 94.

Illing, Die Deutsche Gewerbeordnung und die Gesetze, betr. die Handels= kammern ꝛc. Berlin 1884.

— Dasselbe. 3. umgeänd. Aufl. Berlin 1891.

— Die Reichsgewerbeordnung, einschließl. der auf das preuß. Gewerbewesen bezügl. Gesetze. 4. Aufl. bearb. von Georg Kautz. Berlin 1895.

Schicker, K. (v.,) Die Gewerbe = Ordnung für das Deutsche Reich in der auf Grund des Gesetzes vom 1. Juli 1883 veröffentlichten Fassung nebst den Ausführungsvorschriften des Reichs. Stuttgart 1884.

— Die Gewerbe = Ordnung für das Deutsche Reich in ihrer Gestaltung nach dem Erlaß des Gesetzes vom 1. Juni 1891 mit Erläuterungen und den Ausführungsvorschriften des Reichs und Württembergs. 3. Aufl. Stuttgart 1892.

— Supplement (enthaltend insbesondere die Vorschriften über die Sonntags= arbeit.) Stuttgart 1895.

— Die Gewerbeordnung für das Deutsche Reich nach dem neuesten Stande mit Erläuterungen u. Ausführungsvorschriften. 4. Aufl. 2 Bde. Stuttgart 1901.

Marcinowski, F., Die deutsche Gewerbe = Ordnung für die Praxis in der Preuß. Monarchie mit Kommentar. 3. Aufl. Berlin 1884.

— Dasselbe. 4. Aufl. Berlin 1888.

— Dasselbe. 5. Aufl. Berlin 1892.

Landmann, Rob. (v.,) Die Gewerbeordnung für das Deutsche Reich. Nörd= lingen 1884.

— Dasselbe. 3. Aufl. unter Mitwirkung des Verfassers bearb. von Gust. Rohmer. 2 Bde. München 1897.

Kopp, K. A., Die Gewerbeordnung für das Deutsche Reich in der Fassung vom 1. Juli 1883. Mannheim 1884.

Engelmann, Jul., Die deutsche Gewerbeordnung in der Fassung vom 1. Juli 1883. Erlangen 1885.

— Dasselbe in der Fassung vom 1. Juli 1883 u. 1. Juni 1891. 2. Aufl. Erlangen 1891.

Böbiker, T., Die Gewerbe= u. Versicherungsgesetzgebung des Deutschen Reichs. 2. Aufl. Berlin 1887.

Berger, T. Ph., Reichs=Gewerbe=Ordnung mit den neuesten Ergänzungen ꝛc. 8. Aufl. Berlin 1887.

Kayser, Paul, Gewerbe = Ordnung für das Deutsche Reich nebst den von Reichswegen erfolgten Ergänzungen ꝛc. 2. Aufl. Berlin 1888.

Gewerbeordnung für das Deutsche Reich in der Fassung des Reichsgesetzes vom 1. Juli 1883, sowie der Reichsgesetze vom 8. Dec. 1884, 23. April 1886 u. 6. Juli 1887 ꝛc. 2. Aufl. Nördlingen 1889.

Appelius, H., Gewerbeordnung für das Deutsche Reich in ihrer gegenwärtigen Gestaltung. Berlin 1893.

Gareis, C., Gewerbe-Ordnung für das Deutsche Reich. 2. neu bearb. Aufl. Gießen 1895.

———

Entwurf eines Gesetzes betr. die Abänderung der Gewerbeordnung nebst Begründung. Dem Reichstage vorgelegt in der I. Sess. der 8. Legislaturperiode. Berlin 1890.

Entwurf eines Gesetzes, betr. die Abänderung der Gewerbeordnung. — Gesetz, betr. die Abänderung der Titel I, II, VII, IX, X u. der Schlußbestimmungen der Gewerbeordnung für das Deutsche Reich. — Antrag der sozialdemokrat. Fraktion des D. Reichstages. (München 1890.)

Gutachten der verstärkten 3. Kommission der Handels- und Gewerbe-Kammer Dresden, betr. die Abänderung der Gewerbeordnung. Anträge und Resolutionen. Dresden 1890.

Neukamp, Ernst, Der Entwurf der neuesten Gewerbeordnungs-Novelle kritisch beleuchtet. Tübingen 1891.

Kalff, Jos., Das Arbeiterschutzgesetz vom Jahre 1891. (Abänderung der Gewerbeordnung.) Trier 1891.

Zeller, W., Das Arbeiterschutzgesetz für das Deutsche Reich vom 1. Juni 1891. (Novelle zu Tit. VII der Gew.-Ordnung). München 1891.

Menzen, C. D., Der Arbeiterschutz nach dem Reichsgesetze vom 1. Juni 1891. Berlin 1891.

Gewerbeordnung für das Deutsche Reich. Mit dem Abänderungsgesetz vom 1. Juni 1891 (Arbeiterschutzgesetz). Breslau 1891.

— für das Deutsche Reich in der Fassung des Reichsgesetzes vom 1. Juni 1891. München 1891.

Höinghaus, R., Gewerbeordnung für das Deutsche Reich in der Fassung des Gesetzes von 1891 (Arbeiterschutzgesetz). 9. Aufl. Berlin 1891.

— Gewerbeordnung für das Deutsche Reich in der Fassung des Gesetzes von 1896. 11. Aufl. Berlin 1896.

Ebeling, Ernst, Das Reichsgesetz, betr. die Abänderung der Gewerbeordnung vom 1. Juni 1891 (Arbeiterschutzgesetz). Leipzig 1892.

Grotefend, G. A., Die Deutsche Gewerbeordnung mit den reichs- u. landesrechtlichen Bestimmungen zur Ergänzung u. Ausführung derselben. Düsseldorf 1892.

Gewerbeordnung für das Deutsche Reich in der vom 1. April 1892 ab gültigen Fassung. Nebst der Preuß. Ausführungs-Anweisung vom 26. Febr. 1892. Berlin 1892.

Tuchatsch, Die Gewerbeordnung für das Deutsche Reich nebst der Kgl. Sächs. Ausführungsverordnung. Zwickau 1892.

Kgl. Sächs. Verordnung, die Ausführung der Gewerbeordnung für das Deutsche Reich betr., vom 28. März 1892. Leipzig 1892.

Gressbeck, F., Gesetz, betr. die Abänderung der Gewerbeordnung. Vom 1. Juni 1891. (Sog. Arbeiterschutzgesetz.) Erläutert u. mit den Vollzugsvorschriften des Reichs sowie des Kgr. Bayern. Ansbach 1892.

Neukamp, Ernst, Die Reichsgewerbeordnung in ihrer neuesten Gestalt nebst Ausführungsvorschriften. Berlin 1892.

Neukamp, Ernst, Die Reichsgewerbeordnung in ihrer neuesten Gestalt nebst Ausführungsvorschriften. 2. verm. Aufl. Berlin 1896.
— Dasselbe. 4. verm. Aufl. Berlin 1901.
Nolte, Ludw., Rechte u. Pflichten der Werkmeister, Betriebsbeamten, Cabinetmeister, Maschinentechniker 2c. auf Grund der Novelle vom 1. Juni 1891 zur deutschen Gewerbeordnung. 6. verm. u. verb. Aufl. Pforzheim 1893.
Rohrscheidt, Kurt v., Die Polizeitaxen u. ihre Stellung in der Reichs-Gewerbeordnung. Berlin 1893.
Evert, Georg, Taschenbuch des Gewerbe= u. Arbeiterrechts. Berlin 1893.
Höpfer, A., Die gewerbe= u. sozialpolitischen Gesetze für das Deutsche Reich u. den Preuß. Staat. (Bd. V der Preuß. Verwaltungsgesetze von M. v. Brauchitsch. Neu bearb.) Berlin 1894.

Die Organisation des Handwerks und die Regelung des Lehrlingswesens. (Berlin 1893.)
Gutachten der Aeltesten der Kaufmannschaft zu Magdeburg über die geplante Organisation des Handwerks 2c. Magdeburg 1893.
Böttger, Hugo, Für das Handwerk. Eine Besprechung des Entwurfs ... zur Organisation des Handwerks u. zur Regelung des Lehrlingswesens. Braunschweig 1894.
Stieda, Wilh., Innungen. Jena (1894). (Handwörterbuch der Staatswissenschaften.)
— Lehrlingswesen. (Moderne Zeit). Jena (1894). (Handwörterbuch der Staatswissenschaften.)
Die Organisation des Handwerks. Denkschrift des Innungs = Ausschusses zu Breslau über a) den Entwurf eines Gesetzes, betr. die Errichtung von Handwerkskammern, b) die Grundzüge eines Gesetzes, betr. die Organisation des Handwerks. Breslau 1895.
Entwurf eines Gesetzes betr. die Abänderung der Gewerbeordnung (Organisation des Handwerks) nebst Begründung. Berlin 1896.
Entwurf eines Gesetzes betr. die Abänderung der Gewerbeordnung (Zwangsorganisation des Handwerks 2c.) Nebst Einleitung von F. Hoffmann. Berlin 1896.
Entwurf eines Gesetzes, betr. die Abänderung der Gewerbeordnung. Zwangsinnungen, Handwerksausschüsse 2c. Berlin 1896.
Böhmert, Victor, Das deutsche Handwerk u. die Zwangsinnungen. 2. Aufl. Dresden 1896.
Richter, Eug., Gegen die Zwangsinnungen. Berlin 1896.
Reger, A., Die Gewerbeordnung für das Deutsche Reich in der Fassung seit Erlaß der Novelle vom 6. Aug. 1896. 2. Aufl. Ansbach 1896.
— u. J. Keidel, Erstes Ergänzungsbändchen zur 2. Aufl. der Gewerbeordnung. Enth. das Reichsgesetz vom 26. Juli 1897. Ansbach 1898.
Die Gewerbeordnung für das Deutsche Reich in ihrer dermaligen Fassung. 4. Aufl. Leipzig 1897.
Rohrscheidt, Kurt v., Das Innungs= u. Handwerkergesetz. Reichsgesetz, betr. die Abänderungen der Gewerbeordnung vom 26. Juli 1897. Leipzig 1897.
Fahnert, Paul, Das neue Handwerkergesetz. Gesetz betr. die Abänderung der Gewerbeordnung vom 26. Juli 1897. Leipzig 1897.

Hoffmann, F., Die Organisation des Handwerks u. die Regelung des Lehrlings-
    wesens. Berlin 1897.
— Ergänzungsheft. Berlin 1898.
Löhner, Arth., Lehrlingsverhältnisse nach den Bestimmungen der Gewerbe-
    ordnung. o. O. u. J.
Bernewitz, A. v., Das Handwerkergesetz. Gesetz, betr. die Abänderung der
    Gewerbeordnung vom 26. Juli 1897 u. die dazu erlassenen Reichs- u.
    Sächs. Landes-Ausführungsbestimmungen. Nebst einem Anhang, enthaltend
    sonstige Nachträge zur 6. Aufl. der Handausgabe der Reichsgew.-Ordnung.
    Leipzig 1898.
Keil, K., Die Neuordnung des Handwerker- u. Lehrlingswesens. Leipzig 1898.
Böttger, Hugo, Geschichte und Kritik des neuen Handwerkergesetzes vom
    26. Juli 1897. Leipzig 1898.
Rohmer, Gust., Die Handwerkernovelle. (Ergänzungsbd. zu: Die Gewerbe-
    ordnung für das Deutsche Reich von Rob. v. Landmann. 3. Aufl. bearb.
    von Gust. Rohmer). München 1898.
Rohrscheidt, Kurt v., Die Normal-Statuten für freie u. Zwangs-Innungen
    nebst der Preuß. Ausführungsanweisung vom 1. März 1898 zum Innungs-
    Handwerker-Gesetz. Leipzig 1898.
Mühlpfordt, W., Die Handwerkerfrage u. das neue Handwerksgesetz. Königs-
    berg i. Pr. 1899.
Wengler, Alfr., Das deutsche Gewerberecht nach der Reichsgewerbeordnung
    u. der sonstigen neuen Gesetzgebung. Leipzig 1899.
Die Gewerbeordnung für das Deutsche Reich in der Fassung der Bekannt-
    machung vom 26. Juli 1900. 5. Aufl. Leipzig 1900.
Rohrscheidt, Kurt v., Die Gewerbeordnung für das Deutsche Reich in der
    Redaktion vom 26. Juli 1900. Berlin 1901.
Kolisch, Die Gewerbeordnung für das Deutsche Reich mit den Ausführungs-
    bestimmungen. 2 Bde. Hannover 1898, 1900.
Allgemeine Ordnung für die Meisterprüfung (im Bezirk der Gewerbe-Kammer
    Dresden). Dresden, am 30. Okt. 1901.
Auszug aus den Vorschriften der Gewerbekammer Dresden vom 16. Okt. 1901,
    die Regelung des Lehrlingswesens im Handwerk betr. (Dresden 1901.)
Relken, F., Die deutschen Handwerker- u. Arbeiterschutz-Gesetze (Titel VI u.
    VII der Gewerbeordnung i. d. Fassung der Bekanntmachung vom 26. Juli
    1900) nebst den reichsrechtl. Ausführungsbestimmungen. Mit Erläuterungen.
    Berlin 1901.
Hitze, F., Was die gewerblichen Arbeitgeber und Arbeitnehmer, insbesondere
    solche in offenen Verkaufsstellen bezüglich der neuesten Gewerbeordnungs-
    Novelle vom 30. Juni 1900 wissen müssen. Berlin 1900.
Fleischmann, E., Innungs-Leitfaden. Berlin 1901.
Lang, Alex., Die badischen Gewerbevereine und Handwerkerverbände und ihre
    Stellungnahme zum neuen Handwerkergesetz. Heidelberg 1900.
Laurisch, G., Gewerberecht u. Arbeiterschutz. Berlin 1901.
(Einzelne Gewerberechte.)
Doehl, C., Das Concessionswesen. Breslau 1875.
Rüdiger, v., Die Concessionirung gewerbl. Anlagen in Preußen. Berlin 1886.
Rehm, Herm., Die rechtliche Natur der Gewerbe-Konzession. München 1889.

Meves, Das Gewerbe im Umherziehen nach der Bundes= u. Preuß. Landes=
Gesetzgebung. Berlin 1872.

Uschold, Gg., Die in Bayern giltigen gesetzlichen u. verordnungsmäßigen Vor=
schriften über den Gewerbebetrieb im Umherziehen. München 1892.

Morgenstern, K., Reichs= u. landesgesetzliche in dem Kgr. Sachsen geltenden
Bestimmungen, Anlage, Betrieb u. Beaufsichtigung der Dampfkessel betr.
Leipzig 1885.

Lammers, A., Das Schankgewerbe. (Berlin 1884.)
Herrfurth, G., Gesetze und Verordnungen, betr. den Gast= und Schankwirth=
schaftsbetrieb im Deutschen Reich. Berlin 1872.
Bochmann, J., Gesetzsammlung für den Gast= u. Schankwirthschaftsbetrieb u.
den Kleinhandel mit Branntwein u. Spiritus im Deutschen Reiche. Mit
Vorwort v. Ludw. Wreschner I. Berlin 1891.
Bekanntmachung des Raths zu Dresden vom 31. Dec. 1883, das Aushängen
der Bierpreise seitens der Schankwirthe betr.

Mascher, H. A., Wesen u. Wirkungen des Schlachthauszwanges. Dortmnnd
1888.

Böhmert, B., Baugewerbe u. Baupolizei. Berlin 1866.

Möller, H., Anleitung zum Bestehen der Hufschmiede=Prüfung. Nach den
neuen gesetzlichen Bestimmungen. Berlin 1892.

Kähler, Wilh., Die Stellvertretung im Gewerbebetrieb. Eine gewerberechtliche
Untersuchung. Leipzig 1894.

3. Andere Länder.
(Oesterreich.)

Reschauer, Heinr., Geschichte des Kampfes der Handwerkerzünfte und der
Kaufmannsgremien mit der österreich. Bureaukratie. Wien 1882.
Becher, Stegfr., Ein Beitrag zur Organisation des Gewerbewesens. Wien 1849.
— Die Organisation des Gewerbewesens. Wien 1851.
Wilfing, Ferd., Grundzüge zur Regulirung des österr. Gewerbewesens.
Wien 1852.
Die Gewerbefreiheit in Oesterreich. Ein Beitrag zur Beurtheilung des Entwurfes
eines Gewerbegesetzes. Prag 1856.
Stubenrauch, Mor. v., Handbuch des neuen österreich. Gewerberechtes. Wien
1860.
Reschauer, Heinr., Das Wort des Kaisers u. die Bedürfnisse des Gewerbe=
standes. Wien 1873.
Die Gewerbeordnung vom 20. Dec. 1859. Mit allen nachträglichen Ver=
ordnungen bis Ende Sept. 1875. 6. Aufl. Wien 1875.
Marchet, Gust., Die Aufgabe der gewerbl. Gesetzgebung. Weimar 1877.
Regierungsvorlage. Gesetz vom . . . betr. die Abänderung und Ergänzung der
Gewerbeordnung. Wien o. J.

Die Gewerbeordnung auf Grund des kaiserl. Patentes von 20. Dec. 1859 u. auf Grund der durch das Gesetz vom 15. März 1883 erfolgten Ab=
änderungen. Wien 1883.

Goldberger, Sigm., Die neue Gewerbe = Ordnung sammt den in Geltung gebliebenen Bestimmungen der Gewerbe = Ordnung vom 20. Dec. 1859. 2. verm. u. verb. Aufl. Wien 1883.

Entscheidungen von Behörden und gutachtliche Aeußerungen über den Umfang von Gewerberechten. 4 Hefte. Wien 1886, 88, 89, 90.

Frey, Friedr., u. Rud. Maresch, Sammlung von Gutachten u Entscheidungen über den Umfang der Gewerberechte. 3 Bde. Wien 1894, 97, 1901.

Weigelsperg, Béla Frhr. v., Compendium der auf das Gewerbewesen bezugnehmenden Gesetze, Verordnungen u. sonstigen Vorschriften. 3. erweit. Aufl. Mit Nachträgen. Wien 1891.

Denkschrift des österr.-ungar. Export=Vereins über die vom Prinzen Liechtenstein u. Gen. eingebrachten Anträge zur Abänderung des Gewerbegesetzes vom 15. März 1883. Wien 1893.

Heilinger, Alois, Oesterreichisches Gewerberecht. Commentar zur Gewerbe=
ordnung. 3 Bde. Wien 1894, 95.

Geller, Leo, Oesterr. Gewerbe=Vorschriften enthaltend die Gewerbe=Ordnung nebst allen einschlägigen Vorschriften. 6. verm. Aufl. mit Anhang, ent=
haltend die neuesten Vorschriften über die Ausverkäufe u. über die Sonntags=
ruhe. Wien 1895.

Mataja, Victor, Grundriß des Gewerberechts u. der Arbeiterversicherung. Leipzig 1899.

Tomaschek, Frz., Systematische Darstellung der Bestimmungen über das ge=
werbliche Genossenschaftswesen. Prag 1900.

(Frankreich.)

Eberstadt, Rud., Die Entwicklung des Gewerberechts und der gewerbl. Be=
steuerung in Frankreich vom 12. bis zum Ende des 15. Jahrh. Zürich 1895.

— Das französische Gewerberecht u. die Schaffung staatlicher Gesetzgebung u. Verwaltung in Frankreich vom 13. Jahrh. bis 1581. Leipzig 1899.

Block, Maurice, L'industrie. Ceux qui dirigent et ceux qui exécutent le travail. Paris o. J.

Farnam, Henry W., Die innere französische Gewerbepolitik von Colbert bis Turgot. Leipzig 1878.

Dufourmantelle, Maurice, Précis de législation industrielle. Paris 1892.

Cohendy, Émile, Recueil des lois industrielles avec des notions de législation comparée. Paris 1893.

(Großbritannien.)

Kleinschrob, C. Th., Großbritanniens Gesetzgebung über Gewerbe, Handel u. innere Communicationsmittel. Stuttgart 1836.

(Niederlande.)

Jordens, P. H., Wet van den 2. Junij 1875 tot regeling van het toezigt bij het oprigten van inrigtingen, welke gevaar, schade of hinder kunnen veroorzaken. 3. druk. Zwolle 1888.

(Schweiz.)

Die schweizerischen Handels= u. Gewerbeordnungen. 1. Hälfte. Zürich 1889.

C. Handwerksrecht und Handwerksintereſſen.

(Gewerbefreiheit und Zunftzwang.)

(Im Allgemeinen u. Deutſchland insbeſondere.)

Rohrſcheidt, Kurt v., Vom Zunftzwange zur Gewerbefreiheit. Berlin 1898.

Wilda, Wilh. Eb., Das Gildenweſen im Mittelalter. Halle 1831.

Schoenberg, Gust., De zunftarum institutionibus oeconomicis, quibus medio aevo saluti producentium provisum sit. Halis Saxonum 1867.

Alberti, Giuseppe, Le corporazioni d'arti et mestieri e la libertà del commercio intorno negli antichi economisti italiani. Milano ,1888.

Fritschius, Ahasv., Tractatus nomico-politicus de collegiis opificum eorumque statutis ac ordinationibus. Von Zünft= u. Innungs=Recht. Naumburg 1669.

Beierus, Adrianus, De jure prohibendi quod competit opificibus et in opifices, von der Zünffte Zwang. Edit. II. aucta. Jenae 1688.

— De collegiis opificum, Von der Handwerds=Zünffte Weſen u. ſonderbarem Gerichts=Brauch. Jenae 1688.

— Magister prudentiae juris opificiarii praecursor primarius, Der Meiſter bey den Handwerden. Editio II. Jenae 1692.

— Boëthus peregre redux, Der Handwerds=Geſell. Jenae 1690.

— Tyro opificiarius, Der Lehr=Jung. Jenae 1688.

— De conviciis opificum, Vom Schelten der Handwercker. Jenae 1689.

— De officinis et tabernis opificum, Von Werckſtätten und Krahm=Laden der Handwergs=Leute. Jenae 1692.

Sonnhoff, Chr. Fried., Manus pretium h. e. de mercede conductitiorum opificum. Jenae 1691.

Schilling, Wolffg. Abramus, De collegiis opificum, Von Zünfften der Handwercks=Leute. Lipsiae 1717.

Mandat . . . wegen Abſtellung derer, bey denen Handwerden eingeſchlichenen Mißbräuche, und beſſelben genauer Beobachtung, in dero Chur=Fürſten= thumb und Landen, de dato Dreßden, am 19. Oct. 1731.

Bonhoefer, Georg. Mich., Differentiae juris romani et germanici in opifice exvle in pagis, Von Handwerckern auf den Dörfern. Halae Venedorum 1739.

Schumann, Gotth. Aug., De collegiis et corporibus opificum, Von Hand= werckern und Zünfften. Halae Magdeb. 1747.

(Cramer, v.,) Von der Freyheit ein Handwerck mit eigener Hand zu treiben.
— Von Freymeiſtern u. Pfuſchereyen. — Ob jemand in zwey Zünfften zugleich ſeyn . . . dörffe? — Ob einem, der eine Meiſterſchaft ſucht, daran verhinderlich ſeye, daß er würcklich vor nachgeſuchter Meiſterſchaft berheyrathet geweſen? — Ob ein Zunfft = Amt, zu welchem bisher ein jeder, der die dazu erforderliche Eigenſchaften gehabt, zugelaſſen worden, auf eine gewiße Anzahl Meiſter eingeſchräncket werden könne etc. — Von Annahm und Einſchreibung der Lehr=Jungen etc. o. O. u. J.

Coyer, Chinki, eine cochinchineſiſche Geſchichte, die andern Ländern nützen kann. Aus dem Franzöſ. Wien 1770. (Streit der Handwerke unter einander über die Ausdehnung der Gerechtſame eines jeden.)

Fride, Joh. Heinr., Grundſätze des Rechts der Handwerker. Göttingen 1771.
— Daſſelbe. 2. Aufl. Ebd. 1778.

Weisser, Joh. Frdr. Chr., Das Recht der Handwerker nach allgem. Grundsätzen u. insbef. nach den Herzogl. Wirtemberg. Gesetzen. Stutgart 1780.
— Dasselbe, neu bearb. von W. C. Christlieb. Ulm 1823.

Albinus, Frz. Jos. v., Von dem die Handwercks-Innungen nicht anbelangenden
Entscheidungs-Jahre 1624. o. O. 1772.

Lomberg, Jos. Vital., Von Abstellung der Mißbräuche bei den Zünften u.
Handwerkern in den Landen Deutscher Reichsfürsten. Bonn 1779.

F(irnhaber), J. H., Histor.-polit. Betrachtung der Innungen u. deren zweckmäßige Einrichtung. Hannover 1782.

(Kinderling, J. F. A.) Ueber die Wanderungen der Handwerksbursche, u.
die damit verknüpfte Gefahren. o. O. (1789).

Weiß, Joh. Adam, Ueber das Zunftwesen u. die Frage: Sind die Zünfte bei-
zubehalten oder abzuschaffen? Frankfurt a. M. 1798.

An des teutschen Reichs gesezgebende Gewalt. Einige Winke über Zunftwesen
u. Zunftunwesen. Schwabach 1801.

Einige Bemerkungen über Zunftrechte überhaupt u. den Zunftzwang insbesondere.
o. O. 1802.

Roth, Joh. Th., Materialien für das Handwerksrecht und die Handwerks-
policey. 3 Hefte. Nördlingen 1802/6.

Ortloff, Joh. Andr., Das Recht der Handwerker nach allgem. deutschen
Reichsgesetzen überhaupt ꝛc. Erlangen 1803.
— Corpus juris opificiarii oder Sammlung von allgemeinen Innungsgesetzen
u. Verordnungen für die Handwerker. Erlangen 1804.
— Dasselbe. 2. Aufl. Erlangen 1820.

Kulenkamp, C. J., Das Recht der Handwerker u. Zünfte. Marburg 1807.

Merbach, Joh. Dan., Theorie des Zunftzwanges oder des Zunft-Verbietungs-
rechts nach allgem. deutschen u. besondern Kgl. Sächs. Rechten. Leipzig
1808.

Mayer, Marx., Versuch einer Entwicklung der relativen Ansichten des Zunftwesens. Augsburg 1814.

Rau, Karl Heinr., Ueber das Zunftwesen und die Folgen seiner Aufhebung.
Leipzig 1816.

Ribler, J. B., Ueber das Zunftwesen u. die Gewerbefreyheit. Erlangen 1816.

D., J. H., Bemerkungen über das Zunftwesen, den Gewerbszwang und die
Gewerbsfreiheit. Straubing 1819.

Stieda, Wilh., Zunftwesen. Jena (1894). (Handwörterbuch der Staatswissenschaften.)

Ziegler, Joh. Frdr., Ueber Gewerbefreiheit und deren Folgen mit besond.
Rücksicht auf den preuß. Staat. Berlin 1819.

Bernoulli, Chr., Ueber den nachtheiligen Einfluß der Zunftverfassung auf die
Industrie. Basel 1822.

Albrecht, Heinr., Unsere ehemalige Zunft- und Innungs-Verfassung und die
Gewerbe-Freiheit in Preußen. Danzig 1825.

Stuhlmüller, K. F., Versuch einer bedingten Gewerbsfreiheit in besond.
Beziehung auf Bayerns Staats-Verhältnisse. Kulmbach 1825.

Leuchs, Joh. Karl, Gewerbe- u. Handelsfreiheit; oder die Mittel, das Glück
der Völker, den Reichthum und die Macht der Staaten zu begründen.
Nürnberg 1827.

Wolf, Carl, Die Lehre von den Gewerbs=Privilegien. München 1829.

Beisler, Herm., Betrachtungen über Gemeinde=Verfassung und Gewerbwesen mit besond. Bezugnahme auf Bayern. Augsburg 1831.

Schick, Ernst, Das Innungswesen nach seinem Zwecke u. Nutzen. Leipzig 1834.

Die Innungen u. die Gewerbefreiheit in ihren Beziehungen auf den Handwerks= stand. Magdeburg 1834.

Die Innungen. Ein Wort für die Beibehaltung derselben. Leipzig 1834.

Schmidt, Fr., Betrachtungen über das Innungswesen u. die Gewerbefreiheit mit Rücksicht auf die Staaten des deutschen Zollverbandes. Zittau 1834.

Benedict, Frdr. Aug., Der Zunftzwang und die Bannrechte, gegenüber der Vernunft, dem Rechte u. der Wissenschaft. Leipzig 1835.

Zunftwesen u. Gewerbefreiheit, mit Ansichten über Vermittelung, Uebergang u. Reconstruction. (Stuttgart 1839.)

Herold, Geo. Eb., Die Rechte der Handwerker u. ihrer Innungen. Nach den im Kgr. Sachsen gültigen Gesetzen. 2. verm. u. verb. Aufl. Leipzig 1841.

M., M., Ueber das Innungswesen u. die Verhältnisse der städtischen Handwerke überhaupt. Gießen 1843.

Sendschreiben an den verehrl. Handwerkerstand Deutschlands über den Pau= perismus. Leipzig 1845.

Adrian, Ferd., Der deutsche Handwerksbursche nach den Forderungen der Gegenwart. Mannheim 1845.

Funk, Aemil, Das Innungswesen und die Verhältnisse der Meister zu den Gesellen u. Lehrlingen, nach den Grundsätzen der allgemeinen Gewerbeordnung für die Preuß. Monarchie vom 17. Jan. 1845. Wolfenbüttel 1846.

Fischer, H., Der Verfall der Gewerbe in Deutschland und ihre Rettung. Leipzig 1848.

Scheil, Frdr., Ansichten über den Verfall des Gewerbewesens in Preußen ꝛc. u. Vorschläge zur Besserung. Schweidnitz 1848.

Hochwichtiges der Gegenwart in sieben Bildern, betr. die gegenwärtigen gedrückten Verhältnisse des Mittelstandes, nämlich der Handwerker und Arbeiter ꝛc. Dresden 1848.

Vogel, Emil Ferd., Das Zunft= u. Innungswesen beym deutschen Handwerks= stande aus dem Gesichtspunkte seiner zeitgemäßen Erneuerung. Ein Rechts= Gutachten gegen die Gewerbe=Freyheit ꝛc. Leipzig 1848.

Kinkel, Gottfr., Handwerk, errette Dich! Bonn 1848.

Philippson, Ludw., Ueber die Stellung des Handwerkerstandes, seine Gebrechen u. wie ihnen abzuhelfen sei? Magdeburg 1848.

Offener Brief an alle Innungsgenossen Deutschlands ꝛc. Von einundzwanzig Innungen zu Leipzig. (Leipzig 1848.)

Allgemeines Innungs=Statut u. Organisationsplan, um allen einzelnen Innungen zu gemeinsamer Grundlage zu dienen. Magdeburg 1848.

Born, David, Die bürgerliche Existenz ist gesichert! Das Gewerbe=Beschränkungs= Gesetz vom 9. Febr. 1849 beleuchtet. Berlin 1849.

Circular (des Vorstandes des Central=Handwerker=Innungs=Vereins, eine Empfehlung eines Leitfadens über Begriff, Zweck u. Wesen der Innungen u. Prüfungen enthaltend). Berlin 1849.

Risch, D. Th., Die Innungen, wie sie sich gestalten müssen. 2. veränd. Aufl. Berlin 1849.

Vogt, J. J., Die Hebung des Handwerkerstandes. Bern 1850.

Staube, Frz., Innungs=Ordnung für die Innungen aller Gewerbe, insbesondere für die Müller=Innungen. Brandenburg 1851.

Born, D., Ueber die Freiheit des Gewerbes u. der Wirksamkeit des Kapitals auf die Lage der arbeitenden Massen. Berlin 1851.

Falk, Die Forderungen der Handwerker aus moralischen, politischen und ökonomischen Gründen in einer . . . Denkschrift dargestellt. 2. Aufl. Berlin 1852.

Thudichum, Frbr., Untersuchungen . . . über die Frage, was von Zunftbann u. Polizeitaxen zu halten sei. Frankfurt a. M. 1857.

Böhmert, Vict., Freiheit der Arbeit! Beiträge zur Reform der Gewerbegesetze. Bremen 1858.

Schutz der Arbeit! Schutz der Freiheit! Ein Beitrag zur Lösung der Gewerbefrage. Bremen 1858.

Baurmeister, Carl, Zunft oder Gewerbefreiheit? Oldenburg 1853.

Crusius, Fr. Jul., Ueber die Entwickelung der gegenwärtigen Verhältnisse im deutschen Zunft= und Handwerksleben seit dem Anfange dieses Jahrh. Düsseldorf 1858.

Der Zünfte Ehre u. Vortheil. Ein Neujahrsgruß an das deutsche Handwerk für 1859. Göttingen 1859.

Schnell, K. F., Materialien zur Abwehr u. Vorbeugung der Noth des kleinen Handwerkers u. Arbeiterstandes. Neue Bearbeitung der . . . Preisschrift. ("Schnell, K. F., Die sociale Privathülfe".) Berlin 1860.

Leuchs, Joh. Carl, Realrechte u. Gewerbs=Privilegien, beseitigt u. versöhnt mit der Freiheit der Gewerbe und der Ansässigung. 2. verm. Aufl. Nürnberg 1860.

Berg, F. A., Wird der goldene Boden des Gewerbebetriebs (Kunstfertigkeit u. Fleiß) durch die Einwirkung der Maschinenarbeit u. Gewerbefreiheit erhalten? Göttingen 1861.

Der handwerksmäßige Gewerbebetrieb in Preußen. (Antworten auf ein Rescript des Ministers, vom 16. Juni 1860.) Berlin o. J.

Reichenheim, L., Das Preußische Handelsministerium u. die Gewerbefreiheit. Berlin 1860.

Pickford, E., Zunftwesen, Gewerbeordnung oder Gewerbefreiheit? Mannheim 1860.

Röhrich, Wilh., Die Interessen des Handels u. der Gewerbe in der Gewerbefreiheit. Gotha 1860.

Plath, C., Gegen das Zunftwesen. Hamburg 1861.

Schüler, R., Die Preuß. Handwerks=Gesetzgebung. Systematische Darstellung der über Handwerksmeister, Fabrikanten, Gesellen . . . ergangenen Gesetze, Verordnungen ꝛc. Berlin 1861.

Rentzsch, Herm., Gewerbefreiheit und Freizügigkeit. 2 Abthlgn. 2. Aufl. Dresden 1862.

Keller, W. F., Gesetz über die vom 1. Mai 1862 ins Leben getretene Gewerbe=Freiheit für das Kgr. Württemberg. Stuttgart 1862.

Böhmert, Vict., Bericht über den Stand der deutschen Gewerbefreiheits= u.
    Freizügigkeitsfrage im Sept. 1863. o. O. 1863.
Moufang, Thr, Die Handwerkerfrage. Mainz 1864.
Denkschrift des Deutschen Handwerkerbundes, betr. den Erlaß einer allgemeinen
    Deutschen Handwerker=Ordnung. o. O. (1864.)
Baudrillart, Henri, La liberté du travail, l'association et la démocratie.
    Paris (1865).
Frieblieb, Iren., Handwerkslehre u. Handwerkerhülfe. Erfurt 1870.
Dannenberg, I. F. H., Das deutsche Handwerk und die sociale Frage.
    Leipzig 1872.
Hockenholz, Otto, Die Rettung des Kleingewerbes. Wien 1873.
Kleinwächter, Frbr., Zur Reform der Handwerks=Verfassung. Berlin 1875.
(Ebeling, Th.,) Suum cuique. Vorschläge zur Gewerbegesetzgebung. Hamburg
    1875.
Sickinger, C., Das alte Zunftwesen u. die moderne Gewerbefreiheit. Mainz
    1875.
Perrot, F., Das Handwerk, seine Reorganisation und seine Befreiung von
    der Uebermacht des Großkapitals. Leipzig 1876.
Schönberg, Gust., Zur Handwerkerfrage. Heidelberg 1876.
Berliner, Ad., Die Lage des deutschen Handwerker = Standes. 2. Aufl.
    Hannover 1877.
Frieblieb, L., Die Lage des Handwerker= u. Arbeiterstandes. Würzburg 1877.
Keller, Jul., Das deutsche Handwerk u. praktische Vorschläge zur Hebung
    desselben. Chemnitz 1878.
Kalb, G., Der Handwerker nach den Forderungen der Gegenwart. Berlin 1878.
Wie gewinnt das Handwerk wieder goldenen Boden? Dortmund 1878.
Voigt, I. F., Gewerkschaften von Handwerkern u. Fabrikarbeitern. Ein Vor-
    schlag zu einem neuen Titel der deutschen Gewerbeordnung. Jena 1879.
Jacobi, Johs., Die Organisation des Gewerbes mit specieller Berücksichtigung
    des Handwerks. Kassel (1879).
Zur Frage der Organisation des Kleingewerbes u. des genossenschaftlichen
    Creditwesens wider den Druck des Geldmonopols. Leipzig (1879).
Aufruf der Gewerbe=Kammer zu Dresden betr. die Einrichtung der Innungen.
    Dresden 1879.
Circular an sämmtliche Kgl. (Preuß.) Regierungen u. Landdrosteien, die An-
    regung zur Errichtung von Innungen ... betr. vom 4. Jan. 1879.
    Berlin 1879.
Petermann, Th., Neue Innungen. Berlin 1879.
— Die Gewerbsorganisation der Zukunft. Berlin 1879.
Glagau, Otto, Deutsches Handwerk u. historisches Bürgerthum. Osnabrück 1879.
Huber=Liebenau, v., Ueber den Verfall des Zunftthumes u. dessen Ersatz im
    deutschen Gewerbewesen. Berlin 1879.
Bobertag, Geo., Die Handwerkerfrage i. J. 1880. Bernstadt i. Schl. 1880.
Stöcker, Ad., Zur Handwerkerfrage. Breslau 1880.
Rücklin, Frbr., Das neuzeitliche Handwerk. Heilbronn 1880.
Die Innungs=Frage verhandelt in der Dresdener Gewerbe=Kammer. Dresden 1880.
Lohren, A., Die Wiederbelebung der Innungen u. der Normalarbeitstag.
    Potsdam 1880.

Stolp, Das Innungswesen u. die gewerbl. Arbeiterfrage oder die neue privat= u. wirthschaftsrechtliche Regelung des Gewerbebetriebes. Berlin 1880.

Kotze, O., Die Neubelebung der Innungen auf der Grundlage der Gewerbe= ordnung vom 21. Juni 1869. Breslau 1880.

Landgraf, Zur Innungsfrage in Baden. Mannheim 1880.

Braun, Ed., Die dreistufige Arbeit u. der deutsche Genossenschafts = Staat. Geschichte ihrer hundertjährigen Entwickelung 1880—1980. I. Thl.: Die Genossenschafts=Arbeit. Buch I: 1880—1915. Gewerbe=, Gemeinde=, Staats-Genossenschaften. Mit dem Charakter von: Innungen. Elberfeld 1880.

Schrader, W., Die korporative Organisation des Handwerks. Halle 1881.

Huber, F. C., Der Reichs=Gesetz=Entwurf betr. die Neuregelung des Innungs= wesens. Stuttgart 1881.

Jacobi, Johs., Zur gewerblichen Reformfrage. Eisenach 1881.

Richter, Eugen, Ueber Handwerkerfragen. Berlin 1881.

Sepp, Die Handwerker=Frage. Zwei Vorträge. München 1881.
    I. Alter u. Ehrwürdigkeit der Innungen.
    II. Zünfte u. Concessionen oder Gewerbefreiheit?

Das Innungs=Gesetz für das Deutsche Reich. Nach dem Reichstagsbeschluß vom 9. Juni 1881. Chemnitz o. J.

Entwurf eines Innungs=Statuts auf Grund des Reichs=Gesetzes vom 18. Juli 1881. Nebst Erläuterungen. Veröffentlicht auf Anordnung des Reichs= amts des Innern. Berlin o. J.

Jacobi, L., Die Innungen nach dem Reichsgesetz vom 18. Juli 1881 u. der Reichsgewerbeordnung. Berlin 1882.

Raschke, J. G., Die Genossenschaften im Mittelalter u. die heut anzustrebenden Innungen. 2. Aufl. Oldenburg 1882.

Schäppi, J., Handwerk, Kleingewerbe u. Landwirthschaft in ihrer gegen= wärtigen Bedrängniß u. Mittel zur Abhülfe. Zürich 1882.

Radtke, Frdr., Die Hebung des Handwerks. Königsberg i. Pr. 1882.

Mohl, Mor., Eine Privat=Enquete über Gewerbefreiheit u. Hausirhandel. Stuttgart 1882.

Petition von selbständigen Handwerkern u. Einwohnern Hannovers (an den deutschen Reichstag betr. die Einführung obligatorischer Innungen).

Genzmer, St., Die neuen Innungen der Gewerbtreibenden. Gesetz, betr. die Abänderung der Gewerbeordnung vom 18. Juli 1881 u. amtl. Entwurf eines Innungsstatuts nebst Erläuterungen. Strehlen 1882.

Caspar, F., Die Innungen für Gewerbtreibende. Nach den reichsgesetzlichen Vorschriften. Mit Anhang: Entwurf eines Innungs=Statuts nebst Er= läuterungen. Berlin 1882.

Fritzsche, Gust., Ansprachen bei Lehrlings=Aufnahmen, Lehrlings=Entlassungen u. Meister=Aufnahmen der Innungen. Mit einem Vorwort von H. Herzog. Leipzig 1883.

Die demokratische Partei u. die Handwerker. München 1883.

Steglich, Edm., Ueber die Zukunft der Handwerksarbeit. Berlin (1883).

Droste, Frz., Die Handwerkerfrage. Berlin 1884.

Haushofer, Max, Das deutsche Kleingewerbe in seinem Existenzkampfe gegen die Großindustrie. Berlin 1885.

Goldschmidt, Frdr., Die Hohenzollern u. die Gewerbefreiheit in Preußen. Berlin 1885.

Rocholl, D., Dunkle Bilder aus dem Wanderleben. Aufzeichnungen eines Handwerkers. Bremen 1885.

Müller, Th., Kunstgewerbe u. Handwerkerfrage. Minden i. W. 1886.

Jäger, Eugen, Die Handwerkerfrage. Abthlg. 1: Geschichte der Handwerkerbewegung bis zum Jahre 1884. Berlin 1887.

Heitz, E., Das Innungswesen in alter und neuer Zeit. Stuttgart 1887.

Baumbach, Karl, Zünftlerthum. Ein Gutachten des Frhrn. v. Patow. Berlin 1887.

Bonham, John M., Industrial liberty. New-York 1888.

Wolfram, Gewerbefreiheits-Doctrin u. Lohnkampf in deren Bedeutung für die bürgerliche Ordnung. Hamburg 1888.

Deutsche Innungs-Gesetzgebung nebst Verweisen auf sonstige einschlagende Reichsgesetze ꝛc. Frankenberg i. S. 1888.

Bartholdy, P., Zunftzwang u. Gewerbefreiheit. Colmar 1889.

Jürgensohn, Wilh., Schutz dem Mittelstande! Was reibt ihn auf? Was könnt ihn retten? 2. vervollst. Aufl. Wien (1890).

Laa, Leop. M., Geht der Handwerkerstand seinem Untergang entgegen oder nicht? Bremerhaven 1892.

Collet, Frz., Innungen oder Fachvereine? Vorschläge zur Rettung des deutschen Handwerkerstandes. Münster i. W. (1892).

Schaede, Gust., Reform des Gewerbewesens durch Berufs-Parlamente ꝛc. St. Johann a. d. Saar (1892).

Quaas, Vict., Was thut unserm christlich-deutschen Handwerk u. Handel noth? Hildesheim 1892.

S(chlaeger), E., Der einzige Weg zur Rettung der Selbstständigkeit des Handwerkerthums. Dresden 1892.

Hample, Thilo, Der Befähigungsnachweis im Handwerk. Jena 1892.

Die Rettung des Handwerks durch den Befähigungsnachweis. Halberstadt (1893).

Stieda, Wilh., Der Befähigungsnachweis. Leipzig 1895.

Böttger, Hugo, Das Programm der Handwerker. Eine gewerbepolit. Studie. Braunschweig 1893.

Kimbel, Martin, Böse Zustände im Gewerbe Ende des 19. Jahrhunderts. Breslau 1894.

(Huber, F. C.,) Das Handels- u. Kleingewerbe u. die Zwangsversicherung. (Stuttgart 1894.)

Rosenbaum, J., Schutz dem Kleingewerbe u. dem Detailhandel. Nürnberg 1894.

Kulemann, W., Das Kleingewerbe. Nothlage u. Abhülfe. Göttingen 1895.
— Dasselbe. 2 verm. Aufl. mit Ausdehnung auf die preuß. Handwerkervorlage vom 3. Aug. 1896. Göttingen 1896.

Untersuchungen über die Lage des Handwerks in Deutschland mit besonderer Rücksicht auf seine Konkurrenzfähigkeit gegenüber der Großindustrie. 9 Bde. Leipzig.

   Bd. 1, 4, 7: Königr. Preußen. 3 Tle. 1895/96.
    „   2, 5, 6: Königr. Sachsen. 3 Tle. 1895/97.
    „   8, 8: Süddeutschland. 2 Tle. 1895/97.
    „   9: Verschiedene Staaten. 1897.

Huber, F. C., Zur Handwerkerfrage. Stuttgart 1896.

Rüffert, F. W., Das deutsche Handwerk, seine jetzige Lage und Zukunft ꝛc. Berlin 1896.

Steinberg, F., Die Handwerker-Bewegung in Deutschland, ihre Ursachen u. Ziele. Stuttgart 1897.

Stieda, Wilh, Die Lebensfähigkeit des deutschen Handwerks. Rostock 1897.

S., J., Mißstände im heutigen Erwerbsleben u. deren Beseitigung. Bern 1897.

Brants, Victor, Le régime corporatif au XIXe siècle dans les états germaniques. Louvain 1894.

Waentig, Heinr., Gewerbliche Mittelstandspolitik. Leipzig 1898.

Sombart, C. M., Ueber die Zukunft des Kleingewerbes. Magdeburg 1898.

Mendelson, Max, Die Stellung des Handwerks in den hauptsächlichsten der ehemals zünftigen Gewerbe. Jena 1899.

Marfels, Carl, Die Noth der Gewerbetreibenden und die Bodenreform. Berlin 1899.

Dittrich, Die wirthschaftliche Förderung des gewerblichen Mittelstandes u. das Reichsgesetz vom 26. Juli 1897. Berlin 1899.

Schikaneder, Ein positiver Vorschlag zur Gesundung des Erwerbslebens. Dresden 1899.

(Preußen.)

Meyer, Mor., Geschichte der Preußischen Handwerkerpolitik. Nach amtlichen Quellen. 2 Bde. Minden i. W.
   Bd. I: Die Handwerkerpolitik des Großen Kurfürsten und König Friedrich's I. (1640—1713). 1884.
   „ II: Die Handwerkerpolitik König Friedrich Wilhelm's I. (1713—1740). 1888.

(Oesterreich.)

Mayer, Sigm., Die Aufhebung der Gewerbefreiheit. Streit- u. Fehdeschrift gegen die Wiederherstellung der Zunft in Oesterreich. Wien 1883.

— Die Aufhebung des Befähigungsnachweises in Oesterreich. Leipzig 1894.

Nasske, Alois, Die gewerbepolitische Bewegung in Oesterreich u. ihre Schlagworte. Brünn 1896.

Untersuchungen über die Lage des Handwerks in Österreich mit besonderer Rücksicht auf seine Konkurrenzfähigkeit gegenüber der Großindustrie. Leipzig 1896.

Adler, Eman., Ueber die Lage des Handwerks in Oesterreich. Freiburg i. B. 1898.

Stenograph Protokoll der vom k. k. Handelsministerium durchgeführten Enquete über das kleingewerbl. Creditwesen. Wien 1900.

Höhm, Ferd., Carl Gebhardt u. Jos. Heller, Wie können wir den deutschen Handwerkerstand in Böhmen erhalten u. kräftigen? Prag 1898.

(Schweiz.)

Schäppi, J., Handwerk, Kleingewerbe und Landwirthschaft in ihrer gegenwärtigen Bedrängniß u. Mittel zur Abhülfe. Zürich 1882.

Bertheau, Th., Die bundesrechtliche Praxis betr. die . . . Gewerbefreiheit ꝛc. Zürich 1896.

(Holland.)

Houck, Henr., De collegiis opificum et mercatorum in patria nostra. Daventriae 1846.

14

Sylvester, Rud., Die deutschen Baugewerkvereine und ihre Bewegung in den letzten Jahren. Leipzig o. J.

Die Bau=Innung des Saargebietes. Elberfeld 1879.

Schmoller, Gust., Die Entwicklung u. die Krisis der deutschen Weberei im 19. Jahrh. Berlin 1873.

Grothe, Herm., Der Einfluß des Manchesterthums auf Handwerk u. Hausindustrie gezeigt an dem Ergehen der Hand= u. Hausweberei. 2. Abdruck. Berlin 1884.

V. Gewerbebeförderung.

A. Im Allgemeinen.

Noeggerath, Ed. Jac., Die Anstalten zur Beförderung der Gewerbetreibenden u. des Gewerbebetriebes in Deutschland. Leipzig 1865.

Gerlitz, Joh Sam., Die große Arbeitslosigkeit u. Noth der Gewerbetreibenden in Preußen u. ihre durch den Staat zu ermöglichende Abhilfe. Breslau 1848.

Gätschenberger, Stephan, Der bayerische Staat u. die fränkische Industrie, geschildert in den Schicksalen der Handlungshäuser G. A. Gätschenberger u J. J. v. Hirsch in Würzburg; nebst einem Beitrag zur Beantwortung der Preisfrage: Wie der Verarmung zu steuern u. dem Wohlstand Bayerns aufzuhelfen ist? Würzburg 1852.

Dorn, Alex., Pflege u. Förderung des gewerblichen Fortschrittes durch die Regierung in Württemberg. Wien 1868.

Bischer, L., Die industrielle Entwicklung im Kgr. Württemberg u. das Wirken seiner Centralstelle für Handel und Gewerbe in ihren ersten 25 Jahren. Stuttgart 1875.

Gewerbehalle u. Lagerräume in Stuttgart. Ein Gutachten. Stuttgart 1878.

Breycha, Alois, Die Gewerbe=Förderungs=Action des k. k. Handelsministeriums. Wien 1900.

Arnold, J. H., Die Einführung neuer u. Verbesserung bestehender Industrien in der Schweiz. Frauenfeld 1884.

Steinbeis, F. v., Die Elemente der Gewerbebeförderung nachgewiesen an der belgischen Industrie. Stuttgart 1853.

B. Gewerbliches Bildungswesen.*)

Die Reform des Lehrlingswesen. Sechszehn Gutachten u. Berichte veröffentlicht vom Verein für Socialpolitik. Leipzig 1875.

Keller, Jul., Das Lehrlingswesen u. praktische Mittel zur Hebung desselben. Landsberg a. W. 1876.

Schulze, Jul., Das heutige gewerbliche Lehrlingswesen, seine Mängel u. die Mittel zu deren Beseitigung. Leipzig 1876.

Hansen, P. Chr., Ein Beitrag zur Lehrlingsfrage. (Berlin 1877.)

---

*) Vergl auch Abth. C, Cap. XXVI unter III, A. 7: Sonntags= u. Fortbildungsschulen, u. unter III, B. 4: Fachschulen.

Steglich, Edm., Betrachtungen über Lehrlings= u. Innungswesen. (Dresden 1882.)

Garbe, Rob., Der zeitgemäße Ausbau des gesammten Lehrlingswesens für Industrie und Gewerbe. Vorschläge zur Erziehung und Ausbildung der gewerbl. Jugend. Berlin 1888.

Allgemeine Grundsätze bei der Ausbildung von Handwerkslehrlingen. Drei preisgekrönte Abhandlungen mit einer Zusammenstellung sämmtlicher sich auf das Lehrlingswesen beziehender Gesetze. Dresden 1890.

Lange, Th., Werde ein Mann! Mitgabe für die Lehrzeit. 2. verb. Aufl. Leipzig 1893.

Ausland.)

Pollitzer, Joh., Die Lage der Lehrlinge im Kleingewerbe in Wien. Tübingen 1900.

Fichet, César, Mémoire sur l'apprentissage et sur l'éduction industrielle. Paris 1847.

Neuburg, Clamor, Das französische Lehrlingsgesetz von 1851 und die Debatten bei dieser Berathung. (Leipzig 1875.)

Hayem, Jul., et Jul. Périn, Traité du contrat d'apprentissage. Commentaire de la loi du 22 Févr. — 4 Mars 1851, précédé d'une introduction historique sur le travail et l'apprentissage par Julien Hayem. Paris 1878.

Bücher, Karl, Lehrlingsfrage u. gewerbliche Bildung in Frankreich. Eisenach 1878.

Écoles manuelles d'apprentissage et écoles professionnelles. Paris 1887.

Frick, K., Ueber das Lehrlings= und Accordwesen der Schweiz. Metallindustrie. Zürich 1893.

Mehler, J. B., Don Bosco's sociale Schöpfungen, seine Lehrlingsversammlungen und Erziehungshäuser. Regensburg 1893.

(Gewerbl. Ausbildung ins Besondere.)

Baugerow, A. W. L., Ueber die Bildung der Jugend für Industrie und das bürgerliche und häusliche Leben überhaupt. Hirschberg 1809.

Brougham, H., Praktische Bemerkungen über die Ausbildung der gewerb= treibenden Classen. Nach der 20. Aufl. übers. Mit Vorrede und An= merkungen von K. F. Klöden. Berlin 1827.

Kalisch, Ernst Wilh., Ueber die Fortbildungsanstalten und deren Stellung zum Schulorganismus. Berlin 1850.

Zahn, A. v., Bericht über die Resultate des Kunstunterrichts in Bezug auf den Fortschritt der Kunstgewerbe. Nach den Ergebnissen der Pariser Weltausstellung von 1867. Leipzig 1868.

Richter, Karl Thomas, Das Kunstgewerbe, die Gewerbe= und Kunstgewerbe= schule und der Marken=, Muster= und Erfindungsschutz. Wien 1869.

Meyer, Bruno, Die Beziehungen der Gewerbezeichenschulen zur Kunstindustrie und zur Volksbildung. Berlin 1870.

Schröder, Carl, Die gewerbl. Fortbildungsschule in ihrer Nothwendigkeit, zweckmäßigen Organisation und gedeihlichen Wirksamkeit. Berlin 1872.

Tobisch, Ed., Das Kleingewerbe und der gewerbliche Unterricht. Reichen= berg 1872.

Twining, Thomas, Technical training. London 1874.

Seyfferth, J. A., Materialien für den Unterricht in Fortbildungsschulen. Hof 1876.
II. Abth.: Gewerbliche Buchführung.

Das gewerbliche Fortbildungswesen. Sieben Gutachten und Berichte veröffentlicht vom Verein für Socialpolitik. Leipzig 1879.

Beck, H., Was können und sollen Gewerbe, Ackerbau und Handel zu ihrer Hebung von der Schule verlangen? Berlin 1877.

Bücher, Karl, Die gewerbl. Bildungsfrage und der industrielle Rückgang. Eisenach 1877.

Herrmann, Th. A., Deutsche Schule und deutsches Gewerbe. Dresden 1880.

Rücklin, Frdr., Die Volksgewerbeschule, ihre socialwirthschaftl. Aufgabe, ihre Methode und naturgemäße Gestaltung. Leipzig 1888.

Bartholdy, P., Gewerbliche Ausbildung durch Schule und Werkstatt. Colmar 1889.

Fund, K., Die schriftlichen Arbeiten in der gewerbl. Fortbildungsschule. Soest 1890.

Roscher, Carl, Gewerblicher Unterricht. Jena 1892

Kamp, Otto, Die gewerbl. Ausbildung der lohnarbeitenden Mädchen. Leipzig 1892.

Scheven, Paul, Die Lehrwerkstätte. Bd. 1: Technik u. qualifizierte Handarbeit in ihren Wechselwirkungen u. die Reform der Lehre. Tübingen 1894.

— Über die Ausbildung des Handwerkers und gelernten Fabrikarbeiters. (Berlin 1895.)

Mielke, Rob., Volkskunst. Magdeburg 1896.

Haedicke, Herm., Die Stellung der Lehrwerkstätte zu den neuesten socialpolitischen Bewegungen. 2 Aufl. Elberfeld 1896.

Hausser, Karl, Die technische, kaufmännische und kunstgewerbl. Ausbildung der Handwerker. Dresden 1897.

(In einzelnen deutschen Staaten.)

Weigelsperg, Béla Frhr. v., Uebersicht der gewerbl. Unterrichtsanstalten in den Königreichen Preußen, Sachsen, Bayern und Württemberg. Wien 1872.

Kerschensteiner, Georg, Beobachtungen und Vergleiche über Einrichtungen für gewerbl. Erziehung außerhalb Bayern. München 1901.

(— Preußen.)

Schell, Wilh., Das gewerbliche und ländliche Fortbildungs-Schulwesen in Preußen. Düsseldorf 1889.

Lüders, K., u. O. Simon, Denkschrift über die Entwickelung der gewerbl. Fortbildungsschulen und der gewerbl. Fachschulen während der Jahre 1891 bis 1895. Berlin 1896.

— Sachsen.)

5. Jahresbericht über die gewerbl. Fortbildungs- und Fachschule der Schuhmacher-Innung zu Dresden. Dresden 1891.

6., 15. Jahresbericht der Fachschule der Tischler-Innung zu Dresden. Dresden 1891, 1900.

1.—4., 6. Jahresbericht der gewerbl. Fach- und Fortbildungsschule der Fleischer-Innung zu Dresden. Dresden 1896—99, 1901.

Württemberg.)

Genauck, Carl, Die gewerbliche Erziehung durch Schulen, Lehrwerkstätten, Museen und Vereine im Kgr. Württemberg. Reichenberg 1882.

Baden.)

Genauck, Carl, Die gewerbliche Erziehung durch Schulen, Lehrwerkstätten, Museen und Vereine im Grhrzth. Baden. Reichenberg 1882.

Hessen.)

Fink, F., Die Handwerkerschulen, die Landesbaugewerkschule und die Kunstgewerbeschulen im Grhrzth. Hessen. Geschichtliche Entwickelung dieser Anstalten seit d. J. 1837 und deren Bestand i. J. 1886. Darmstadt 1887.

Oesterreich.)

Klimburg, Rud. Frhr. v., Die Entwicklung des gewerbl. Unterrichtswesens in Oesterreich. Tübingen 1900.

Zur Frage der Erziehung der industriellen Classen in Oesterreich. Wien 1876.

Ilg, Alb., Die kunstgewerbl. Fachschulen des k. k. Handelsministeriums, anläßlich der im Oktober 1875 im k. k. Oesterr. Museum für Kunst u. Industrie veranstalteten Ausstellung derselben besprochen. Wien 1876.

Dotzauer, Rich. Ritter v., u. Edm. Schebek, Die Musterwerkstätten für Spitzenfabrication im böhmischen Erzgebirge. Prag 1871.

Schreier, Frz. H., Ueber die Aufgaben der gewerbl. Unterrichtspflege im Hrzth. Kärnten. Klagenfurt 1896.

Schweiz.)

Bendel, Heinr., Zur Frage der gewerblichen Erziehung in der Schweiz. Winterthur 1883.

Frankreich.)

Paulet, Georges, L'enseignement primaire professionnel. Paris 1889.

Belgien.)

Bertrand, C., Étude sur l'enseignement professionnel présenté à la Société pour l'instruction élémentaire. 2. édit. Bruxelles 1864.

Rapport sur la situation de l'enseignement industriel et professionnel en Belgique. Années 1884—1896. Bruxelles 1897.

Genauck, Carl, Die gewerbl. Erziehung durch Schulen, Lehrwerkstätten, Museen und Vereine im Kgr. Belgien. 2 Thle. Reichenberg 1886, 87.

Niederlande.)

Sur l'organisation des écoles moyennes pour la classe ouvrière dans les Pays-Bas, avec une notice sur l'enseignement du dessin dans les écoles. La Haye 1869.

England.)

Schwabe, Herm., Die Förderung der Kunst-Industrie in England und der Stand dieser Frage in Deutschland. Berlin 1866.

Italien.)

Ilg, Alb., Studien auf dem Gebiete des kunstgewerblichen Unterrichtes in Italien. Wien 1875.

Rußland.)

But, organisation et services du „Musée technique d'encouragement du travail" près la Section de Moscou de la Société Impériale Technique Russe. (Moscou 1901.)

Holst, M., Ziel u. Mittel zur Förderung des gewerbl. Unterrichts in den Ostseeprovinzen u. Riga. Riga 1872.

(Arbeitsschulen, Handfertigkeitsunterricht. — Im Allgemeinen.)

Clauson von Kaas, A., Ueber Arbeitsschulen u. Förderung des Hausfleißes. Heft 1. Bremen (1881).

Salomon, Otto, Arbeitsschule u. Volksschule. Auswahl von Konkurrenz=Aufsätzen über die Preisfrage: „Läßt sich die Arbeitsschule mit der Volks=schule verbinden? (Aus dem Schwedischen.) Wittenberg 1881.

Lammers, A., Hand=Bildung u. Hausfleiß. Berlin 1881.

Gelbe, Th., Der Handfertigkeitsunterricht. Dresden 1885.

Rauscher, Ferd. Em., Der Handfertigkeits=Unterricht seine Theorie und Praxis. 3 Thle. Wien 1885, 87, 88.

Götze, Woldemar, Werkstücke zum Aufbau des Arbeitsunterrichts. Leipzig 1887.

Kick, Frdr., Studie über Handfertigkeits= oder Werkstatt=Unterricht. Prag 1887.

Backhaus, J. C. N., Stellung u. Gestaltung des Handfertigkeits=Unterrichtes. Gotha 1888.

Groppler, Frz., Widerspricht der Arbeitsunterricht dem Prinzip der Schule — u. wer soll ihn leiten? (Eine Entgegnung auf die Backhaussche Schrift: „Stellung u. Gestaltung des Handfertigkeits=Unterrichtes." Bielefeld 1889.

Die Gründe für u. gegen den Handfertigkeits=Unterricht in der Volksschule. Von einem Schulmanne. Wien 1888.

Rom, N. C., Praktisches Handbuch für alle Freunde der Handarbeit. Teutsche Bearbeitung des dänischen Werkes: „Haandgjerningsbog for Ungdommen." 5. Aufl. (In 2 Thln.) Leipzig.
    Thl. 1: Praktische Einführung in die Knaben=Handarbeit für Lehrer u. Lernende. Mit Vorwort von Wold. Götze. 1890.

Schenckendorff, E. v., Der Arbeits=Unterricht auf dem Lande. Görlitz 1891.

Janke, Otto, Die Hygiene der Knaben=Handarbeit. Hamburg 1893.

Kalb, Gust., Der erste Unterricht in der Knabenhandarbeit. Gera 1893.

Götze, Woldemar, Schulhandfertigkeit. (Ein praktischer Versuch, den Hand=fertigkeitsunterricht mit der Schule in Verbindung zu setzen. Leipzig 1894.

Bruhns, Alois, Die Schulwerkstätte in ihrer Verbindung mit dem theoretischen Unterricht. 2. umgearb. Aufl. Wien 1895.

(In einzelnen Ländern.)

Rißmann, Rob., Geschichte des Arbeitsunterrichtes in Deutschland. Gotha 1882.

Götze, W., Die Lehrerbildungsanstalt des deutschen Vereins für Knabenhand=arbeit zu Leipzig. Bericht über ihre erstmalige Thätigkeit i. J. 1887. Berlin 1888.

— Aus der Lehrerbildungsanstalt des deutschen Vereins für Knabenhandarbeit. Berichte über ihre Thätigkeit i. J. 1888—1897. Leipzig 1889 - 98.

Sonntag, Th., Bericht über den Stand und die Ausbreitung des Arbeits=unterrichts in Deutschland. Leipzig 1889.

Förster, Alban, Der gegenwärtige Stand des Arbeitsunterrichts im Deutschen Reiche. Dresden 1893.

Die Entstehung u. Entwicklung der gewerbl. Fortbildungsschulen u. Frauen=
arbeitsschulen in Württemberg. 2. verm. Aufl. Stuttgart 1889

Lehrplan für den Handfertigkeits=Unterricht des Gemeinnützigen Vereins zu
Dresden. Dresden o. J.

Zweiter Bericht über die Wirksamkeit des Vereins zur Begründung von Spinn=
schulen im Kreisdirectionsbez. Budissin. Bautzen 1851.

Götze, Wolb., Der Arbeitsunterricht im Auslande und in Deutschland, seine
wirthschaftliche u. nationale Bedeutung. Leipzig 1892.

Hausfleiß in Ungarn i. J. 1884. Leipzig 1886.

Goetz, Wilh., Die Frage des Handfertigkeits=Unterrichts in der deutschen
Schweiz. Davos 1887.

Les travaux manuels en Suisse. -- Le IVᵉ cours normal suisse de travaux
manuels donné à Fribourg, du 15 Juillet au 11 Août 1888. Rapport.
Fribourg 1888.

Urban, C., Der Hausfleiß in Dänemark u. seine Verpflanzung in die ober=
schlesischen Nothstands=Distrikte. Oppeln 1882.

C. Schutz des gewerblichen Eigenthums.
1. Im Allgemeinen.

Zeitschriften.)

La Propriété industrielle. Organe officiel du Bureau international de l'Union
pour la protection de la propriété industrielle. Anneé I flg Berne
1885 flg.

Jahrbuch der Internationalen Vereinigung für gewerblichen Rechtsschutz.
Jahrg. 1 flg. Berlin 1897 flg.

Gewerblicher Rechtsschutz und Urheberrecht. Zeitschrift des deutschen Vereins
zum Schutz des gewerblichen Eigenthums. Unter Mitwirkung von Paul
Schmidt u. Jos. Kohler hrsg. von Albert Osterrieth. Jahrg. 1 flg.
Berlin 1896 flg.

Unlauterer Wettbewerb.*) Monatsschrift für gewerblichen Rechtsschutz. Hrsg.
von Jul. Lubszynski. Jahrg. I, 1 flg. Berlin 1901/02.

(Vereinigungen und deren Congresse.)

Pouillet, Eug., et G. Plé, La Convention d'Union internationale du 20 mars
1883 pour la protection de la propriété industrielle. Commentaire.
Paris 1896.

Pelletier, Michel, et Edmond Vidal-Naquet, La Convention d'Union
pour la protection de la propriété industrielle du 20 mars 1883 et les
conférences de revision postérieures. Paris 1902.

Internationale Vereinigung für gewerblichen Rechtsschutz. 1. Kongreß. General=
bericht, 33 Specialberichte Beschlüsse des Congresses. Wien 1897.

Berichte und Verhandlungen der Deutsch=Oesterr. Gewerbeschutz=Conferenz am
12. u. 13. Oct. 1896 zu Berlin. Hrsg. von A. Osterrieth u.
J. Wechsler. Berlin 1896.

*) Ueber unlauteren Wettbewerb s. insbes. Cap. XXXIV: Handel, III, B. Handels-
mißstände und =Mißbräuche.

Recucil général de la législation et des traités concernant la propriété industrielle. — Brevets d'invention. Dessins et modèles de fabrique. Marques de fabrique et de commerce. Nom commercial etc. etc. Publié par le Bureau international de l'Union pour la protection de la propriété industrielle avec le concours de jurisconsultes de divers pays. 4 tomes. Berne.
> Tome　I: Europe. 1e partie 1896.
> 　„　II: Europe. 2e partie — Asie 1897.
> 　„　III: Afrique, Amérique, Océanie. 1899.
> 　„　IV: I. Législation (Supplément). II. Conventions internationales. 1901.

Stephan, R., u. Paul Schmid, Der Schutz der gewerblichen Urheberrechte des In- u. Auslandes. Leipzig 1899.

Pieper, Carl, Gewerbe- u. Industrieschutz. Ein Beitrag zu den Reformfragen betr. den Patent-, Muster-, Marken- u. Handelsfirmen-Schutz u. die internationale Staaten-Convention. Berlin 1890.

— Sind die Industrie-Schutzgesetze verbessert? Berlin 1891.

Magnus, Jul., Reformbestrebungen auf dem Gebiete der gewerbl. Schutzrechte. Berlin 1900.

Die Patent-, Muster- und Markenschutzgesetze des Erdballs. Zusammengestellt von A. Werner. Bd. I flg. Berlin 1896 flg.

Alexander-Katz, Rich., Die zeitliche Begrenzung der Immaterial-Güterrechte. Berlin 1900.

Stahl, Phil. Ritter v., Der gewerbl. Rechtsschutz u. die Pariser Weltausstellung. Wien 1901.

Davidsohn, C., Die Reichsgesetze zum Schutz des gewerblichen geistigen Eigentums (industrielle u. technische Urhebergesetze). München 1891.

Laß, Ludw., Rechtsgrundsätze des Reichsgerichts u. anderer hoher Gerichtshöfe Deutschlands auf dem Gebiete des Urheber-, Marken- u. Patentrechts. Berlin 1892.

Schanze, O., Die rechtliche Bedeutung der Register- und Rollen-Einschreibungen auf dem Gebiete des Industrierechts. München 1893.

Olshausen, Just., Die Reichs-Gesetze betr. das geistige Eigenthum. Berlin 1894.

Schmid, Paul, Die Gesetze zum Schutz des gewerbl. Eigenthums. Mit Erläuterungen u. einer Einleitung: Die Entwicklung des gewerblichen Rechtsschutzes in Deutschland. Berlin 1897.

Stenglein, M., Die Reichsgesetze zum Schutz des geistigen und gewerbl. Eigentums. 2. veränd. Aufl. Berlin 1898.

Die Schweizer. Gesetzgebung über den Schutz der Erfindungen, Marken, Muster u. Modelle nebst der internat. Konvention über das gewerbl. Eigenthum. Text-Ausgabe von F. Meili. Zürich 1890.

Niesper-Meyer, A., Der Schutz des industriellen Eigenthums in der Schweiz u. im Deutschen Reich. Zürich 1892.

Simon, Alfr., Der gewerbl. Rechtsschutz in der Schweiz. Sammlung der Gesetze u. Verträge betr. den Schutz der Erfindungspatente, der Fabrik- u. Handelsmarken ꝛc. Berlin 1897.

Frankreich.)
Nicolas, César, et Michel Pelletier, Manuel de la propriété industrielle. Paris 1888.
Couhin, Claude, La propriété industrielle, artistique et littéraire. 3 tomes. Paris 1894, 98.

Italien.)
Bosio, Edoardo, Le privative industriale nel diritto italiano. Torino 1891.

England.)
Klostermann, R., Das engliſche Patent=, Muſter= und Markenſchußgeſeß vom 25. Aug. 1883 nebſt Überſeßung. Erläutert. Jena 1884.

2. Patentſchuß.

a) Allgemeines.

Capitaine, Emil, Das Weſen des Erfindens. Leipzig 1895.
Guyot, Yves, L'inventeur. Paris 1867.
Star Busmann, Ed., Octrooien van uitvinding. Groningen 1867.
Böhmert, Vict., Die Erfindungspatente nach volkswirthſchaftlichen Grundſätzen u. induſtriellen Erfahrungen. Berlin 1869.
Pieper, Carl, Der Erfinderſchuß u. die Reform der Patentgeſeße. Amtlicher Bericht über den internat. Patent=Congreß zur Erörterung der Frage des Patentſchußes. Mit einer Einleitung von C. W. Siemens. Dresden 1873.
Hartig, E., Die techniſche Erfindung im Rechtsleben der Gegenwart. Leipzig 1882.
Reuling, Wilh., Die Anrechte der Auftraggeber u. Dienſtherren an den Er= findungen ihrer Beauftragten u. Angeſtellten. Berlin 1892.
Mittler jun., Heinr., Beiträge zur Theorie des Patentrechtes. Berlin 1894.
Schanze, Osc., Das Recht der Erfindungen u. Muſter. Leipzig 1899.
— Patentrechtliche Unterſuchungen. Jena 1901.
Pouillet, Eugène, Traité théorique et pratique des brevets d'invention et de la contrefaçon. 4e édit. Paris 1899.

b) In einzelnen Ländern.

Looſey, Carl F., Sammlung der Geſeße für Erfindungs=Privilegien der ſämmtlichen Staaten Europa's, der Verein. Staaten von Nord=Amerika u. Holländiſch Weſt=Indien. Wien 1849.
Klostermann, R., Die Patentgeſeßgebung aller Länder nebſt den Geſeßen über Muſterſchuß u. Waarenbezeichnungen. Berlin 1869.
Biedermann, Rud., Die wichtigſten Beſtimmungen der Patentgeſeße aller Länder. 2. Aufl. Berlin 1885.
Paget, E. O., u. E. G. L. Moeller, Der Erfindungsſchuß in Oeſterreich= Ungarn, Deutſchland, Großbritannien u. Frankreich. 2. Aufl. Wien 1888.
Sämmtliche Patentgeſeße des In= und Auslandes in ihren wichtigſten Be= ſtimmungen. Unter Mitwirkung von W. H. Uhland hrsg. von R. Schmehlik. Dresden 1894.
Patentgeſeßgebung. Sammlung der wichtigeren Patentgeſeße, Ausführungs= vorſchriften, Verordnungen u. ſ. w. Hrsg. von Carl Gareis, fortgeführt von A. Werner. 6 Bde. Berlin 1879—95.

Die Patent=, Muster= u. Markenschutzgesetze des Erdballs. Zusammengest. von
A. Werner, bez. Albert Osterrieth N. F. der Patentgesetzgebung.
Bd. I flg. Berlin 1896 flg.

Recueil général de la législation et des traités concernant la propriété industrielle. — Brevets d'invention etc. 4 tomes. Berne 1896 – 1901.

Sämmtliche Patentgesetze des In= und Auslandes in ihren wichtigsten Be=
stimmungen. Red. v. Hugo u. Wilh. Pataky. 3. verb. Aufl. Dresden 1897.

Haase, F. H., Leitfaden über Patent= u Musterschutzangelegenheiten aller
Staaten. Mit Nachtrag. Berlin 1894, 95.

Hanke, Max, Patent=technischer Almanach für den Weltverkehr. 1895, 1896.
Dresden.

α) Deutschland.

(Vor 1877.)

Müller, Alfr., Die Entwicklung des Erfindungsschutzes u. seiner Gesetzgebung
in Deutschland. München 1898.

Deutscher Patent=Anzeiger. Wochenblatt. Jahrg. V. Nr 5, 9—46. Dresden 1894.

Die patentamtlichen u. gerichtlichen Entscheidungen in Patentsachen nach der
Reihenfolge der Bestimmungen des Patentgesetzes systematisch zusammen=
gestellt u. hrsg. von Carl Gareis. Bd. I—X. Berlin 1881—1894.
Jetzt u. d. T.:

Die patentamtlichen u. gerichtlichen Entscheidungen in Patent=, Muster= und
Markenschutzsachen ꝛc. Bd. I flg. (N. F. Der Entscheidungen in Patent=
sachen Bd. XI flg.) Fortgeführt von Alb. Osterrieth. Berlin 1896 flg.

Röhrich, Wilh., Die Patent=Gesetzgebung. Frankfurt a. M. 1863.

Vorschläge für ein deutsches Patentgesetz, beantragt durch die von der Hohen
deutschen Bundesversammlung durch Beschluß vom 24. Juli 1862 einberufenen Commission von Fachmännern. Mit Erläuterungen hrsg. von
Fr. Bitzer. Stuttgart 1864.

Positive Vorschläge zu einem Patent=Gesetz. Denkschrift der Aeltesten der
Kaufmannschaft zu Berlin. Hrsg. von Werner Siemens. Berlin 1869.

Barthel, Peter, Die Patent=Frage. Leipzig 1869.

Entwurf eines Patentgesetzes für das Deutsche Reich. Vorgelegt . . . durch den
Verein deutscher Ingenieure. Berlin 1872.

Rosenthal, J., Der Erfindungsschutz vor dem Forum der gesetzgebenden
Faktoren. Cöln 1873.

Die Patentfrage. Sechs Preisschriften über Reform der Patentgesetzgebung.
Köln 1874.

Simon, Heinr., Brief über die deutsche Patentfrage. Manchester 1876.

(Patentgesetz von 1877.)

Entwurf eines Patentgesetzes. Vom Reichskanzleramt veröffentlicht. Mit Be=
merkungen u. Amendements von Othmar Lenz. Berlin 1877.

Jacobi, Ein Wort über das deutsche Patentgesetz. o. O. (1877).

Verlauf u. Ergebniß der über die reichsgesetzliche Regelung des Patentwesens
durch Beschluß des Bundesrathes veranlaßten Sachverständigen = Vernehmungen. Amtliche Protokolle. Berlin 1877.

Alexander=Katz, Rich., Bemerkungen zu dem Entwurf eines Patentgesetzes.
Berlin 1877.

Pieper, Carl, Der Schutz der Erfindungen im Deutschen Reich. Die Reichstags=verhandlungen, das Patentgesetz u. seine Ausführungsverordnungen mit kritischen Anmerkungen. Berlin 1877.

Dambach, Otto, Das Patentgesetz für das Deutsche Reich, erläutert. Berlin 1877.

Klostermann, R., Das Patentgesetz für das Deutsche Reich vom 25. Mai 1877 nebst Einleitung u. Commentar. Berlin 1877.

Kohler, Jos., Deutsches Patentrecht, systematisch bearbeitet unter vergleichender Berücksichtigung des französischen Patentrechts Mannheim 1878

Gareis, Carl, Ueber das Erfinderrecht von Beamten, Angestellten u Arbeitern. Berlin 1879

Buettner, Fbr., Das deutsche Patentrecht, erläutert durch Rechtsprechung. Berlin 1881.

Seelhorst, Wie erlangt man ein Patent? Leipzig 1879.

Rosenthal, J., Das deutsche Patentgesetz vom 25. Mai 1877 unter Berück=sichtigung der ausländischen Gesetzgebung. Erlangen 1881.

Trempenau, Wilh., Wie werden im Deutschen Reiche Handel u. Gewerbe, Industrie, Künste u. Erfindungen geschützt u. wie erlangt man ein Patent? Leipzig 1885.

— Dasselbe. 2 umgearb. u. verm. Aufl. Leipzig 1897.

Stenographische Berichte über die Verhandlungen der Enquete in Betreff der Revision des Patentgesetzes vom 25. Mai 1877. Berlin 1887.

Klein, Aug., Die Zucker=Strontian=Patente dargestellt aus dem Gesichtspunkte einer Abänderung der deutschen Patent=Gesetzgebung nebst Gesetzentwurf mit Begründung. Jena 1887.

Staub, Herm., Patentrechtliche Erörterungen. Berlin 1888.

Kohler, J., Forschungen aus dem Patentrecht. Mannheim 1888.

— Aus dem Patent= u. Industrierecht. I—III. Berlin 1889—92.

Weber, W, Die deutsche Patentgesetzgebung u. ihre Reform. Berlin 1890.

Hartig, E., Studien in der Praxis des Kaiserl. Patentamtes. Leipzig 1890.

Robolski, H., Theorie u. Praxis des deutschen Patentrechtes unter Benutzung der Akten des Kaiserl. Patentamtes. Berlin 1890.

Bojanowski, v., Ueber die Entwickelung des deutschen Patentwesens in der Zeit von 1877 bis 1889. Leipzig 1890.

Pieper, Carl, Zur Reform des Patentgesetzes u. des Gebrauchs=Musterschutzes. Berlin 1890.

(Patentgesetz von 1891.)

Entwurf eines Gesetzes, betr. die Abänderung des Patentgesetzes. Den Bundes=regierungen von dem Reichskanzler vorgelegt. Berlin 1890.

Bolze, A., Der Entwurf einer Patentnovelle. Leipzig 1890.

Meibom, B. v., Bemerkungen zum Entwurfe eines Gesetzes betr. die Ab=änderung des Patentgesetzes. Freiburg i. B. 1890.

Nolte, Ludw., Die Reform des deutschen Patentrechtes. Tübingen 1890.

Bachmann, E., Wie erlangt man ein Patent oder Wie schützt u. verwertet man eine Erfindung? Mit Anhang: Patentgesetz vom 7. April 1891. Berlin 1891.

Haase, F. H., Der Erfindungsschutz. Jena 1892.

Landgraf, Jos., Das Deutsche Reichsgesetz, betr. den Schutz von Erfindungen u. von Gebrauchsmustern. 2. umgearb. Aufl. Berlin 1892.

Sterken, Wilh., Erlangung u. Sicherung eines deutschen Patentes auf Grund
des Patentgesetzes vom 7. April 1891. Berlin 1892.

Seligsohn, Arnold, Patentgesetz u. Gesetz, betr. den Schutz von Gebrauchsmustern. Berlin 1892.
— Dasselbe. 2. Aufl. Berlin 1901.

Lieber, C., Das deutsche Patentgesetz vom 7. April 1891 u. das Gesetz, betr.
den Schutz von Gebrauchsmustern vom 1. Juni 1891. Berlin 1892.

Witt, Otto N., Die deutsche chemische Industrie in ihren Beziehungen zum
Patentwesen. Berlin 1893.

Rhenius, Die Neuerungen im deutschen Patentwesen. Leipzig 1893.

Robolski, H., Das Patentgesetz vom 7. April 1891. Berlin 1893.
— Dasselbe. 2. Aufl. Berlin 1901.

Weber, W., Das deutsche Patentgesetz vom 7. April 1891, nebst Gesetz, betr.
den Schutz von Gebrauchsmustern vom 1. Juni 1891. Essen 1893.

Häntzschel, W., Unhaltbare Zustände. Ein Beitrag zur Reform des Patent-
gesetzes. Leipzig 1894.
— Die Patentsucht oder Wie verwerte ich thatsächlich eine gute Erfindung?
(Leipzig 1894.)
— Alle Patentinhaber u. Patentmacher, die bei Nachsuchung u. Verwertung
ihrer Patente benachtheiligt wurden, finden Rath durch die Patentmache!
Leipzig (1894).

Schanze, Osc., Die Patentertheilung. Freiburg i. B. 1894.
— Dasselbe. Leipzig 1897.

Pörschel, Osk., Das neue Patentgesetz u. das Gebrauchsmusterschutzgesetz mit
Beispielen. Meißen (1894).

Kloeppel, Edm., Der Licenzvertrag. Eine patentrechtl. Untersuchung. Leipzig
1896.

Munk, Leo, Die patentrechtliche Licenz. Berlin 1897.

Pieper, Carl, Unsicherheit im Patentschutz. Deren Ursachen u. Mittel zur
Abhülfe. Berlin 1899.

Mewes, Rud., Zur Wehr gegen das Kaiserl. Patentamt. Berlin (1902).

Kohler, J., Handbuch des deutschen Patentrechts in rechtsvergleichender Darstellung. Mannheim 1900.

Boehmer, Erich v., Offenkundiges Vorbenutzsein von Erfindungen als
Hinderniß für die Patentertheilung u. als Nichtigkeitsgrund für Patente.
Berlin 1901.

Haenlein, F. H., Die deutschen Reichspatente der Klasse 28 (Gerberei).
Freiberg i. S. 1901.

(Patentanwaltschaft.)

Mittheilungen vom Verband deutscher Patentanwälte. Hrsg. vom Vorstand.
Jahrg. I, 1—8. Berlin 1901/02.

Müller, Alfr., Ein Beitrag zur Frage des Patentanwaltstandes in Deutschland
nebst positiven Vorschlägen. München 1899.

Das Reichsgesetz betr. die Patentanwälte. Vom 21. Mai 1900. Text-Ausgabe
mit Materialien. Berlin 1900.

Schmidt, Paul, Gesetz, betr. die Patentanwälte vom 21. Mai 1900, erläutert.
Leipzig 1900.

Damme, F., Das Reichsgesetz, betr. die Patentanwälte vom 21. Mai 1900.
Berlin 1900.

β) Ausländisches Patentwesen.

(Oesterreich-Ung.)

Zur Patentreform in Oesterreich. Wien 1881.

Beck, Paul Alex., Der Erfindungsschutz in Oesterreich. 2. ergänzte Aufl. Wien 1885.

Beck-Managetta, Paul Ritter v., Das oesterreichische Patentrecht. Berlin 1893.
— Das neue oesterreichische Patentrecht auf Grund des Patent-Gesetzes vom 11. Jänner 1897. Wien 1897.

Zoll (jun.), Frdr., Ueber den Schutz der vom Auslande nach Oesterreich-Ungarn eingeführten Erfindungen nach § 3 des in Oesterr.-Ung. geltenden Privilegien-Gesetzes vom 15. Aug. 1852. Berlin 1893.

Brunstein, Jos. Ludw., Die Patentreform in Oesterreich nach den Vorentwürfen des k. k. Handelsministeriums. Thl. I. Wien 1894.

Meili, F., Gutachten über die österr. Entwürfe eines Patentgesetzes u. eines Gesetzes zum Schutze von Gebrauchsmustern. Wien 1894.

Geller, Leo, Das Patentgesetz. Mit vollständigen Materialien u. der einschlägigen Rechtsprechung. Wien 1897.

Bettelheim, Ernst, Das Recht des Erfinders in Österreich nach dem Gesetze vom 11. Jänner 1897. Wien 1901.

Munk, Leo, Das oesterreich. Patentgesetz. Kommentar zu dem Gesetz vom 11. Jänner 1897. Berlin 1901.

Peschl, A. J., Das neue österreichische Patentgesetz vom 11. Januar 1897, erläutert unter Berücksichtigung der abweichenden Bestimmungen in Ungarn. Prag 1898.

Szilasi u. Bernauer, Gesetzartikel XXXVII vom Jahre 1895 über die Erfindungspatente für Ungarn. Übersetzt u. erläutert. Budapest (1896).

(Schweiz.)

Droz, Gewerbliches Eigenthum. I. Erfindungspatente. Allgemeine vergleichende Umschau u. erster Gesetzentwurf. Bern 1877.

Wirth, Frz., Schutz der Erfindungen mit besonderer Beziehung auf die Schweiz. Zürich 1877.

Protokoll des Schweizer. Congresses betr. die Frage der Einführung des Erfindungs-Schutzes abgehalten in Zürich den 24. u. 25. Sept. 1883. Zürich 1883.

Eichleiter, A., Beantwortung der i. J. 1883 von elf schweizer. Industriellen im gegnerischen Sinne geschriebenen ... Broschüre: „Ein Beitrag zur Frage der Einführung des Patentschutzes in der Schweiz. St. Gallen 1886.

Salis, L. R. v., Die Bundesgesetze betr. die Erfindungspatente (vom 29. Juni 1888). Basel 1889.

Meili, F., Die Prinzipien des Schweizer. Patentgesetzes. Zürich 1890.
— Die Schweizer Gesetzgebung über den Schutz der Erfindungen etc. Text-Ausgabe. Zürich 1890.

Simon, Alfr., Der Patentschutz mit besonderer Berücksichtigung der schweizer. Gesetzgebung. Bern 1891.

(Frankreich.)

Blanc, Etienne, L'inventeur breveté. Code des inventions et des perfectionnements, contenant la loi de 1844 et son commentaire. 3. édit. Paris 1852.

(Italien.)

Bosio, Edoardo, Le privative industriali nel diritto italiano. Siutesi pratica delle leggi 30 octobre 1859, 31 Gennaio 1864. Torino 1891.

(Spanien.)

Résumé de la nouvelle loi espagnole sur les brevets d'invention, en vigueur à partir du 1er août 1878. Paris 1878.

(Niederlande.)

Beschouwing over het wenschelijke der daarstelling eener algemeen werkende wet ter verzekering van het regt of uitvindingen en verbeteringen (vervanging der octrooiwet) etc. Deventer 1861.

(England.)

Klostermann, R., Das englische Patent=, Muster= u. Markenschutzgesetz vom 25. Aug. 1883 nebst Übersetzung. Erläutert. Jena 1884.

(Rußland.)

Roslow, Jwan, Das russische Patentgesetz. Allerhöchst am 20. Mai 1896 bestätigtes Gesetz über Privilegien auf Erfindungen u. Vervollkommnungen. Mit den Nebengesetzen, sowie Erläuterungen u. Formularen. Aus dem Russischen. Riga 1898.

(Verein. Staaten.)

The patent laws of the United States. New York 1845.

Die Patentgesetzgebung der Vereinigten Staaten von Amerika. Uebers. von Ad. Ott & Co. 2. Abdruck. Leipzig o. J.

3. Gebrauchsmusterschutz.

(Deutschland.)

Laß, Ludw., Das Urheberrecht an Gebrauchsmustern. (Reichsgesetz vom 1. Juni 1891.) Marburg 1892.

Haase, F. H., Erläuterungen zum Gesetze betr. den Schutz von Gebrauchs= mustern. Berlin 1892.

Landgraf, Jos., Das deutsche Reichsgesetz, betr. den Schutz . . . von Ge= brauchsmustern. 2. umgearb. Aufl. Berlin 1892.

Lieber, C., Das deutsche Patentgesetz . . . u. das Gesetz betr. den Schutz von Gebrauchsmustern vom 1. Juni 1891. Berlin 1892.

Robolski, H., Das Gesetz betr. den Schutz von Gebrauchsmustern vom 1. Juni 1891. Berlin 1893.

Weber, W., Das deutsche Patentgesetz . . . nebst Gesetz betr. den Schutz von Gebrauchsmustern vom 1. Juni 1891. Essen 1893.

Pörschel, Osc., Das neue Patentgesetz u. das Gebrauchsmusterschutzgesetz mit Beispielen. Meißen 1894.

Seligsohn, Arnold, Patentgesetz u. Gesetz, betr. den Schutz von Gebrauchs= mustern. 2. Aufl. Berlin 1901.

(Oesterreich.)

Meili, F., Gutachten über die österreichischen Entwürfe . . . . eines Gesetzes zum Schutze von Gebrauchsmustern. Wien 1894.

4. Muster= u. Modellschutz.

(Deutschland.)

Roll, Ferd., „Suum cuique!" oder Muster=Schutz, sowie Schutz für jedes andere gewerbl. Eigenthum. o. O. 1857.

Schmidt, Paul, Die Entwickelung des Geschmacksmusterschutzes in Deutschland. Berlin 1896.

Jannasch, R., Der Musterschutz u. die Gewerbepolitik des Deutschen Reiches. Berlin 1873.

Höinghaus, R., Deutsches Reichs=Musterschutzgesetz. Berlin 1888.

Davidsohn, C., Das Musterschutzgesetz in seiner praktischen Anwendung bei den Gerichten. Offenbach a. M. 1890.

Schanze, Osc., Das Recht der Erfindungen u. der Muster. Leipzig 1899.

Schweiz.)

Droz, Gewerbliches Eigenthum. II . . . . Muster u. Modelle. Allgemeine vergleichende Umschau u. erster Gesetzentwurf. Bern 1878.

Salis, L. R. v., Die Bundesgesetze betr. . . den Schutz gewerbl. Muster u. Modelle (vom 21. Dez. 1888). Basel 1889.

Frankreich.)

Ducreux, Camille, Traité des dessins et modèles de fabrique. Législation, jurisprudence etc. Paris 1898.

England.)

Klostermann, R., Das englische . . . Muster= u. Markenschutzgesetz vom 25. Aug. 1883. Jena 1884.

5. Marken= bez. Waarenzeichenschutz.

Les Marques internationales. Publication officielle du Bureau international de l'Union pour la protection de la propriété industrielle. Année 1 flg. Berne 1893 flg.

Deutschland.)

Krug, G., Ueber den Schutz der Fabrik= u. Waarenzeichen. Darmstadt 1866.

Jannasch, R., Der Markenschutz u. die Gewerbepolitik des Deutschen Reiches. Berlin 1873.

Siegfried, Heinr., Das neue Reichsgesetz über Markenschutz. Berlin 1874.

Stockheim, Alb., Das deutsche Reichsgesetz über Markenschutz vom 30. Nov. 1874. München 1875.

Meves, Osc., Das Reichsgesetz über Markenschutz vom 30. Nov. 1874. Erlangen 1875.

Lassally, M. W., Der Markenschutz. Allgemeines Zeichen=Register für das Deutsche Reich. Jahrg. 1875. Berlin 1875.

Hahn, Otto, Das deutsche Markenschutz=Gesetz u. die deutsche Rechtsprechung. Reutlingen 1876.

Weber, Constantin, Die Anmeldung der Firmen, Zeichen u. Muster zum Handelsregister. Köln 1879.

Kohler, Jos., Das Recht des Markenschutzes mit Berücksichtigung ausländischer Gesetzgebungen. Würzburg 1884.

Borght, R. van der, Das deutsche Markenschutzgesetz vor dem Tribunal des Reichs=Oberhandels= u. des Reichs=Gerichts. Aachen 1884.

Hahn, Otto, Das deutsche Markenschutzgesetz, sowie Vorschläge zur Aenderung desselben. Stuttgart 1887.

Lastig, Gust., Markenrecht u. Zeichenregister. Halle a. S. 1890.

Finger, Ch., Das Reichsgesetz, betr. den Markenschutz vom 30. Nov. 1874.
Straßburg 1891.

Nachweisungen der im Deutschen Reiche gesetzlich geschützten Waarenzeichen hrsg.
im Auftrage des Reichsamts des Innern. 3 Bde. (bis Ende 1886).
Ergänzungsbde. 1887—1894. Berlin.

Reuling, W., Beiträge zur Reform des Rechts der Geschäftszeichen. Berlin 1893.

Seligsohn, Arnold, Gesetz zum Schutz der Waarenbezeichnungen vom 12. Mai
1894 nebst Ausführungsbestimmungen. Berlin 1894.

Allfeld, Ph., Gesetz zum Schutz der Waarenbezeichnungen vom 12. Mai 1894.
München 1894.

Katz, Edwin, Gesetz zum Schutz der Waarenbezeichnungen u. unlauterer Wett=
bewerb.*) Berlin 1894.

Landgraf, Jos., Reichsgesetz zum Schutze der Waarenbezeichnungen vom
12. Mai 1894. Stuttgart 1894.

Meves, O., Schutz der Waarenbezeichnungen. Nach dem Gesetz vom 12. Mai
1894. Berlin 1894.

Meyer, Georg, Der Schutz der Waarenbezeichnungen nach dem Reichsgesetze
vom 12. Mai 1894. Berlin 1894.

Finger, Chr., Das Reichsgesetz zum Schutz der Waarenbezeichnungen vom
12. Mai 1894. Nebst Ausführungsbestimmungen. Berlin 1895.

Rhenius, W., Gesetz zum Schutz der Waarenbezeichnungen vom 12. Mai 1894.
Berlin 1897.

Kent, Paul, Das Reichsgesetz zum Schutz der Waarenbezeichnungen vom 12. Mai
1894. Berlin 1897.

Schmid, Paul, Das Waarenzeichenrecht nebst einem Ueberblick über die Be=
stimmungen wider den unlauteren Wettbewerb nach den Gesetzgebungen
aller Länder dargestellt. Leipzig 1899.

Geitel, M., Die Praxis des Gesetzes zum Schutz der Waarenbezeichnungen
vom 12. Mai 1894. Systematische Zusammenstellung der grundlegenden
patentamtlichen u. gerichtlichen Entscheidungen. Berlin 1900.

(Oesterreich.)

Feigl, Hans, Das Markenschutzgesetz vom 6. Jänner 1890. Wien 1894.

Mittler jun., Heinr., Illoyale Concurrenz u. Markenschutz. Eine Studie
aus dem Immaterial=Güter=Rechte unter rechtsvergleichender Berücksichtigung
der oesterreichischen u. deutschen Gesetzgebung. Wien 1896.

(Schweiz.)

Droz, Gewerbliches Eigenthum. II. Fabrik= u. Handelsmarken rc Allgemeine
vergleichende Umschau u. erster Gesetzentwurf. Bern 1878.

Meili, F., Das Markenstrafrecht auf Grund des eidgenössischen Markenschutz=
gesetzes. Bern 1888.

(England.)

Ludlow, Henry, and Henry Jenkyns, A treatise on the law of trade-marks and
trade-names. London 1873.

Klostermann, R., Das englische Patent=, Muster= u. Markenschutzgesetz vom
25. Aug. 1883. Jena 1884.

---

*) Über unlauteren Wettbewerb s. Cap. XXXIV• : Handel.

Browne, Newnham, The law of trade marks comprising the full text of the merchandise marks act 1887. London 1887.

Gray, Alb., The law of false marking. — The merchandise marks act 1887. London 1887.

Das englische Waarenzeichengesetz von 1887. (Merchandise marks act 1887.) Aus dem Englischen von Eb. Cruesemann. Berlin 1888.

Payn, Howard, The merchandise marks act 1887. London 1888.

Klöffel, M. Hans, „Made in Germany". Das Englische Handelsmarken=(Waarenzeichen=) Schutz=Gesetz von 1887, Merchandise marks act 1887. Nebst Ausführungsbestimmungen ꝛc. Leipzig 1892.

Breitrück, Rob., „Made in Germany". Das englische Gesetz der Waaren=bezeichnungen. (The merchandise marks act 1887) im Originaltext u. in deutscher Uebersetzung. Hamburg 1895.

Frankreich.)

Mayer, Gaston, De la concurrence déloyale et de la contrefaçon en matière de noms et marques. Paris 1879.

Belgien.)

(Jobard,) La propriété et la responsabilité industrielle assurées par le timbre-marque et le timbre-garantie. Bruxelles 1852.

Niederlande.)

Schuurman, L. N., en P. H. Jordens, Wet van den 25sten Mei 1880 houdende bepalingen op de handels- en fabrieksmerken, zooals die wet is gewijzigd bij de wet van 22 Julij 1885. Zwolle 1886.

Rußland.)

Lingen, R. v., Allerhöchst bestätigtes Reichsrathsgutachten vom 26. Febr. 1896, die Waarenzeichen betr. Aus dem Russischen mit Anmerkungen. Berlin 1896.

D. Gewerbe-Vereine*)

Allgemeines.)

Visser, J. E., Gewerbliches Vereinsleben. Eine Sammlung von Vorträgen für Handwerker=, Gewerbe= u. Bildungs=Vereine. 2 Hefte. Leipzig 1876.

In einzelnen Ländern.)

Krebs, Aug., Die gewerbl. Vereine Deutschlands, der Schweiz und Oesterreich=Ungarns. 2. Aufl. Wien 1882.

Sachsen.)

Mittheilungen des Industrievereins für das Kgr. Sachsen. 1832, I. II. 1833, I. Chemnitz.

(Engel,) Des Sächs. Ingenieurvereins Geschichte u. Statistik nebst Statuten ꝛc. Dresden 1856.

Statuten des Gewerbe=Vereins zu Dresden. 1865. Dresden (1865).

Statuten des Gewerbe=Vereins zu Dresden. (Vom 12. Mai 1884). Dresden 1885.

Protokolle über Verhandlungen u. Vorträge im Dresdner Gewerbe=Verein. Geschäftsperiode 1862, 63. Dresden 1864.

Prospect (der Hausbau=Commission des Gewerbe=Vereins) über den Ankauf des Grundstückes Ostra=Allee Nr. 7 zu einem Gewerbe=Vereins=Hause. (1869.)

---

*) Ueber Handwerker=Genossenschaften f. Cap. XLI: Genossenschaftswesen.

15

(Gedruckt am 27. Februar 1902.)

An die Mitglieder des Gewerbevereins zu Dresden. (Chronolog. Notizen über
die Statuten-Revisions-Angelegenheit des Gewerbe-Vereins. Dresden 1883.)

An die Mitglieder des Dresdner Gewerbevereins. (Beantwortung vorstehender.
von mehreren Verwaltungsraths-Mitgliedern veröffentlichten Schrift seitens
des Vorstandes Aug. Walter vom 10. Nov. 1883.)

Claus, K. W., Chronik des Gewerbevereins zu Dresden als Festschrift zur
50jähr. Stiftungsfeier. Dresden 1884.

Bericht u. Abrechnungen des Gewerbevereins zu Dresden auf d. J. 1888/89,
1890/91 flg. Dresden 1889, 91 flg.

Ehren-Tafel des Gewerbe-Vereins. Verzeichnis derjenigen Mitglieder, welche
dem Gewerbeverein seit 25 Jahren u. länger treu angehören. (Dresden 1894.)

Adreßbuch des Dresdner Kunstgewerbevereins 1896 mit Mitteilungen aus der
Verwaltungsperiode 1893, 94, 95. Dresden 1896.

Jahresbericht des Allgemeinen Handwerker-Vereins zu Dresden auf das 20.
Vereinsjahr 1889/90. Dresden.

Bericht über die 25jährige Wirksamkeit des Handwerkervereins in Chemnitz.
Chemnitz 1879.

Erster Jahresbericht des Gewerbe-Vereins in Glashütte an die Handels- u. Gewerbekammer zu Dresden. Glashütte 1865.

Kunath, Ferd., Fest-Schrift zur Feier des 25jähr. Bestehens des Gewerbevereins
zu Großenhain am 7. Nov. 1886. Großenhain 1886.

(Preußen.)

Thyssen, J. J., Darstellung der Einrichtung u. der Wirksamkeit des Aachener
Vereins zur Beförderung der Arbeitsamkeit. Aachen 1845.

(Bayern.)

Die bayerischen Gewerbevereine i. b. J. 1848—1853. Statistische Uebersicht.
Nördlingen 1854.

Der Ausschuß für Kunst im Handwerk, München. — Satzungen. Vertrags-
Entwurf. München 1898.

(Baden.)

Lang, Alex., Die badischen Gewerbevereine u. Handwerkerverbände u. ihre
Stellungnahme zum neuen Handwerkergesetz. Heidelberg 1900.

(Hamburg.)

Asher, C. W., Bericht der von der technischen Section der Hamburgischen
Gesellschaft zur Beförderung der Künste u. nützlichen Gewerbe ernannten
Commission zur Untersuchung der Gewerbe-Verhältnisse in Hamburg.
Hamburg 1861.

(Oesterreich.)

Festschrift des Niederösterreich. Gewerbe-Vereins zur Feier seines 40jährigen
Bestandes. Wien 1880.

VI. Gewerbliche Interessenvertretung.*)
(Gewerbe- u. Arbeiterkammern. Handwerker-Tage.)

(Im Allgemeinen.)

2. Congreß des Central-Verbandes deutscher Industrieller zur Wahrung u.
Förderung nationaler Arbeit. Stenograph. Bericht. Berlin 1878.

---

*) Über andere gewerbliche Interessenvertretungen, wie syndicats professionnels
(de patrons) s. oben III, C, 2 u. unten VIII, C.

Stumpf, F., Die Nützlichkeit einer Umgestaltung der wirthschaftlichen Interessen=
Vertretung. Denkschrift. Osnabrück 1890.

(Gewerbekammern.)

Die Gewerbekammer. Wochenschrift für Gewerbe= u Handwerksrecht rc. Hrsg.
v. Stolp. Nr. 1—13. (Nicht mehr erschienen.) Berlin 1869.

Stenograph. Bericht über die Conferenz von Delegirten deutscher Gewerbe=
resp. Handels= u. Gewerbe=Kammern in Leipzig am 25., 26. März 1878.
Hamburg 1878.

Stenograph. Bericht über die Conferenz von Delegirten deutscher Gewerbe=
sowie Handels= u. Gewerbekammern in München am 4., 5. Juni 1879.
München 1879.

Löbner, Arth., Wie das deutsche Kleingewerbe über die Innungsfrage u. die
Reform der Reichs=Gewerbeordnung denkt. Berlin 1879.

Denkschrift betr. die Errichtung von Gewerbe=Kammern, sowie die Organisation
u. Zuständigkeit derselben. Dresden 1882.

Nicht, Frz., Für das Kleingewerbe. I. Zur Frage der Trennung der Handels=
u. Gewerbekammern. II. Gewerbekammern u. Genossenschafts=Verbände.
III. Das Niederlagsrecht der Fabriken. Wien 1888, 89.

Hampke, Thilo, Handwerker= oder Gewerbekammern? Jena 1893.

(Kgl. Preuß.) Verordnung, betr. die Errichtung von Gewerberäthen rc. vom
9. Febr. 1849. (Berlin 1849.)

Naundorff, E., Gesetz betr. die Handels= u. Gewerbekammern vom 4. Aug. 1900
nebst Ausführungsverordnung vom 15. Aug. 1900. Mit Erläuterungen.
Leipzig 1900.

Gewerbe=Kammer Dresden. (Constituirung.) Dresden, am 30. Januar 1902.

Neugeboren, Jul. Emil, Zwangsgenossenschaften u. freie Gewerbe=Kammern.
Hermannstadt 1880.

Morsbach, Th., Die Pariser Gewerbesyndicate. (Chambres syndicales de patrons
et ouvrières.) Jena 1878.

Morissoaux, Ch., Conseils de l'industrie et du travail. Bruxelles 1890.

(Gewerbekammer-Berichte.*)

Bericht über die Verhandlungen des XI. Deutschen Gewerbekammertages in
Eisenach am 12./14. Okt. 1893. Dresden (1893).

Jahresbericht der Gewerbekammer zu Leipzig. 1873, 74, 76—89, 1897 flg.
Leipzig.

Jahresbericht der Hamburgischen Gewerbekammer für 1873—1889. Hamburg
1875—90.

Jacobi, Johs., Die Bremische Gewerbekammer i. d. J. 1849—84. (Bremen
1884.)

Bericht der Lübeckischen Gewerbekammer über ihre Einsetzung u. Organisation,
sowie über ihre Thätigkeit während d. J. 1867 bis 1875. Lübeck 1876.

(Handwerkertage.)

Schirges, G., Verhandlungen des ersten deutschen Handwerker= u. Gewerbe=
Congresses zu Frankfurt a. M. vom 14. Juli bis 18. August 1848.
Darmstadt 1848.

---

*) Vergl. auch Cap. XXXIV a: Handel, unter X, Handels= u. Gewerbekammern.

Verhandlungen der erſten Abgeordneten-Verſammlung des norddeutſchen Hand-
werker- u. Gewerbeſtandes zu Hamburg, den 2./6. Juni 1848. Hamburg
1848.

Die ſtenograph. Verhandlungen des deutſchen Handwerkertages zu Weimar vom
5./8. Sept. 1862. Hrsg. v. C. Luft. Berlin 1862.

Der 2. deutſche Handwerkertag zu Frankfurt a. M. vom 23./28. Sept. 1863.
Frankfurt a. M. 1863.

Huber, B. A., Handwerkerbund u. Handwerkernoth. Nordhauſen 1867.

Die Verhandlungen des 2. Norddeutſchen Handwerkertages zu Dresden, am
16./18. April 1868. Berlin 1868.

Zeidler, Wilh., Stenograph. Bericht über die Verhandlungen des 2. Norddeutſchen Handwerkertages zu Dresden am 16./18. April 1868. Dresden.

Verhandlungen des Allgemeinen deutſchen Handwerkertages zu Magdeburg am
31. Mai, 1. 2. Juni 1882. Berlin.

Protokoll über die Verhandlungen des VIII. Allgemeinen deutſchen Handwerkertages u. des X. Delegirtentages des Allgemeinen deutſchen Handwerkerbundes zu Halle a. S. 21./24. April 1895. München 1895.

Stenograph. Bericht über die Verhandlungen des I. ſächſiſchen Handwerkertages zu Dresden am 31. März 1869. Dresden 1869.

Burg, Paul, Die Verhandlungen des dritten deutſchen Fleiſcher-Congreſſes zu
Bremen am 4., 5. Juli 1877. Berlin o. J.

Stenograph. Bericht der 20.—25. General-Verſammlung des Verbandes deutſcher
Müller. Leipzig 1890—97.

Verhandlungen des Allgemeinen Congreſſes ſämmtlicher Inhaber von Schneider-
Geſchäften Oeſterreich-Ungarns am 4./6. Aug. 1873 zu Wien. Wien 1873.

(Arbeiter-Kammern u. -Tage.)

Adler, Vict., Die Arbeiterkammern u. die Arbeiter. Wien 1886.

Höppner, R., Über Arbeiterkammern. Leipzig 1897.

Stenogr. Protokoll der im Arbeiterkammerausſchuſſe abgehaltenen Enquete betr.
die Errichtung von Arbeiterkammern. Wien 1889.

Depasse, Hector, Du travail et de ses conditions. (Chambres et conseils du
travail.) Paris 1895.

Protokoll des kathol. ſüdöſterr. Gewerbe- u. Arbeitertages am 8./10. Aug. 1897 in
Salzburg. Salzburg (1897).

Der Schweizeriſche Arbeitertag in Luzern am 3. April 1899. Zürich 1899.

VII. Arbeiterrecht.

A. Geſchichtliches.

Farbſtein, Dav., Das Recht der unfreien*) u. der freien Arbeiter nach jüdiſch-
talmudiſchem Recht verglichen mit dem antiken, ſpeziell mit dem römiſchen
Recht. Frankfurt a. M. 1896.

---

*) Ueber Sclaverei u. Leibeigenſchaft vergl. Cap. XII: Staats- u. Geſellſchafts-
wiſſenſchaft, unter IV, 3. Ueber perſönliche Freiheit u. Unfreiheit vergl. Cap. XXVIII ᵇ:
Volkswirthſchaftslehre unter V, b.

B. Der Arbeitsvertrag.

Bitzer, Frbr., Der freie Arbeitsvertrag u. bie Arbeitsordnungen. Stuttgart 1872.

Oppenheim, H. B., Die Gewerbefreiheit u. der Arbeitsvertrag. 2. Auflg. Breslau (1880).

Arbeitseinstellungen und Fortbildung des Arbeitsvertrags. Berichte von E. Auerbach, W. Lotz u. F. Zahn, im Auftrage des Vereins für Socialpolitik hrsg. u. eingeleitet von L. Brentano. Leipzig 1890.

Flesch, K., Die Fortbildung des Arbeitsvertrages innerhalb der geltenden Wirthschaftsordnung. Frankfurt a. M. (1891).

Stocquart, Émile, Le contrat de travail. Bruxelles 1895.

Lehmkuhl, Aug., Arbeitsvertrag u. Strife. 3. verm., verb. Aufl. Freiburg i. Br. 1895.

Flesch, Karl, Zur Kritik des Arbeitsvertrags. Seine volkswirtschaftlichen Funktionen u. sein positives Recht. Jena 1901.

Bureau, Paul, Le contrat de travail. Paris 1902.

C. Arbeiterrecht in einzelnen Ländern.

(Deutschland.)

Schulze-Delitzsch, Capitel zu einem deutschen Arbeiterkatechismus. Leipzig 1863.

Deputationsbericht, die Wiedereinführung der Arbeitsbücher betr. (Chemnitz 1873.)

(K., Fr.) Rechte u. Pflichten gewerbl. Arbeiter. Nach der Gesetzgebung des Deutschen Reiches u. der Einzelstaaten. 2. Aufl. Berlin 1878.

Schicker, K., Die Rechtsverhältnisse der selbständigen Gewerbetreibenden zu ihren Arbeitern nach dem Reichsgesetz vom 17. Juli 1878. Stuttgart 1878.

Engelmann, Jul., Die Rechtsverhältnisse der Arbeitgeber u. Arbeitnehmer nach dem Reichsgesetz vom 1. Juni 1891. Erlangen 1891.

Ergebnisse der über die Verhältnisse der Lehrlinge, Gesellen u. Fabrikarbeiter auf Beschluß des Bundesraths angestellten Erhebungen. Berlin 1877.

Niels, J., Rechte u. Pflichten der Lehrlinge, Arbeiter u. Gesellen. Berlin 1890.

Bauer, Jos., Rechte u. Pflichten des Arbeitgebers gegenüber den Gewerbsgehülfen, Gesellen, Fabrikarbeitern u. Lehrlingen. Leipzig 1890.

Koch, W., Arbeitgeber u. Arbeiter. Gesetzliche Bestimmungen für das Deutsche Reich über die Rechte u. Pflichten der Gewerbtreibenden u. der Gesellen, Lehrlinge u. Arbeiter. Berlin 1891.

— Prinzipal u. Gehilfe. Gesetzliche Bestimmungen für das Deutsche Reich über die Rechte u. Pflichten des Prinzipals u. seiner Angestellten. Berlin 1891.

Bornhak, Conrad, Das deutsche Arbeiterrecht. Systematisch dargestellt. München 1892.

Görres, K., Handbuch der gesammten Arbeitergesetzgebung des Deutschen Reiches. Freiburg i. Br. 1892.

Stadthagen, Arth., Das Arbeiterrecht. Rechte u. Pflichten des Arbeiters in Deutschland aus dem gewerbl. Arbeitsvertrag. Berlin 1895.

Walter, E., Das Arbeiterrecht. Zur Belehrung des Arbeiterstandes, insbes. der gewerbl. Arbeiter u. des Gesindes über ihre Berufsrechte u. Pflichten. Styrum a. d. Ruhr 1895.

Wolff, Emil, Der Fabrikarbeiter u. seine rechtliche Stellung. Frankfurt a. M.
      1897.
— Der Fabrikarbeiter. Systemat. Darstellung der Rechtsverhältnisse zwischen
      dem Fabrikanten und Fabrikarbeiter. 2. verb. Aufl. Leipzig 1902.
Burchardt, Frz., Die Rechtsverhältnisse der gewerbl. Arbeiter. Berlin 1901.

Pierstorff, Jul., Die Carl Zeiß-Stiftung, ein Versuch zur Fortbildung des
      großindustriellen Arbeitsrechts. Leipzig 1897.
Freese, Heinr., Das konstitutionelle System im Fabrikbetriebe. Eisenach 1900.

(— Lohnbeschlagnahme.)

Koch, R., Ueber die Zulässigkeit der Beschlagnahme von Arbeits= u. Dienst=
      Löhnen. Berlin 1869.
Oertel, Walter, Die Unzulässigkeit der Aufrechnung gegenüber Lohnansprüchen
      aus einem Arbeits= u. Dienstverhältniß. Leipzig 1898.
Meyer, Georg, Das Recht der Beschlagnahme von Lohn= u. Gehaltsforderungen.
      Auf Grundlage der Reichsgesetze vom 21. Juni 1869 u. 29. März 1897
      u. der Civilprozeßordnung. Berlin 1900.
Pick, Berthold, Die Lohnbeschlagnahme nach österreichischem u. deutschem Rechte.
      Wien 1900.

(— Arbeitsordnungen.)

Fabrik-Ordnung. Statuten u. Reglemente . . . für die Arbeiter der Baumwoll=
      Spinnerei u. Weberei von Staub & Co. in Kuchen bei Geislingen. Ulm
      1871.
Arbeiter=Ordnung für das Brendel'sche Steinkohlenwerk zu Burgwitz. Pot=
      schappel 1879.
Steinert, D., Normen zur Benutzung bei Aufstellung von Fabrik=Ordnungen.
      Hamburg 1888.
Dehn, Paul, Arbeits=Ordnungen. Mainz 1891.
Hatschek, Hans, Entwurf einer Arbeits=Ordnung im Sinne des Gesetzes, betr.
      die Abänderung der Gewerbeordnung, vom 1. Juni 1891. Magdeburg 1892.
Soetbeer, H., Entwurf einer Arbeitsordnung. Leipzig 1892.
Hitze, Frz., Normal=Arbeitsordnung sowie Normal=Statut eines Arbeiter=Aus=
      schusses. Köln 1892.
Platz, Rob., Rathgeber für den Entwurf von Arbeitsordnungen. Berlin 1892.
Rüdiger, v., Wegweiser zur Aufstellung von Arbeitsordnungen auf Grund des
      Arbeiterschutz=Gesetzes vom 1. Juni 1891. Berlin 1892.
Schulze, P., Praktische Anleitung zur Abfassung einer für alle Fabriken mit
      über 20 Arbeitern gesetzlich vorgeschriebenen Arbeits=Ordnung. Dresden
      1892.
Stegemann, Arbeits=Ordnung. Oppeln 1892.
Steinert, D., Neue Normen zur Benutzung bei Aufstellung von Arbeits=
      Ordnungen (Fabrik=Ordnungen) in Gemäßheit des Gesetzes vom 1. Juni
      1891. Hamburg 1892.
Oppermann, W., Anleitung zur Aufstellung u. Prüfung der Arbeits=Ordnungen
      für gewerbl. Anlagen (Fabriken, Hüttenwerke, Zimmerplätze, Bauhöfe,
      Werften, Ziegeleien u. über Tage betriebene Brüche u. Gruben) nach den
      Erfordernissen der Reichsgewerbeordnung. 2. umgearb. Aufl. Berlin 1896.

Koehne, Carl, Die Arbeitsordnung vom Standpunkte der vergleichenden Rechts=
wissenschaft. Stuttgart 1901.
— Die Arbeitsordnungen im deutschen Gewerberecht. Berlin 1901.

Stieba, Wilh., Arbeitsbuch. Jena 1898. (Handwörterbuch der Staats=
wissenschaften. 2. Aufl.)

Oesterreich.)

Hatschek, Ueber Fabriksordnungen u. Fabriks=Unterstützungscassen nach der
oesterreich. Gewerbeordnung. Reichenberg 1884.
— Entwurf einer Normal=Fabriks=Ordnung im Sinne des Gesetzes vom 8. März
1885. Reichenberg 1885.
Caro, Leop., Die gesetzliche Behandlung der Arbeitsbücher in Oesterreich.
(Wien 1887.)
Pfersche, Emil, Das gewerbl. Arbeitsverhältnis nach österreichischem Rechte.
Wien 1892.
Pick, Berthold, Die Lohnbeschlagnahme nach österreichischem u. deutschem Rechte.
Wien 1900.

Frankreich.)

Egron, A., Le livre de l'ouvrier, ses devoirs envers la société, la famille et
lui-même. Paris 1844.
Barrau, Th. H., Conseils aux ouvriers ou explications sur leurs devoirs. 2ᵉ édit
Paris 1855.
Chovin, Le conseiller des compagnons. Paris 1860.
Perdiguier, Agricol, Question vitale sur le compagnonnage et la classe ouvrière
2ᵉ édit. Paris 1863.
Stieba, Wilh., Das Arbeitsbuch in Frankreich. (Berlin 1884.)
Martin Saint-Léon, E., Le compagnonnage. Son histoire, ses coutumes, ses
règlements et ses rites. Paris 1901.
Hubert-Valleroux, P., Le contrat de travail. Étude sur la législation qui
règle les rapports entre les patrons et les ouvriers de l'industrie. Paris 1895.
Cornil, Georges, Du louage de services ou contrat du travail. Étude sur les
rapports juridiques entre les patrons et les ouvriers employés dans l'industrie.
Paris 1895.
Théry, Gustave, Exploiteurs et salariés. Paris 1895.
Martin Saint-Léon, Et., Le contrat de marchandage et la jurisprudence. Paris
1901.
Raynaud, Barthélemy, Le contrat collectif de travail. Paris 1901.

Niederlande.)

Hen, Isidore, De arbeitsovereenkomsten in de diamantindustrie. Haarlem 1900.

England.)

Alfred, The history of the factory mouvement from the year 1802 to the
enactment of the ten hours' bill in 1847. 2 vols. London 1857.
Arnold, Thom. James, The . . . employers and workmen Act, 1875. London
1876.
Bojanowski, Vict. v., Unternehmer u. Arbeiter nach englischem Recht. Stuttgart
1877.
Paterson, James, Notes on the law of master and servant. London 1885.

Royal Commission on Labour. — Rules of associations of employers and of employed. London 1892.

(Vereinigte Staaten.)

Stimson, F. J., Handbook to labor law of the United States. New-York 1896.

D. Coalitionsrecht der Arbeiter.

Verhandlungen der zur Berathung der Koalitionsfrage berufenen Kommission. Berlin 1865.

Stenogr. Berichte des Preuß. Abgeordnetenhauses über den Antrag von Schulze=Delitzsch u. Genossen betr. das Coalitionsrecht der Arbeitgeber u. Arbeiter. Berlin 1865.

(Dühring=Wagener,) Denkschrift über die wirthschaftl. Associationen u. socialen Coalitionen. Berlin (1866).

Legien, C., Das Koalitionsrecht der deutschen Arbeiter in Theorie u. Praxis. Denkschrift der Generalkommission der Gewerkschaften Deutschlands. Hamburg 1899.

Will, Dionysius, Das Koalitionsrecht der Arbeiter in Elsaß=Lothringen in Vergleich zu dem in Frankreich u. im Deutschen Reiche geltenden Rechte. Straßburg 1899.

Naumann, Frdr., Die Zuchthausvorlage. Schöneberg=Berlin 1899.

Junius redivivus, Die sogen. „Zuchthausvorlage" u. der deutsche Reichstag. Berlin 1899.

Albrecht, C., Die persönliche Freiheit des Individuums u. die Arbeiterschutz=Vorlage. Berlin 1899.

Borght, R. van der, Die Weiterbildung des Koalitionsrechtes der gewerbl. Arbeiter in Deutschland. Vorschläge zum Gesetzentwurf betr. den Schutz des gewerbl. Arbeitsverhältnisses. Berlin 1899.

Cuny, E., Der Schutz der Arbeitswilligen. Berlin 1899.

Brentano, Lujo, Der Schutz der Arbeitswilligen. Berlin 1899.

— Reaktion oder Reform? Gegen die Zuchthausvorlage! Berlin=Schöneberg 1899.

Weigert, O., Arbeitsnachweise u. Schutz der Arbeitswilligen. Berlin 1899.

Wenckstern, Ad. v., Arbeitsvertragsgesetzgebung. Berlin 1900.

Haus, Ed., Des coalitions industrielles et commerciales. I. partie: Des coalitions industrielles, ou des coalitions des maîtres et des ouvriers. Gand 1862.

— Du nouveau projet de loi française sur les coalitions des maîtres et des ouvriers. Paris 1864.

Horn, Frdr., Die Frage über die Arbeiter=Coalitionen im Gesetzgebenden Körper Frankreichs. Berlin 1865.

Crouzel, A., Étude historique, économique et juridique sur les coalitions et les grèves dans l'industrie. Paris 1887.

Enquête sur les législations relatives au droit d'association. Réponses au questionnaire général sur le droit d'association. France. Paris 1898.

Waelbroeck, C. F., De la liberté des coalitions industrielles et commerciales en Belgique. Bruxelles 1867.

Worthmann, Ferd., Geschichte des Coalitionsverbots u. seiner Aufhebung in den Niederlanden. Tübingen 1876.

E. Streiks u. Aussperrungen. Verrufserklärung (Boycott).

(Im Allgemeinen.)

Renault, Charles, Histoire des grèves. Paris 1887.

Roskoschny, Herm., Geschichte der Strikes. Berlin 1890.

Jannasch jun., Rob., Die Strikes, die Cooperation, die industrial partnerships u. ihre Stellung zur socialen Frage. Berlin 1868.

Ward, J., Workmen and wages at home and abroad or the effects of strikes, combinations, and trades' unions. London 1868.

Robert, Charles, La suppression des grèves par l'association aux bénéfices. Paris 1870.

Pawel, J., Das Wesen des Arbeiter-Strike und das Verhältniß der Administrativ-Behörden zu demselben. Prag 1871.

L. A., Die Arbeitseinstellungen oder der Kampf zwischen Kapital u. Arbeit u. die Mittel zur Versöhnung. Berlin 1872.

Loesing, Georg Ernst, Die Strikes, ihre Erscheinung, Beurtheilung u. Behandlung nach der heiligen Schrift. Barmen 1873.

Terrell, Thomas H., Capital and labour. A plan for their reconciliation, for a new organization of labour, and for de prevention in future of strikes and locksout. Cardiff 1873.

Harkort, Frdr., Arbeiter-Spiegel. Mit Vorwort von Alfred Krupp. Essen 1875.

Pierson, N. G., Arbeitseinstellungen u. Arbeitslöhne. (Tübingen 1876.)

Dauby, J., Des grèves ouvrières. Nouv. édit. Bruxelles 1884.

Walcker, Karl, Die Strikes u. die inneren Interessengegensätze der Handarbeiterclasse. Leipzig 1886.

Crouzel, A., Étude historique, économique et juridique sur les coalitions et les grèves dans l'industrie. Paris 1887.

Ulrich, Die Arbeiterausstände u. der Staat. (Jena 1889.)

Arbeitseinstellungen und Fortbildung des Arbeitsvertrags. Berichte von E. Auerbach, W. Lotz u. F. Zahn, im Auftrage des Vereins für Socialpolitik hrsg. u. eingeleitet von L. Brentano. Leipzig 1890.

Lehmkuhl, Aug., Arbeitsvertrag u. Strike. Freiburg i. Br. 1891.

Block, Mor., Ein Streit u. seine Folgen. Deutsch von Ad. Schwarz. Berlin (1891).

Walcker, Karl, Die Verhütung u. die Beilegung von Streiks. München 1892.

Wilhelmi, Heinr., Strike u. öffentliche Meinung. Gustrow 1895.

Stieda, Wilh., Arbeitseinstellungen. Jena 1898. (Handwörterbuch der Staatswissenschaften. 2. Aufl.)

Köster, Jos., Streik u. Terrorismus der sozialdemokrat. Gewerkschaften. Berlin 1899.

(In einzelnen Ländern. — Deutschland.)

Die Arbeitseinstellungen in Deutschland. Bericht auf Grund des dem Handelstage zugegangenen Materials dem bleibenden Ausschusse erstattet vom General-Secretär. o. O. u. J.

Lette, Vorbericht zur Verhandlung über „Arbeitervereinigungen behufs Einstellung der Arbeit" am 26. Okt. 1864. (Berlin 1864.)

Die Arbeitseinstellungen der Leipziger Buchdruckergehülfen. Leipzig 1865.

Der Weber-Strike zu Crimmitschau. München 1883.

Roebel, Gustav, Die Lohnbewegung der Berliner Tischler in den Jahren
1883—1884. Bericht. Berlin 1884.

Riedmann, Jak., Die Lohnbewegung der Tischler in Hannover-Linden i. d. J.
1883 u. 1884 nebst Bericht u. Abrechnung der Kommission. Hannover 1884.

Natorp, Gust., Der Ausstand der Bergarbeiter im Niederrheinisch-Westfälischen
Industriebezirk. Essen 1889.

Stolp, Herm., Der Streik der westfälischen Bergwerksarbeiter u. die not-
wendige Stellungnahme der Gesetzgebung zu demselben. Charlottenburg 1889.

Eschenbach, A., Die Lehren des Bergwerksstrikes vom Mai 1889. Mit 12
Aktenstücken. Berlin 1889.

Der Bergarbeiter-Ausstand des Jahres 1889 im Abgeordnetenhause. Reden
der Abgeord. Schultz-Bochum, Schmiebing-Dortmund, Ritter-Walden-
burg, Berger-Witten. Essen 1890.

Matthias, Ernst, Der nächste allgemeine Strike der deutschen Bergarbeiter
u. seine rationelle Bekämpfung. Ratibor 1890.

Oldenberg, Karl, Studien zur Rheinisch-Westfälischen Bergarbeiterbewegung.
Leipzig 1890.

Roßmann, Wilh., Ist die öffentliche Aufforderung zum Streik strafbar? Zur
Auslegung des § 110 des Deutschen Strafgesetzbuches. München 1892.

Heinemann, Hugo, Zur Behandlung der Streikvergehen in der deutschen
Gesetzgebung u. Rechtsprechung. Berlin 1900.

(Steinbrück,) Ein Wort an die Dresdner Arbeiter. (Betr. den Buchdrucker-
Streik 1891/92.) Dresden 1892.

Bericht über die Ursachen u. den Verlauf des Münchener Hafnerstreiks im
Frühjahr 1897. Hrsg. von der Streikkommission. München 1897.

Broesike, Max, Die deutsche Streikbewegung. Berlin 1898.

Paeplow, Fritz, Denkschrift über den Leipziger Maurerstreik i. J. 1897.
Leipzig 1899.

Bäckerstreik u. Brotboycott in Hamburg, Altona u. Wandsbeck i. J. 1898.
Hrsg. von den Vorständen der Bäcker-Innungen von Hamburg, Altona
u. Wandsbeck. Hamburg 1899.

Heckscher, Siegfr., Der Kampf zwischen Unternehmern u. Arbeitern in Hamburg.
Hamburg 1900.

Streiks u. Aussperrungen i. J. 1899 flg. Bearbeitet im Kaiserl. Statist. Amt.
Berlin 1900 flg.

(Oesterreich.)

Die Arbeitseinstellungen im Gewerbebetriebe in Oesterreich während d. J. 1894.
Hrsg. vom Statist. Departement im k. k. Handelsministerium. Wien 1896.

Die Arbeitseinstellungen u. Aussperrungen im Gewerbebetriebe in Oesterreich
während d. J. 1896 flg. Hrsg. vom Statist. Departement im k. k.
Handelsministerium. Wien 1898 flg.

Raunig, A. G., Die Arbeiterbewegung in Neunkirchen oder der sogen. General-
strike in Neunkirchen. Wien 1896.

(Frankreich.)

Blanc, Julien, La grève des charpentier en 1845. Paris 1845.

(Foucart, J. B.,) La grève des charbonniers d'Anzin en 1866. Paris 1866.

Statistique des grèves survenues en France pendant les années 1890, 91, 92.
Paris 1892, 93.

Statistique des grèves et des recours à la conciliation et à l'arbitrage survenus pendant l'année 1896 flg. Paris 1897 flg.

Seilhac, Léon de, Une enquête sociale. — La grève de Carmaux et la verrerie d'Albi. Paris 1897.

Désveaux, Ludovic, Les grèves de chemins de fer en France et à l'étranger. Paris 1899.

La grève des mineurs de la Loire et l'arbitrage. Paris 1900.

Seilhac, Léon de, La grève des tullistes de Calais. Paris 1901.

— La grève des dockers de Marseille. Paris 1901.

(gien.)

Rutten, G. C., Nos grèves houillères et l'action socialiste d'après une enquête faite sur place. Bruxelles 1900.

(sland.)

Trades' societies and strikes. Report of the Committee on trades' societies. London 1860.

Report on the strikes and lock-outs of 1888 by the labour correspondent to the Board of trade. London 1889.

Reißmann-Grone, Die Arbeits-Einstellungen auf den Kohlengruben Durhams i. J. 1892. Essen 1892.

Jurnitschek, Oskar, Ueber den Strike der englischen Maschinenbauarbeiter i. b. J. 1897 u. 1898. Wien 1898.

creinigte Staaten.)

Kapp, Frdr., Der jüngste Aufstand der Eisenarbeiter in den Vereinig. Staaten. (Berlin 1877.)

3. Annual report of the commissioner of labor 1887. — Strikes and lockouts. Washington 1888.

Dietrich, B., Die Streiks u. Lockouts in den Vereinigten Staaten i. b. J. 1880—1886. (Berlin 1888.)

Schwiebland, Eugen, Die Arbeitseinstellungen in Amerika. Jena 1889.

Braun, Gottfr. H., Der Anthracitkohlen-Strike in Pennsylvanien 1887/88 in Vergleich mit den Bergarbeiter-Bewegungen in Großbritannien und Deutschland. Freiburg i. B. 1893.

Stead, W. T., Der Krieg zwischen Arbeit und Kapital in den Vereinigten Staaten mit besonderer Beziehung auf Chicago. Uebersetzt von Max Pannwitz. Stuttgart 1894.

errufserflärung. Boyfott.)

Boh, Felix, Wider den Boykott. Dresden 1895.

Liechti, Eugen, Die Verrufserklärungen im modernen Erwerbsleben, speciell Boykott u. Arbeitersperre. Zürich 1897.

Strube, Emil, Der Berliner Bierboykott von 1894. Berlin 1897.

Bäckerstreik u. Brotboykott in Hamburg, Altona u. Wandsbeck i. J. 1898. Hamburg 1899.

Verrufserklärung. Berlin 1901.

F. Contractbruch.

Dietz, C., Vertragsbruch im Arbeits- u. Dienstverhältniß. Berlin 1890.

Landgraf, J., Die Sicherung des Arbeits-Vertrags. Berlin 1873.

Oppenheim, H. B., Gewerbegericht u. Contractbruch. Berlin 1874.

Ueber Errichtung des Arbeitsnachweises. ... ... des
... für Social... herausg. von J. K..., J. K..., G.
Schiller u. A. Leipzig 1874.
Laeber, I. Ueber die ... Errichtung des Arbeitsnachweises. Er-
langen 1875.
K. E. E. Die Arbeiter u. die Berichte des Central...... Berlin 1876.

G. Schiedsgerichte.

Weeks, Jos. D., Labor Differences and their settlement. A plea for arbitration
and conciliation. Neu-York 1896.
Schmid, Ferd., Wirksamkeit der Gewerkgerichte u. ihre Fortbildung. (Wien
1889.)
Stieda, Wilh., Das Gewerbegericht. Leipzig 1890.
Köpfe, Fritz, Ueber gewerbl. Schiedsgerichte. Zürich 1895.
Eberty, Gust., Die Gewerbegerichte u. das gewerbliche Schiedsgerichtswesen
in ihrer geschichtlichen Entwicklung u. ihrem gegenwärtigen Stande. Berlin
1869.
(Deutschland.)
Das Gewerbegericht. Mittheilungen des Verbandes Deutscher Gewerbegerichte.
Jahrg. 1/2 hrsg. von J. Jastrow, 3 flg. hrsg. von Flesch. Berlin
1897 flg.
Meißner, Heinr. Aug., Specialgerichte für unsere Fabrikgewerbe. Leipzig
1846.
Ludwig-Wolf, L. F., Das gewerbliche Schiedsgericht, seine Bedeutung und
Einrichtung. Leipzig 1872.
Eberty, Gust., Denkschrift über gewerbliche Schiedsgerichte als Mittel, den
Arbeitseinstellungen zu begegnen. Halle 1872.
Schönberg, Gust., Arbeitsämter. Eine Aufgabe des Deutschen Reichs. Berlin
1871.
Lotichius, Ed., Ueber Einigungsämter u. gewerbl. Schiedsgerichte. Leipzig o. J.
Rickert, Heinr., Die Gewerbeordnungs-Novelle im Reichstage. I. Das gewerb-
liche Schiedsgericht. Danzig 1874.
Oppenheim, H. B., Gewerbegericht u. Kontraktbruch. Zur Revision der
deutschen Reichs-Gewerbeordnung. Berlin 1874.
Sering, Max, Arbeiter-Ausschüsse in der deutschen Industrie. Gutachten,
Berichte, Statuten, hrsg. im Auftrage des Vereins für Socialpolitik. Leipzig
1890.
Wahl oder Ernennung? Eine Studie über die Kardinalfrage bei Begründung
von Gewerbegerichten. Breslau 1880.
Otto, D., Die Streitigkeiten der selbständigen Gewerbetreibenden mit ihren
Arbeitern in Theorie u. Praxis. Berlin 1889.
  — Dasselbe. 3. Aufl. Berlin 1891.

Entwurf eines Gesetzes betr. die Gewerbegerichte mit Begründung. Berlin 1890.
Das Gesetz, betr. die Gewerbegerichte vom 29. Juli 1890. Berlin 1890.
Gesetz, betr. die Gewerbegerichte. Vom 29. Juli 1890. Breslau 1890.

Otte, Die Gewerbegerichte, Einigungsämter und das Verfahren vor dem Gemeindevorsteher. Halle a. S. 1890.

Zeller, W., Das Reichsgesetz, betr. die Gewerbegerichte. Vom 29. Juli 1890. Mainz 1890.

Bauer, Jos., Das Reichsgesetz, betr. die Gewerbegerichte, Einigungsämter u. das Verfahren vor dem Gemeindevorsteher. Leipzig 1890.

Bachem, Karl, Reichsgesetz betr. die Gewerbegerichte vom 29. Juli 1890. Köln a. Rh. 1890.

Eberty, E. G., Gewerbegerichte und Einigungsämter. Mit Anhang: Gesetz betr. die Gewerbegerichte vom 29. Juli 1890. Breslau 1890.

Gesetz betr. die Gewerbegerichte 1890. Berlin (1890).

Hoffmann, Ludw., Das Reichsgesetz, betr. die Gewerbegerichte. Vom 29. Juli 1890. München 1890.

Mugdan, Leo, Das Reichsgesetz, betr. die Gewerbegerichte. Vom 29. Juli 1890. Berlin 1890.

Pfafferoth, C., Das Reichsgesetz betr. die Gewerbegerichte vom 29. Juli 1890. Berlin 1890.

Schier, H., Das Reichsgesetz betr. die Gewerbegerichte. Vom 29. Juli 1890. Kassel 1891.

Haas, J., Kommentar zum Reichsgesetz betr. die Gewerbegerichte vom 29. Juli 1890. Göttingen 1891.

Wilhelmi, L., u. M. Fürst, Das Reichsgesetz betr. die Gewerbegerichte. Vom 29. Juli 1890. Berlin 1891.

Stein, G., Das Reichsgesetz vom 29. Juli 1890 betr. die Gewerbegerichte . . . nebst einer Darstellung der geschichtl. Entwickelung der gewerbl. Gerichtsbarkeit u. ihres gegenwärtigen Zustandes in Frankreich, Deutschland, Oesterreich, Belgien, der Schweiz u. England. Berlin 1891.

Möller, Karl, u. Wilh. Hirsch, Gewerbegerichte u. Einigungsämter in Deutschland u. England. Leipzig 1892.

Bernewitz, A. v., Reichsgesetz, betr. die Gewerbegerichte nebst den dazu gehörigen Königl. Sächs. Vorschriften. Leipzig 1897.

— Dasselbe, in der Fassung des Reichsgesetzes vom 30. Juni 1901. 2. Aufl. Leipzig 1901.

Freundlich, Arthur, Das Verfahren nach dem Reichsgesetz, betr. die Gewerbegerichte vom 29. Juli 1890 in seinen Abweichungen vom ordentlichen Verfahren. München 1898.

Reichel, Hans, Das Gewerbegericht. Herrnhut 1898.

Menzinger, Leop., u. J. B. Prenner, Gewerbegerichtsgesetz, in der Fassung vom 29. Sept. 1901. München 1902.

Haas, J., Kommentar zum Gewerbegerichtsgesetz i. d. Fassung der Bekanntmachung vom 29. Sept. 1901. 2. verm. u. verb. Aufl. Göttingen 1902.

(Einzelne Gewerbegerichte u. deren Entscheidungen.)

Unger, Emil, Entscheidungen des Gewerbegerichts zu Berlin unter Berücksichtigung der Praxis anderer deutscher Gerichte. Berlin 1898.

Entwurf eines Statutes für das in Dresden zu errichtende Gewerbe-Schiedsgericht. (Dresden) 1871.

Statut für das Gewerbe-Schiedsgericht in Dresden. Dresden, den 17. Sept. 1873. Nebst Nachtrag dazu vom 12. März 1878.

Statut für das Gewerbeſchiedsgericht zu Dresden.   Dresden, am 30. Juni 1880.
Geſchäftsordnung für das Gewerbeſchiedsgericht zu Dresden.
Bericht des Rechts=Ausſchuſſes über das Rathscommunicat vom 24. Jan. 1884,
   betr. den Nachtrag zu dem Statut für das Gewerbeſchiedsgericht vom
   30. Juni 1880.
Nachtrag vom 18. März 1884 zu dem Statut für das Gewerbeſchiedsgericht
   zu Dresden vom 30. Juni 1880.
(Geier,) Bericht über das Gewerbe=Schiedsgericht.   (Dresden 1890.)
Dietel, Guſt., Gewerbeſtreitigkeiten.   Eine Auswahl von Entſcheidungen des
   Gewerbeſchiedsgerichts der Stadt Leipzig.   Leipzig 1882.
Wolf, F. Frz., Das Meißner Gewerbegericht.   Meißen 1892.

(Oeſterreich.)

Bloch, Alfr., Das Gewerbegericht.   Geſetz vom 27. Nov. 1896 in hiſtoriſch=
   dogmatiſcher u. exegetiſcher Darſtellung.   Wien 1899.

(Schweiz.)

Köpke, Fritz, Ueber gewerbl. Schiedsgerichte mit beſonderer Berückſichtigung
   der ſchweizeriſchen Verhältniſſe.   Zürich 1895.

(Frankreich.)

Meißner, Heinr. Aug., Die Fabrikgerichte in Frankreich.   Leipzig 1846.
De la conciliation et de l'arbitrage dans les conflits collectifs entre patrons et
   ouvriers en France et à l'étranger.   Paris 1893.
Gibon, A., Les conseils d'usine, patronage et socialisme.   Paris 1895.
Waterlot, Georges, La conciliation et l'arbitrage dans les conflits collectifs
   entre patrons et ouvriers.   Paris 1896.
Peronnet, Ch., La conciliation et l'arbitrage en matière de conflits collectifs
   entre patrons et ouvriers ou employés.   Paris 1897.

(Belgien.)

Payen, Fernand, Les conseils de l'industrie et du travail en Belgique.
   Paris 1899.

(England.)

Möller, Karl, u. Wilh. Hirſch, Gewerbegerichte u. Einigungsämter in
   Deutſchland u. England.   Leipzig 1892.
Jeans, J., Stephen, Conciliation and arbitration in labour disputes.   London
   1894.

(Verein. Staaten.)

(Willoughby, F. W.,) L'arbitrage et la conciliation aux États-Unis. (Traduit
   par Henry Barrau.)   Paris 1901.

VIII. Arbeiterſchutz.
A. Grundſätze und Forderungen.
1. Im Allgemeinen.

(Theoretiſches.)

Frankenſtein, Kuno, Der Arbeiterſchutz, ſeine Theorie u. Politik.   Leipzig
   1896.
Des droits et des devoirs de la société envers les ouvriers.   Hagenau 1848.
Steinheil, G., Nos devoirs envers les ouvriers de l'industrie moderne.   Paris
   1881.

Depasse, Hector, Transformations sociales. Paris 1894.

Baernreither, J. M., Die socialpolitischen Aufgaben der neuen Regierung. Wien 1894.

Herkner, Heinr., Die Arbeiterfrage. Eine Einführung. Berlin 1894.

— Dasselbe. 2. umgearb. u. verm. Aufl. Berlin 1897.

Kötzschke, Herm., Der sozialwissenschaftliche Kursus in Halle a. d. S. vom 16. bis 20. April 1895. Leipzig 1895.

Becker, Jul., Großindustrie u. Sozialreform. Leipzig 1895.

Freese, Heinr., Fabrikantensorgen. Eisenach 1896.

Hitze, F., Die Arbeiterfrage u. die Bestrebungen zu ihrer Lösung. Berlin 1899.

Waldeck-Rousseau, Questions sociales. Paris 1900.

esetzgebung im Allgemeinen.)

Evert, Georg, Der Arbeiterschutz u. seine Entwickelung im 19. Jahrhundert. Berlin 1899.

Lohmann, Th., Die Fabrik-Gesetzgebung der Staaten des europäischen Kontinents. Berlin 1878.

Internationale Arbeits-Gesetzgebung. Leipzig 1880.

Bücher, Karl, Zur Geschichte der internationalen Fabrikgesetzgebung. Wien 1888.

Boilley, Paul, La législation internationale du travail. Paris 1892.

Fuld, Ludw., Internationale Fabrikgesetzgebung. Hamburg 1890.

Kulemann, W., Der Arbeiterschutz sonst u. jetzt in Deutschland u. im Auslande. 2. verkürzte Ausgabe. Leipzig 1893.

Uebersicht der gesetzlichen Arbeiterschutz-Bestimmungen in verschiedenen Ländern. Zürich 1897.

Zanten, J. H. van, Die Arbeiterschutzgesetzgebung in den europäischen Ländern Jena 1902.

Kloß, Rud., Der Bergarbeiterschutz. Wien 1897.

Der Arbeiterschutz bei Vergebung öffentlicher Arbeiten u. Lieferungen. Bericht des k. k. Arbeitsstatist. Amtes über die auf diesem Gebiete in den europäischen und überseeischen Industriestaaten unternommenen Versuche u. bestehenden Vorschriften. Wien 1900.

Internationale Arbeiterschutzbestrebungen.)

Congrès international des accidents du travail. Rapports. Comptes rendus des séances. Réunis et publiés par les soins de E. Gruner. Paris 1889, 90.

Conférence internationale concernant le règlement du travail aux établissements industriels et dans les mines. Par autorisation officielle. Leipzig 1890.

Die Protokolle der internationalen Arbeiterschutzkonferenz. Im amtlichen Auftrag. Leipzig 1890.

Pincitore, Alberico, La conferenza internazionale di Berlino e la protezione degli operai. Palermo 1891.

Maier, Gust., Die Verhandlungen u. Beschlüsse des internationalen Kongresses für Arbeiterschutz in Zürich (23.—28. Aug. 1897). Bericht. Bern 1897.

Der internationale Kongreß für Arbeiterschutz in Zürich vom 23. bis 28. Aug. 1897. Amtlicher Bericht. Zürich 1898.

Staub, Max, Evangelische Reflexionen über den Internationalen Arbeiterschutzkongreß in Zürich vom 23. bis 28. August 1897. Zürich 1898.

(Lichtenberger, Andrée,) Congrès international pour la protection légale des travailleurs, tenu à Paris au Musée Social du 25 au 28 juillet 1900. Paris 1900.

Congrès international pour la protection légale des travailleurs tenu à **Paris**, au Musée social, du 25 au 28 juillet 1900. — Rapports et compte rendu analytique des séances. Paris 1901.

Schriften der internationalen Vereinigung für gesetzlichen Arbeiterschutz. **Nr. 1:** Berichte u. Verhandlungen der konstituierenden Versammlung, abgehalten zu Basel, 1901. Jena, Bern 1901.

(Gesetzgebung in einzelnen Ländern.
— Deutschland.)

Neumann, Fr. J., Die deutsche Fabrikgesetzgebung u. die betreffs derselben zu veranstaltende Enquête. Jena 1873.

— Ueber die Ausführung einer Enquête, betr. die bisherige Durchführung, die Wirkungen u. die Reformbedürftigkeit deutscher Fabrikgesetzgebung. Jena 1873.

— Zur Reform deutscher Fabrikgesetzgebung. Leipzig 1874.

Gesetz (Antrag der sozialdemokr. Partei) betr. die theilweise Abänderung der Titel I, II, VII, IX, X der (Reichs=) Gewerbeordnung. 1877.

Bebel, Rede über die Anträge betr. Abänderung der Gewerbeordnung (Arbeiterschutzgesetz) im Reichstage am 18. April 1877. Leipzig 1877.

Süßenguth, O., Die Gewerbegesetzgebung für Fabriken und den Fabriken gleichstehende Gewerbebetriebe. Magdeburg 1881.

Entwurf von Vorschriften, betr. den Schutz gewerbl. Arbeiter gegen Gefahren für Leben u. Gesundheit. Chemnitz 1880.

Arbeiterschutz=Gesetzentwurf. München (1885).

Hussein, Achmet, Die Gesetzgebung des Deutschen Reiches zum Schutze der Arbeiter. Berlin 1886.

Quarck, Max, Die Arbeiterschutzgesetzgebung im Deutschen Reiche. Stuttgart 1886.

Studien zur Arbeiterschutzgesetzgebung. München (1886).

Roesicke, Rich., Arbeiterschutz. Dessau 1887.

Mehr Arbeiterschutz! Magdeburg 1890.

Quarck, Max, Die nächsten Aufgaben einer deutschen Arbeiterschutz=Reform. Frankfurt a. M. 1890.

Die Maxime des Arbeiterschutzes. Programmbemerkungen zur socialen Reform in Deutschland. Berlin 1890.

Dehn, Paul, Nationale u. internationale Fabrikgesetzgebung. Mainz 1890.

Braun, Ad., Die Arbeiterschutzgesetze der Europäischen Staaten. Tl. I: Die Arbeiterschutzgesetze des Deutschen Reichs. Tübingen 1890.

Hirsch, Max, Die Arbeiterschutz=Gesetzgebung. Breslau 1891.

Report on the present state of the labour question in Germany. London 1891.

Dehn, Paul, Der Arbeiterschutz in seiner gesetzlichen Neuregelung. Darmstadt 1892.

Josl, Max, Das Arbeiterschutzgesetz vom 1. Juni 1891*) mit den Ausführungs= vorschriften des Reichs u. Preußens. Berlin 1893.

Wolff, Die erziehliche Bedeutung des neuen Arbeiterschutz=Gesetzes. Berlin 1892.

Wenzel, Johs., Arbeiterschutz u. Centrum mit Berücksichtigung der übrigen Parteien. Berlin 1893.

---

*) Vergl. oben IV. B. 2: Reichsgewerberecht (betr. Gewerbeordnungs=Novelle vom 1. Juni 1891.)

Gerson, Eb., Der Arbeiterschutz u. die Novelle zur österreich. Gewerbeordnung. Leipzig 1896.

Evert, Georg, Handbuch des gewerbl. Arbeiterschutzes. Berlin 1897.
— Dasselbe. 2. Ausgabe. Berlin 1900.

Poellath, Karl, Der Arbeiterschutz. Der Schutz der gewerbl. Arbeiter Deutschlands, soweit er Aufgabe der Gewerbeinspection ist. Stuttgart (1901).

Laurisch, G., Gewerberecht u. Arbeiterschutz. Führer für Arbeitgeber u. Arbeiter
durch die Gewerbe- u. Arbeiterschutzgesetze. Berlin 1901.

Melken, F., Die deutschen Handwerker- u. Arbeiterschutz-Gesetze (Tit. VI u. VII
der Gewerbeordnung i. b. Fassung der Bekanntmachung vom 26. Juli 1900).
Mit Erläuterungen. Berlin 1901.

- Preußen.)

Anton, Günther K., Geschichte der preuß. Fabrikgesetzgebung bis zu ihrer Aufnahme durch die Reichsgewerbeordnung. Leipzig 1891.

Thun, Alphons, Beiträge zur Geschichte der Gesetzgebung u. Verwaltung zu
Gunsten der Fabrikarbeiter in Preußen. (Berlin 1877.)

Landesbehördliche Arbeiterschutzvorschriften. Zusammengestellt im Reichsamt des
Innern. Berlin 1897.

)esterreich.)

Herz, Hugo, Der gegenwärtige Stand u. die Wirksamkeit der Arbeiterschutzgesetzgebung in Oesterreich. Leipzig 1898.

Müller, Frz., Der gewerbliche Arbeiterschutz u. Arbeitsvertrag in Oesterreich.
Systematisch dargestellt. Wien 1900.

Der Arbeiterschutz bei Vergebung öffentlicher Arbeiten u. Lieferungen. Wien 1900.

Schlußbericht des Centralcomités der oesterreich. Commission zur Ermittlung
der zweckmäßigsten Sicherheitsmaßregeln gegen die Explosion schlagender
Wetter in Bergwerken. Wien 1891.

Schweiz.)

Steinmann, Arnold, Die Fabrik-Gesetzgebung u. die Arbeiter-Frage. Zürich
1874.

Zehnder, C., Aerztliche Glossen zum Fabrikgesetz-Entwurf. Zürich 1876.

Das Bundesgesetz betr. die Arbeit in den Fabriken, vom 23. März 1877,
kommentirt durch seine Ausführung in den ersten 10 Jahren seines Bestehens, 1877—1887. Bern 1888.

Koenigs, G., Die Durchführung des Schweizerischen Fabrikgesetzes. Berlin 1891.

Dawson, Will. Harbutt, Social Switzerland. London 1897.

Adler, Georg, Basels Sozialpolitik in neuester Zeit. Tübingen 1896.

Hofmann, Emil, Die Geschichte der Fabrikgesetzgebung im Kanton Thurgau
bis zum Jahre 1877. Frauenfeld 1892.

Frankreich.)

Chelchowski, Valérien, Projet de loi sur l'organisation du personnel de l'industrie et sur la manière de le recruter. Paris 1872.

— Projet de loi sur l'organisation, la police et le renouvellement du personnel
(apprentis, ouvriers, maîtres) des arts et métiers, des fabriques, usines et
manufactures. Paris 1874.

Gibon, A., Le patrimoine de l'ouvrier. Paris 1885.

16

Pensa, Henri, De l'intervention des municipalités dans la réglementation du travail. Paris 1891.

Législation et jurisprudence sociales en France. (1897.) Paris 1898.

(Spanien.)

Paliza, D. Manuel de la, D. Apolinar de Rato y D. Evaristo Casariego, La cuestión social y económica en España. Madrid 1892.

(Niederlande.)

Enquête betreffende werking en uitbreiding der wet van 19 September 1874 en naar den toestand van fabrieken en werkplaatsen. 4 bundel. Sneek 1887.

(England.)

Plener, Ernst v., Die englische Fabrikgesetzgebung. Wien 1871.

Dronke. F., Die englische Fabriken- u. Werkstätten-Gesetzgebung in ihren wesentlichen Bestimmungen unter Vergleichung mit der deutschen Gewerbe-Ordnung. Berlin 1877.

Jevons, W. Stanley, The state in relation to labour. London 1882.

Bradlaugh, Charles, Labor and law. London 1891.

Jeans, Victorine, Factory act legislation. London 1892.

Massingham, H. W., The government and labour. (London) o. J.

Drage, Geoffrey, The labour problem. London 1896.

Die englischen Fabrikgesetze. In deutscher Ueberfetzung herausgeg. von Benno Karpeles. Berlin 1900.

Bowstead, Will., The law relating to factories and workshops as amended and consolidated by the factory and workshop act 1901. London 1901.

(Rußland.)

Die Fabrikgesetzgebung des Ruffischen Reiches. Ueberfetzt nach der Ausgabe der Gewerbeordnung von 1887 u. nach den Fortfetzungen von 1890, 1891 u. 1893. Mit Nachtrag u. Fortfetzung. Riga 1894.

Rofenberg, G. I., Zur Arbeiterschutzgesetzgebung in Rußland. Leipzig 1895.

(Bereinigte Staaten.)

Tait, W. Cave, Die Arbeiter-Schutzgesetzgebung in den Bereinigten Staaten. Tübingen 1884.

(Japan.)

Saíto, Kashiro, La protection ouvrière au Japon, projet de loi et enquête personnelle. Paris 1900.

(Neu-Seeland.)

Schwiebland, Eugen, Eine vorgeschrittene Fabrikgesetzgebung. Die Fabrik-gefetze der Colonie Neu-Seeland vom 18. Oct. 1894 u. 12. Oct. 1896. Wien 1897.

2. Sicherung von Leben und Gefundheit.

(Allgemeines.)

Engel-Dollfus, Rapport sur la question des accidents produits par les appareils recevant l'impulsion de la vapeur. Mulhouse 1867.

Freycinet, Charles de, Rapport supplémentaire sur l'assainissement industriel et municipal en France et à l'étranger. Paris 1868.

Mees, Regnerus Tjaarda, Staatstoezicht op de fabrieksnijverheid in het belang der openbare rust, veiligheid en gezondheid. Leiden 1881.

Pfeiffer, C. W., Schutz der Arbeiter gegen die Gefahren des Fabrikbetriebes. Vorschläge zu Schutzvorrichtungen. Frankfurt a. M. 1882.

Dehn, Paul, Arbeiterschutzmaßregeln gegen Unfall- u. Krankheitsgefahren. Berlin 1882.

Morgenstern, K., Ueber Einrichtungen u. Schutzvorkehrungen zur Sicherung gegen Gefahren für Leben u. Gesundheit der in gewerbl. Etablissements beschäftigten Arbeiter. Handbuch für Fabrikbesitzer, Betriebsleiter rc. Leipzig 1883.

Marchet, Gust., Gutachten über die zu Mülhausen im Elsaß bestehende Gesellschaft zur Hintanhaltung von Verunglückungen durch Maschinen (Association pour prévenir les accidents des machines). Wien 1882.

Pütsch, Albert, Die Sicherung der Arbeiter gegen die Gefahren für Leben u. Gesundheit im Fabrik-Betriebe. Durch Abbildungen erläuterte Mittheilungen von bewährten Schutzvorrichtungen rc. Berlin 1883.

Nüsperli, Edm., Apparate u. Einrichtungen zum Schutze von Fabrikarbeitern gegen Gefahren für Leben u. Gesundheit. Aarau 1883.

Sammlung von Vorrichtungen u. Apparaten zur Verhütung von Unfällen an Maschinen. 42 Tafeln. Mülhausen 1889.

Die Unfallverhütungs-Vorschriften. Hrsg. vom Verbande der deutschen Berufsgenossenschaften durch Robert Platz. 2 Bde. Berlin.
  Bd. I: Vorschriften für Betriebsunternehmer. 1889.
  „ II: Vorschriften für die Arbeiter. 1890.

Unfallverhütungsvorschriften. Systematische Uebersicht der von den gewerblichen Berufsgenossenschaften des Deutschen Reichs erlassenen Unfallverhütungsvorschriften. Hrsg. vom Verbande der Deutschen Berufsgenossenschaften. Berlin 1900.

Wirschinger, F. L., Die Unfallverhütung in der Land- u. Forstwirtschaft. Vorschläge für Unfallverhütungsvorschriften. München 1894.

Jurisch, Konrad W., Ueber Gefahren für die Arbeiter in chemischen Fabriken, Unfallverhütungsmittel u. Arbeitsbedingungen. Berlin 1895.

Kuhnert, Alfr., Arbeiterschutz u. Krankenkassen in ihrem Verhalten gegenüber der Zahncaries bei den Bäckern u. Konditoren. Stuttgart 1901.

Die Unfallverhütungsvorschriften der Berufsgenossenschaft der chemischen Industrie. Berlin 1897.

Roth, Tschorn, Welzel, Die Rechte u. Pflichten der Unternehmer gewerbl. Anlagen, Arbeitgeber u. Arbeitnehmer. Berlin 1899.

Wendschuch, Carl, Beschreibung von Arbeiter-Schutzgeräthen u. Sicherheits-Schutzvorrichtungen in gewerblichen u. Fabrikbetrieben rc. Dresden 1892.

Die Sammlungen des gewerbe-hygienischen Museums in Wien. — Einrichtungen zum Schutze der Arbeiter in gewerbl. Betrieben. Wien 1898.

Ausstellungen für Unfallverhütung.)

Reichel, F., Die Sicherung von Leben u. Gesundheit im Fabrik- u. Gewerbe-Betriebe auf der Brüsseler Ausstellung vom Sommer 1876. Bericht. Berlin 1877.

Deutsche Allgemeine Ausstellung für Unfallverhütung Berlin 1889. Ausstellung für Industrie, Bergbau, Baugewerbe rc. Berlin 1889.

Katalog der Bibliothek der Allgemeinen Deutschen Ausstellung für Unfallverhütung Berlin 1889. Berlin 1889.

Bericht über die Deutsche Allgemeine Ausstellung für Unfallverhütung Berlin 1889. 2 Bde. Berlin 1890, 91.

Bergpolizei-Verordnungen des Kgl. Oberbergamts zu Dortmund. (I.) Vom 6. Okt. 1887, betr. den Schutz der in Schächten, Bremsbergen ꝛc. beschäftigten Personen. Abgeändert laut Verordnung vom 1. Juli 1888. (II.) Vom 12. Okt. 1887, betr. die Wetterversorgung, Wetterführung ꝛc. Abgeändert laut Verordnung vom 4. Juli 1888. Gelsenkirchen 1893.

Königl. Sächs. Verordnung, die Herstellung u. den Betrieb von Waarenaufzügen u. Fahrstuhleinrichtungen in Fabriken u. anderen Gewerbeanlagen ꝛc. betreffend, vom 26. Jan. 1884 bez. 15. April 1888. Leipzig 1891.

Verordnung, die Gewerbe-Beaufsichtigung betr. vom 6. April 1892 nebst dem Regulativ vom 1. April 1892 u. der Bekanntmachung, die feuersichere Aufbewahrung von Putzlappen, Putzfaden u. dergl. betr., vom 27. Mai 1891. Leipzig 1892.

Oldenberg, K., Arbeiterschutz in Gast- u. Schankwirtschaften. Jena 1902.

Macarel, L. A., Législation et jurisprudence des ateliers dangereux, insalubres et incommodes. Paris 1828.

Bunel, H., Établissements insalubres, incommodes et dangereux. Législation, jurisprudence et conditions techniques d'autorisation. 2. édit. Paris 1887.

Hygiène et sécurité des travailleurs dans les ateliers industriels. Législation française et étrangère. Paris 1895.

Braun-Wiesbaden, Karl, Die Ueberwachung des Dampfkessel-Betriebes. (Berlin 1883.)

Morgenstern, K., Reichs- u. landesgesetzliche in dem Kgr. Sachsen geltenden Bestimmungen, Anlage, Betrieb u. Beaufsichtigung der Dampfkessel betr. Leipzig 1885.

— Dasselbe. 2. Aufl. Leipzig 1891.

Brettreich, Fr., Die Bestimmungen über die Anlegung u. den Betrieb von Dampfkesseln u. Dampfgefäßen in Bayern. München 1894.

Hartmann, Carl, Die gesetzlichen Bestimmungen betr. die Genehmigung u. Untersuchung der Schiffsdampfkessel. Hamburg 1893.

Association Alsacienne des propriétaires d'appareils à vapeur. Mulhouse 1869.

Thaa, Georg Ritter v., Das Dampfkesselwesen in Oesterreich. Sammlung der auf diesen Gegenstand bezüglichen Gesetze, Verordnungen ꝛc. Wien 1891.

Pechan, Jos., Anleitung zur Ablegung der Heizerprüfung (Prüfung der Dampfkesselwärter) für Dampfkesselheizer oder Dampfkesselwärter ꝛc. Reichenberg 1892.

Schuurman, L. N., en P. H. Jordens, Wet van den 28sten mei 1869, regelende het toezigt op het gebruik van stoomtoestellen. 3. druk. Zwolle 1885.

3. Arbeitszeit.

Jäger, Ernst, Geschichte u. Litteratur des Normalarbeitstages. Stuttgart 1892.

Bresson, Pétition à l'assemblée nationale sur la durée du travail quotidien dans les fabriques et ateliers. Rouen 1848.

Dennis, John, The pioneer of progress; or, the early closing movement in relation to the saturday half-holiday and the early payment of wages. London (1860).

Hirsch, Carl, Normal-Arbeitstag. Erläutert u. begründet. 3. Aufl. Berlin 1871.

Most, Joh., Betrachtungen über den Normal-Arbeitstag. Chemnitz 1871.

Dork, Referat über den Normal-Arbeitstag. (Leipzig 1871.)

Nur immer langsam voran! (Berlin 1874. Über den Normalarbeitstag.)

Lewy, E., Die Arbeitszeit in den Fabriken vom sanitären Standpunkte. Wien 1875.

Moffat, R. S., The principles of a time policy. London 1878.

Knorr, Ludw., Der Normal-Arbeitstag, eine Konsequenz der heutigen Wirthschaftsordnung. Leipzig 1880.

Baron, J., Der Normalarbeitstag. (Breslau 1882.)

Fränkel, Heinr., Die tägliche Arbeitszeit in Industrie u Landwirthschaft mit besonderer Bezugnahme auf deutsche Verhältnisse. Leipzig 1882.

Fleisch, K., Haftpflicht, Unfallversicherung u. Normalarbeitstag. München 1883.

Baumbach, Karl, Der Normal-Arbeitstag. Berlin 1885.

Henningsen, W., Der achtstündige Arbeitstag physiologisch untersucht. 11. Aufl. Kiel 1890.

Hirsch, Max, Arbeiterschutz, insbesondere Maximalarbeitstag. Berlin 1890.

Jäger, Ernst, Der Normalarbeitstag. Mit besonderer Rücksicht auf Deutschland. Stuttgart 1890.

Martin, François, Geschichte der Lohnkämpfe der Buchdrucker von 1848 bis auf die heutigen Tage. Ein Beitrag zur Achtstundenbewegung. Basel 1890.

Robbertus=Jagetzow, Carl, Der Normal-Arbeitstag. Berlin 1890.

Volta, Riccardo della, La riduzione delle ore di lavoro e i suoi effetti economici. Firenze 1891.

Webb, Sidney, and Harold Cox, The eight hours day. London 1891.

Report from the Select Committee on railway servants (hours of labour); together with the proceedings of the Committee, minutes of evidence etc. London 1891.

Thompson, Herbert M., The theory of wages and its application to the eight hours question and other labour problems. London 1892.

Mather, Will., Labour and the hours of labour. (London 1892.)

Jay, Raoul, Études sur la question ouvrière en Suisse. Paris 1893. (La limitation légale de la journée de travail etc.)

Traub, Th., Kürzere Arbeitszeit. Leipzig 1893.

Rae, John, The eight-hours day and the unemployed. (London 1893.)

Rost, Frbr. Bernh., Der achtstündige Normalarbeitstag. Leipzig 1896.

Second annual report on changes in wages and hours of labour in the United Kingdom. 1894. London 1896.

Traub, Th., Arbeitszeit=Verkürzung u. Achtstundentag. Göttingen 1896.

Zur Frage des Normalarbeitstages. Gutachten u. Berichte. Wien 1897.

Rae, John, Der Achtstunden=Arbeitstag. Aus dem Englischen von Julian Borchardt. Weimar 1897.

Braun, Ad., Zum Achtstundentag! Berlin 1901.

Parvus, Die Handelskrisis und die Gewerkschaften. Nebst Anhang: Gesetz=entwurf über den achtstündigen Normalarbeitstag. München 1901.

(In einzelnen Betrieben.)

(Müller, Gust.,) Ein offenes Wort an die Arbeitgeber. Mit Bezug auf den Maximalarbeitstag im Bäckereigewerbe. Berlin (1879).

Oldenberg, Karl, Der Maximalarbeitstag im Bäcker= u. Konditorengewerbe. Leipzig 1894.

Meyeren, Gottlieb v., Die Regelung der Arbeitszeit in Bäckereien u. Kon=bitoreien. Berlin 1896.

Martin, Rud., Zur Verkürzung der Arbeitszeit in der mechanischen Textil=industrie. Berlin 1895.

Salaires et durée du travail dans l'industrie française. 4 tomes. Paris 1893 – 97.

Resolution (des Central-Vereins für Hebung der deutschen Fluß= u. Kanal=Schiffahrt) betr. gesetzliche Regelung der Mindestruhe im Binnen=Schiffahrts=betriebe. Berlin 1900.

(Sonntagsruhe.)

Generalbericht betr. die Ergebnisse der Erhebungen über die Beschäftigung gewerbl. Arbeiter an Sonn= u. Festtagen. Berlin 1887.

Lauterburg, Die Sonntags=Arbeit in den großen Industrien u. der beste Ar=beiterzahltag. Bern 1880.

Hilse, Karl, Sonntagsfeier u. Normalarbeitstag im Straßenbahngewerbe. Berlin 1889.

Rübiger, v., Die Sonntagsruhe im Handelsgewerbe auf Grund der Gewerbe=ordnung für das Deutsche Reich. Berlin 1892.

Die zweckmäßige Verwendung der Sonntags= u. Feierzeit. Berlin 1893.

Fey, F., Die Sonn= u. Festtagsruhe nach dem Arbeiterschutzgesetze. Mainz 1892.

Harnisch, R., Die Sonntagsruhe. Die Bestimmungen über die Regelung der Sonn= u. Festtagsruhe. Berlin (1892).

Lufensky, F., Die Sonntags=Ruhe im Handelsgewerbe. Berlin=Charlottenburg (1893).

Rübiger, v., Die Sonntagsruhe im Gewerbebetriebe auf Grund der Kaiserl. Verordnung u. Bekanntmachung vom 4. u. 5. Febr. 1895. Berlin 1895.

Bekanntmachung des Reichskanzlers, betr. Ausnahmen von dem Verbote der Sonntagsarbeit im Gewerbebetriebe vom 5. Febr. 1895. Straßburg 1895.

Bestimmungen über Sonntagsruhe in der Industrie. Leipzig 1895.

Werner, M., Die Sonntagsruhe in Industrie u. Handwerk. Berlin 1895.

Aßmann, W., Die Sonntags=Heiligung*) und =Ruhe im Handelsgewerbe und Gewerbebetriebe. Bochum 1896.

Benz, Gust., Der freie Sonntag-Nachmittag. Basel 1901.

Büttner, C., Die Sonntagsruhe im Gewerbebetriebe u. im Handelsgewerbe. Nach den reichsgesetzl. u. landesgesetzl. Bestimmungen u. Ausführungsver=ordnungen für Preußen, Bayern, Sachsen, Württemberg, Baden u. Hessen. Leipzig 1895.

---

*) Vergl. Cap. XXII: Polizeiwesen, D, II: Sonntagsruhe, Feierstunde.

Die Vorschriften über Sonn= u. Festtagsruhe im Handelsgewerbe in den Be=
zirken der Stadt Leipzig und der Königl. Amtshauptmannsch. Leipzig.
Leipzig 1892.

Dost, C., Die Sonntagsruhe im Königr. Sachsen. Leipzig 1895.

Lautenschlager, Ernst, Erhebungen für die Sonntagsruhe in Stuttgart.
Stuttgart 1892.

Vaillant, Th., Die Sonntagsruhe in Elsaß=Lothringen. Metz 1901.

Mandl, Max, Die zulässige Sonntagsarbeit. Wien 1895.

Leiter, Frdr., Katechismus der gewerbl. Sonntagsruhe. Wien 1895.

4. Frauen= und Kinderarbeit.

Im Allgemeinen.)

Simon, Jul., Die Arbeiterin. Ueberf. von Frdr. Reßler. Zürich 1862.
— L'ouvrier de huit ans. Paris 1867.

Wolowski, Le travail des enfants dans les manufactures. Paris 1868.

Brandreth, Henry, Wastethrifts and workmen. London 1868.

Friedländer, Ettore, Die Frage der Frauen= und Kinderarbeit. Aus dem
Italienischen von Alb. Fleischer. Forbach 1887.

Evert, G., Unsere gewerbl. Jugend u. unsere Pflichten gegen sie. Leipzig 1891.

Tews, J., Soziale Streiflichter. Langensalza 1894.

Haussonville, Comte d', Études sociales. Socialisme et charité. Paris 1895.

Tews, J., Kinderarbeit. Langensalza 1896.

Martin, Rud., Die Ausschließung der verheirateten Frauen aus der Fabrik.
Tübingen 1897.

Berger, Adalb., Jugend=Schutz u. Jugend=Besserung. Tl. 1. Leipzig 1897.

Agahd, Konr., Die Erwerbsthätigkeit schulpflichtiger Kinder. Bonn (1897).

Gräve, Wilh., Die Fürsorge für die gewerbl. Jugend. Bonn (1899).

Die Kinder=Ausbeutung in der Hausindustrie u. ihre Bekämpfung. Zürich 1899.

Die Jugendfürsorge. Centralorgan für die gesamten Interessen der Jugend=
fürsorge. Hrsg. von Frz. Pagel. Jahrg. 1 flg. Berlin 1900 flg.

Die Fürsorge für die schulentlassene gewerbliche männliche Jugend. (2) Berlin
1901.

Pohle, Ludw., Frauen=Fabrikarbeit u. Frauenfrage. Eine principielle Antwort
auf die Frage der Ausschließung der verheiratheten Frauen aus der Fabrik.
Leipzig 1900.

Collet, Fr., Die Frau als Industrie=Arbeiterin. Berlin 1900.

(In einzelnen Ländern.)

Napias, Henri, Dispositions prises dans les différents pays de l'Europe pour
protéger la santé des enfants travaillant dans l'industrie. Paris 1880.

(Deutschland.)

Schmidlin, Joh. Gottl., Ueber öffentliche Kinder=Industrie=Anstalten über=
haupt und insbesondere in Württemberg. Stuttgart 1821.

Ueber den Zustand der Kinder in den Fabriken. o. O. u. J.

Programm der durch Beschluß des Bundesrathes vom 31. Januar 1874 an=
geordneten Erhebungen zur Erörterung der Frage über die Erweiterung
des gesetzlichen Schutzes der in Fabriken beschäftigten Frauen und Minder=
jährigen. (Dresden 1874.)

Ergebniſſe der über die Frauen= und Kinder=Arbeit in den Fabriken auf Be=
ſchluß des Bundesrathes angeſtellten Erhebungen. Berlin 1877.
Lohren, A., Entwurf eines Fabrik= und Werkſtätten=Geſetzes zum Schutz der
Frauen= und Kinderarbeit, hergeleitet vom Standpunkte der ausländiſchen
Konkurrenz. Potsdam 1877.
Motteler, J., Die Frauen= und Kinderarbeit vor dem Deutſchen Reichstag.
Leipzig (1878).
Dietrich, B., Die Gewerbethätigkeit des weiblichen Geſchlechtes in deutſchen
Großſtädten (Stuttgart 1888.)
Fürſorge für Kinder und Jugendliche. Berlin 1893.
Wuttke, Rob., Die erwerbsthätigen Frauen im Deutſchen Reiche. Dresden 1897.
Die Beſchäftigung verheiratheter Frauen in Fabriken. Nach den Jahresberichten
der Gewerbe=Auffichtsbeamten für b. J. 1899 bearb. im Reichsamt des
Innern. Berlin 1901.
Dobb, Arthur, Die Wirkung der Schutzbeſtimmungen für die jugendlichen
und weiblichen Fabrikarbeiter. Jena 1898.
Fürſorge für die ſchulentlaſſene Jugend. Berlin 1900.
(Frankreich).
Robiquet, Paul, La loi du 19 mai 1874, ses origines, son application actuelle.
Étude sur la législation protectrice de l'enfance ouvrière en France et à
l'étranger. Paris 1877.
Bouquet, Louis, Le travail des enfants et des filles mineures dans l'industrie.
Loi du 19 mai 1874. Paris 1885.
Rapport sur l'application de la loi du 19 mai 1874 et de la loi du 9 septembre
1848. Paris 1888.
Loi sur le travail des enfants, des filles mineures et des femmes dans les établisse-
ments industriels (2 novembre 1892.) Nancy 1892.
Rist, Charles, La journée de travail de l'ouvrier adulte en France et sa
limitation par la loi. Paris 1898.
(Niederlande.)
Rapport der commissie belast met het onderzoek naar den toestand der kinderen
in fabrieken arbeidende. (5 Abtheilgn. in 6 Theilen.) 's Gravenhage 1869—72.
Jordens, P. H., Wet van den 5den mei 1889 houdende bepalingen tot het
tegengaan van overmatigen en gevaarlijken arbeid van jeugdige personen en
van vrouwen. Tweede druk. Zwolle 1891.
(England.)
The employment of women. Reports by Eliza Orme, Clara E. Collet etc. . . .
on the condition of work in various industries in England, Wales, Scot-
land, and Ireland. London 1893.
Boucherett, Jessie, Helen Blackburn, and some others, The condition of
working women and the factory act. London 1896.
Catt, Caroline C., Women in the industries and professions. London 1901.
(Italien.)
Rossi, Alessandro, Di una proposta di legge sul lavoro dei fanciulli e delle
donne nelle fabbriche. (Firenze 1876.)
Sul lavoro dei fanciulli e delle donne. Roma 1880.

B. Schutzbehörden u. deren Berichte.

Van Overbergh, Cyr., Les inspecteurs du travail dans les fabriques et les ateliers. Louvain 1893.

atſchland im Allgemeinen.)

Amtliche Mittheilungen aus den Jahres=Berichten der mit Beauffichtigung der Fabriken betrauten Beamten (Gewerbe=Auffichtsbeamten). Jahrgang VIII, 1883—XXIII, 1898. Berlin 1880—1899 (Nicht weiter erfchienen.)

Frankenstein, Kuno, Die deutſche Fabrikinfpektion, ihre Thätigkeit i. J. 1890 u. ihre Reform. München 1892.

Plotke, Emil, Die Gewerbe=Infpektion in Deutſchland. Ihre Entwickelung, Organiſation u Aufgaben. Berlin 1899.

eußen.)

Jahresberichte der Fabriken=Infpektoren für b. J. 1876—78. Berlin 1877—79.

— der Kgl. Preuß. Gewerberäthe nebſt den Berichten der Bergbehörden während b. J. 1888—1890. Berlin 1889—1891.

— der Kgl. Preuß. Regierungs= u. Gewerberäthe und Bergbehörden für 1891 flg. Berlin 1892 flg.

achſen.)

Jahresberichte der Kgl. Sächſ. Fabriken= u. Dampfkeſſel=Infpektionen für 1879. Dresden 1880.

— der Kgl. Sächſ. Fabriken= u. Berg=Infpektoren für 1882 — 86. Dresden 1883—87.

— der Kgl. Sächſ. Gewerbe = Infpektoren (bez.) Gewerbe = Auffichtsbeamten für 1887 flg. Nebſt Berichten der Kgl. Sächſ. Berg=Infpektoren, betr. die Verwendung jugendlicher u. weiblicher Arbeiter beim Bergbau, ſowie die Beauffichtigung der unterirdiſch betriebenen Brüche und Gruben. Dresden 1888—1900. Berlin 1901.

ayern.)

Die Jahresberichte der Kgl. Bayer. Fabriken=Infpektoren für b. J. 1886—1891. München 1887—92.

— der Kgl. Bayer. Fabriken= u. Gewerbe=Infpektoren für b. J. 1892—1898. München 1893—99.

— der Kgl. Bayer. Fabriken= u. Gewerbe = Infpektoren, dann der Bergbehörden für b. J. 1899 flg. München 1900 flg.

Württemberg.)

Jahresberichte der Gewerbe=Auffichtsbeamten im Königr. Württemberg für b. J. 1895 flg. Stuttgart 1896 flg.

Baden.)

Jahresbericht der Grhzgl. Badiſchen Fabrikinfpektion für 1889 flg. Karlsruhe 1890 flg.

Reuß j. L.)

Jahresbericht über die amtliche Thätigkeit des Gewerbeinfpektors Strick i. Frſtth. Reuß j. L. für 1899. Berlin 1900.

Lübeck.)

Jahresbericht über die Thätigkeit des Gewerbeauffichtsbeamten für den Auffichtsbezirk Lübeck i. J. 1895. (Lübeck 1896.)

(Elsaß-Lothringen.)

Verwaltungsberichte der Gewerbeaufsichtsbeamten in Elsaß-Lothringen 1895 flg.
    Straßburg 1896 flg.

(Oesterreich.)

Bericht der k. k. Gewerbe-Inspectoren über ihre Amtsthätigkeit i. J. 1885 flg.
    Wien 1886 flg.

(Schweiz.)

Berichte über die Fabrikinspektion in der Schweiz i. J. 1879, 80, 82—95.
    Bern 1880, 81. Aarau 1884—96. (Deutsch u. Französisch.)
— der eidg. Fabrik- u. Bergwerkinspektoren über ihre Amtsthätigkeit i. b. J.
    1896 flg. Aarau 1898 flg. (Deutsch u. Französisch.)
— der Kantonsregierungen über die Ausführung des Bundesgesetzes betr. die
    Arbeit in den Fabriken 1883 flg. Aarau 1885 flg. (Deutsch u. Französisch.)

(Frankreich.)

Mataja, Victor, L'inspection du travail en France en 1889. (Paris 1891.)

(Belgien.)

Rapports annuels de l'inspection du travail. 5me Année 1899 flg. Bruxelles 1900 flg.

(Niederlande.)

Willink, Tjeenk, L'ingénieur social aux établissements Van Marken à Delft (Pays-
    Bas). Paris 1901.

(England.)

Weyer, Otto W., Die Englische Fabrikinspektion. Ein Beitrag zur Geschichte
    der Fabrikgesetzgebung in England. Tübingen 1888.
Annual report of the chief inspector of factories and workshops for the year
    1880 flg. London 1881 flg.

C. Arbeiterschutzvereine.*)
(Im Allgemeinen.)

Leimbach, K. A., Die Arbeiter-Einigungen des Mittelalters. Nach dem Französ.
    des G. Kurth bearbeitet. Fulda 1894.
Weinheimer, Herm., Arbeiterorganisationen, ihre Bedeutung u. ihre Geschichte.
    Göttingen 1897.
Steinbach, Emil, Genossenschaftliche u. herrschaftliche Verbände in der Organi-
    sation der Volkswirthschaft. Wien 1901.
Jannasch, R., Die trades' unions oder Gewerkvereine. Basel 1870.
Stirling, James, M. Mill on trades unions — a criticism. Edinburgh 1870.
Cree, T. S., Eine Kritik der Theorie der Gewerkvereine. Berlin 1897.
Stieda, W., Arbeiterorganisation. Göttingen 1898.
Sombart, Werner, „Dennoch!" Aus Theorie u. Geschichte der gewerkschaftlichen
    Arbeiterbewegung. Jena 1900.
Kulemann, W., Die Gewerkschaftsbewegung. Darstellung der gewerkschaftlichen
    Organisation der Arbeiter u. Arbeitgeber aller Länder. Jena 1900.
Kempel, Frz., Die „christliche" u. die „neutrale" Gewerkvereins-Bewegung be-
    urteilt an der Hand des Rundschreibens „Rerum novarum" des Papstes
    Leo XIII. vom 17. Mai 1891 u. des Hirtenschreibens der preuß. Bischöfe
    vom 22. Aug. 1900. Mainz 1901.

---

*) Über Arbeiterkammern s. oben: VI. Gewerbl. Interessenvertretung.

Der Gewerkverein. Organ des Verbandes der deutschen Gewerkvereine. Hrsg. von Max Hirsch. Jahrg. 32 flg. Berlin 1900 flg. (Lesezimmer.)

Correspondenzblatt der Generalkommission der Gewerkschaften Deutschlands. Jahrg. 10 flg. Hamburg 1900 flg. (Lesezimmer.)

Weckruf der Eisenbahner. Organ des Verbandes der Eisenbahner Deutschlands. Jahrg. 1 flg. Hamburg 1897 flg.

Hirsch, Max u. Hugo Polke, Gewerkvereins-Leitfaden. Eine Aufklärung für Jedermann über die Ziele, Organisation u. Leistungen der deutschen Gewerkvereine. Berlin 1876.

Hirsch, Max, Was bezwecken die Gewerkvereine? Berlin 1879.

Polke, Hugo, Die deutschen Gewerkvereine. Stuttgart 1879.

Brentano, Lujo, Die Hirsch-Duncker'schen Gewerkvereine. Eine Replik. (Leipzig 1879.)

Hirsch, Max, Die Perle der deutschen Gewerkvereine. 3. verb. Aufl. Berlin 1880.

— Verbreitungsbild u. Abressenverzeichniß der deutschen Gewerkvereine (Hirsch-Duncker) Frühjahr 1880. Berlin 1880.

— Was leisten die deutschen Gewerkvereine? Dargelegt durch die Thätigkeit i. J. 1880. Berlin 1881.

— Die Arbeiterfrage u. die deutschen Gewerkvereine. Leipzig 1893.

Pache, Osk., Max Hirsch. Ein Bild seines Lebens u. Wirkens. Bremerhaven (1894).

Wehberg, Heinr., Die deutschen Gewerkvereine u. die moderne Arbeiter-Bewegung. Bremerhaven 1892.

Hirsch, Max, Die Entwicklung der Arbeiterberufsvereine in Großbritannien u. Deutschland. Berlin 1896.

Schmöle, Jos., Die sozialdemokratischen Gewerkschaften in Deutschland seit dem Erlasse des Sozialisten-Gesetzes. Tl. 1. 2. Jena 1896, 98.

Bassermann u. Giessberts, Die Arbeiterberufsvereine. Jena 1901.

Statuten des Verbandes der deutschen Gewerkvereine u. der deutschen Verbands-kasse für die Invaliden der Arbeit. Gemäß den Beschlüssen des Delegirten-Kongresses vom 30. März 1869. Berlin 1869.

Dasselbe. 4. Aufl. (Berlin 1869.)

Statuten des Verbandes der deutschen Gewerkvereine u. der demselben angehörigen Ortsverbände. Neue veränb. u. verm. Aufl. Berlin 1878.

Die Verhandlungen des 2.—6. 8. ordentlichen u. des 2. außerordentlichen Ver-bandstages der deutschen Gewerkvereine abgehalten zu Berlin 2c. 1873 2c. Berlin 1873 2c.

Arbeits-Statistik der deutschen Gewerkvereine (Hirsch-Duncker) für das 1. Viertelj. 1880, Winter-Hlbj. 1883/84, Sommer-Hlbj. 1884, 85, Winter-Hlbj. 1885/86, für b. J. 1897 flg. Nach den Angaben der Gewerk- u. Orts-vereine zusammengestellt von Max Hirsch. Berlin 1880, 84—86, 1898 flg.

Protokoll des 6. Kongresses der Maurer Deutschlands, 25.—29. März 1889 in Halle a. S. Hamburg 1889.

Zahn, Frbr., Die Organiſationen der Prinzipale u. der Gehülfen im deutſchen
    Buchdruckgewerbe. Leipzig 1890.

Statuten für den Gewerkverein der Porzellan-, Steingut-, Thonwaaren- und
    Siderolith-Arbeiter. o. O. u. J.

— des Gewerkvereins der deutſchen Maſchinenbau- u. Metall-Arbeiter Hirſch-
    Duncker. Berlin 1879.

Grosz, Heinr., Die Geſchichte der deutſchen Schiffszimmerer mit beſonderer
    Berückſichtigung der Hamburgiſchen Verhältniſſe. Stuttgart 1896.

Bericht über den I. Delegirtentag chriſtl. Bergarbeitervereine Deutſchlands, 31./I.
    u. 1. 2./II. 1897 zu Bochum. Hrsg. von Aug. Bruſt. Alteneſſen 1897.

Maier, Adam Carl, Der Verband der Glacéhandſchuhmacher u. verwandten
    Arbeiter Deutſchlands 1869 --1900. Leipzig 1901.

Arbeitsamt (Arbeiter-Sekretariat) zu Jena. 1. Geſchäfts-Bericht vom 1./X. 1899
    bis 31./III. 1900. Jena 1900.

Ruppert, Joh., Die katholiſchen Arbeitervereine Süddeutſchlands in ihrer erſten
    Entwicklung. Würzburg 1900.

Statut, Arbeitsplan u. Geſchäftsordnung des Arbeiterſekretariats der Stadt Nürn-
    berg. Nürnberg (1894.)

Ueberſicht über die Zahl u. Stärke der Gewerkſchafts-Organiſationen in Nürn-
    berg i. J. 1895, ſowie deren Leiſtungen. (Nürnberg 1896.)

Geſchäfts-Bericht des Arbeiter-Sekretariats Nürnberg für 1894/95. — 2. 3. 6.
    Jahresbericht für das Geſchäftsjahr 1895/96, 1896/97, 1898/1900.
    Nürnberg 1895—1901.

(Oeſterreich.)

Rechenſchaftsbericht der Gewerkſchafts-Commiſſion Oeſterreichs über ihre Thätig-
    keit vom 1./I. 1897 bis 31./XII. 1899. Wien 1900.

Stenograph. Protokoll der durch die Gewerkſchaften Wiens einberufenen gewerbl.
    Enquête. Abgehalten vom 18./XII. 1892 bis 12./I. 1893. Wien 1895.

(Schweiz.)

Bechtle, Otto, Die Gewerkvereine in der Schweiz. Jena 1887.

I. Jahresbericht u. flg. des leitenden Ausſchuſſes des Schweizeriſchen Arbeiter-
    bundes und des Schweizeriſchen Arbeiterſekretariats für b. J. 1887 flg.
    Zürich 1888 flg.

Lübeck, C., Der ſchweizeriſche Arbeiterſekretär. o. O. u. J.

Müller, Hans, Die Leiſtungen des ſchweizeriſchen Arbeiterſekretariats. 2. Aufl.
    Baſel 1894.

— Wie der ſchweizeriſche Arbeiterſekretär ſich rechtfertigt. Baſel 1894.

Bericht des Schweizeriſchen Arbeiterſekretariats über die Anwendung des eib-
    genöſſiſchen Fabrikgeſetzes. Zürich 1898.

Allgemeiner Schweiz. Gewerkſchaftsbund. Bericht des Bundeskomitee an die
    Sektionen umfaſſend den Zeitraum vom 1. Jan. 1896 bis 31. Dez. 1897.
    Zürich 1898.

(Frankreich.)

Martin, Germain, Les associations ouvrières au XVIII° siècle (1700—1792).
    Paris 1900.

Simon, C. G., Étude historique et morale sur le compagnonnage et sur quelques
    autres associations d'ouvriers. Paris 1853.

Perdiguier, Agricol, Histoire d'une scission dans le compagnonnage, suivie de la biographie de l'auteur du livre du compagnonnage. Paris 1846.

Lexis, W., Gewerkvereine u. Unternehmerverbände in Frankreich. Leipzig 1879.

Vavasseur, A., Sociétés, syndicats, associations devant la justice. Seize ans de jurisprudence civile et correctionnelle (1883—1899). 2 tomes. Paris 1900.

Lavollée, C., Les sociétés ouvrières. (Paris 1884.)

Hubert-Valleroux, P., Les corporations d'arts et métiers et les syndicats professionnels en France et à l'étranger. Paris 1885.

Mazaroz, J. P., Mise en pratique de la loi sur les syndicats professionnels au point de vue corporatif et gouvernemental. Paris 1886.

Boullay, Charles, Code des syndicats professionnels. (Commentaire de la loi du 21 mars 1884.) Paris 1886.

Annuaire des syndicats professionnels, industriels, commerciaux et agricoles constitués conformément à la loi du 21 mars 1884 en France et aux colonies. Année I flg. Paris 1889 flg.

Recueil de législation et de jurisprudence à l'usage des syndicats professionnels, industriels etc. Annexe à l'Annuaire. Paris 1893.

Often, M. von der, Die Fachvereine u. die sociale Bewegung in Frankreich. Leipzig 1891.

Les associations professionnelles ouvrières. 2 Tomes. Paris 1894, 1901.

Boissard, Adéodat, Le syndicat mixte. Paris 1897.

Bourdeau, J., Le mouvement syndical en France. Paris 1899.

Hubert-Valleroux, P., Les associations ouvrières et les associations patronales. Paris 1899.

Syndicats professionnels. — De la validité des syndicats entre personnes exerçant des professions libérales. Paris 1900.

Paul-Boncour, J., Le fédéralisme économique. 2e édit., revue et augmentée. Préface de Waldeck-Rousseau. Paris 1901.

Seilhac, Léon de, La verrerie ouvrière d'Albi. Paris 1900.

Les revindications des mineurs et le congrès international de Londres. Paris 1901.

Belgien.)

Philippovich, Eug. v., Belgiſche Arbeiterorganiſationen. Wien 1901

Niederlande.)

Witt Hamer, M. J. de, De arbeidersvereenigingen. Leyden 1866.

England.)

Webb, Sidney and Beatrice, The history of trade unionism. London 1894.

— — Die Geſchichte des britiſchen Trade Unionismus. Deutſch von R. Bernſtein. Stuttgart 1895.

— Englands Arbeiterſchaft (1837—1897. Ueberſ. von Dora Landé. Göttingen 1898.

Brentano, Lujo, Zur Geſchichte der engliſchen Gewerkvereine. Leipzig 1871.

— Zur Kritik der engliſchen Gewerkvereine. Leipzig 1872.

Die engliſchen Gewerkvereine. Bremen o. J.

Head, Jeremiah, The economic unsoundness of somes trades' union doctrines. Middlesbrough-on-Tees 1872.

Howell, George, The conflicts of capital and labour historically and economically considered. Being a history and review of the trade unions of Great-Britain. London 1878.

Carlyle, Thomas, On trade-unions, promoterism and the signs of the times. Edinburgh 1882.

Baernreither, J. M., Die englischen Arbeiterverbände u. ihr Recht. Bd. 1. Tübingen 1886.

Berichte der von industriellen u. wirthschaftlichen Vereinen nach England entsendeten Kommission zur Untersuchung der dortigen Arbeiterverhältnisse. Berlin 1890.

Howell, Georges, Le passé et l'avenir des trade unions. (Trade unionism new and old.) Traduction et préface par Ch. Le Cour Grandmaison. Paris 1892.

Black, Clementina, The coercion of trade unions. (London 1892.)

Trade-unions, strikes, and locks-out. o. O. u. J.

Hirsch, Max, Die Entwicklung der Arbeiterberufsvereine in Großbritannien u. Deutschland. Berlin 1896.

Hugo, C., Die englische Gewerkvereins-Bewegung. Nach G. Howell's „The conflicts of capital and labour". Stuttgart 1896.

Rousiers, Paul de, Le trade-unionisme en Angleterre. Avec la collaboration de MM. de Carbonnel, Pesty, Fleury et Wilhelm. Paris 1897.

Webb, Sidney u. Beatrice, Theorie u. Praxis der englischen Gewerkvereine. (Industrial democracy.) Deutsch von C. Hugo. 2 Bde. Stuttgart 1898.

Cohen, Herman, and George Howell, Trade union law and cases. London 1901.

Trades' societies and strikes. Report of the committee on trades' societies. London 1860.

Statistical tables and report on trade unions. Report II—VII, IX. flg. London 1888—95, 1897 flg.

Report of the XXIV. annual Trades' Union Congress held on september 7—12, 1891. Newcastle-upon Tyne 1891.

(Italien.)

Rodocanachi, E., Les corporations ouvrières à Rome depuis la chute de l'empire romain. 2 Tomes. Paris 1894.

(Nordamerika.)

Farnam, Henry W., Die amerikanischen Gewerkvereine. Leipzig 1879.

Sartorius Frh. v. Waltershausen, A., Die nordamerikanischen Gewerkschaften unter dem Einfluß der fortschreitenden Productionstechnik. Berlin 1886.

Ely, Rich. T., The labor movement in America. New York (1886).

Aldrich, Morton A., The American federation of labor. New York 1898.

Jannet, Pierre Claudio, Les chevaliers du travail. (K. of L.) Paris 1899.

IX. Arbeiterversicherung. Betriebsunfälle u. Haftpflicht.

A. Im Allgemeinen u. mehrere Versicherungszweige umfassend.

(Anhang: Knappschaftskassen.)

Liese, Eb., Ueber öffentliche Versorgung der arbeitenden Volksklasse in Tagen der Krankheit u. Noth. Arnsberg 1848.

Blonval, Plan nouveau d'association mutuelle entre travailleurs contre les chances du chômage et de la maladie etc. Paris 1848.

Banque générale et fraternelle des travailleurs des villes et des campagnes. Lyon 1848.

Girard, F., Des associations de secours mutuels et des caisses de retraites. Bordeaux 1850.

Hubbard, M. G., De l'organisation des sociétés de prévoyance ou de secours mutuels et des bases scientifiques sur lesquelles elles doivent être établies. Paris 1852.

Heym, Karl, Die Kranken= u. Invaliden=Versicherung. Leipzig 1863.

Rougier, J. C. Paul, Les associations ouvrières. Étude sur leur passé, leur présent, leurs conditions de progrès. Paris 1864.

Berdalle de Lapommeraye, H., Les sociétés de secours mutuels. Paris 1867.

Jäger, Ernst Ludw., Ein Beitrag zur Frage der Arbeiterversicherung. Stutt=gart 1872.

— Die jüngeren Versicherungsinstitute gegen Unglücksfälle u. Invalidität. Stuttgart 1873.

Hirsch, Max, Die gegenseitigen Hülfskassen u. die Gesetzgebung. Berlin 1875.

Oppenheim, H. B., Die Hülfs= u. Versicherungskassen der arbeitenden Klassen. Berlin 1875.

Brentano, Lujo. Die Arbeiterversicherung gemäß der heutigen Wirtschafts=ordnung. Leipzig 1879.

— Der Arbeiter=Versicherungszwang, seine Voraussetzungen u. seine Folgen. Berlin 1881.

Molt, C. G., Zur Arbeiterversorgungs=Frage. Wien 1881.

Sartorius Frh. v. Waltershausen, A., Die wirthschaftlich = sociale Be=deutung des obligatorischen Zuschusses der Unternehmer zu den Arbeiter=versicherungskassen. Göttingen 1880.

Kleeberg, H., Ein Beitrag zur praktischen Lösung der Arbeiter=Versicherungs=Frage. Berlin 1880.

Popper, Eb., Gewerbliche Hilfskassen u. Arbeiterversicherung. Leipzig 1880.

Arendt, Otto, Allgemeine Staatsversicherung u. Versicherungssteuer. Ein Beitrag zur Frage der Arbeiterversicherung. Leipzig 1881.

Caron, Alb., Die Berechnung der Beiträge bei der obligatorischen Arbeiter=versicherung. Berlin 1881.

Gerkrath, F., Ueber die Höhe der Beiträge für die Arbeiter=Versicherung. Berlin 1881.

Schäffle, Alb. E. Fr., Der korporative Hülfskassenzwang. Tübingen 1882.

Hirschberg, Ernst, Der Arbeiterversicherungszwang mit besonderer Berücksich=tigung der Unfallversicherung. Königsberg 1882.

— Die Selbsthilfe des Arbeiterstandes als Grundlage seiner Versicherung. Berlin 1883.

Schäffle, Alb. E. Fr., Vereinigter Versicherungs= und Sparbienst bei Zwangs=
hülfskassen. Tübingen 1884.

Ehrenwerth, Fritz v., Bezüge u. Einzahlungen in der Kranken=, Unfalls= u. Alters=
versorgung. Wien 1884.

Prins, Adolphe, Le paupérisme et le principe des assurances ouvrières obligatoires.
Bruxelles (1888).

Martinet, Antony, Les sociétés de secours mutuels et les assurances ouvrières.
Paris 1891.

Frank, Siegf., Das Grundprinzip der Arbeiterversicherungsgesetzgebung. Fürth
1892.

Quéker, Ch. de, Études sur les questions ouvrières au point de vue de l'intervention des pouvoirs publics dans les différents pays industriels et en
Belgique. Bruxelles 1892.

Böbiker, T., Die Arbeiterversicherung in den europäischen Staaten. Leipzig 1895.

1. In Deutschland.

Die Arbeiter=Versorgung. Central=Organ für Begründung ꝛc. von Hülfskassen
im Deutschen Reiche zum Wohle der Arbeiter. Jetzt: Central=Organ für
das gesamte Kranken=, Unfall= u. Invaliden=Versicherungswesen im Deutschen
Reiche. Begr. von J. Schmitz. Hrsg. von P. Honigmann. Jahrg. 1 flg.
Berlin 1884 flg. (Lesezimmer.)

Amtliche Nachrichten des Reichs = Versicherungsamts. Jahrg. I flg. Berlin
1885 flg. (Lesezimmer.)

Gesammt=Register der Amtlichen Nachrichten des Reichs=Versicherungsamts für
die Jahrgänge 1885 bis 1897. Berlin 1898.

Dasselbe für die Jahrgänge 1885—1900. Berlin 1901.

Amtliche Nachrichten des Reichs=Versicherungsamts. (Sonderausg. für) Invalidi=
täts= u. Altersversicherung. Jahrg. 1—5. Berlin 1891—95. (Weiter
nicht erschienen.)

Gesammt=Register der Amtlichen Nachrichten des Reichs=Versicherungsamts, Inva=
libitäts= u. Altersversicherung, für die Jahrgänge 1891—1895. Berlin 1896.

Sammlung der Bescheide, Beschlüsse u. Rekursentscheidungen des Reichs=Ver=
sicherungsamts. Systemat. zusammengestellt von J. Schmitz, bez. Emil Götze.
3 Bbe. Berlin 1888, 90, 92.

Freund, Rich., Die Rekurs = Entscheidungen, Bescheide u. Beschlüsse, sowie
sonstigen Veröffentlichungen des Reichs=Versicherungsamts als Erläuterungen
zu dem Unfall=Versicherungsgesetz vom 6. Juli 1884 ꝛc. Berlin 1889.

Die Arbeiter=Versicherung im Deutschen Reiche gegen Krankheit, Unfall u. für's
Alter. Jahrg. 1. 2. u. 4. Dresden 1886, 87, 89.

Frankenstein, Kuno, Bibliographie des Arbeiter = Versicherungswesens im
Deutschen Reiche. Leipzig 1895.

Dennhardt, Wilh., Statuten=Entwurf zur Gründung einer obligatorischen
Reichs=Kranken=, Invaliden= und Wittwenkasse für alle Angehörige des
Deutschen Reichs. Leipzig 1882.

Schlesing, Ferd., Projekt über Haftpflicht u. Vorsorge bei Arbeitsunfähig=
keit (Krankheit, Unfall, Invalidität und Alter) für alle lohnempfangenden
Handarbeiter des Deutschen Reiches ohne Staatshülfe. Berlin 1882.

Mazzola, Ugo, L'assicurazioni degli operai nella scienza e nella legislazione germanica. Relazione. Roma 1886.

Die Reichsgeſetzgebung auf dem Gebiete der Arbeiter-Verſicherung. 2 Bde. Ansbach 1886, 89.

Zander, C., Die ſozialpolitiſchen Geſetze des Deutſchen Reiches nebſt den zu ihrer Ausführung erlaſſenen Anweiſungen ꝛc. Kattowitz O.-S. (1887).

Wuarin, Louis, L'assurance obligatoire en Allemagne. Genève 1888.

Schmitz, J., Die Arbeiter-Verſicherung ... Nach den Reichsgeſetzen vom 15./VI. 1883, 6./VII. 1884, 28./V. 1885 u. 5./V. 1886. Berlin 1888.

Haushalter, Frz., Die Gemeindekrankenverſicherung, Unfallverſicherung und gemeindliche Armenpflege. München 1888.

Betrachtungen zur beutſchen ſocialen Geſetzgebung. Hannover 1889.

Vogel, Karl, Darlegung u. Beurtheilung des Verhältniſſes der Grundlehren von David Ricardo u. J. St. Mill über den Arbeitslohn zu der Geſetzgebung des Deutſchen Reichs, betr. die Unfall- u. Krankenverſicherung der Arbeiter. Raſtatt 1889.

Waſſerab, Karl, Sociale Politik im Deutſchen Reich. Stuttgart 1889.

Henning, Otto, Einige Fragen der Geſetzgebung zum Wohle der Arbeiter ꝛc. Greiz 1889.

Pfafferoth, C., Führer durch die geſammte Arbeiterverſicherung auf Grund der Reichsgeſetze über Kranken-, Unfall-, Invalititäts- u. Altersverſicherung. Berlin 1889.

Mickley, Ernſt Theinert, u. Frbr. Streißler, Nachſchlagebuch der Arbeiter-ſchutz-Geſetzgebung des Deutſchen Reiches. Leipzig 1890.

Roſin, Heinr., Das Recht der Arbeiterverſicherung. Bb. I: Die reichsrechtlichen Grundlagen der Arbeiterverſicherung. Berlin 1890.

Schmiegel, A., Die Organe der ſozialpolitiſchen Geſetzgebung im Königr. Sachſen. Dreßden 1890.

Seydel, Max, Das Recht der Arbeiterverſicherung in ſeiner Anwendung auf Bayern. Freiburg i. B. 1890.

Volk, J., Die kirchliche Bedeutung der Arbeiterverſicherung. Karlsruhe 1891.

Pfafferoth, C., Rechtsbeiſtand für die Arbeiterverſicherung. Formulare nebſt Anleitung zur Selbſtanfertigung aller in Invaliden- u. Alters-, Unfall- u. Krankenverſicherungsſachen vorkommenden Eingaben ꝛc. Berlin 1891.

Bünnecke, H., Handbuch der ſozialen Geſetzgebung des Deutſchen Reichs. Leipzig 1891.

Nikel, Joh., Die ſoziale Geſetzgebung des Deutſchen Reiches im verfloſſenen Jahrzehnt (1881—1891). Münſter i. B. 1891.

Görres, K., Handbuch der geſammten Arbeitergeſetzgebung des Deutſchen Reichs. Freiburg i. B. 1892.

Hirſchberg, Die amtliche Statiſtik u. die Arbeiterfrage im Deutſchen Reich. Berlin 1892.

Kahl, Aug., Die Deutſche Arbeitergeſetzgebung der Jahre 1883—1892 als Mittel zur Löſung der Arbeiterfrage. Freiburg i. B. 1893.

Piloty, Rob., Die Arbeiterverſicherungsgeſetze des Deutſchen Reichs erläutert u. mit Nebengeſetzen u. Ausführungsbeſtimmungen. 2 Bde. München 1893.

Linn, Arth., Juriſtiſche Natur der burch die Socialgeſetzgebung des Deutſchen Reiches aufgeſtellten Verſicherungspflichtigkeit. Greifswald 1893.

17

Oesele, Fr. X., Handbuch der wichtigsten sozialen Versicherungs-Gesetze. 2. Aufl. Bamberg 1893.

Hülfs- u. Unterstützungskassen. Berlin 1893.

Habrich, L., Die Arbeiterversicherungen des Deutschen Reichs. Düsseldorf 1893.

Born, W., 100 Millionen Ersparniß. Reform der socialen Gesetze: Abschaffung der bestehenden Ausführungsmaßregeln in Krankenkassen, Unfallversicherung rc. Magdeburg 1893.

Weyl, Rich., Lehrbuch des Reichsversicherungsrechts (Kranken-, Unfall-, Invaliditäts- u. Altersversicherungsrecht). Leipzig 1894.

Kohl, Heinr., Kranken-, Invaliditäts- u. Altersversicherung. Tabellen zur Berechnung der auf eine Dienstzeit entfallenden Beitragswochen. Leipzig 1894.

Drexler, A., Das Recht auf Arbeit u. die Arbeiterversicherung. Basel 1894.

Bacher, Leitfaden zur Arbeiter-Versicherung des Deutschen Reichs. Zusammengestellt vom Reichs-Versicherungsamt 1894, 96, 97. Berlin.

Bornhak, Conrad, Die deutsche Sozialgesetzgebung. Systematisch dargestellt. 3. neubearb. Aufl. Freiburg i. B. 1894.

— Dasselbe. 4. neubearb. Aufl. Tübingen 1900.

Höpker, A., Die gewerbe- u. sozialpolitischen Gesetze für das Deutsche Reich u. den preuß. Staat nebst Ausführungsanweisungen. Berlin 1894.

Kulemann, W., Die Reform unserer Socialversicherung. Leipzig 1894.

Often, von der, Grundzüge einer Reform der Arbeiterversicherung. Mainz 1894.

Seybold, Karl, Das Gesammtversicherungsgesetz. Entwurf eines die gesammte Arbeiterversicherung umfassenden u. vereinfachenden Gesetzes. Straßburg i. E. 1894.

Weyl, Rich., Privatversicherung u. Arbeiterversicherung. Straßburg i. E. 1895.

Zabek, Die Arbeiterversicherung. Eine social-hygienische Kritik. Jena 1895.

Block, Maurice, Les assurances ouvrières en Allemagne. Rapport. Paris 1895.

Gerber, Ulrich, Beiträge zur Kritik u. Reform des Arbeiterversicherungswesens in Deutschland. Halle a. S. 1895.

Thiersch, Just., Der Kassenarzt. Eine Darstellung der Gesetze für Versicherung der Arbeiter u. ihrer Bedeutung für den praktischen Arzt. Leipzig 1895.

Kürz, Ernst, Zur Reform der socialen Gesetzgebung. Mainz 1896.

Zeller, Die Vereinfachung u. Verschmelzung der Arbeiterversicherung. Leipzig 1896.

Freund, Rich., Die Vereinfachung der Arbeiterversicherung. Berlin 1896.

Bonne, Georg, Vorschläge zur Vereinfachung u. zum Ausbau unserer heutigen Arbeiterversicherungen. Dresden 1896.

Entwurf eines Gesetzes betr. die Abänderung von Arbeiterversicherungsgesetzen. Berlin 1896.

Unger, Heinr., Die soziale u. ethische Wirkung der Arbeiterversicherung. Berlin 1897.

Hennig, E., Die sämtlichen Reichsgesetze über die Arbeiterversicherung. Dresden 1897.

Düttmann, Bemerkungen zu dem Gesetzentwurf betr. die Abänderung von Arbeiterversicherungsgesetzen. Berlin 1897.

Schubert, Franziskus, Die Kranken-, Unfall-, Invaliditäts- und Altersversicherung. Leipzig 1898.

Rosin, Heinr., Umschau u. Vorschau auf dem Gebiete der Arbeiterversicherung. Berlin 1898.

Bödiker, T., Die Reichs-Versicherungsgesetzgebung. Leipzig 1898.

Borght, R. van der, Die soziale Bedeutung der deutschen Arbeiterversicherung. Jena 1898.

Wengler, Alfr., Das deutsche Arbeiterrecht in seiner Gestaltung durch die neue Gesetzgebung über die Arbeiterversicherung. Leipzig 1899.

Laß, Ludw., u. Frbr. Zahn, Einrichtung u. Wirkung der deutschen Arbeiterversicherung. Denkschrift für die Weltausstellung in Paris 1900. Berlin 1900.

Bantlin, A., Die deutsche Industrie u. die Arbeiterversicherung. Stuttgart 1901.

Vorträge über Arbeiterversicherung und Arbeiterschutzgesetzgebung. Red. von Schaper. Berlin 1901.

———

Seelmann, Hans, Das Streitverfahren in den Reichsversicherungsgesetzen. Systemat. dargestellt. Berlin 1899.

Verordnung, betr. den Geschäftsgang u. das Verfahren des Reichs-Versicherungsamts vom 19. Okt. 1900. Berlin 1900.

— betr. das Verfahren vor den Schiedsgerichten für Arbeiterversicherung. Vom 22. Nov. 1900. Berlin 1900.

Hülfskassen.)

Die unter staatlicher Aufsicht stehenden gewerbl. Hülfskassen für Arbeitnehmer (mit Ausschluß der sog. Knappschaftskassen) u. die Versicherung der gewerbl. Arbeitnehmer gegen Unfälle im preußischen Staate. Berlin 1876.

Schicker, K., Die Rechtsverhältnisse der selbständigen Gewerbetreibenden zu ihren Arbeitern u. der Hülfskassenzwang. II. Theil: Das Gesetz über die eingeschriebenen Hülfskassen vom 7. April 1876 mit Commentar, den Vollziehungsverordnungen des Reichs und von Preußen, Bayern, Sachsen, Württemberg u. Baden ꝛc. Stuttgart 1879.

Zusammenstellung des Wortlauts des Gesetzes über die eingeschriebenen Hülfskassen vom 7. April 1876 mit dem Reichsgesetz vom 1. Juni 1884. Leipzig 1884.

Marcinowski, F., Das Reichsgesetz über die eingeschriebenen Hülfskassen vom 7. April 1876 in der durch das Reichsgesetz vom 1. Juni 1884 geänderten Fassung mit Erläuterungen. Berlin 1884.

Schicker, K., Die Reichsgesetze über die Krankenversicherung der Arbeiter u. über die eingeschriebenen Hülfskassen. Stuttgart 1884.

— Dasselbe. 2. Aufl. Stuttgart 1893.

Balck, C. W. A, Die eingeschriebenen (freien) Hülfskassen systemat. dargestellt. Wismar 1886.

Die Krankenversicherungs-Novelle u. die freien Hülfskassen. Mit Vorwort von Max Hirsch. Berlin 1891.

Hirsch, Max, Leitfaden mit Muster = Statuten für freie Hülfskassen. Berlin 1892.

Eger, Georg, Krankenversicherungsgesetz .... u. Gesetz über die eingeschriebenen Hülfskassen vom 1. Juni 1884. 2. verm. Aufl. Breslau 1892.

Petersen, Th., Das Krankenversicherungsgesetz ... nebst dem Gesetz über die eingeschriebenen Hülfskassen vom 7. April 1876 in der Fassung des Gesetzes vom 1. Juni 1884. Hamburg 1892.

Harnisch, R., Erläuterungen u. Ausführungsvorschriften zum Gesetz über die
eingeschriebenen Hülfskassen vom 7. April 1876 in der Fassung des Gesetzes
vom 1. Juni 1884. Berlin 1894.

Hahn, Jul., Das Hülfskassengesetz vom $\frac{7.\ April\ 1876.}{1.\ Juni\ 1884.}$ Nebst Ausführungsbestimmungen u. den die Hülfskassen betr. Bestimmungen anderer Gesetze. Berlin
1896.

Zur Arbeiterversicherung. Geschichte und Wirken des Unterstützungsvereins
deutscher Buchdrucker. 1866—1881. Leipzig 1882.

Unterstützungs-Verein deutscher Buchdrucker. — Rechenschafts-Berichte für d. J.
1890, 91, 94—99, nebst dem Geschäftsbericht des Vorstandes für die Zeit
von 1892—99. Berlin 1891 flg.

— — Protokoll der VI. (ord.), VII. (außerord.) Generalversammlung 1891
bez. 1892 bez. 1896. — Protokoll der IX. (ord.), X. (außerord.) Generalversammlung der Zentral-, Kranken- und Begräbnißkasse (E. H.) 1891
bez. 1892. Berlin 1891, 96. Stuttgart 1892.

An die Hohe Ständeversammlung des Kgr. Sachsen, die Unterstützungscasse für
Dresdner Buchdrucker betr. (Dresden 1868.)

Unterstützungs-Verein deutscher Buchdrucker. — Geschäftsbericht des Gauvereins
Dresden. 1890—99. Dresden 1891 flg.

Die Hamburgische Seemannskasse u. das Seemannshaus. Bericht über den
Ursprung, den Zweck u. die Ausführung dieser Anstalt. Hamburg 1863.

Unsere Seemannskassen. Eine Denkschrift des deutschen Nautischen Vereins.
Bremen 1870.

Mandl, Max, Gesetz vom 30. März 1888 betr. die Krankenversicherung der
Arbeiter. — Das Hilfskassengesetz u. die Musterstatuten. Wien 1894.

2. Im Auslande.

Zacher, Die Arbeiter-Versicherung im Auslande. Heft 1—15. Berlin
1898—1902. (Dänemark. Schweden u. Norwegen. Frankreich. England.
Italien. Oesterreich-Ungarn. Rußland. Finland. Schweiz. Belgien.
Niederlande. Luxemburg. Spanien.)

(Oesterreich.)

Klang, R., Zur Arbeiter-Versicherungs-Frage in Oesterreich. 2. Aufl. Leipzig
1884.

Berkefeld, Herm., u. Wilh. du Nord, Neue Grundlagen für die sociale Gesetzgebung. Vorschlag zur Begründung eines allgemeinen Hilfsverbandes der
Arbeiter Oesterreichs. Wien 1887.

Pfersche, Emil, Das gewerbl. Arbeitsverhältnis nach österreich. Rechte mit
Einschluß der Unfall- u. Krankenversicherung der Arbeiter. Wien 1892.

Die Arbeiterfrage u. die Arbeiter-Versicherungsgesetze. Pilsen 1893.

Menzel, Ad., Die Arbeiterversicherung nach österreich. Rechte. Leipzig 1893.

Mandl, Max, Oesterreich. Gesetze über Arbeiterversicherung. 4 Thle. Wien
1893—95.

Kaan, Rich., Das Gesetz vom 16. Juli 1892, betr. die registrierten Hilfscassen
sammt Vollzugsverordnung u. Musterstatut. Wien 1895.

Rebec, Th., Meister-Unterstützungscassen. Katechismus der registrierten Hilfscassen in Österreich. Brünn 1901.

Kalender für österreich. Arbeiter-Versicherung. Jahrg. I. II. Wien 1895, 96.

Mataja, Vict., Grundriß des Gewerberechts u. der Arbeiterversicherung. Leipzig 1899.

Kaan, Jul., Die Arbeiterversicherung. Wien 1901.

Rauchberg, Heinr., Die Erkrankungs- u. Sterblichkeits-Verhältnisse bei der allgemeinen Arbeiter-, Kranken- u. Invaliden-Casse in Wien. Wien 1886.

Frankreich.)

Osten, M. von der, Die Arbeiterversicherung in Frankreich. Leipzig 1884.

Auzière, H., Droits conférés à l'ouvrier par l'assurance collective. Paris 1887.

Rochetin, Eugène, La caisse nationale de prévoyance ouvrière et l'intervention de l'état. Paris 1894.

— Les assurances ouvrières. Mutualités contre la maladie, l'incendie et le chômage. Paris 1896.

England.)

Scratchley, Arth., Treatise on friendly societies, containing an exposition of the true law of sickness, with rules and tables etc. London 1859.

Oppenheim, H. B., Die Hülfs- u. Versicherungs-Kassen der arbeitenden Klassen in England. (Berlin 1874.)

Reports of the registrar of friendly societies in Scotland for the year 1872. o. O. u. J.

Haßbach, Wilh., Das Englische Arbeiterversicherungswesen. Geschichte seiner Entwickelung u. Gesetzgebung. Leipzig 1883.

Wilkinson, John Frome, The friendly society movement, its origin, rise, and growth, its social, moral, and educational influences. London 1886.

Friendly societies, industrial and provident societies, and trade unions. Reports of the chief registrar of friendly societies for the year 1892. London 1898.

Bielefeld, Otto, Eine neue Ära englischer Socialgesetzgebung. Leipzig 1898.

Anhang: Knappschaftskassen.

(Deutschland im Allgemeinen.)

Hiltrop, Jul., Ueber die Reorganisation der Knappschafts-Vereine. Berlin 1869.

Simons, Das deutsche Knappschaftswesen. Mainz 1895.

Statistik der Knappschafts-Berufsgenossenschaft für das Deutsche Reich über die in der Zeit vom 1. Okt. 1885 bis 1. Jan. 1895 vorgekommenen 31 679 entschädigungspflichtigen Betriebsunfälle. Berlin (1897).

(Preußen.)

Küttner, W., Die Invalidität u. Invaliditäts-Versicherung der Steinkohlenbergleute. Nach den Ergebnissen der preuß. Knappschafts-Statistik i. d. J. 1874—1878. (Berlin 1881.)

Caron, Alb., Die Reform des Knappschaftswesens u. die allgemeine Arbeiterversicherung. Berlin 1882.

(Sachsen.)

Das Knappschaftskassenwesen vor dem Sächsischen Landtage. Leipzig 1880.

Decret an die sächs. Stände, den Entwurf zu einem Gesetze, die Ergänzung u. Abänderung einiger Bestimmungen des V. Absch. Cap. II des allgemeinen Berggesetzes vom 16. Juni 1868 betr. Dresden 1883.

Statut der Allgemeinen Knappschafts-Pensionskasse für das Kgr. Sachsen. Mit Nachtrag II. (Freiberg 1890, 93.)

Statuten für die Knappschaftskasse bei den Freiherrlich von Burgk'er Stein-
kohlenwerken vom 8. Juni 1871. Mit Nachtrag vom 6. Sept. 1876.
Dresden 1871, 76.
— für die Knappschaftskasse bei dem Steinkohlenbauvereine Hohndorf. Lichten-
stein 1875.
— für den Bockwa-Oberhohndorfer Knappschafts-Verband. Zwickau 1875.
Revidiertes Knappschafts-Statut für den bei den Werken des Oberhohndorfer
Forst-Steinkohlenbau-Vereins bestehenden Knappschaftsverband. Zwickau
1885.
Statuten für die bei den Brendel'schen Kohlenwerken zu Burgwitz bestehende
Knappschaftskasse. Potschappel 1878.
Ordnung für den Knappschaftsverband auf den Werken des Erzgebirgischen
Steinkohlen-Actienvereines. o. O. (1854).
Jahn, Gust., Ueber die Ermittelung der Beiträge für die Wittwen-Versicherung
beim Bergbau. Freiberg 1888.
Wächter, Georg, Sächsische Knappschaftsstatistik, umfassend Untersuchungen über
Sterblichkeit, Invalidität u. Krankheit. Dresden 1893.

(Oesterreich.)

Sprung, Frz., Die Bruderlade in der steierischen Eiseninbustrie. Wien 1883.
Knapp, Rud., Das Bruderladegesetz vom 28. Juli 1889 u. das Musterstatut
hiezu. Wien 1892.
Kobald, E., Über das Versicherungswesen der Bergwerks-Bruderladen und ähn-
licher Casseneinrichtungen. 2 Thle. Leoben 1892, 93.
Neuman, Vict. v., Die Versicherungstechnik in Bruderladengesetz u. Muster-
statut. Wien 1894.
Mandl, Max, Gesetz vom 28. Juli 1889 betr. die Regelung der Verhältnisse
der Bruderladen. Das Musterstatut u. die Durchführungsvorschriften.
Wien 1895.
Mayer, Jos., Die Bergwerksbruderladen. Wien 1900.

(Belgien.)

Visschers, Aug., De l'état actuel et de l'avenir des caisses de prévoyance en
faveur des ouvriers mineurs en Belgique. Bruxelles 1847.
— Caisses de prévoyance en faveur des ouvriers mineurs. Examen des comptes
de l'année 1851. Bruxelles 1853.
— De la situation et des besoins des caisses de prévoyance en faveur des
ouvriers mineurs. Examen des comptes des années 1856—1860. Bruxelles
1862.

B. Krankenversicherung.
(Vergl. oben IX. A, u. unten IX. C, 2. 3.)

1. In Deutschland.

Jannasch, R., Vorschläge für Einführung der Krankenversicherung unter den
ländlichen Arbeitern, nebst dem Entwurfe eines Statuts. Breslau 1872.
Gesetz, betr. die Krankenversicherung der Arbeiter. Vom 15. Juni 1883. Text-
Ausgabe. Berlin 1883.
Woedtke, E. v., Das Reichsgesetz betr. die Krankenversicherung der Arbeiter.
Vom 15. Juni 1883. Berlin 1883.

Woedtke, E. v., Krankenversicherungsgesetz. Vom 15. Juni 1883. Text-Ausgabe. 3. Aufl. Berlin 1885.
— Dasselbe in der Fassung der Novelle vom 10. April 1892. Text-Ausgabe: 4. umgearb. Aufl. Berlin 1892.
— Dasselbe in der Fassung der Novelle vom 10. April 1892 u. die dasselbe ergänzenden reichsrechtlichen Bestimmungen. Kommentar. 4. umgearb. Aufl. Berlin 1893.
— Dasselbe. Fünfte erweit. Aufl. Berlin 1896.
Höinghaus, R., Das neue Reichsgesetz betr. die Krankenversicherung der Arbeiter. Berlin 1883.
— Dasselbe. 2. Aufl. Berlin 1884.
Beutler, Gust. Otto, Die sozialpolitische Gesetzgebung des Deutschen Reichs, insbes. das Gesetz betr. die Krankenversicherung der Arbeiter vom 15. Juni 1883. Leipzig 1884.
Schicker, K., Die Reichsgesetze über die Krankenversicherung der Arbeiter u. über die eingeschriebenen Hülfskassen. Mit Erläuterungen, den Württemberg. Vollzugsvorschriften u. Musterstatuten. Stuttgart 1884.
— Dasselbe. 2. Aufl. Stuttgart 1893.
Gerkrath, F., Paragraph 86 des Gesetzes vom 15. Juni 1883 betr. die Krankenversicherung der Arbeiter. Berlin 1884.
Häpe, Georg, Das Krankenversicherungsrecht nach dem Reichsgesetze vom 15. Juni 1883. Leipzig 1885.
Balck, C. W. A., Die Krankenversicherung der Arbeiter nach Gesetz u. Praxis. Wismar 1885.
Lissauer, Hugo, Die Bedeutung des Krankenkassen-Gesetzes für den Kaufmannstand. Berlin 1885.
Friedemann, Edm., Die Kranken-Versicherung. Minden i. W. 1885.
Schwörer, Emil, Ortskrankenkassen u. Gemeindekrankenversicherung auf Grund des Reichsgesetzes betr. die Krankenversicherung der Arbeiter vom 15. Juni 1883. München 1886.
Schmitz, J., Die sämmtlichen Ausführungs-Verordnungen zum Krankenversicherungsgesetz. Neuwied 1886.
Köhne, Paul, Das Reichsgesetz betr. die Krankenversicherung der Arbeiter vom 15. Juni 1883 nebst dem Gesetze vom 28. Jan. 1885 2c. Stuttgart 1886.
— Krankenversicherungsgesetz vom $\frac{15.\ \text{Juni }1883}{10.\ \text{April }1892}$ nebst den die Krankenversicherung betr. Bestimmungen des Gesetzes vom 5. Mai 1886. 2. umgearb. Aufl. Stuttgart 1892.
Engelmann, Jul., Das Reichsgesetz betr. die Krankenversicherung der Arbeiter vom 15. Juni 1883 nebst den Ergänzungsgesetzen. Erlangen 1886.
Hilse, Karl, Einfluß der Kranken- u. Unfall-Fürsorge auf den Ersatzanspruch des Verletzten gegen den Beschädiger. Berlin 1888.
Schmitz, J., Uebersicht der für die sämmtlichen deutschen Bundesstaaten in Gemäßheit des § 8 des Reichsgesetzes betr. die Krankenversicherung der Arbeiter vom 15. Juni 1883 festgestellten ortsüblichen Tagelöhne gewöhnlicher Tagearbeiter. 2. Aufl. Berlin 1888.
Gesetz, betr. die Krankenversicherung der Arbeiter, vom 15. Juni 1883. 3. Aufl. Leipzig 1888.

Huber, F. C., Ausbau u. Reform des Krankenversicherungs-Gesetzes. Minden i. W. 1888.

Rágóczy, Die Wirkungen des Krankenkassengesetzes. Minden 1889.

Entwurf eines Gesetzes über die Abänderung des Gesetzes betr. die Krankenversicherung der Arbeiter vom 15. Juni 1883 mit Begründung. Berlin 1890.

Rumpelt, A., Die Krankenversicherung der Arbeiter. Handausgabe des Krankenversicherungsgesetzes in der Fassung der Novelle vom 10. April 1892 ꝛc. Leipzig 1892.

Hallbauer, Max, Das Krankenversicherungsgesetz. Leipzig 1892.

Hahn, Jul., Das Krankenversicherungsgesetz vom $\frac{15.\ Juni\ 1883}{10.\ April\ 1892}$. Berlin 1892.
— Dasselbe. 2. umgearb. u. verm. Aufl. Berlin 1898.

Anweisung vom 10. Juli 1892 zur Ausführung des Krankenversicherungsgesetzes. Berlin 1892.

Gresbeck, F., Das Krankenversicherungsgesetz vom $\frac{15.\ Juni\ 1883}{10.\ April\ 1892}$. Ansbach 1892.

Götze, Emil, Krankenversicherungsgesetz vom $\frac{15.\ Juni\ 1883}{10.\ April\ 1892}$. Berlin 1892.

Eger, Georg, Krankenversicherungsgesetz in der Fassung vom 10. April 1892 u. Gesetz über die eingeschriebenen Hülfskassen vom 1. Juni 1884. 2. verm. Aufl. Breslau 1892.

Stenglein, W., Krankenversicherungsgesetz vom 15. Juni 1883 in der Fassung der Novelle vom 10. April 1892. Berlin 1892.

Zeller, W., Das Krankenversicherungsgesetz vom 15. Juni 1883 in der Fassung der Novelle vom 10. April 1892. München 1892.

Petersen, Th., Das Krankenversicherungsgesetz vom 15. Juni 1883 in der Fassung des Gesetzes vom 10. April 1892 ꝛc. Hamburg 1892.

Rasp, Das Krankenversicherungsgesetz vom 15. Juni 1883 in der Fassung der Novelle vom 10. April 1892 nebst dem Ausführungsgesetz für das Kgr. Bayern vom 26. Mai 1892. München 1893.

Reger, A., Handausgabe des Krankenversicherungsgesetzes vom $\frac{15.\ Juni\ 1883}{10.\ April\ 1892}$. Mit dem bayerischen Ausführungsgesetze ꝛc. In 5. Aufl. neu bearb. von Jul. Henle. Ansbach 1893.
— Dasselbe in 6. verm. Aufl. Hrsg. von Jul. Henle. Ansbach 1897.

Wengler, Alfr., Katechismus der Krankenversicherung. Leipzig 1898.

Mugdan, Otto, Das Krankenversicherungsgesetz vom 15. Juni 1883 in der Fassung der Novelle vom 10. April 1892. Kommentar für Ärzte. Leipzig 1900.

Lindner, L., Centralisation auf dem Gebiete der Krankenversicherung. Wien 1896.

Friedeberg, Vortrag. (Betr. Aenderungen des Krankenversicherungswesens.) Leipzig 1900.

———

Reibel, J., Sämmtliche Entscheidungen des Reichsgerichts, der deutschen Verwaltungsgerichtshöfe u. Oberlandesgerichte auf dem Gebiete der Krankenversicherung. Enthaltend die Entscheidungen von 1883 bis 1894. Gießen 1896.

Statistik der Krankenversicherung der Arbeiter i. J. 1885 flg.   Berlin 1887 flg.
Résultats statistiques de l'assurance obligatoire contre la maladie en Allemagne.
Paris 1893.

Braun, Ad., Ausdehnung der Statistik über die Krankenversicherung im Deutschen
Reiche. Berlin 1901.

Die Hilfsgenossenschaft.   Zeitschrift für Krankenkassen jeder Art.   Jahrg. 1. 2.
Leipzig 1885/86. 1886/87.

Die Krankenkasse. Organ des Deutschen Krankenkassen-Verbandes, sowie der
übrigen freien Krankenkassen Deutschlands. Jahrg. XI flg. Dresden 1894 flg.

Tieftrunk, Ueber Krankenkassen u. deren Einrichtung.   Halle 1862.

Gallus, W., Die Organisation der Krankenversicherung für Arbeiter auf Grund
der Bestimmungen des Reichsgesetzes vom 15. Juni 1883.   Leipzig 1883.

Entwurf von Statuten I. für eine Orts-Krankenkasse, II. für eine Betriebs-
(Fabrik-)Krankenkasse nebst Vorbemerkungen u. Erläuterungen.   Veröffentlicht
laut Bundesraths-Beschluß.   2. Aufl.   Berlin 1884.

Fuhrmann, E., Normalstatut für Innungs-Krankenkassen nebst . . . einer praktischen Anleitung zur Errichtung derartiger Kassen.   Berlin 1886.

Die zweckmäßige Einrichtung u. Ausgestaltung der Krankenkassen.   Berlin 1895.

Der Beitritt zu den organisirten (Zwangs-) Kranken-Kassen u. die Errichtung
von Krankengeld-Zuschuß-Kassen ist der größte Vortheil für die Arbeiter.
Hamburg 1892.

Entwurf von Statuten für eine Orts-Krankenkasse u. für eine Betriebs- (Fabrik-)
Krankenkasse.   Veröffentlicht laut Bundesrathsbeschluß.   Berlin 1892.

Wrany, Eug., Über Veruntreuungen an Krankenkassen.   Wien 1893.

Harnisch, R., Vermögens-Rechnung für Orts-, Betriebs-(Fabrik-), Bau-, Innungs-
u. Gemeinde-Krankenkassen.   Neuwied 1894.

Born, W., Abschaffung von 20000 Krankenkassen.   Praktische Reform der
Kranken-Kassen ꝛc. Berlin (1899).

Wilmans, Krankenkassen u. Krankenhäuser größerer Betriebe.   Berlin 1901.

Die Zulassung von Laien (Kurpfuschern) zu der Krankenkassenmitgliedern auf
Grund des Gesetzes betr. die Krankenversicherung der Arbeiter vom 15. Juni
1883, obligatorisch zu gewährenden freien „ärztlichen" Behandlung.   Denkschrift . . . des deutschen Aerztevereinsbundes.   Leipzig 1888.

Kayser, R., Die Stellung der Aerzte zu den Krankenkassen.   Breslau 1890.

Thiersch, Just., Der Kassenarzt. Mit einem Anhang: Der Vertrauensarzt der
Lebensversicherungs-Gesellschaften von Hugo Dippe.   Leipzig 1895.

Fischer, Kassenärzte oder freie Arztwahl?   Remscheid (1898).

Grimm, F., Mißstände der Aerzteversorgung bei den gesetzlichen Krankenkassen
in Deutschland.   Stuttgart 1901.

Astor, Joh. Bapt., Zur Geschichte u. Statistik der freien Arztwahl in Berlin.
Berlin 1899.

Regulativ für die Herren Aerzte der Ortskrankenkasse für Leipzig u. Umgegend.
Leipzig 1889.

Borght, R. van der, Ueber die Simulation bei den Krankenkassen.   2. Aufl.
Aachen 1886.

Heller, E., Simulationen u. ihre Behandlung. Für Militär-, Gerichts- und
Kassen-Aerzte. 2. verm., verb. Aufl. Leipzig 1890.

Ledermann, R., Zur Behandlung geschlechtskranker Kassenmitglieder. Berlin
1893.

Thomalla, Rob., Ueber die Behandlung erkrankter Kassenmitglieder. Berlin 1894.

Kley, Wilh., Die Berufskrankheiten u. ihre Stellung in der staatlichen Arbeiterversicherung in nationalökonomischer Beleuchtung. o. O. 1897.

(In einzelnen Orten.)

VII. Jahres-Versammlung des Central-Verbandes von Ortskrankenkassen im
Deutschen Reiche. Protokoll. (Nürnberg 1900.)

Mugdan, Leo, u. Rich. Freund, Entscheidungen u. Verfügungen der Gewerbe-
Deputation des Magistrates zu Berlin zum Reichsgesetz betr. die Krankenversicherung der Arbeiter vom 15. Juni 1883. Berlin 1886.

Heymann, W., Betriebs-Ergebnisse von Berliner Ortskrankenkassen mit freier
Arztwahl i. J. 1894. Berlin 1895.

Dieterich, L., Die Krankenkassen des Reg.-Bez. Stettin i. J. 1886. Leipzig
1887.

Grätzer, J., Die Thätigkeit der Breslauer Orts- u. Betriebs-Krankenkassen i. d.
J. 1885, 86 u. 87, 88. Breslau 1888, 89.

Reglement für die Kranken-Kasse der Werkstatt-Arbeiter der Kgl. Niederschles.-
Märkischen Eisenbahn in Frankfurt a. O. Frankfurt a. O. (1860).

Isermeyer, Das Krankenkassenwesen der Prov. Hannover. Osnabrück 1893.

Vorlage zur Verhandlung über „Das Reichsgesetz, die Krankenversicherung der
Arbeiter betr., vom 15. Juni 1883". Sächsischer Gemeindetag 1884.

Bericht des Stadtrath Bönisch ... über das mit dem 1. Dez. 1883 in Kraft
tretende Reichsgesetz, betr. die Krankenversicherung der Arbeiter. (Dresden.)

Vortrag (des Bürgermstr. Bönisch), die Organisation der Krankenkassen für
Arbeiter nach dem Reichsgesetze vom 15. Juni 1883 betr. (Dresden.)

Bemerkungen zu den Entwürfen zu den Statuten der für Dresden zu er-
richtenden Orts-Krankenkasse, 19. Juni 1884, 10. Juli 1884.

Die Wirksamkeit der sieben Orts-Krankenkassen zu Dresden in der Zeit vom
1. Dez. 1884 bis 31. Dez. 1885.

Bericht (bez.) Geschäftsbericht über die Verwaltung der Orts-Krankenkasse zu
Dresden i. J. 1886, 1888 flg. Dresden 1887, 89 flg.

Apelt, K., Entwurf des Statuts einer Orts-Krankenkasse für die in der Land-
u. Forstwirthschaft beschäftigten Personen. Dresden 1888.

Statut der Ortskrankenkasse zu Löbtau. Dresden 1890.

Geschäfts-Bericht der Ortskrankenkasse für Leipzig u. Umgegend über d. J.
1884—1889. Leipzig 1890.

Petersen, Th., Das Hamburgische Gesetz, betr. die Krankenversicherung der
Dienstboten, vom 16. Juli 1890. Hamburg 1896.

2. Im Auslande.*)

(Oesterreich.)

Mandl, Max, Gesetz vom 30. März 1888 betr. die Krankenversicherung der
Arbeiter. Wien 1894.

Mayer, Jos., Die obligatorische Arbeiterkrankenversicherung. Wien 1900.

---

*) Vergl. oben IX, A, 2. Zacher, Die Arbeiterversicherung im Auslande.

Lamp, Karl, Das österr. Arbeiter=Krankenversicherungsgesetz u. die Praxis.
Leipzig 1901.

Résultats statistiques de l'assurance obligatoire contre la maladie en Autriche.
Paris 1893.

Bericht des Verbandes der Genossenschafts=Krankenkassen Wiens sammt der
Statistik der Verbandskassen für b. J. 1893. Wien (1894).

Protokoll des ersten oesterr. Krankenkassentages, 28./30. Juni 1896. Wien.

Schweiz.)

Schuler, F., u. A. E. Burckhardt, Untersuchungen über die Gesundheits=
Verhältnisse der Fabrikbevölkerung in der Schweiz mit besonderer Berück=
sichtigung des Krankenkassenwesens. Aarau 1889.

Benziger, Nic., Zur geplanten Kranken= u. Unfallversicherung. Basel 1894.

Brentano, Lujo, Memorandum über die Regelung der Krankenversicherung
im Canton Genf. o. O. u. J.

Frankreich.)

Petit, Eugène, Les sociétés de secours mutuels en France. Paris 1893.

C. Betriebsunfälle u. deren Vergütung.

1. Betriebsunfälle.

Treue Darstellung des unglücklichen u. denkwürdigen Ereignisses in den weißen
Steinbrüchen zwischen Wehlstädtchen u. Rathen in der sächsischen Schweiz
am 11. Mai 1829. Pirna 1829.

Die furchtbare Explosion im Kohlenbergwerk zwischen Potschappel u. Burgk im
Plauen'schen Grunde. Reutlingen o. J.

Fritzsche, C. G., Bericht über die Gruben=Explosion in den Freiherrl. von
Burgk'schen Kohlenschächten „Segen Gottes" u. „Neue Hoffnung" am
2. Aug. 1869. Potschappel o. J.

Ergebniß der bergpolizeilichen Erörterungen über den in dem Freiherrl. von
Burgk'schen Steinkohlenwerke zu Burgk am 2. Aug. 1869 vorgekommenen
Unglücksfall. Dresden 1869.

Bericht über das Hilfswerk für die Hinterbliebenen der am 1. Dez. 1879 im
zweiten Brückenbergschachte zu Zwickau Verunglückten. Zwickau 1880.

Liebknecht, W., Die Katastrophe im Brückenbergschacht. Die Verhandlungen
darüber im sächs. Landtag. Leipzig 1880.

Kreischer, Beitrag zu einer vergleichenden Unfallstatistik für den englischen
u. sächsischen Steinkohlenbergbau. (Freiberg 1880.)

Das Grubenunglück zu Karwin am 14. Juni 1894. Nach authentischen Be=
richten geschildert. Leipzig 1894.

Hartig, Ernst, Die Dampfkessel=Explosionen. Beiträge zur Beurtheilung der
Maaßregeln für ihre Verhütung. Leipzig 1867.

Association Alsacienne des propriétaires d'appareils à vapeur. Exercice 1868 et
1869. Mulhouse 1869.

Kesseler, C., Die Dampfkessel=Explosionen u. das Haftpflichtgesetz. Greifswald
1874.

Martini, Fr., Ueber Dampfkessel=Explosionen, deren zum Theil unbekannte
Ursachen u. Mittel zu ihrer Verhütung. Elberfeld 1876.

Lehmann, Gust., Körperverletzungen u. Tödtungen auf deutschen Eisenbahnen u. die Unzulänglichkeit des Rechtsschutzes. Erlangen 1869.

Page, Herb. W., Eisenbahn-Verletzungen in forensischer u. klinischer Beziehung. Deutsch von S. Placzek. Berlin 1892.

Baumer, Th., Das Mönchensteiner Eisenbahnunglück. Ein Sünden=Register für die Eidgenossen! Freiburg i. B. 1891.

Hilse, Karl, Die Betriebsunfälle auf den deutschen Straßenbahnen während der 4 Jahre 1882—1885 in verkehrspolizeilicher u. gesellschafts=wirth=schaftlicher Beziehung. Berlin 1886.

— Das Unfall=Gefahren=Gesetz in den deutschen Straßenbahn=Betrieben. Eine eisenbahn=statistische Untersuchung. Wiesbaden 1889.

2. Haftpflicht.

(Im Allgemeinen.)

Böhiler, T., Die Unfall=Gesetzgebung der europäischen Staaten. Leipzig 1884.

Aunay, Alfred d', Étude sur la responsabilité des entrepreneurs et des archi-tectes. Paris 1863.

Franz, Ab., Die Haftbarkeit und Entschädigungspflicht bei den Verunglück=ungen des Bergbaus besonders in Preußen vom Standpunkte der Gesetz=gebung u. Volkswirthschaft betrachtet. Jena 1869.

Gallus, W., Das Gesetz der Haftpflicht u. die Assekuranz. Berlin (1871).

Rotering, F., Fahrlässigkeit u. Unfallsgefahr. Berlin 1892.

(Im Deutschen Reiche.)

Möller, Karl, Referat über das deutsche Gesetz vom 7. Juni 1871, betr. die Haftpflicht der Arbeitgeber bei Unglücksfällen. (Berlin 1873.)

Jacobi, L., Die Verbindlichkeit zum Schadenersatze für die bei dem Betriebe von Eisenbahnen, Bergwerken, Fabriken rc. herbeigeführten Tödtungen u. Körperverletzungen. Gesetz vom 7. Juni 1871. 2. Aufl. Berlin 1874.

Die Haftpflichtfrage. Gutachten und Berichte veröffentlicht vom Verein für Socialpolitik. Leipzig 1880.

Schwanck, A., Die deutsche Haftpflichtfrage u. ihre Lösung. Düsseldorf 1881.

Weinrich, Alfr. v., Die Haftpflicht wegen Körperverletzung u. Tödtung eines Menschen nach den im Deutschen Reiche geltenden Rechten systemat. dar=gestellt. Straßburg 1883.

— Dasselbe. 2. umgearb. Aufl. Berlin 1902.

Eger, Georg, Das Reichs=Haftpflicht=Gesetz betr. die Verbindlichkeit zum Schadenersatz für die bei dem Betriebe von Eisenbahnen, Bergwerken, Steinbrüchen, Gräbereien u. Fabriken herbeigeführten Tödtungen u. Körper=verletzungen. Vom 7. Juni 1871. 3. verm. Aufl. Breslau 1886.

— Dasselbe. 4. verm. Aufl. Hannover 1896.

— Dasselbe in der Fassung des Art. 42 des Einführungsgesetzes u. unter Berücksichtigung der Bestimmungen des Bürgerl. Gesetzbuches. 5. verm. Aufl. Hannover 1900.

Laß, Ludw., u. Rud. Maier, Haftpflichtrecht u. Reichsversicherungsgesetzgebung. 2. nach d. neuesten Stande der Gesetzgebung bearb. Aufl. München 1902.

Lehr, Phil. Ab., Aus der Praxis der früheren Haftpflicht=Gesetzgebung in Deutschland u. der sich an dieselbe anschließenden Unfallversicherung. Leipzig 1888.

Hilfe, Karl, Die Haftpflicht der Straßenbahnen u. sonstigen Fuhrbetriebe. Berlin 1889.

Croissant, F., Eigenes Verschulden u. Handlungsunfähigkeit. Ein Streifzug auf das Gebiet des Haftpflichtgesetzes. Straßburg i. E. 1893.

Report on the question of employers' liability in Germany. London 1894.

Borght, R. van der, Die Haftpflicht der gewerbl. Unternehmer in Deutschland. Berlin 1897.

Jaeger, Fel., Die Umwandlungsklage im Deutschen Haftrechte jetzt u. nach 1900. Berlin 1898.

Hilfe, Karl, Haftpflicht der Kraftfahrzeuge (Automobile, Motorwagen). Berlin 1900.

Hiestand, Paul, Grundzüge der privaten Unfallversicherung mit Berücksichtigung der Haftpflichtversicherung. Stuttgart 1900.

Mittheilungen des Haftpflicht = Schutzverbandes deutscher Industrieller, jetzt: — des Deutschen Haftpflicht=Schutzverbandes. Hrsg. von dem Verbandsvorstande. Nr. 1—4, 6 flg. Köln 1893—95. Berlin 1897 flg.

3. Unfallversicherung.

Honegger, Heinr., Der Begriff des Unfalles (accident) in der sog. Unfallversicherung. Zürich 1885.

Droz, Numa, Die Opfer der Arbeit u. die obligatorische Unfall=Versicherung. Bern 1885.

Nourrisson, Paul, L'ouvrier et les accidents. Paris 1887.

Mataja, Vict., Das Recht des Schadenersatzes vom Standpunkte der Nationalökonomie. Leipzig 1888.

Petit, Arsène, Les assurances. — L'art de s'assurer contre les accidents du travail. Paris (1897).

Congrès international des accidents du travail. Circulaire No. 1. (Paris 1890.)

a) In Deutschland.

Das Reichs = Unfallversicherungs=Gesetz u. die Arbeiter. Referate von Max Hirsch u. H. Kamien. Berlin 1881.

Petition des Vereins zur Wahrung der gemeinsamen wirthschaftlichen Interessen in Rheinland u. Westfalen an den hohen Reichstag in Sachen des Entwurfs eines Gesetzes, betr. die Unfall=Versicherung der Arbeiter. o. O. (1881).

Pütsch, Alb., Erweiterte Haftpflicht oder obligatorische Unfallversicherung? Berlin 1881.

Schöller, Leop., Erörterung über eine gesetzliche Regelung der Fürsorge für die von Unfällen betroffenen Arbeiter. Breslau 1881.

Bericht der II. Kommission (des sächs. Landeskulturraths) über den Gesetzentwurf, die Versicherung der in Bergwerken, Fabriken u. andern Betrieben beschäftigten Arbeiter gegen die Folgen der beim Betriebe sich ereignenden Unfälle betr. (Dresden 1881.)

Bericht des Ausschusses (der Handelskammer Leipzig) für Handelsgesetzgebungsfragen über den . . . Entwurf eines Reichs=Unfall=Versicherungs=Gesetzes. (Leipzig 1881.)

Cotteritz, F. v., Das Reichs=Unfall=Versicherungs=Projekt. Berlin 1881.

Mucke, Rich., Die staatliche Unfallversicherung. Kritische Bemerkungen über den Gesetzentwurf vom 8. März 1881. Berlin 1881.

Blum, Hans, Die erste Frucht des deutschen Staatssozialismus. Kritik des Entwurfs eines Arbeiter=Unfallversicherungs=Gesetzes. Leipzig 1881.

Dehn, Paul, Unfallstatistisches zur Unfall=Versicherung. Leipzig 1881.

Arendt, Otto, Die Reichsunfallversicherung. Eine Kritik. Leipzig 1881.

Knauer, Ferd., Die Reichs=Unfall=Versicherung. Eine kritische Beleuchtung des Bochumer Entwurfes. Berlin 1881.

Hahn, Ferd., Haftpflicht u. Unfallversicherung. Leipzig 1882.

Blanckertz, S., Begründung der Unfall= u. Kranken=Versicherung. Berlin 1882.

Der Kernpunkt der socialen Frage u. ein Hinweis auf die große Gefahr, welche in dem liberalen Antrag auf Unfallversicherung enthalten ist. Berlin o. J.

Beschütz, S., Das Unfallsgesetz. Vorschläge zur Aenderung der jetzigen Gesetzgebung. Berlin 1883.

Flesch, K., Haftpflicht, Unfallversicherung u. Normalarbeitstag. München 1883.

Grundzüge für den Entwurf eines Gesetzes über die Unfallversicherung der Arbeiter nebst Begründung. Berlin 1884.

Siegel, Th., Das Unfallversicherungsgesetz vom 6. Juli 1884 mit einer geschichtlichen . . . Einleitung. Berlin 1884.

Born, W., Die Ausführung des Unfallgesetzes durch Reichs=Industrie=Beamte. Magdeburg 1884.

Beutner, G. F., Umlage=Verfahren oder Kapitalsdeckung. Glossen zur neuen Unfallversicherungs=Vorlage. Berlin 1884.

Borght, R. van der, Umlage= oder Kapitaldeckungs= (Prämien=) Verfahren bei obligatorischer Unfallversicherung. Berlin 1897.

Grünewald, E., u. R. Haas, Unfallversicherungsgesetz vom 6. Juli 1884. Berlin 1884.

— Reichsgesetz, betr. die Ausdehnung der Unfall= u. Krankenversicherung vom 28. Mai 1885. Berlin 1886.

Woedtke, E. v., Unfallversicherungsgesetz. Vom 6. Juli 1884. Mit Einleitung, Erläuterungen u. dem Gesetz über die Ausdehnung der Unfall= u. Krankenversicherung. Vom 28. Mai 1885. 2. verm. Aufl. Berlin 1885.

— Dasselbe. Kommentar. 3. verm. Aufl. Berlin 1887.

— Dasselbe. Textausgabe mit Anmerkungen. 3. verm. Aufl. Berlin 1888.

— Dasselbe. Kommentar. 4. verm. Aufl. Berlin 1889.

— Dasselbe. Kommentar. 5. Aufl. In der Fassung des Gesetzes, betr. die Abänderung der Unfallversicherungsgesetze vom 30. Juni 1900 als Gewerbe=Unfallversicherungsgesetz neu bearb. von F. Caspar. Berlin 1901.

Ehret, Heinr., Tarife zur Berechnung der Entschädigungen auf Grund des Reichsgesetzes vom 6. Juli 1884 über die Unfallversicherung. Weinheim 1885.

Schloßmacher, Jos., Die öffentlich=rechtliche Unfallversicherung im Zusammenhange der Sozialreform. Minden i. W. 1886.

Rohr, v., Unfallversicherung. I. Unfallversicherungsgesetz vom 6. Juli 1884, Bekanntmachung des Bundesraths vom 22. Jan. 1885 u. Ausdehnungsgesetz vom 28. Mai 1885. Berlin 1886.

Graef, C., Das Unfallversicherungs=Gesetz vom 6. Juli 1884 nebst dem Reichsgesetz über die Ausdehnung der Unfall= u. Krankenversicherung vom 28. Mai 1885 u. dem Bayer. Ausführungsgesetz vom 3. Dez. 1885. 2. neu bearb. Aufl. Ansbach 1886.

Eger, Georg, Die Unfall= u. Kranken=Versicherungsgesetze. Breslau 1886.

Engelmann, Jul., Das Unfallversicherungs=Gesetz vom 6. Juli 1884 nebst dem Gesetz über die Ausdehnung der Unfall= u. Krankenversicherung vom 28. Mai 1885. Erlangen 1886.

Doehl, C., Die Unfall=Versicherung der gewerblichen, Fabrik= u. Betriebs=Arbeiter nach den Materialien des Gesetzes vom 6. Juli 1884, den erlassenen Ausdehnungs= u. Ergänzungs=Gesetzen ꝛc. Leipzig 1886.

Rienhold, Alb., Die Unfallversicherung. I. Unfallversicherungsgesetz vom 4. Juli 1884 u. Gesetz über die Ausdehnung der Unfall= u. Krankenversicherung vom 28. Mai 1885. Leipzig 1886.

Landmann, Rob., Das Unfallversicherungsgesetz vom 6. Juli 1884 nebst den Gesetzen vom 28. Mai 1885 über die Ausdehnung der Unfall= u. Krankenversicherung, u. vom 15. März 1886, betr. die Fürsorge für Beamte u. Personen des Soldatenstandes in Folge von Betriebsunfällen. Nördlingen 1886.

Stupp, M., Handbuch der Unfallversicherung. Beschlüsse und Entscheidungen, sowie Verordnungen ꝛc. auf diesem Gebiete bis Ende 1885, 86, 87. Jahrg. I—III. München 1887, 88.

Bödiker, T., Die Gewerbe= u. Versicherungsgesetzgebung des Deutschen Reichs. Berlin 1887.

Christ, E. R., u. G. Stoffers, Katechismus des Unfallversicherungs=Gesetzes. Düsseldorf 1887.

Borght, R. van der, Die Vertheilung des Risiko's in der Unfall= u. Alters=Versicherung. Aachen 1888.

Engelmann, F., Handbuch der gesammten Unfallversicherung für untere Verwaltungs=, Ortspolizei= u. Gemeindebehörden. 2. verm. Aufl. Stendal 1889.

Clemens, Heinr., Der Einfluß der Unfallversicherungsgesetzgebung auf die privatrechtliche Haftpflicht im Geltungsgebiet des rheinisch=französischen Rechts. Köln 1889.

Engelmann, F., Die Unfall=Entschädigung der gewerbl. Arbeiter u. Betriebsbeamten. Stendal 1890.

Golobiewski, Ed., Licht= und Schattenseiten des Unfallversicherungs=Gesetzes. Berlin 1890.

Laß, Ludw., Haftpflichtrecht u. Reichsversicherungsgesetzgebung. Marburg 1890.

Piloty, Rob., Das Reichs=Unfallversicherungsrecht, dessen Entstehungsgeschichte u. System. 3 Bde. Würzburg 1890, 91, 93.

Cassius, Die Verfolgung der Unfallansprüche. Trier 1891.

Handbuch der Unfallversicherung. Die Reichs=Unfallversicherungsgesetze dargestellt von Mitgliedern des Reichs=Versicherungsamts. Leipzig 1892.

— Dasselbe. 2. neu bearb. u. verm. Aufl. Leipzig 1897.

Handbuch der Unfallverſicherung. Neue, mit dem Wortlaut der Unfallverſicherungs=
geſetze vom Jahre 1900 verm., ſonſt unveränd. Ausgabe. Leipzig 1901.
Baumbach=Kirchheim, W. v., Die Unfallverſicherung. Handbuch für die
bei der Durchführung der Unfallverſicherung betheiligten Staats= u. kommunalen Behörden u. für die Organe der Berufsgenoſſenſchaften. Berlin
1892.
Golobiewſki, Ed., Aerztlicher Kommentar zum Unfallverſicherungsgeſetz vom
6. Juli 1884. Berlin 1893.
Rieſenfeld, C. E., Das beſondere Haftpflichtrecht der deutſchen Arbeiter=
Verſicherungs=Geſetze. Kritiſche Beiträge zur Erläuterung, insbeſ. der
§§ 95 u. 98 des induſtriellen Unfallverſicherungsgeſetzes vom 6. Juli 1884.
Berlin 1894.
Polte, Hub., Vorſchläge zur Reform des Unfallverſicherungs=Geſetzes vom
6. Juli 1884. 5. Aufl. Dortmund 1893.
Huber, F. C., Der Unfallverſicherungszwang u. deſſen geplante Ausdehnung
auf Handel und Kleingewerbe. Stuttgart 1894.
Entwurf eines Geſetzes betr. Erweiterung der Unfallverſicherung nebſt Be=
gründung. Berlin 1894.
— eines Geſetzes betr. Abänderung der Unfallverſicherungsgeſetze mit einer
Gegenüberſtellung des gegenwärtigen Wortlautes der abzuändernden Vor=
ſchriften. 2. Aufl. Berlin 1894.
Wiener, Zur Reform der Unfallverſicherung. Kritik der neuen Geſetzentwürfe
u. Vorſchläge zur Umgeſtaltung der Unfallverſicherung. Heidelberg 1895.
Genügt die beabſichtigte Abänderung u. Erweiterung der Unfallverſicherungs=
geſetze oder bedarf es einer durchgreifenden Reform? Hannover 1895.
Roth, Wilh., Zur Reform der Unfallverſicherung. Frankfurt a. M. 1897.
Wengler, Alfr., Katechismus der Unfallverſicherung. Leipzig 1898.
Geſetz, betr. die Abänderung der Unfallverſicherungsgeſetze. Vom 30. Juni 1900.
Berlin.
— Daſſelbe. Berlin 1900.
Bekanntmachung des Textes der Unfallverſicherungsgeſetze vom 30. Juni 1900.
Vom 5. Juli 1900. Berlin 1900.
Die Unfallverſicherungsgeſetze vom 30. Juni 1900 in der Faſſung der Bekannt=
machung vom 5. Juli 1900. Berlin 1900.
Graef, Die Unfallverſicherungsgeſetze des Deutſchen Reichs. Geſetz vom
30. Juni 1900 in der Faſſung der Bekanntmachung vom 5. Juli 1900,
nebſt den Materialien. Berlin 1900.
Hahn, W., Die Unfallverſicherungsgeſetze des Deutſchen Reiches nebſt den Ver-
ordnungen ꝛc. 2 Bde. Leipzig 1901.
Hennig, E., Die Unfallverſicherung im Deutſchen Reiche. Dresden 1900.

Laß, Ludw., Das Prozeßrecht in Unfallverſicherungsſachen. Berlin 1899.
Zeller, W., Verordnung über das Verfahren vor den auf Grund des Un=
fallverſicherungsgeſetzes errichteten Schiedsgerichten vom 2. Nov. 1885.
Berlin 1889.
Keidel, J., Sämmtliche Entſcheidungen des Reichsverſicherungsamtes u. ſämmtlicher Landesverſicherungsämter ꝛc. auf dem Gebiete der Unfallverſicherung.
1885—1894. Gießen 1896.

Die Rekursentſcheidungen des Reichsverſicherungsamtes als Spruchcollegium in Unfallverſicherungs=Angelegenheiten. Jahrg. 1894/95, Bde. I X flg. Berlin 1896 flg.

Geſammt=Regiſter zu den Rekursentſcheidungen des Reichsverſicherungsamts u. einiger Landes=Verſicherungsämter für die Jahrgg. 1886 bis 1899. Berlin (1901).

Zuſammenſtellung der Entſchädigungsſätze, welche das Reichs=Verſicherungsamt während der erſten 10 Jahre des Beſtehens der Unfallverſicherung bei dauernden Unfallſchäden gewährt hat. Berlin 1898.

Gewerbe=Unfallverſicherung.)

Gewerbe=Unfallverſicherungsgeſetz vom 30. Juni 1900. Mit Gegenüberſtellung des Unfallverſicherungsgeſetzes vom 6. Juli 1884. Berlin 1900.

Brandis, W., u. G. Weyer, Gewerbe=Unfallverſicherungsgeſetz nebſt Geſetz, betr. die Abänderung der Unfallverſicherungsgeſetze, Verordnung über das Verfahren vor den Schiedsgerichten ꝛc. Groß=Lichterfelde 1900.

Graef, Die Unfallverſicherungsgeſetze des Deutſchen Reichs. Geſetz vom 30. Juni 1900. (I. Gewerbe=Unfallverſicherungsgeſetz.) Berlin 1900.

Illing, Alfr., Die gewerbliche Unfallverſicherung. Leipzig 1901.

Woedtke, E. v., Unfallverſicherungsgeſetz. Kommentar. 5. Aufl. In der Faſſung des Geſetzes, betr. die Abänderung der Unfallverſicherungsgeſetze vom 30. Juni 1900 als Gewerbe=Unfallverſicherungsgeſetz neu bearb. von F. Caspar. Berlin 1901.

Unfallverſicherung für Land= u. Forſtwirthſchaft.)

Müller, H., Die Wichtigkeit der Unfall=Verſicherung für die Landwirthſchaft. Gotha 1876.

Entwurf eines Geſetzes betr. Die Unfall= und Krankenverſicherung der in land= u. forſtwirthſchaftl. Betrieben beſchäftigten Perſonen. Berlin 1886.

Geſetz betr. Die Unfall= u. Krankenverſicherung der in land= u. forſtwirthſchaftl. Betrieben beſchäftigten Perſonen. Berlin 1886.

Engelmann, Jul., Das Reichsgeſetz betr. die Unfall= u. Krankenverſicherung der in land= u. forſtwirthſchaftl. Betrieben beſchäftigten Perſonen vom 5. Mai 1886. Erlangen 1886.

Klette, Osc., Die Stellung der in land= u. forſtwirthſchaftl. Betrieben beſchäftigten Perſonen zu der reichsgeſetzl. Verſicherung. Dresden 1886.

Woedtke, E. v., Unfallverſicherung der in land= u. forſtwirthſchaftl. Betrieben beſchäftigten Perſonen. Nach dem Reichsgeſetz vom 5. Mai 1886. Berlin 1886.
— Daſſelbe. 2. verm. Aufl. Berlin 1888.

Juſt, Die Unfallverſicherung der in land= u. forſtwirthſchaftl. Betrieben beſchäftigten Perſonen nach dem Reichsgeſetz vom 5. Mai 1886. Berlin 1888.

Reuß, Herm., Die landwirthſchaftl. Unfallverſicherung nach dem Reichsgeſetze vom 5. Mai 1886. Ansbach 1889.

Rasp, Carl, Die land= u. forſtwirthſchaftl. Unfall= u. Krankenverſicherung nach dem Reichsgeſetz vom 5. Mai 1886 u. dem bayer. Ausführungs= geſetz vom 5. April 1888. Nördlingen 1889.

Möbius, Reinhold, Die Unfallverſicherung der in land= u. forſtwirthſchaftl. Betrieben beſchäftigten Perſonen im Kgr. Sachſen nach Maßgabe des Reichs= geſetzes vom 5. Mai 1886, des Landesgeſetzes vom 22. März 1888 ꝛc. Dresden 1889.

18

Graef, Das Reichsgesetz, betr. die Unfall= u. Krankenversicherung der in land=
u: forstwirthschaftl. Betrieben beschäftigten · Personen vom 5. Mai 1886
u. das bayer. Ausführungsgesetz vom 5. April 1888. 3. Aufl. Hrsg.
von K. Trutzer. Ansbach 1889.

Rumpelt, A., Unfall= u. Krankenversicherung für Land= u. Forstwirtschaft im
Kgr. Sachsen. Mit Nachtrag. Dresden 1888.

Schwartz, E., Leitfaden : zur Handhabung des Unfallversicherungsgesetzes für
die Vertrauensmänner u. Mitglieder der land= u. forstwirthschaftl. Berufs=
genossenschaft für das Kgr. Sachsen. 3. Aufl. Leipzig 1891.
— Das landwirtschaftliche Unfallversicherungsgesetz. Leipzig 1901.

Unfallversicherungsgesetz für Land= u. Forstwirtschaft. Vom 30. Juni 1900.
Berlin 1900.

Graef, C., Die Unfallversicherungsgesetze des Deutschen Reichs. Gesetz vom
30. Juni 1900. (III. Unfallversicherungsgesetz für Land= u. Forstwirth=
schaft.) Berlin 1900.

(Bau=Unfallversicherung.)

Fuld, Ludw., Reichsgesetz, betr. die Unfallversicherung der bei Bauten be=
schäftigten Personen. Vom 11. Juli 1887. Berlin 1887.

Höinghaus, R., Reichsgesetz, betr. die Unfallversicherung der bei Bauten be=
schäftigten Personen. Berlin 1887.

Mugdan, L., Das Reichsgesetz, betr. die Unfallversicherung der bei Bauten
beschäftigten Personen. Vom 11. Juli 1887. Berlin 1888.

Graef, C., Das Reichsgesetz, betr. die Unfallversicherung der bei Bauten be=
schäftigten Personen, vom 11. Juli 1887. Ansbach 1890.

Chrzescinski, R., Das Reichsgesetz, betr. die Unfallversicherung der bei Bauten
beschäftigten Personen. Vom 11. Juli 1887. Berlin 1898.

Bau=Unfallversicherungsgesetz. Vom 30. Juni 1900. Berlin 1900.

Graef, C., Die Unfallversicherungsgesetze des Deutschen Reichs. Gesetz vom
30. Juni 1900. (IV. Bau=Unfallversicherungsgesetz.) Berlin 1900.

Weyer, Georg, Bau=Unfallversicherungsgesetz. Berlin 1901.

(See=Unfallversicherung.)

Silberschlag, C., Die rechtliche Stellung der Seeleute bei Schiffs=Unfällen.
(Berlin 1888.)

Hansen, P. Chr., Die Unfallversicherung der Deutschen Arbeiter zur See.
(Berlin 1888.)
— Die Unfallversicherung der Seeleute. (Jena 1886.)

Entwurf eines Gesetzes, betr. die Unfallversicherung der Seeleute u. anderer
bei der Seeschiffahrt betheiligter Personen nebst Begründung. Berlin 1887.

Gesetz, betr. die Unfallversicherung der Seeleute u. anderer bei der Seeschiffahrt
betheiligter Personen. Vom 13. Juli 1887. Gießen (1887).

Zeller, W., Reichsgesetz, betr. die Unfall=Versicherung der Seeleute u. anderer
bei der Seeschiffahrt betheiligter Personen. Vom 13. Juli 1887. Berlin 1890.

See=Unfallversicherungsgesetz. Vom 30. Juni 1900. Berlin 1900.

Graef, C., Die Unfallversicherungsgesetze des Deutschen Reichs. Gesetz vom
30. Juni 1900. (V. See=Unfallversicherungsgesetz.) Berlin 1900.

(Unfallfürsorge f. Beamte u. Pers. d. Soldatenstandes.)

Unfallfürsorgegesetz für Beamte und Personen des Soldatenstandes. Vom 18. Juni
1901. Berlin 1901.

Unfallfürforge für Gefangene.)

Gefeß, betr. die Unfallfürforge für Gefangene. Vom 30. Juni 1900. Berlin 1900.

Berufsgenoffenfchaften.)

Die Berufsgenoffenfchaft. Organ für die deutfchen Berufsgenoffenfchaften. Hrsg. von O. Wenzel u. M. Schlefinger. Jahrg. I flg. Berlin 1886 flg. (Lefezimmer.)

Statut der Deutfchen Unfall=Verficherungs=Genoffenfchaft in Leipzig. In Kraft getreten am 1. Jan. 1878.

Löbner, Arthur, Bemerkungen zur Frage der freiwilligen Bildung von Be= rufsgenoffenfchaften auf Grund des Unfallverficherungsgefeßes vom 6. Juli 1884. Dresden 1884.

Schlefinger, Max, Aus der Verwaltungs=Praxis der Berufsgenoffenfchaften. Berlin 1887.

Michelis, Heinr., Arbeiten für die Revifions=Kommiffionen der Berufsgenoffen= fchaften bei ihrer Kontroll=Thätigkeit. Berlin 1888.

Götze, Emil, Anleitung zur Kaffen= u. Rechnungsführung der Berufsgenoffen= fchaften. Berlin 1889.

Laß, Ludw., Strafrecht der Berufsgenoffenfchaften nach den Unfallverficherungs= gefeßen vom 30. Juni 1900. Berlin 1901.

Bericht über den XIV. u. XV. ordentlichen Berufsgenoffenfchaftstag zu Berlin 1900, bez. Breslau 1901. Berlin 1900, 01.

Die hannoverfche landwirthfchaftl. Berufsgenoffenfchaft. Textausgabe des Statuts u. der gefeßl. Beftimmungen. Hannover 1888.

Statut der Magdeburgifchen Baugewerks=Berufs=Genoffenfchaft. (Magdeburg 1887.)

Sächfifche Textil=Berufsgenoffenfchaft. Gefchäftsbericht auf d. J. 1895. (Leipzig 1896.)

Unfallbehandlung.)

Centralblatt für Unfallheilkunde. Beilage zur Berufsgenoffenfchaft. Red. von O. Bode. Jahrg. I. II. (Mehr nicht erfchienen.) Berlin 1894/95.

Krede, A., Unfallverficherung u. ärztliches Gutachten. München 1889.

Beder, L., Anleitung zur Beftimmung der Arbeits= u. Erwerbsunfähigkeit nach Verletzungen. Berlin 1888.

— Daffelbe. 2. Aufl. Berlin 1889.

— Daffelbe. 3. Aufl. Berlin 1890.

— Daffelbe. 4. verm. Aufl. Berlin 1892.

Seeligmüller, Ad., Die Errichtung von Unfallkrankenhäufern, ein Act der Rothwehr gegen das zunehmende Simulantenthum. Leipzig 1890.

Bähr, Ferd., Die praktifche Handhabung des Unfallverficherungsgefeßes. Neu= wied 1892.

Blafius, H., Unfallverficherungsgefeß u. Arzt. Berlin 1892.

Mooren, A., Die Sehftörungen u. Entfchädigungsanfprüche der Arbeiter. Düffeldorf 1891.

Magnus, Hugo, Die Einäugigkeit in ihren Beziehungen zur Erwerbsfähig= keit. Breslau 1895.

Kaufmann, Conſtantin, Handbuch der Unfallverletzungen mit beſonderer Berückſichtigung der deutſchen, öſterreichiſchen u. ſchweizeriſchen Unfallpraxis.
Stuttgart 1893.

Schütz, G., 1.—3. Jahresbericht über die Thätigkeit der Heimſtätte für Ver-
letzte zu Nieder-Schönhauſen bei Berlin. Berlin 1892—94.

Endemann, Frdr., Die Rechtswirkungen der Ablehnung einer Operation
ſeitens des körperlich Verletzten. Berlin 1893.

Kries, Die Krankenhausbehandlung nach den Unfallverſicherungsgeſetzen. Berlin
1894.

Bähr, Ferd., Zur allgemeinen Beurteilung von Unfallverletzungen u. ihren
Folgen. Karlsruhe 1894.

Ritter, F., Die Abſchätzung der Unfallbeſchädigungen in Beiſpielen. Jena 1894.

Becker, L., Lehrbuch der ärztlichen Sachverſtändigen-Thätigkeit für die Un-
fall- u. Invaliditäts-Verſicherungs-Geſetzgebung. Berlin 1895.

Reichel, Paul, Die Abſchätzung der Erwerbsfähigkeit. Wiesbaden 1898.

Haag, Georg, Skala der Einbuße an Erwerbsfähigkeit bei Unfallſchäden.
München 1898.

(Unfallſtatiſtik.)

Luſcher, P., Die Unfall-Statiſtik der Berufsgenoſſenſchaften u. ihr Einfluß
auf die Beiträge der Mitglieder. Düſſeldorf 1889.

Étude statistique des accidents du travail d'après les rapports officiels sur
l'assurance obligatoire en Allemagne et en Autriche. Paris 1892.

Résultats financiers de l'assurance obligatoire contre les accidents du travail en
Allemagne et en Autriche. Paris 1892.

Bases statistiques de l'assurance contre les accidents d'après les résultats de
l'assurance obligatoire en Allemagne et en Autriche. Paris 1889.

Heimann, Georg, Die Ergebniſſe der berufsgenoſſenſchaftlichen Unfallverſicherung. Berlin 1897.

Statiſtik der Unfallverſicherung. Unfallverſicherung der bei gewerblichen Betrieben beſchäftigten Perſonen. — Unfallſtatiſtik für d. J. 1897. 2 Thle.
Bearb. im Reichsverſicherungsamt. Berlin 1899.

Statiſtik der deutſchen Buchdrucker-Berufsgenoſſenſchaft über die Betriebsverhält-
niſſe des Jahres 1887 ſowie über die Betriebsunfälle in der Zeit vom
1. Okt. 1885 bis 31. Dec. 1888. Leipzig 1889.

b) Im Ausland.*)

(Oeſterreich.)

Ertl, Mor., Das öſterreich. Unfallverſicherungs-Geſetz. Die Geneſis u. die weſent-
lichen Beſtimmungen deſſelben im Vergleich mit der Unfallgeſetzgebung
anderer Staaten, insbeſondere Deutſchlands. Leipzig 1887.

Geller, Leo, Geſetz, betr. die Unfallverſicherung der Arbeiter. Wien 1888.

Kögler, Karl, Katechismus der Arbeiter-Unfallverſicherung in Oeſterreich. Wien
1889.

Mandl, Max, Geſetz vom 28. Dec. 1887 betr. die Unfallverſicherung der Arbeiter. Wien 1893.

— Geſetz vom 20. Juli 1894 betr. die Ausdehnung der Unfallverſicherung.
Wien 1894.

---

*) Vergl. oben IX, A, 2: Zacher, Die Arbeiterverſicherung im Auslande.

Kaan, Rich., Zur Frage der Beurtheilung der Leiſtungen u. Verwaltungskoſten der Arbeiter-Unfallverſicherungsanſtalten. Wien 1894.

— Erkenntniſſe u. Beſcheide der im Grunde des Geſetzes vom 28. Dec. 1887, betr. die Unfallverſicherung der Arbeiter, errichteten Schiedsgerichte. Wien 1895.

Protokoll über die in der Zeit vom 25. Nov. bis 5. Dec. 1895 abgeführten Verhandlungen des durch Experte verſtärkten Verſicherungsbeirathes, betr. angeregte Abänderungen des Arbeiter-Unfallverſicherungsgeſetzes. Wien 1896.

Geller, Leo, Geſetze u. Verordnungen betr. die Unfallverſicherung der Arbeiter. 2. verm. Aufl. Wien 1897.

Wokurek, Ludw., Die oeſterreich. Unfallverſicherung. Eine kritiſche Studie. Leipzig 1898.

Kaan, Jul., Die Arbeiter-Unfallverſicherung in Oeſterreich. Wien 1900.

Lanna, Adalb. v., Die Unfallverſicherung der öſterreich. Seeleute. Leipzig 1894.

(Schweiz.)

Ganzoni, A., Ueber das Bundesgeſetz betr. die Haftpflicht der Eiſenbahn- und Dampfſchiffahrt-Unternehmungen bei Tödtungen u. Verletzungen vom 1. Juli 1875. Zürich 1879.

König, K. G., Schweizeriſche Unfallverſicherungs-Actiengeſellſchaft in Winterthur. Winterthur 1882.

6., 8.—12. Jahresbericht der Schweizeriſchen Unfallverſicherungs-Actiengeſellſchaft in Winterthur 1881, 1883—87. Winterthur 1882, 84—88.

Page, Geo. H., Offene Antwort auf die Fragen des Schweizer Handels- u. Induſtrievereins betr. die Ausdehnung der Haftpflicht u. die Einführung einer obligatoriſchen Arbeiter-Unfallverſicherung. Zürich 1886.

Beerleber, Alb., Die schweizeriſche Haftpflichtgeſetzgebung. Mit beſond. Rückſicht auf das Geſetz vom 26. April 1887. Bern 1888.

Ideen zur Initiative für ſchweizeriſche Bundesverſicherung. Zürich 1892.

Kanfmann, C., Die Unfallfolgen in Bezug auf die Unfall-Geſetzgebung. Baſel 1894.

Ueber die Haftpflicht-Geſetzgebung u. den Arbeits- oder Dienſtvertrag nach ſchweizeriſchem Recht. 2. Aufl. (Zürich 1898.)

(Frankreich.)

Fraissaingea, Louis, De la responsabilité des architectes et des entrepreneurs. Paris 1887.

Nourrisson, Paul, La responsabilité des accidents du travail et le projet de loi adopté par la chambre des députés le 10 juillet 1888. Paris 1889.

Situation législative de la question des accidents du travail en France au 15 février 1890. Paris 1890.

Serre, Ed., Les accidents du travail. Commentaire de la loi du 9 avril 1898 et des règlements d'administration publique relatifs à son exécution suivi d'une étude comparative de la législation étrangère. Paris 1899.

Sachet, Adrien, Traité de la législation sur les accidents du travail. Supplément, contenant le texte et le commentaire de la loi du 24 mai 1899 sur la caisse nationale d'assurances etc. Paris 1899.

(Belgien.)

Jottrand, Felix, La prévention des accidents du travail dans les usines et les manufactures. Bruxelles 1893.

(Italien.)

Cassa nazionale d'assicurazione per gl'infortuni degli operai sul lavoro. Legge, regolamenti etc. Roma 1885.

L'assicurazione degli operai pei casi d'infortunio e di malattia. Bruna 1889.

Ferraris, Carlo F., L'assicurazione obbligatoria e la responsabilità dei padroni ed imprenditori per gli infortuni sul lavoro. 2. ediz. Roma 1890.

Progetto di legge presentato . . . nella tornata del 13 aprile 1891. Provvedimenti per gli infortuni sul lavoro. (Roma 1891.)

D. Invaliden-, Wittwen- u. Waiſenverſorgung.*)

(Geſchichtliches.)

Artikel wegen Errichtung einer Invaliden-, Wittwen- u. Wayſen-Caſſe vor Ihro Königl. Maj. in Pohlen u. Churfürſtl. Durchl. zu Sachſen ꝛc. . . . Stall-Bedienten, Kutſcher, Vorreuter u. Knechte. Dreßden (1752).

Mémoire adressé à M. le ministre . . . par les délégués de la caisse de retraites pour les classes laborieuses des deux sexes. Paris 1846.

L'Union fraternelle. Projet d'association qui aurait pour effet le bien être des travailleurs et la réduction de la somme à employer à l'assistance publique. Besançon 1849.

Schumann, A., u. G. Hänel, Plan zur Verſorgung der Arbeitsunfähigen im Preuß. Staate durch Gründung einer National-Invaliden-Kaſſe. Berlin 1849.

Ehrlich, Sigmund, Arbeiter-Penſionen mit Staatshilfe. Wien 1901.

1. Deutſchland.

(Erſte ältere Kaſſen u. Vorbereitung des Reichsgeſetzes von 1889.)

Ueber Alters- u. Invalidencaſſen für Arbeiter. Gutachten auf Veranlaſſung des Vereins für Socialpolitik. Leipzig 1874.

Ueber die Leiſtungsfähigkeit der deutſchen Verbandskaſſe für die Invaliden der Arbeit. Danzig 1874.

Wittenſtein, Guſt., Grundzüge für Altersrenten-Kaſſen für Arbeiter. (Düſſeldorf 1878.)

Heyl, Cornelius W., Die Arbeiter-Invalidenkaſſe vor dem Reichstage. Berlin 1879.

Arbeiter-Unterſtützungs-Kaſſen. Stenograph. Bericht der Augsburger (III.) General-Verſammlung. Berlin 1879.

Wöllmer, Ferd., Die Invaliden-Penſions-Kaſſen u. die Geſetzgebung. Berlin 1879.

Sartorius v. Waltershauſen, A., Die Stellung des Staates zu der Alters- u. Invalidenverſorgung für Lohnarbeiter. Berlin 1880.

Statut für die Unterſtützungs- u. Penſionskaſſe der Werkſtätten-Arbeiter bei der Kgl. Niederſchleſ.-Märkiſchen Eiſenbahn. Berlin 1878.

Statuten der deutſchen Verbandskaſſe für die Invaliden der Arbeit. Nebſt Geſchäftsordnung ꝛc. Berlin o. J.

Daſſelbe. Neue veränd. Aufl. Berlin 1873.

Daſſelbe. Berlin 1880.

_____

*) Vergl. auch oben IX, A.

Protokoll der 1. 2. (ordentl.) Generalversammlung der Zentral-Invalidenkasse i. Liqu. für die Mitglieder des Verbandes der deutschen Buchdrucker ... zu Breslau (bez.) Mainz. Berlin 1895, 99.

Invaliden-Kasse des Gewerkvereins der deutschen Maschinenbau= u. Metallarbeiter. Bericht über ... 1874, 1878. Elberfeld.

Stämmler, R., Haben sich die Invalidenkassen der deutschen Gewerkvereine bewährt? Berlin 1881.

Kretschmann, Frz., Die Altersversorgung der Arbeiter in Deutschland. Leipzig 1882.

Ueber Arbeiter=Invaliden=Versorgung und ihre staatliche Organisation. Berlin 1882.

A., Das Arbeiter=Pensionsbuch. Ein Beitrag zur schwebenden Frage der Invaliditäts= u. Altersversorgung unserer Arbeiter. Magdeburg o. J.

Umpfenbach, Karl, Die Altersversorgung u. der Staatssozialismus. Stuttgart 1883.

Steinberg=Skirbs, v., Die Alters= u. Invaliden=Versicherung. Vorschläge zu ihrer Verwirklichung. Berlin 1884.

Winnich, W., Die Altersversicherung. (Berlin 1886.)

Brentano, L., Ueber Altersversicherung. (Ausf. Referat im „Recht auf Arbeit" über einen am 12. März 1887 in der Geheftstiftung gehaltenen Vortrag.)

— Die beabsichtigte Alters= und Invaliden=Versicherung für Arbeiter u. ihre Bedeutung. (Jena 1888.)

Grundzüge zur Alters= u. Invalidenversicherung der Arbeiter nebst einer Denkschrift. Berlin 1887.

Meyer, Alex., Ueber Altersversicherung der Arbeiter. Berlin 1888.

Scheel, H. v., Die Alters= und Invaliditätsversicherung der Arbeitnehmer in Deutschland. (Leipzig 1888.)

Entwurf eines Gesetzes, betr. die Alters= u. Invalidenversicherung der Arbeiter. Berlin 1888.

Platter, J., Zur projektirten Organisation der deutschen Alters= u. Invaliden= Versicherung. Wien 1889.

Der Entwurf eines Gesetzes, betr. die Alters= u. Invalidenversicherung der Arbeiter, nebst einigen Bemerkungen über die Begründung desselben. Berlin 1888.

Huber, F. C., Die Invaliditäts=Versicherung der Arbeiter. Stuttgart 1889.

Freund, Rich., Bemerkungen zu dem Entwurfe eines Gesetzes, betr. die Alters= u. Invalidenversicherung der Arbeiter. Berlin 1888.

Scheffler, Herm., Vorschläge zu Abänderungen des Gesetzentwurfes über die Alters= u. Invalidenversicherung. Nebst Nachtrag. Braunschweig 1888.

Gallus, W., Beiträge zur Lösung der Frage der Alters= und Invalidenversorgung der Arbeiter. Leipzig 1889.

Hirschberg, Ernst, Die Trennung der Alters= und Invaliden=Versicherung. Berlin 1889.

Neubert, P., Gesetz=Entwurf zu einer allgemeinen Alters= und Invalidenversicherung im Deutschen Reich. Glauchau 1888.

Klang, J., Ueber Invaliden= u. Altersversorgung. Wien 1888.

Stämmler, R., Praktische Erwägungen über die Grundzüge zur Alters= und Invaliden=Versicherung der Arbeiter. Berlin 1888.

Freund, Rich., Die Centraliſation der Arbeiter-Verſicherung unter beſond. Berückſichtigung der „Grundzüge zur Alters- u. Invalidenverſicherung der Arbeiter." Aachen 1888.

(Das Reichsgeſetz von 1889 u. ſeine Durchführung.)

Die Invaliditäts- u. Alters-Verſicherung im Deutſchen Reiche mit Ausdehnung auf die Krankenverſicherung. Zeitſchrift für die Durchführung, Förderung und Weiterbildung der Geſetzgebung auf dem Gebiete der Invaliditäts-, Alters- u. Krankenfürſorge. Hrsg. von Fey u. Dietz. Jahrg. I, 1890/91 flg. Mainz. (Leſezimmer.)

Die Invaliditäts- u. Altersverſicherung im Königr. Sachſen. Amtsblatt der Landes-Verſicherungsanſtalt Königr. Sachſen. Jahrg. 1—8. Jahrg. 9 flg. u. d. T.: Die Invalidenverſicherung ꝛc. Dresden 1892 flg. (Leſezimmer.)

Henning, Otto, Das Geſetz, betr. die Invaliditäts- u. Altersverſicherung der deutſchen Arbeiter. 12. erweit. Aufl. Greiz (1889).

Das Reichsgeſetz über die Invaliditäts- u. Altersverſicherung vom 22. Juni 1889. Karlsruhe 1891.

Trempenau, Wilh., Die Höhe der Beiträge u. die Höhe der Invalidenrente nach den Beſtimmungen des Geſetzes betr. die Invaliditäts- und Altersverſicherung vom 22. Juni 1889 berechnet für 2825 Beitragswochen. Eilenburg (1891).

Beckmann, A., u. H. Niebour, Tafeln zur Ermittelung der Invaliden- und Altersrenten (Reichsgeſetz, betr. die Inv.- u. Altersverſicherung vom 22. Juni 1889). Berlin 1891.

Franke, G., Tafeln zur Feſtſtellung der Rentenſteigerungen für die Inv.- u. Altersverſicherung. Halle a. S. (1895).

Woedtle, E. v., Das Reichsgeſetz, betr. die Inv.- u. Altersverſicherung. Vom 22. Juni 1889. Berlin 1889.

— Invalidenverſicherungsgeſetz vom 13. Juli 1899 in der Faſſung der Bekanntmachung vom 19. Juli 1899. 8. Aufl. Berlin 1901.

Hahn, Osc., Reichsgeſetz, betr. die Inv.- u. Altersverſicherung. Vom 22. Juni 1889. Berlin 1889.

Buschmann, B., Geſetz, betr. die Inv.- u. Altersverſicherung. Vom 22. Juni 1889. Berlin 1889.

Bebel, Aug., u. Paul Singer, Geſetz, betr. die Inv.- u. Altersverſicherung. Stuttgart 1889.

Gebhard, Herm., u. Paul Geibel, Führer durch das Geſetz, betr. die Inv.- u. Altersverſicherung vom 22. Juni 1889. Altenburg 1889.

— Daſſelbe. 2. verm. u. verb. Aufl. Altenburg 1890.

Höinghaus, R., Das neue Deutſche Reichsgeſetz, betr. die Inv.- und Altersverſicherung. Berlin 1889.

Kulemann, W., Das Geſetz betr. die Inv.- u. Altersverſicherung in allgemein verſtändl. Form dargeſtellt. Berlin 1889.

Vorſchläge zur Aufſtellung von Statuten für die zur Durchführung der Inv.- u. Altersverſicherung errichteten Verſicherungsanſtalten. Berlin 1890.

Zeller, W., Das Reichsgeſetz über die Inv.- u. Altersverſicherung. Nördlingen 1889.

Was muß der Arbeiter ſchon vor dem Inkrafttreten des Geſetzes vom 22. Juni 1889 thun, um ſeine Rechte u. Anſprüche auf Invaliden- u. Altersrente zu ſichern? Düſſeldorf (1890).

Freund, Rich., Das Reichsgesetz, betr. die Inv.- und Altersversicherung vom 22. Juni 1889. Berlin 1890.

— Dasselbe. 2. verm. u. verb. Aufl. Berlin 1891.

— Das Invalidenversicherungsgesetz vom 13. Juli 1899. Berlin 1899.

Menzen, Carl Degenhard, Reichsgesetz, betr. die Inv.- u. Altersversicherung. Vom 22. Juni 1889. Paderborn 1890.

— Dasselbe. 2. verm. Aufl. Paderborn 1890.

Böhme, Frz., Die Inv.- u. Altersversicherung der Arbeiter nach dem Reichsgesetze vom 22. Juni 1889. Meerane i. S. 1889.

Struckmann u. Gebhard, Welche Aufgaben erwachsen den Gemeindebehörden durch das Inv.- u. Altersversicherungsgesetz? Altenburg 1890.

Schlieben, v., Die Inv.- u. Altersversicherung. Zittau 1890.

Stenglein, W., Das Reichsgesetz, betr. die Inv.- und Altersversicherung vom 22. Juni 1889. Erläutert. Berlin 1890.

— Dasselbe. Textausgabe. Berlin 1891.

Gesetz, betr. die Inv.- u. Altersversicherung vom 22. Juni 1889. Altenburg 1890.

Gebhard, Herm., u. Paul Geibel, Die Arbeiterfamilie u. die gesetzl. Inv.- u. Altersversicherung. Altenburg 1890.

— Dasselbe. Altenburg 1891.

Fulb, Ludw., Das Reichsgesetz, betr. die Inv.- und Altersversicherung vom 22. Juni 1889. Erlangen 1890.

Freund, Rich., Wegweiser durch das Inv.- und Altersversicherungs-Gesetz. Berlin (1890).

— Dasselbe. 12. u. 13. auf Grund des Invalidenversicherungsgesetzes umgearb. Aufl. Berlin 1899.

Die Pflichten des Hausvaters nach dem Inv.- u. Altersversicherungsgesetz. Berlin 1890.

Die für die Inv.- u. Altersversicherung schon jetzt zu beschaffenden Nachweise. (Berlin 1890.)

Böhme, Frz., Die Inv.- u. Altersversicherung der Arbeiter. Freiberg i. S. 1890.

Jenssen, Christ., Praktischer Leitfaden durch das Inv.- u. Altersversicherungs-Gesetz vom 22. Juni 1889. Hannover 1890.

Hirsch, Max, Das Inv.- u. Altersversicherungs-Gesetz. Breslau 1890.

Steinmetz, Was müssen Dienstboten u. Herrschaften vom Inv.- u. Altersversicherungs-Gesetz wissen? Berlin (1890).

Hallbauer, Max, Das neue Gesetz über die Inv.- u. Altersversicherung. 2. verb. u. verm. Aufl. Leipzig 1890.

— und Clemens Uhlmann, Das neue Invalidenversicherungsgesetz vom 13./19. Juli 1899. Unter besond. Berücksichtigung der Verhältnisse im Kgr. Sachsen bearb. 2. verm. Aufl. Leipzig 1900.

Rumpelt, A., Die Inv.- u. Altersversicherung im Kgr. Sachsen. Dresden 1890.

— Dasselbe. 2. verb. u. verm. Aufl. Dresden 1891.

Truzer, R., Das Reichsgesetz, betr. die Inv.- u. Altersversicherung vom 22. Juni 1889 mit der für das Reich u. für Bayern erlassenen Ausführungsvorschriften. Ansbach 1891.

Schicker, Die Inv.= u. Altersversicherung nach dem Reichsgesetz vom 22. Juni 1889 mit sämmtl. Ausführungs=Bestimmungen für das Kgr. Württemberg. Stuttgart 1891.

Gebhard, Herm., Das Reichsgesetz, betr. die Inv.= u. Altersversicherung vom 22. Juni 1889. Altenburg 1891.

Bosse, R., u. E. v. Woedtke, Das Reichsgesetz, betr. die Inv.= u. Altersversicherung. Vom 22. Juni 1889. Leipzig 1891.

— Dasselbe. Nachtrag zur 1. bis 3. Aufl. Leipzig 1893.

Baillant, Th., Das Reichsgesetz, betr. die Inv.= u. Altersversicherung. Vom 22. Juni 1889. Metz 1891.

Landmann, Rob., u. Karl Rasp, Das Reichsgesetz über die Inv.= u. Altersversicherung der Arbeiter vom 22. Juni 1889. München 1891.

— Kommentar zum Invalidenversicherungsgesetz vom 13. Juli 1899 unter Zugrundelegung des Kommentars zum Gesetze vom 22. Juni 1889 in 2. Aufl. neubearb. von Jos. Graßmann. München 1891.

Aehnelt, H., u. M. Cohn, Rechte u. Pflichten aus dem Inv.= u. Altersversicherungsgesetz. Berlin 1891.

Petersen, Th., Die Inv.= u. Altersversicherung im Hamburgischen Staatsgebiete. Hamburg 1891.

Werthauer, J., Das Inv.= u. Altersversicherungsgesetz in systemat. Darstellung. Berlin 1891.

Zeller u. Fey, Die Ausführungsvorschriften zum Reichsgesetze über die Inv.= u. Altersversicherung im Grhrzth. Hessen. 2. verm. Aufl. Mainz 1891.

Just, Das Reichsgesetz, betr. die Inv.= u. Altersversicherung vom 22. Juni 1889. Berlin 1892.

Gebhard, Herm., Die Inv.= u. Altersversicherung der Seeleute. Berlin 1892.

Te Bart, O., Die Versicherungspflicht nach dem Inv.= u. Alters=Versicherungsgesetze vom 22. Juni 1889. Berlin 1892.

Gebhard, Herm., Die Inv.= u. Altersversicherung der Hausgewerbetreibenden der Tabackfabrikation. Berlin 1892.

Christiani, Eug., Versicherungspflicht u. freier Unterhalt. Berlin 1893.

Das Inv.= u. Altersversicherungsgesetz vom 22. Juni 1889 nebst den wichtigsten Ausführungsbestimmungen. Dresden 1893.

Eger, Georg, Inv.= u. Altersversicherungsgesetz vom 22. Juni 1889 mit dem Abänderungsgesetz vom 8. Juni 1891. 2. verm. Aufl. Berlin 1893.

Gebhard, Herm., Die nach dem Inv.= u. Altersversicherungsgesetze versicherten Personen. Berlin 1893.

— Die Reform der Inv.= u. Altersversicherung. Mainz 1893.

Unger, Heinr., Die Versicherungspflicht der verschiedenen Berufsklassen nach dem Reichsgesetz, betr. die Inv.= u. Altersversicherung vom 22. Juni 1889. Berlin 1893.

Bekanntmachung, betr. die Einbeziehung von Hausgewerbetreibenden der Textilindustrie in die Inv.= u. Altersversicherung. Dresden 1894.

Raschle, R, Bekanntmachung des Reichskanzlers, betr. die Inv.= u. Altersversicherung von Hausgewerbetreibenden der Textilindustrie, vom 1. März 1894. Erläutert. Leipzig 1894.

Otto, Gust, Zwei Reform=Vorschläge für das Inv.= u. Altersversicherungsgesetz. Berlin 1894.

Wengler, Alfr., Katechismus der Inv.- u. Altersversicherung. Leipzig 1898.
— Katechismus der Invalidenversicherung nach dem Invalidenversicherungs-
gesetze vom 13. Juli 1899. Leipzig 1900.

Invalidenversicherungsgesetz. Vom 13. Juli 1899. Mit Gegenüberstellung des
Gesetzes betr. die Inv.- u. Altersversicherung. Vom 22. Juni 1889.
Berlin 1899.

Bekanntmachung des Textes des Invalidenversicherungsgesetzes vom 13. Juli
1899. Vom 19. Juli 1899. Berlin 1899.

Soden, Th. Frhr. v., Das Invalidenversicherungsgesetz vom $\frac{22.\ \text{Juni } 1889.}{13.\ \text{Juli } 1899.}$
Leipzig 1899.

Appelius, F., Wie erlangt man auf Grund des neuen Invalidenversicherungsgesetzes Rente, Heilverfahren, Beitragserstattung? Berlin 1899.

Groß, Joh. Gust., Der Weg zur Erlangung einer Invaliden- u. Altersrente
auf Grund des Reichsgesetzes vom 13. Juli 1899. Wiesbaden (1901).

Stempel, Walther, Die Untersuchung u. Begutachtung der Invalidenrenten-
anwärter. Jena 1899.

List, Arndt v., Das neue Invalidenversicherungsrecht. Systemat. dargestellt.
Berlin 1900.

Hoffmann, F., Invalidenversicherungsgesetz vom 19. Juli 1899 nebst Ausführungsbestimmungen. 2. Aufl. Berlin 1900.

Isenbart, W., u. W. Spielhagen, Das Invalidenversicherungsgesetz vom
13. Juli 1899. Berlin 1900.

Hennig, E., Die Invalidenversicherung im Deutschen Reich. Dresden (1900).

Gäbler, E., Ratgeber in Alters- u. Invaliditäts-Versicherungssachen. 2. auf
Grund des Invalidenversicherungsgesetzes vom 13. Juli 1899 neubearb.
Aufl. Neugersdorf 1900.

Anleitung betr. den Kreis der nach dem Invalidenversicherungsgesetz vom 13.
Juli 1899 versicherten Personen. Vom 19. Dez. 1899. Berlin 1900.

Gebhard, Herm., u. Düttmann, Invalidenversicherungsgesetz. Vom 13. Juli
1899. 2. umgearb. Aufl. Altenburg 1901.

Oertel, Das Verfahren vor der unteren Verwaltungsbehörde nach § 59 des
Invalidenversicherungsgesetzes. Leipzig 1901.

————————

Freund, Rich., Die Revisionsentscheidungen, Bescheide, Beschlüsse ꝛc. des Reichs-
versicherungs-Amts in Inv.- u. Altersversicherungssachen als Erläuterungen
zu dem Reichsgesetz vom 22. Juni 1889. Berlin 1893.

Keidel, J., Sämmtliche Entscheidungen des Reichsversicherungsamtes u. des
Reichsgerichts auf dem Gebiete der Inv.- u. Altersversicherung. 1891
bis 1896. Gießen 1898.

(Beitragsmarke.)

Laß, Ludw., Versicherungsmarke u. Quittungskarte, ihre rechtliche Natur u.
Bedeutung für die Reichs-Inv.- u. Altersversicherung. Marburg 1891.

Sittel, Vict., Vorschläge zur Beseitigung des Klebesystems in der Inv.- u.
Altersversicherung. Düsseldorf 1895.

Knobloch, A., Die Beseitigung der Beitragsmarke. Jena 1896.

Michaelis, S., Soll die Beitragsmarke beibehalten werden? Leipzig 1897.

Olshausen u. Wilh. Helling, Das Verhältnis der Armenverbände zu den Versicherungsanstalten. Leipzig 1901.

Algermissen, Joh. Ludw., Uebersichts-Karte der 31 Versicherungs-Anstalten der Inv.- u. Altersversicherung am 1. Jan. 1891 mit Gesetz-Auszug, Angabe der Schiedsgerichte u. Statistik. Köln 1890.

Geschäftsüberstcht der Versicherungsanstalt für das Kgr. Sachsen für d. J. 1891 bis 1898.

— der Landes-Versicherungsanstalt Kgr. Sachsen für d. J. 1899 flg. Dresden 1892 flg.

Latour, Das Schiedsgerichts-Verfahren. Nach dem Reichsgesetz, betr. die Inv.- u. Altersversicherung vom 22. Juni 1889 u. nach der Kais. Verordnung vom 1. Dez. 1890. Berlin 1891.

Schneider, K., Die Schiedsgerichts-Ordnung zum Inv.- u. Altersversorgungsgesetz. Hannover 1891.

Verordnung, betr. das Verfahren vor den auf Grund des Invalidenversicherungsgesetzes errichteten Schiedsgerichten. Vom 6. Dez. 1899. Berlin 1899.

Appelius, F., u. A. Düttmann, Das Verfahren vor den Schiedsgerichten für Arbeiterversicherung u. dem Reichs-Versicherungsamt in Invaliden- u. Unfallversicherungssachen nach den Gesetzen vom 13. Juli 1899 u. 30. Juli 1900 u. den Kais. Verordnungen. Altenburg 1901.

Statistik der Ursachen der Erwerbsunfähigkeit (Invalidität) nach dem Inv.- u. Altersversicherungsgesetz aufgestellt im Reichs-Versicherungsamt. Berlin 1898.

Statistik der Invalidenversicherung für d. J. 1891 bis 1899. Bearb. im Reichsversicherungsamt. Berlin 1901.

Das Ausscheiden der Invalidenrentenempfänger aus dem Rentengenuß. Bearb. im Reichsversicherungsamt. Berlin 1901.

2. Im Auslande.*)

Verkauf, Leo, Die Alters-, Invaliditäts- u. Stellenlosigkeits-Versicherung der Privatbeamten u. Handelsangestellten. Wien 1901.

Schmidt, P., Eine dänische Altersversorgungskasse. (Berlin 1882.)

Gibon, A., Retraites organisées par les compagnies houillères au profit des ouvriers mineurs. Loi du 29 juin 1894 sur les retraites des ouvriers mineurs, ses conséquences morales et financières. Paris 1895.

Costier, Pierre, Des retraites ouvrières. État actuel de la question en France et à l'étranger. Paris 1899.

Projet de loi sur les retraites ouvrières. Paris 1901.

Les caisses patronales de retraites des établissements industriels. Paris 1898.

Ehrlich, Sigm., Arbeiter-Pensionen mit Staatshilfe. Wien 1901. (Enthält u. A. die Gesetzentwürfe u. Kammerdebatten über die Errichtung einer Nationalen Arbeiterpensionscasse in Frankreich.)

Sharp, David, A scheme for a national system of rest-funds (or pensions) for working people. London 1892.

Wilkinson, J. Frome, The endowment of old age. (London) o. J.

Salaun, G., Les retraites ouvrières en Belgique. Paris 1901.

---

*) Vergl. oben IX, A, 2: Zacher, Die Arbeiterversicherung im Auslande.

X. Arbeiterzustände u. Arbeiterwohlfahrtspflege.

A. Arbeiterzustände.

1. Geschichtliches und Allgemeines.

Wade, John, History and political philosophy of the middle and working classes. 4. edit. Edinburgh 1842.

Bloch, J. S., Der Arbeiterstand bei den Palästinensern, Griechen und Römern. Wien 1882.

Granier von Cassagnac, Ad., Geschichte der arbeitenden u. der bürgerlichen Classen. Nach dem Französ. und mit Vorwort von H. H. Braunschweig 1839.

Robert, Histoire de la classe ouvrière depuis l'esclave jusqu'au prolétaire de nos jours. 3 vol. Paris 1845, 46.

Guyot, Yves, et Sigismond Lacroix, Histoire des prolétaires depuis les temps les plus reculés jusqu'à nos jours. 2. édit. Paris o. J.

Tuckett, J. D., A history of the past and present state of the labouring population. 2 vols. London 1846.

Juste, Th., Le passé des classes ouvrières. Verviers o. J.

Baumstark, E., Zur Geschichte der arbeitenden Klasse. Greifswald 1853.

Zironi, Enrico Ferd., L'origine della schiavità dell' operaio. Bologna 1874.

Bernon, Just de, Les classes laborieuses de l'Allemagne au XVᵉ siècle. Paris 1881.

Bücher, Frbr., Unsere Arbeiter der Neuzeit. Gotha 1890.

Boyer, Ad., De l'état des ouvriers et de son amélioration par l'organisation du travail. Paris 1841.

Dottin, Henri, La femme de l'ouvrier. (Beauvais) 1843.

Bodemer, Heinr., Ueber die Zustände der arbeitenden Klassen. Grimma 1845.

Fix, Théodore, Observations sur l'état des classes ouvrières. Paris 1846.

Compagnon, Al., Les classes laborieuses, leur condition actuelle, leur avenir par la réorganisation du travail. Paris 1858.

Torrigiani, Pietro, Intorno all avvenire delle classi operaie. Parma 1863.

Audiganne, A., Les ouvriers d'à-présent et la nouvelle économie du travail. Paris 1865.

Menu de Saint-Mesmin, E., L'ouvrier autrefois et aujourd'hui. Paris 1866.

Giffen, Rob., The progress of the working classes in the last half century. New-York 1885.

Creed, H. Herries, and Walter Williams, Handicraftsmen and capitalists: their organisation at home and abroad. Birmingham 1867.

Tounissoux, Le bien-être et l'ouvrier. Paris 1868.

Dupasquier, H, Étude sur le malaise des classes ouvrières. Neuchatel 1869.

L'ouvrier, sa femme et ses enfants. Traduit de l'anglais par E. A. de L'Étang. Paris 1870.

Peter, Clemens, Die Arbeiterfamilie im Lichte des Christenthums. Zwickau 1870.

Neumann, Fr. J., Unsere Kenntniß von den socialen Zuständen um uns. Jena 1872.

Grohmann, A F., Sociales Wissen. Berlin 1875.

Richter, Emil, Lebenshaltung u. Sterblichkeit in den großen Städten. Minden i. W. 1888.

Cheysson, E., et Alfred Toqué, Les budgets comparés des cent mono-graphies de familles publiées d'après un cadre uniforme. Rome 1890.

Gould, E. R. L., The social condition of labour. (London 1893.)

2. Verschiedene Länder.

Le Play, F., Les ouvriers européens. Études sur les travaux, la vie do-mestique. . . . des populations ouvrières de l'Europe. Paris 1855.
— Les ouvriers européens. 2. édition. 6 tomes. Tours 1877—79.
— La méthode sociale. Abrégé des ouvriers européens. Tours 1879.

State of labor in Europe 1878. Reports from the United States consuls in the several countries of Europe. Washington 1879.

Lavollée, René, Les classes ouvrières en Europe. Études sur leur situation matérielle et morale. 2. édit. 3 tomes. Paris 1884, 96.

Les ouvriers des deux mondes. Études sur les travaux, la vie domestique et la condition morale des populations ouvrières des diverses contrées. 5 tomes. Paris 1858—85.

Les ouvriers des deux mondes. Publiés par la Société d'économie sociale. Nouvelle série. Tome I—IV. Paris 1885—99.

Recueil de rapports sur les conditions du travail dans les pays étrangers adressés au ministre des affaires étrangères. 2 tomes. Paris 1890, 91.

Royal Commission on labour. Foreign reports. Vol. 1—XI. London 1892—94.

Reports from . . . diplomatic and consular agents abroad, respecting the con-dition of the industrial classes in foreign countries. London 1870.

a) Deutschland.

Kreyssig, Carl Frdr., Denkschrift über die Noth der Arbeiter u. insbes. der gewerbtreibenden Classe ꝛc. Berlin 1849.

Samuelson, James, The german working man. London 1869.

Ballin, Paul, Der Haushalt der arbeitenden Klassen. 1. Theil. Berlin 1883.

Roscher, Carl, Die Nothstände der Großindustrie u. die innere Mission. (Dresden 1886.)

Gruber, Ignaz, Die Haushaltung der arbeitenden Klassen. Jena 1887.

Reports from the consuls of the United States. — Factory operatives in Ger-many. Washington 1888.

Frankenstein, Kuno, Die Lage der Arbeiterinnen in den deutschen Groß-städten. Leipzig 1888.

Kämpfe, Eug. Johs. Herm., Die Lage der industriell thätigen Arbeiterinnen in Deutschland. Leipzig 1889.

Frankfurter Arbeiterbudgets. Mit Vorwort von Karl Flesch. Frankfurt a. M. 1890.

May, Max, Zehn Arbeiter-Budgets. Berlin 1891.

Whitman, Sidney, Der deutsche u. der englische Arbeiter. Berlin 1891.

Kamp, Otto, Erwerb u. Wirtschaftsführung im Arbeiterhaushalt. Leipzig 1892.

Die Not des vierten Standes. Leipzig 1894.

May, Max, Wie der Arbeiter lebt. Arbeiter-Haushaltungs-Rechnungen aus Stadt u. Land. Berlin 1897.

Blondel, Georges, L'ouvrier allemand. Paris 1899.

Kurella, Hans, Der neue Zolltarif und die Lebenshaltung des Arbeiters. Berlin 1902.

Scheel, H. v., Die amtliche Arbeiterstatistik des Deutschen Reichs. Berlin 1894.

Drucksachen der Kommission für Arbeiterstatistik. Verhandlungen Nr. 1 flg. — Erhebungen Nr. 1 flg. Berlin 1893 flg.

Einzelne Gewerbe.)

Bebel, Aug., Zur Lage der Arbeiter in den Bäckereien. Stuttgart 1890.

Käppler, H., Arbeitsverhältnisse der Müller Deutschlands. Altenburg 1891.

Asemissen, Osk., Die lippischen Ziegler u. Holländsgänger u. die Organisation ihrer Arbeit. (Berlin 1885.)

Tolle, Karl Aug., Die Lage der Berg= u. Hüttenarbeiter im Oberharze unter Berücksichtigung der geschichtl. Entwicklung der gesammten Bergarbeiter= Verhältnisse in Deutschland. Berlin 1892.

Schulze, Ad., Die Lage der Bergarbeiter in den Haupt=Kohlenbezirken Deutsch= lands. Berlin 1893.

Die Lage der in der Seeschiffahrt beschäftigten Arbeiter. Abt. 1. Leipzig 1902.

Hirschberg, Jul., Beschwerden u. Forderungen der Buchdruckergehilfen. Dresden 1892.

Abelsdorff, Walter, Beiträge zur Sozialstatistik der deutschen Buchdrucker. Mit Vorbemerkung von Max Weber. Tübingen 1900.

Die Arbeitsverhältnisse in der Gerberei u. Lederfärberei. Berlin 1899.

Das Arbeiter=Elend in der Konfektions=Industrie vor dem Deutschen Reichstage. Berlin 1896.

Olberg, Oda, Das Elend in der Hausindustrie der Konfektion. Leipzig 1896.

Protokoll über die Verhandlungen der Kommission für Arbeiterstatistik . . . u. die Vernehmungen von Auskunftspersonen über die Verhältnisse in der Kleiderkonfektion, — (bez.) in der Wäschekonfektion. Berlin 1896. (Ver= handlungen Nr. 10, 11, 11a.)

Zusammenstellung der Ergebnisse der Ermittelungen über die Arbeitsverhältnisse in der Kleider= u. Wäsche=Konfektion. Berlin 1896. (Erhebungen Nr. 10.)

Bericht über die Erhebung betr. die Arbeitsverhältnisse in der Kleider= u. Wäsche= konfektion. Berlin 1897. (Verhandlgn. Nr. 13.)

Corvey, Johs., Arbeitsverhältnisse der Verkäuferinnen. (Berlin 1900.)

Preußen.)

Dohna, Herm. Gf. zu, Die freien Arbeiter im Preuß. Staate. Leipzig 1847.

Banfield, T. C., Industry of the Rhine. Ser. I. Agriculture. Ser. II. Manufactures. Embracing a view of the social condition of the rural population and of the manufacturing population of that district. London 1846, 48.

Beumer, W., Das Wirthschaftsjahr 1889. Bericht an die XIX. General=Ver= sammlung des Vereins zur Wahrung der . . . Interessen im Rheinland u. Westfalen. Als Beitrag zur Arbeiterfrage. Düsseldorf 1890.

Schneer, Alex., Ueber die Noth der Leinen=Arbeiter in Schlesien u. die Mittel ihr abzuhelfen. Berlin 1844.

— Ueber die Zustände der arbeitenden Klassen in Breslau. Berlin 1845.

Die oberschlesische Hungerpest. Leipzig 1848.

Witte, E., Die sociale Lage Oberschlesiens. Leipzig 1874.

Schlockow, J., Der oberschlesische Industrie-Bezirk. Breslau 1876.

Frief, Die wirthschaftliche Lage der Fabrikarbeiter in Schlesien und die zum Besten derselben bestehenden Einrichtungen. Berlin 1876.

Kuhna, Die Ernährungsverhältnisse der industriellen Arbeiterbevölkerung in Oberschlesien. Leipzig 1894.

Hirschberg, E., Die soziale Lage der arbeitenden Klassen in Berlin. Berlin 1897.

Dyhrenfurth, Gertrud, Die hausindustriellen Arbeiterinnen in der Berliner Blusen-, Unterrock-, Schürzen- u. Tricotfabrikation. Leipzig 1898.

Zur Lage der Arbeiter im Schneider- u. Schuhmachergewerbe in Frankfurt a. M. Frankfurt a. M. 1896.

(Sachsen.)

Sammelband, betr. die Commission für Erörterung der Arbeits- und Gewerbsverhältnisse in Sachsen (Dresden 1848—49).

Schemat. Verzeichniß der bei der Commission für Erörterung der Arbeits- und Gewerbsverhältnisse in Sachsen zur Berathung vorliegenden Gegenstände. (Dresden 1849.)

Verzeichniß der an die Commission der Gewerbs- u. Arbeitsverhältnisse gelangten Eingaben i. J. 1848. (Dresden 1848.)

Fragepunkte für die Ausschüsse der Gewerbetreibenden und Arbeiter. (Dresden 1848.)

Bericht über die Berathungen der vorbereitenden Kommission für Erörterung der Gewerbs- und Arbeitsverhältnisse in Sachsen, abgehalten in Dresden vom 29. Mai bis 3. Juni 1848. (Dresden 1849.)

Mittheilungen über die Verhandlungen der Commission für Erörterung der Gewerbs- u. Arbeitsverhältnisse. Nr. 1—5. Dresden 1848, 49.

Historische Berichte (der Commission rc.). Dresden 1849.

Blum, Rob., Die Noth der Klöppler im sächs. Erzgebirge. (Breslau 1848.)

Der Nothstand der sächs. Weberbevölkerung vor dem sächs. Landtage. Leipzig 1880.

Bebel, Aug., Wie unsere Weber leben. 2. Aufl. Leipzig 1880.

Rechenberg, Carl v., Die Ernährung der Handwerker in der Amtshauptmannschaft Zittau. Leipzig 1890.

Göhre, Paul, Drei Monate Fabrikarbeiter u. Handwerksbursche. Leipzig 1891.

Wettstein-Adelt, Minna, 3½ Monate Fabrik-Arbeiterin. Berlin 1893.

Corxey, Johs., Aus den wirthschaftlich-socialen Beobachtungsstationen. (Sächs. Kohlenbezirke.) Berlin 1893.

Statist. Erhebungen über die Lohn- u. Arbeitsverhältnisse der in der Metallindustrie Leipzigs und Umgegend beschäftigten Arbeiter und Arbeiterinnen. Leipzig 1897.

(Bayern.)

Virchow, Rud., Die Noth des Spessart. Würzburg 1852.

Haushaltungs-Rechnungen Nürnberger Arbeiter. Nürnberg 1901.

(Württemberg.)

Kaerger, Karl, Die Lage der Hausweber im Weilerthal. Straßburg 1886.

Leipart, Th., Beitrag zur Beurtheilung der Lage der Arbeiter in Stuttgart. Stuttgart 1900.

sen.)
>**Wörishoffer, F.**, Die sociale Lage der Fabrikarbeiter in Mannheim u. dessen
>nächster Umgebung. Karlsruhe 1891.
>Die sociale Lage der Cigarrenarbeiter im Grhrzth. Baden. Karlsruhe 1890.
>**Ehrhart, F. J.**, Die Zustände in der Badischen Anilin= u. Soda=Fabrik. 2. Aufl.
>Mannheim 1892.

 jüringen.)
>**Fleischmann, A.**, Die Arbeiter-Agitatoren des Katheder-Sozialismus und die
>Sonneberger Spielwaaren=Industrie u. ihr Handel. Berlin 1884.

imburg.)
>Bericht der Senats = Commission für die Prüfung der Arbeitsverhältnisse im
>Hamburger Hafen. Hamburg 1898.

saß.)
>**Volz**, Die Fabrikbevölkerung des Ober=Elsasses i. J. 1850. (Tübingen 1851.)

b) Ausland.

esterreich.)
>Die materielle Lage des Arbeiterstandes in Oesterreich. 2 Abth. Wien 1884.
>**Türkel, Siegfr.**, Die Arbeits=Statistik mit besonderer Berücksichtigung des öster=
>reich. Gesetzentwurfes u. der Reformanträge. Wien 1895.
>**Mayer, Rob.**, Oeffentliche Betriebe. (Auch u. d. T.:) Arbeitsverhältnisse u.
>Arbeiterfürsorge in den öffentlichen Betrieben Oesterreichs. Wien 1900.
>**Keßlitz, Rainer**, Die Lohnarbeiter der k. u. k. Kriegsmarine. Wien 1900.
>Stenograph. Protokoll der im k. k. arbeitsstatist. Amte durchgeführten Vernehmung
>von Auskunftspersonen über die Verhältnisse in der Kleider= und Wäsche=
>confection. Wien 1899.
>Die Wohnungs= u. Gesundheitsverhältnisse der Heimarbeiter in der Kleider= u.
>Wäscheconfection. Hrsg. vom k. k. arbeitsstatist. Amte. Wien 1901.
>**Dormizer, M.**, u. E. Schebek, Die Erwerbsverhältnisse im böhm. Erzgebirge.
>Prag 1862.
>**Bräf, Albin**, Studien über nordböhmische Arbeiterverhältnisse. Prag 1881.
>**Singer, J.**, Untersuchungen über die socialen Zustände in den Fabrikbezirken
>des nordöstlichen Böhmen. Leipzig 1885.
>**Karpeles, Benno**, Die Arbeiter des mährisch=schlesischen Steinkohlen=Reviers.
>Bd. 1. Leipzig 1894.
>Die Arbeiter der Brünner Maschinen=Industrie. Brünn 1895.
>Die Arbeits= u. Lohnverhältnisse in den Fabriken u. Gewerben Nieder=Österreichs.
>Wien 1870.
>**Herrdegen, J.**, Die Lohnverhältnisse der weiblichen Handarbeiterinnen in Wien.
>2. Aufl. Wien 1888.
>So leben die Bäckerarbeiter! Statist. Zusammenstellung über die Arbeits= und
>Lohnverhältnisse im Bäckergewerbe in den 19 Gemeindebez. Wiens. 1893.
>Die Arbeits= u. Lebensverhältnisse der Wiener Lohnarbeiterinnen. Wien 1897.

chweiz.)
>**Böhmert, V.**, Beiträge zur Fabrikgesetzgebung. Untersuchung u. Bericht über
>die Lage der Fabrikarbeiter. Zürich 1868.
>— Schweizerische Arbeiter=Verhältnisse in den letzten zehn Jahren. Zürich 1872.
>— Arbeiterverhältnisse u. Fabrikeinrichtungen der Schweiz. 2 Bde. Zürich 1873.

19

(Gedruckt am 1. April 1908.)

Lavolléo, René, Les classes ouvrières en Suisse. Paris 1882.

Swaine, Alfr., Die Arbeits- u. Wirtſchaftsverhältniſſe der Einzelſticker in der Nordoſtſchweiz u. Vorarlberg. Straßburg 1895.

(Frankreich.)

Levasseur, E., Histoire des classes ouvrières et de l'industrie en France avant 1789. 2e édit. entièrement refondue. 2 tomes. Paris 1900, 1901.

Villermé, Tableau de l'état physique et moral des ouvriers employés dans les manufactures de coton, de laine et de soie. Paris 1840.

Merson, Ernest, De la situation des classes ouvrières en France. Paris 1849.

Audiganne, A., Les populations ouvrières et les industries de la France dans le mouvement social du XIXe siècle. 2 tomes. Paris 1854.

Reybaud, Louis, Etudes sur le régime des manufactures. Condition des ouvriers en soie. Paris 1859.

Cochin, Aug., De la condition des ouvriers français d'après les derniers travaux. Paris 1862.

Reybaud, Louis, Rapport sur la condition morale, intellectuelle et matérielle des ouvriers qui vivent de l'industrie du coton. Paris 1860/62.

— Rapport sur la condition morale, intellectuelle et matérielle des ouvriers qui vivent de l'industrie de la laine. Paris 1863/65.

— Rapport sur la condition morale, intellectuelle et matérielle des ouvriers qui vivent de l'industrie du fer. Paris 1866/71.

Enquête de la commission extra-parlementaire des associations ouvrières. Paris 1883.

Du Maroussem, P. — Camille Guérie. La question ouvrière. 4 tomes. Préface de Th. Funck-Brentano. Paris.
    I. Charpentiers de Paris, compagnons et indépendants. 1891.
    II. Ebénistes du Faubourg St.-Antoine, grands magasins, „sweating-system". 1892.
    III. Le jouet parisien. 1894.
    IV. Halles centrales de Paris et commerce de l'alimentation. 1894.

Salaires et durée du travail dans l'industrie française. 4 tomes. Paris 1893—97.

Béchaux, A., Les revendications ouvrières en France. Paris 1894.

Répartition des salaires du personnel ouvrier dans les manufactures de l'état et les compagnies de chemins de fer. Paris 1896.

Tomel, Guy, Les conscrits du travail et l'enseignement professionnel chrétien. Towes 1898.

Souchon, La situation des ouvriers en France à la fin du XIXe siècle. Paris 1899.

Pelloutier, Fernand, et Maurice Pelloutier, La vie ouvrière en France. Paris 1900.

(Durand,) De la condition des ouvriers de Paris de 1789 jusqu'en 1841. Paris 1841.

La petite industrie (salaires et durée du travail). 2 tomes. Paris.
    Tome I: L'alimentation à Paris. 1893. Tome II: Le vêtement à Paris. 1896.

Benoist, Charles, Les ouvrières de l'aiguille à Paris. Paris 1895.

Mazoyer, C. M., Les conditions du travail dans les chantiers de la ville de Paris. Paris 1899.

Bonnevay, L., Les ouvrières lyonnaises travaillant à domicile. Misères et remèdes. Paris 1896.

eigten.)

Ducpetiaux, Ed., De la condition physique et morale des jeunes ouvriers et des moyens de l'améliorer. 2 tomes. Bruxelles 1843.

Dauby, J., Les ouvriers. Episodes Bruxellois populaires et anecdotiques. Bruxelles 1860.

Holsbeék, Henry van, L'industrie dentellière en Belgique. Étude sur la condition physique et morale des ouvrières en dentelles. Bruxelles 1863.

Commission du travail instituée par arrêté royal du 15 avril 1886. 4 vols. Bruxelles 1887, 88.

Engel, Ernſt, Die Lebenskoſten belgiſcher Arbeiter-Familien früher und jetzt. Dresden 1895.

Varlez, Louis, Les salaires dans l'industrie Gantoise. I. Industrie cotonnière. Rapport et enquête. Bruxelles 1901.

Statistique des salaires dans les mines de houille (Octobre 1896—Mai 1900). Bruxelles 1901.

Niederlande.)

Pringsheim, Otto, Die Lage der arbeitenden Klaſſen in Holland. Tübingen 1888.

England.)

Gaskell, P., The manufacturing population of England, its moral, social and physical conditions. London 1833.

Buret, Eugène, De la misère des classes laborieuses en Angleterre et en France. 2 tomes. Paris 1840.

Report . . . from the poor law commissioners on an inquiry into the sanitory condition of the labouring population of Great Britain. London 1842.

Engels, Frbr., Die Lage der arbeitenden Klaſſe in England. Leipzig 1845. Die arbeitenden Klaſſen in England. (Leipzig 1846.)

(Dunckley, Henry,) The glory and the shame of Britain. An essay on the condition and claims of the working classes. London (1850).

Mayhew, Henry, London labour and the London poor: the conditions and earnings of those, that will work, cannot work, and will not work. 4 vols. London.

Godwin, George, Town swamps and social bridges. The sequel of „A glance at the homes of the thousands." London 1859.

Huber, B. A., Noth u. Hülfe unter den Fabrikarbeitern aus Anlaß der Baumwollſperre in England. Hamburg 1863.

Arnold, Arthur, The history of the cotton famine from the fall of sumpter to the passing of the public works act. New edit. London 1865.

Watts, John, The facts of the cotton famine. London 1866.

Fawcett, Henry, The economic position of the british labourer. Cambridge 1865.

Some habits and customs of the working classes. London 1867.

Bevan, G. Phillips, The industrial classes, and industrial statistics. London 1877.

France, Hector, Les va-nu-pieds de Londres. Paris 1884.

Booth, Charles, Labour and life of the people. Vol. I. 2. edit. London 1889.
— Labour and life of the people. 8 vols. Vol. I. 3. edit. London 1891—96.

Royal Commission on labour. — Minutes of evidence with appendices, taken before group A, B, C. 9 vols. London 1891—93. — Indices. 4 vols. London 1893—94.

Appendix to the minutes of evidence taken before the Royal Commission on labour. London 1894.

Digest of the evidence taken before group A, B, C of the Royal Commission on labour. 9 vols. London 1892—93.

Answers to the schedules of questions issued by the Royal Commission on labour. 8 vols. London 1892.

I.—V. and final report of the Royal Commission on labour. London 1892—94.

Royal Commission on labour. — The agricultural labourer. 4 vols. London 1893.

Return, showing . . . , whether the contracts entered into by the authority for the execution of works specify any conditions as to the wages to be paid by the contractor, or other conditions with respect to the persons employed by him etc. London 1893.

Leppington, C. H. d'E., The teachings of the Labour Commission. (London 1893.)

Rae, John, The growth of industrial peace. (London 1892.)

Rousiers, Paul de, La question ouvrière en Angleterre. Avec une préface de Henri de Tourville. Paris 1895.

Lavollée, René, Les classes ouvrières en Europe. Tome III: Angleterre. Paris 1896.

Düdershoff, Ernst, Wie der englische Arbeiter lebt? Dresden 1898.

Steffen, Guftaf F., Studien zur Geschichte der englischen Lohnarbeiter mit besonderer Berücksichtigung der Veränderungen ihrer Lebenshaltungen. Bd. I. II, 1. Stuttgart 1900—02.

Wuttke, Rob., Ein neuerer englischer Versuch zur Regelung der Lohnarbeit. Berlin 1901.

Nostiz, Hans v., Das Auffteigen des Arbeiterstandes in England. Jena 1900.

(Schweden.)

Geijerstam, Gustaf af, Anteckningar rörande arbetarnes ställning vid fyra svenska grufvor. Stockholm 1897.

Key-Åberg, K., Arbetsstatistisk studie öfver glasindustrien i Sverige. Stockholm 1899.

Tengdahl, Knut A., Material till bedömande af hamnarbetarnes i Stockholm lefnadsförhållanden. Stockholm 1897.

Leffler, Joh., Zur Kenntniß von den Lebens= u. Lohnverhältnissen industrieller Arbeiterinnen in Stockholm. Stockholm 1897.

Key-Åberg, K., Inom textilindustrien i Norrköping sysselselsatta arbetares lönevilkor och bostadsförhållanden. Stockholm 1896.

(Dänemark.)

Schmidt, P., Die Lage der Arbeiter in Dänemark. (Berlin 1881.)

(Italien.)

Elb, Osc., Die Arbeiterverhältnisse u. deren Statistik im Kgr. Italien. Berlin 1883.

Sbrojavacca, Luigi, Zur Lage der arbeitenden Klassen in Italien. Berlin 1891.

(Rußland.)

Exposition universelle internationale de 1900. — L'économie sociale. La Section Russe. Paris 1900.

Tellkampf, J. L., Ueber Arbeiter-Verhältnisse u. Erwerbs-Genossenschaften in England u. Nordamerika. Halle 1870.

Doehn, R., Ueber die Arbeiterverhältnisse in den Vereinigten Staaten. (Leipzig 1879.)

Studnitz, Arth. v., Amerikanische Arbeiterverhältnisse. Leipzig 1879.

Debs, Eugene V., Labor's position stated by the president of the American Railway Union. o. O. u. J.

Examen analytique du 6ᵉ rapport annuel (1890) du „Departement du travail" des États-Unis d'Amérique. (Industries houillère et sidérurgique.) Paris 1893.

Kindermann, Carl, Zur organischen Güterverteilung. I. II. Leipzig.
  I. Die allgemeine materielle Lage der Roheisenarbeiter der Verein. Staaten von Amerika. 1894.
  II. Die Glasarbeiter Deutschlands u. der Verein. Staaten von Amerika in ihrer allgemeinen materiellen Lage. 1896.

Levasseur, E., L'ouvrier américain. 2 tomes. Paris 1898.

Spahr, Charles B., America's working people. New York 1900.

Smith, Richmond Mayo, American labor statistics. (New York 1886.)

(—) Reports of Bureaus of Statistics of labor published in 1887. o. O. u. J.

Vierter jährlicher Bericht des Bureaus für Arbeits-Statistik des Staates Missouri für d. J. 1882. Uebersetzt von Louis Schmidt. Jefferson City 1883.

Eighth annual report of the Bureau of statistics of labor of the State of New York for the year 1890. 2 parts. Albany 1891.

7. 12. annual report of the Bureau of statistics of labor and industries of New Jersey for the year 1884, 1889. Trenton 1885. Camden 1890.

Second biennial report of the Bureau of labor and industrial statistics of Nebraska for 1889, 90. Lincoln 1890.

Second biennial report of the Bureau of labor statistics of the State of Minnesota. 1889, 90. Minneapolis.

Joachim, J., Institute für Arbeits-Statistik in den Verein. Staaten von Amerika, England u. der Schweiz. Wien 1890.

B. Arbeiterwohlfahrtspflege.*)

1. Im Allgemeinen.

Mittheilungen des Lokalvereins für das Wohl der arbeitenden Klassen. Red. H. Runge. Lfg. 1—4. Berlin 1850.

Mittheilungen des Centralvereins für das Wohl der arbeitenden Klassen. Jahrg. 1—3. Berlin 1849, 50, 52.

Dasselbe. Neue Folge. Bd. 1. 2. Berlin 1855, (57).

Zeitschrift des Central-Vereins in Preußen für das Wohl der arbeitenden Klassen. Hrsg.: Guido Weiß. Bd. 1—3. Bd. 4, H. 1. Leipzig 1859—62.

Der Arbeiterfreund. Zeitschrift des Centralvereins in Preußen für das Wohl der arbeitenden Klassen. Hrsg.: K. Brämer. Jahrg. 1863—66. Berlin. Jahrg. 5—10. 1867—72. Halle.

---

*) Vergl. auch oben VIII. Arbeiterschutz.

Der Arbeiterfreund. Zeitſchrift des Central-Vereins für das Wohl der arbeiten=
den Klaſſen. Hrsg. von Vict. Böhmert in Verbindg. mit Rud. Gneiſt.
Jahrg. 11—31. 1873—93. Berlin.

— — Zeitſchrift für die Arbeiterfrage. Organ des Central-Vereins für das Wohl
der arbeitenden Klaſſen. Hrsg. v. Vict. Böhmert (bez.) in Verbindg.
mit Rud. Gneiſt. Jahrg. 32 flg. 1894 flg. Berlin. (Leſezimmer.)

Schmidt, Peter, General=Sach= und Namen-Regiſter der Publicationen des
Central-Vereins für das Wohl der arbeitenden Klaſſen von 1848 bis 1895.
Berlin 1896.

Huber, B. A., Concordia. Beiträge zur Löſung der ſocialen Fragen. 8 Hefte.
Leipzig 1861.

Die Arbeit. Organ für die ſozialen Reformbeſtrebungen. Hrsg. von Ed. Pfeiffer.
1. Jahrg. Heft 1—8. Frankfurt a. M. 1866.

Social-Correſpondenz. Organ des Centralvereins für das Wohl der arbeitenden
Claſſen. Hrsg. von Vict. Böhmert u. Arth. v. Studnitz. Jahrg. 1—6.
Dresden 1877—82.

Volkswohl. — Allgemeine Ausgabe der „Social-Correſpondenz“. Organ des
Centralvereins für das Wohl der arbeitenden Klaſſen. Hrsg. von Vict.
Böhmert. Jahrg. 9 flg. Dresden 1885 flg. (Leſezimmern.)

Concordia. Zeitſchrift des Vereins zur Förderung des Wohles der Arbeiter.
Jahrg. 6—23. Mainz 1885—1901.

Arbeiterwohl. Organ des Verbandes kathol. Induſtrieller und Arbeiterfreunde.
Red. v. Franz Hitze. Jahrg. 4 flg. Köln 1884 flg. (Leſezimmer.)

Revue des institutions de prévoyance. Dir.: Hippolyte Maze. Année I—V.
Paris 1887—91.

Archiv für ſoziale Geſetzgebung u. Statiſtik. Vierteljahrsſchrift zur Erforſchung
der geſellſchaftl. Zuſtände aller Länder. Hrsg. v. Heinr. Braun. Bd. 1 flg.
Tübingen 1888—90. Berlin 1891 flg. (Leſezimmer.)

Zeitſchrift der Centralſtelle für Arbeiter-Wohlfahrtseinrichtungen. Hrsg. von
Jul. Poſt, Konr. Hartmann, H. Albrecht. (Neue Folge der Wohlfahrts-
Korreſpondenz.) Jahrg. 1—8 Nr. 1—12. Berlin 1894—1901. Fort=
geſetzt u. d. T.:

Concordia. Zeitſchrift der Centralſtelle für Arbeiter-Wohlfahrtseinrichtungen x.
Jahrg. 8 Nr. 13 flg. Berlin 1901 flg. (Leſezimmer.)

Sozialpolitiſches Centralblatt. Hrsg. von H. Braun. Bd. 1—4, Nr. 1—26.
Berlin 1892—95.

Blätter für ſoziale Praxis in Gemeinde, Vereinen u. Privatleben. Hrsg. von
N. Brückner. Jahrg. 1, 2, 3 Nr. 105—117. Frankfurt a. M. 1893.
Berlin 1894, 95.

Soziale Praxis. Centralblatt für Sozialpolitik. Neue Folge der „Blätter für
ſoziale Praxis“ und des „Sozialpolitiſchen Centralblatts.“ Hrsg. von
J. Jaſtrow, (bez.) E. Francke. Jahrg. 4, 1895 flg. Frankfurt a. M.
(bez.) Leipzig. (Leſezimmer.)

Nordweſt. Gemeinnützige Rundſchau. Begr. von Aug. u. Math. Lammers.
Fortgeführt von E. Cronemeyer. Jahrg. 17. 18. Bremerhaven 1894, 95.

Kommunale Praxis. Zeitſchrift für Kommunalpolitik und Gemeindeſozialismus.
Hrsg.: A. Südekum. Jahrg. I. Dresden 1901. (Leſezimmer.)

Gemeinnützige Blätter für Groß-Frankfurt. Zeitschrift für soziale Heimathkunde.
Hrsg.: W. Kobelt. Jahrg. 1—3. Von Jhrg. 4 an u. d. T.: „Gemeinnützige Blätter für Hessen und Nassau." Frankfurt a. M. 1899 flg.

Schriften der Centralstelle für Arbeiter-Wohlfahrtseinrichtungen. Nr. 1 flg.
Berlin 1892 flg.

Schriften der Gesellschaft für soziale Reform. Hrsg. von dem Vorstande.
H. 1—4. Jena 1901/02.

Mittheilungen des Arbeitsstatistischen Amtes im k. k. Handelsministerium. Heft 1 flg.
Wien 1900 flg.

Sociale Rundschau. Hrsg. vom Arbeitsstatistischen Amte im k. k. Handelsministerium. Jahrg. 1 flg. Wien 1900 flg.

Bulletin de l'Office du travail. Année I flg. Paris 1894 flg. (Lesezimmer.)

Questions pratiques de législation ouvrière et d'économie sociale. Année 1900
(Tome I) flg. Paris 1901 flg.

Revue du travail publiée par l'Office du travail de Belgique. Année I, 1897 flg.
Bruxelles 1898 flg. (Lesezimmer.)

Annuaire de la législation du travail publié par l'Office du travail de Belgique.
Année I flg. Bruxelles 1898 flg.

The Labour Gazette. The journal of the Labour Department of the Board of
Trade. Vol. I, 1893 flg. London. (Lesezimmer.)

Ausstellungen, Congresse, Gesellschaften.)

Social-ökonomische Abtheilung der Welt-Ausstellung zu Paris i. J. 1867. Officieller Ausstellungs-Bericht. Wien 1868.

L'enquête du dixième groupe. Catalogue analytique des documents, mémoires
et rapports . . . relatifs aux institutions publiques et privées créées par
l'état, les départements etc. pour améliorer la condition physique et morale
de la population. Paris 1867.

Le Rouy, Alfr., Universal-Ausstellung von 1867 zu Paris. Das besondere
Preisgericht und die neugeschaffenen Preise für die Pflege der Eintracht
in Fabriken und Ortschaften 2c. Deutsch von F. v. Steinbeis. Stuttgart
1868.

Andrimont, Léon d', La philanthropie sociale à l'exposition universelle de Vienne
en 1873. Liége et Bruxelles 1874.

Congrès international d'hygiène, de sauvetage et d'économie sociale. Bruxelles
1876. 2 vols. Paris et Bruxelles 1877.

Say, Léon, Économie sociale. Exposition universelle de 1889: Groupe de
l'économie sociale. Rapport général. 2e édit. Paris 1891.

Die Verhandlungen der Bonner Conferenz für die Arbeiterfrage im Juni 1870.
Berlin 1870.

Congrès des œuvres sociales à Liége. 2e session 1887. 3e session 1890.
Liége 1887, 90.

Leitmaier, Biet., Der internationale Congreß für Schutzwesen (Patronage) zu
Antwerpen 1890. Wien 1891.

Reports of the several institutions of the Society of industry, established at
Caistor, A. D. 1800, for the better relief and employment of the poor etc.
3 vols. Caistor 1821,

First annual report of the Free Labour Registration Society, a chamber of conciliation. London 1868.

Société protestante du travail. Première assemblée générale, tenue le 30 mars 1869. Paris 1869.

(Hebung der Arbeiterklassen im Allgemeinen.)

Bères, Émile, Les classes ouvrières. Moyens d'améliorer leur sort. Paris 1836.

Harkort, Frbr, Bemerkungen über die Hindernisse der Civilisation u. Emancipation der untern Klassen. Elberfeld 1844.

Berends, Jul., Hebung der Noth der arbeitenden Klassen. Leipzig 1845.

Schmidt, W. Ab., Die Zukunft der arbeitenden Klassen u. die Vereine für ihr Wohl. Berlin 1845.

Rossignol, S., De l'avenir de l'ouvrier ou considérations sur l'amélioration du sort des travailleurs. Paris 1848.

Schattenmann, Pétition. Question des ouvriers. Droits et devoirs du gouvernement. o. O. u. J.

Espiard, Alfr., Vaste système de loterie au point de vue social. Seules changes ouvertes à l'ouvrier etc. Paris 1848.

Arnoux, Cl., De la reprise du travail et du sort des travailleurs. Paris 1848.

Von den Mitteln, den Zustand der Arbeiter gründlich und auf die Dauer zu verbessern. Berlin 1849.

Pommery, Aimé Berthe, Petit écrit sur une grande question: l'amélioration du sort de la classe ouvrière. Paris 1849.

Treille, J. B. A., Classes laborieuses. Des améliorations physiques, intellectuelles et morales réalisables par une nouvelle application de la bienfaisance publique. Compiègne 1851.

(Mouraud, Prosper,) Étude sur l'amélioration du sort des travailleurs. Paris o. J.

Cachelièvre, Quelques idées sur l'amélioration du sort des travailleurs. (Metz) o. J.

Plan de tutelle paternelle, publique et temporaire de la classe prolétaire, qui sera protégée dans son existence, dans son travail etc. Reims 1852.

Schulze, Karl, Wie könnte der arbeitenden Klasse geholfen werden? Meurs o. J.

Schulze-Delitzsch, Die praktischen Mittel u. Wege zur Hebung der arbeitenden Classen. Fortsetzung. 5. Vortrag. Leipzig 1863.

Meitzen, Aug., Die Mitverantwortlichkeit der Gebildeten u. Besitzenden für das Wohl der arbeitenden Klassen. Berlin 1876.

Douillard, Lucien, Entrepreneurs et ouvriers. Étude sur l'amélioration morale et matérielle du sort de la classe ouvrière. Paris 1877.

Perrin, Alb., L'épargne du travailleur. Association générale au profit des classes ouvrières. Paris 1877.

Böhmert, Vict., Die praktischen Versuche zur Lösung der socialen Probleme. Berlin 1883.

Blaikie, Bessere Zeiten für unsere Arbeiter. Aus dem Englischen. Gotha 1884.

Fischer, Johs., Ein Fideikommiß der Arbeiter. 2. Aufl. Prag 1884.

Kunze, Aufforderung an alle Deutschen zur Begründung eines „Reichs-Spar- u. Belohnungs-Vereins für Pflichttreue in der Arbeit, in Beruf und Dienst!" Plauen i. V. 1885.

Rosenthal, Herm., Der Hungerschutz. Berlin 1888.

Meininghaus, Aug., Die sozialen Aufgaben der industriellen Arbeitgeber. Tübingen 1889.

Zanber, C. H., Soziale Wohlfahrts-Einrichtungen im Staate, in der Gemeinde u. im Fabrikbetriebe. Düsseldorf 1890.

F., W., Ergebnisse u. Erfahrungen eines alten Arbeiterfreundes. Berlin 1890.

Schmoller, Gust., Zur Social= u. Gewerbepolitik der Gegenwart. Leipzig 1890.

Ziegler, Frz., Die socialpolitischen Aufgaben auf dem Gebiete der Hausindustrie. Berlin 1890.

Weber, Bestrebungen für das Arbeiterwohl. Gotha 1891.

Drews, Paul, Mehr Herz fürs Volk. Leipzig 1891.

Coit, Stanton, Neighbourhood guilds. An instrument of social reform. London 1891.

— Nachbarschaftsgilden. Ein Werkzeug socialer Reform. Aus dem Englischen. Berlin 1893.

Rostand, Eugène, L'action sociale par l'initiative privée. 2 tomes. Paris 1892, 97.

Bertouch, Ernst v., Vorschläge zur Lösung der Arbeiterfrage. Wiesbaden 1893.

Robertson, Fr. W., Sozialpolitische Reden. Deutsch von H. v. Dungern. Göttingen 1895.

Sombart, C. M., Streiflichter über sociale Fragen. Magdeburg 1895.

Kommunale Wohlfahrtseinrichtungen. Berlin 1897.

Niethammer, Alb., Das wirtschaftliche u. sittlich=religiöse Verhältnis zwischen den Arbeitnehmern u. Arbeitgebern. Leipzig 1898.

Die Wohlfahrtspflege im Kreise. — Die individuelle Hygiene des Arbeiters. Berlin 1898.

Post, Jul., Neuere Richtungen auf dem Gebiete der Wohlfahrtspflege. Dresden 1899.

Skarzynski, Louis, Le progrès social à la fin du XIXe siècle. — Avec une préface de Léon Bourgeois. Paris 1901.

(In einzelnen Ländern.)

Ramaix, de, La réforme sociale et économique en Europe et dans les États-Unis de l'Amérique du Nord. Bruxelles 1889.

(Deutschland im Allgemeinen.)

Schönberg, Gust. v., Die Socialpolitik des Deutschen Reichs. Tübingen 1886.

Bornhak, Conr., Die deutsche Sozialgesetzgebung. Freiburg i. B. 1890.

Schmeling, W. v., Les lois sociales allemandes. Berlin 1890.

Lechler, Paul, Wohlfahrts=Einrichtungen über ganz Deutschland durch gemeinnützige Aktiengesellschaften. 3. Aufl. Stuttgart 1893.

— Wohlfahrts=Einrichtungen über ganz Deutschland durch gemeinnützige Privatthätigkeit unter Reichsgarantie. 4. neu bearb. Aufl. Stuttgart 1893.

Satzungen der Centralstelle für Arbeiter = Wohlfahrts = Einrichtungen. Berlin 1896.

Bericht über die Thätigkeit der Centralstelle für Arbeiter=Wohlfahrts=Einrichtungen vom 1. Dez. 1891 bis 31. März 1896. Berlin.

Vorbericht u. Verhandlungen der Konferenz des Verbandes deutscher Wohlfahrtsvereine. Berlin 1898.

Centralstelle für Arbeiter = Wohlfahrts=Einrichtungen. Vorberichte für die VII. Konferenz am 16. u. 17. Mai 1898 in Berlin. Berlin 1898.

— — Vorberichte für die Konferenz am 15. u. 16. Mai 1899 in Stuttgart. Berlin 1899,

(Verhandlungen der) Konferenz des „Verbandes deutscher Wohlfahrtsvereine 1901. München.

Albrecht, H., Fünf Jahre praktisch-sozialer Thätigkeit. Aus der Versuchsstation der Centralstelle für Arbeiter-Wohlfahrtseinrichtungen. Berlin 1898.
— Handbuch der sozialen Wohlfahrtspflege in Deutschland. Mit 111 Textabbildungen u. einer Mappe mit 87 Tafeln. Berlin 1902.

Pachnicke u. Frhr. v. Berlepsch, Die Errichtung eines Reichsarbeitsamtes. Jena 1901.

(Preußen.)

Die Einrichtungen zum Besten der Arbeiter auf den Bergwerken Preußens. 2 Bde. Berlin 1875, 76.

Die Einrichtungen für die Wohlfahrt der Arbeiter der größeren gewerbl. Anlagen im Preuß. Staate. 3 Thle. Berlin 1876.

Bodelschwingh, v., Die Fürsorge für das leibliche u. geistliche Wohl der Arbeiter beim Bau des Nord-Ostseekanals. Neumünster 1886.

Böhmert, Vict., Die Stellung der Techniker u. Bauarbeiter am Nord-Ostseekanal. Berlin 1886.

Pitschke, H., Ueber die Entstehung und Entwicklung des Mansfelder Knappschafts-Vereins u. der Wohlfahrts-Einrichtungen beim Mansfelder Bergbau. Eisleben 1892.

Hansen, P. Thr., Schleswig-Holstein, seine Wohlfahrtsbestrebungen u. gemeinnützigen Einrichtungen. Kiel 1882.

Post, Jul., u. H. Albrecht, Musterstätten persönlicher Fürsorge von Arbeitgebern für ihre Geschäftsangehörigen. 2 Bde. Berlin.
   Bd. I: Die Kinder u. jugendlichen Arbeiter. 1889.
   „   II: Die erwachsenen Arbeiter. 1893.

Wohlfahrtseinrichtungen der Fried. Krupp'schen Gußstahlfabrik zu Essen zum Besten ihrer Arbeiter u. Beamten. Essen 1882.

Kley, W., Bei Krupp. Eine socialpolitische Reiseskizze. Leipzig 1899.

Bericht des Instituts für Gemeinwohl, Ges. m. b. H. zu Frankfurt am Main über 1896/97, 1899/1900 flg. Frankfurt a. M. 1897, 1900 flg.

(Sachsen.)

Bodemer, Heinr., Die Abhilfe des Nothstandes im Erzgebirge. Meißen 1855.

Fränkel, Heinr., Wohlfahrtseinrichtungen für die Fabrikarbeiter im Handelskammerbez. Leipzig. Berlin 1883.

4. 12. Jahresbericht des Vereins Volkswohl zu Dresden über d. J. 1892, 1900. Dresden 1893, 1901.

(Mitteilung des Ausschusses zur Gründung der prof. Dr. Böhmert-Stiftung über die letztere.) Dresden 1900.

Die Böhmert'sche Volkswohl-Stiftung. Stiftungsurkunde. Dresden 1900.

19. 20. Jahresbericht des Vereins für Volkswohl zu Leipzig. 1900, 1901. Leipzig.

(Bayern.)

Ergebnisse einer Erhebung über die in Bayerischen Fabriken und größeren Gewerbebetrieben zum Besten der Arbeiter getroffenen Einrichtungen. München 1874.

(Baden.)

König, Rob., Karl Mez, der Vater der Arbeiter. Ein deutsches Fabrikantenleben der Gegenwart. Heidelberg 1881.

(Hessen.)

(Heyl zu Herrnsheim, Frhr. C. W.,) Denkschrift über die Wohlfahrts=Ein=
richtungen für die Arbeiter des Hauses Cornelius Heyl in Worms a. Rh.
(Worms 1889.)

(Anhalt.)

Dechelhaeuser, Wilh., Ueber die Durchführung der socialen Aufgaben im Verein
der Anhaltischen Arbeitgeber. Berlin 1888.

(Elsaß.)

Penot, A., Les institutions privées du Haut-Rhin. Mulhouse 1867.
Enquête décennale sur les institutions d'initiative privée destinées à favoriser
l'amélioration de l'état matériel et moral de la population dans la Haute-
Alsace. Rapport. Mulhouse 1878.
— décennale sur les institutions d'utilité publique de la Haute-Alsace. Rapports.
Mulhouse 1889.

(Oesterreich.)

Mischler, Ph. P., Zur Abhilfe des Rothstandes im Erz= und Riesengebirge.
Prag 1862.
Zur Statistik der Arbeiterverhältnisse. Heft 1: Humanitäre Anstalten. Wien 1869.
Sociale Verwaltung in Oesterreich am Ende des 19. Jahrh. 2 Bde. Wien 1900.
Mataja, Vict., Das Arbeitsstatistische Amt. Wien 1900.

(Schweiz.)

Moynier, Gust., Les institutions ouvrières de la Suisse. Genève 1867.
Brunner, J. C., Die Licht= und Schattenseiten der Industrie mit besonderer
Berücksichtigung unserer schweizer. Verhältnisse. Ein kleiner Beitrag zur
Lösung der Arbeiterfrage. 2. verm. Aufl. Aarau 1870.
Marin, Paul, Coup d'oeil sur les œuvres de l'initiative privée à Genève. Paris
1893.
Hunziker, O., Geschichte der Schweizer. Gemeinnützigen Gesellschaft. Zürich
1897.

(Belgien.)

Andrimont, Léon d', Des institutions et des associations ouvrières de la Bel-
gique. Bruxelles 1871.
Remo, De la condition des ouvriers et des moyens de remédier à leur situation.
Liége 1886.
Béchaux, A., La politique sociale en Belgique. Paris 1887.
Dauby, J., De l'amélioration de la condition des classes laborieuses et des classes
pauvres en Belgique. Bruxelles 1885.

(Frankreich.)

Le Play, F., La réforme sociale en France déduite de l'observation comparée
des peuples européens. 5e edit. 3 tomes. Tours 1874.
Fougerousse, A., Patrons et ouvriers de Paris. Reformes introduites dans l'organisation du travail par divers chefs d'industrie. Paris 1880.
Rostand, Eugène, Les questions d'économie sociale dans une grande ville popu-
laire. Avec une statistique des institutions de prévoyance et de philanthropie à Marseille. Paris 1889.
Michel, Georges, et Alfr. Renouard, Histoire d'un centre ouvrier. (Les
concessions d'Anzin.) Paris 1891.

Rostand, Eugène, Une visite à quelques institutions de prévoyance en Italie. Paris 1891.

Petong, Rich., Ueber Wohlfahrtseinrichtungen in fremden Staaten insbeſondere in Dänemark. Berlin (1891).

2. Arbeiterwohnungen. Herbergen. Speiſeanſtalten.

(Arbeiterwohnungen im Allgemeinen.*)

Wood, J., A series of plans for cottages or habitations of the labourer. A new edition. London 1792.

Examen de la question de l'amélioration des logements des ouvriers. Lille (1848).

Roberts, Henry, Das Muſter-Haus für Arbeiter-Familien. Aus dem Engliſchen von C. F. Buſſe. Potsdam 1852.

Hole, James, The homes of the working classes with suggestions for their improvement. London 1866.

Die Wohnungsfrage mit beſonderer Rückſicht auf die arbeitenden Klaſſen. 2. Aufl. Berlin 1866.

Roberts, Henry, The dwellings of the labouring classes, their arrangement and construction, with the essentials of a healthy dwelling. 6. revised and augm. edit. London (1867).

Bömches, Frbr., Die Arbeiterhäuſer auf der Pariſer Weltausſtellung von 1867. Wien 1868.

Laspeyres, Etienne, Der Einfluß der Wohnung auf die Sittlichkeit. Berlin 1869.

Sax, Emil, Die Wohnungszuſtände der arbeitenden Claſſen und ihre Reform. Wien 1869.

Fletcher, Banister, Model houses for the industrial classes. London 1871.

Manega, Rud., Die Anlage von Arbeiterwohnungen vom wirthſchaftl., ſanitären u. techniſchen Standpunkte mit einer Sammlung von Plänen der beſten Arbeiterhäuſer Englands, Frankreichs u. Deutſchlands. Mit Atlas. Weimar 1871.

— Daſſelbe. 3. neubearb. Aufl. Hrsg. von Paul Gründling. Mit Atlas. Weimar 1894.

Bülow, C. Th. v., Beitrag zur Löſung der Arbeiterfrage durch Anlegung von Arbeiterkolonien, wie ſolche in Görz ausgeführt worden ſind. Leipzig 1872.

Thaer, Ueber ländliche Arbeiter-Wohnungen. Berlin 1872.

Klette, R., Ueber Arbeiterhäuſer. Halle a. S. 1874.

Behr-Schmolbow, F. v., Das Haus des ländlichen Arbeiters. Bau-Erfahrungen. o. O. (1875.)

Engelen, D. D., Ueber Arbeiterwohnungen. A. d. Holländ. von R. Wegener. Berlin 1875.

Hanſen, H. Chr., Baut Arbeiter-Wohnungen! Mit Vorw. v. Mordhorſt. Flensburg 1878.

Klaſen, Ludw., Die Arbeiter-Wohnhäuſer in ihrer baulichen Anlage u. Ausführung, ſowie die Anlage von Arbeiter-Kolonien. Leipzig 1879.

---

*) Vergl. Abth. C. Cap. XXV: Bauweſen, IV. 1.

Schulz, Jul., Ein Vorschlag zu einer gemeinnützigen, durchaus sicheren u. 6 %
Zinsen abwerfenden Capital=Anlage. (Hamburg 1880.)

Balmer=Rinck, J., Die Wohnung des Arbeiters. Mit Rücksicht auf die neuern
Bestrebungen zur Förderung des Wohls der Arbeiterfamilien. Basel 1883.

Schmölcke, Das Wohnhaus des Arbeiters. Bonn 1883.

Reichardt, Erw., Die Grundzüge der Arbeiterwohnungsfrage mit besond. Be=
rücksichtigung der Unternehmungen, die Arbeiter zu Hauseigenthümern zu
machen. Berlin 1885.

Cacheux, Émile, L'économiste pratique. Construction et organisation des crèches,
salles d'asile, écoles, habitations ouvrières etc. Avec atlas. Paris 1885.

Picot, Georges, Un devoir social et les logements d'ouvriers. Paris 1885.

Diestelkamp, L., Die Wohnungsverhältnisse unserer ärmeren Klassen. Berlin
1886.

Gourd, Alphonse, La question des logements d'ouvriers. Paris o. J.

Raffalovich, Arthur, Le logement de l'ouvrier et du pauvre. Paris 1887.

Mahraun, H., Die Ordnung der Arbeiterwohnungsfrage. Berlin 1888.

Trübinger, Otto, Die Arbeiterwohnungsfrage u. die Bestrebungen zur Lösung
derselben. Jena 1888.

Roulliet, Antony, Les habitations ouvrières à l'exposition universelle de 1889
à Paris. Paris 1889.

Bodelschwingh, v., Mehr Luft, mehr Licht u. eine ausreichend große eigene
Scholle für den Arbeiterstand. Bielefeld 1890.

— Der evang.=soziale Kongreß u. die Arbeiterwohnungsfrage. Bielefeld 1890.

Purpura, Andr., ed Eman. Pertica, Sulle case operaie ed economiche. Pa=
lermo 1890.

Kraft, Max, Arbeiterhäuser, Arbeiter=Colonien u. Wohlfahrtseinrichtungen. Wien
1891.

Cacheux, Émile, État des habitations ouvrières à la fin du XIXe siècle. Paris
1891.

Bodelschwingh, v., Der eigene Herd als Grundlage eines gesunden christlichen
Familienlebens. Bielefeld 1891.

Weber, Wohnungen u. Sonntagsbeschäftigungen der deutschen Arbeiter. Leipzig
1892.

Die Verbesserung der Wohnungen. Vorberichte u. Verhandlungen der Konferenz
vom 25. und 26. April 1892 nebst Bericht über die mit derselben ver=
bundene Ausstellung. Berlin 1892.

Bethle, Herm., Einfache Wohnhäuser. Arbeiter=Wohnungen. Einzel=Häuser sc.
Ravensburg (1892).

Sardemann, Gerh., Ein Beitrag zur Arbeiterwohnungsfrage. Köln o. J.

Liebrecht, Wilh., Der Bau von Arbeiterwohnungen mit Hülfe der Invaliditäts=
u. Altersversicherungs=Anstalt Hannover. Hannover 1893.

Mercier, Hel., Over arbeiderswoningen. Haarlem o. J.

Hanauer, Wilh., Die Arbeiterwohnungsfrage. Frankfurt a. M. 1894.

Sinzheimer, Ludw., Die Arbeiterwohnungsfrage. Stuttgart 1902.

After, Georg, Entwürfe zum Bau billiger Häuser für Arbeiter u. kleine Familien
mit Angabe der Baukosten. Gera 1894.

Albrecht, H., u. A. Messel, Das Arbeiterwohnhaus. Gesammelte Pläne von
Arbeiterwohnhäusern u. Ratschläge zum Entwerfen von solchen. Berlin 1896.

Brandts, Frz., Wohnungsverein. Milderung der Wohnungsnoth durch Zuschüsse für Wohnungsmiethe u. =Ausstattung. M.=Gladbach. 1897.

Verein für Förderung des Arbeiterwohnungswesens u. verwandte Bestrebungen. Geschäftsbericht für d. J. 1900. Frankfurt a. M. 1901.

Jäger, Joh., u. Joh. Seiffert, Gebäude aus transportfähigen Einzelräumen besonders für Arbeiterwohnungen. Berlin 1900.

Zur Förderung des Arbeiterwohnungswesens. Frankfurt a. M. (1900):

    Adikes, Die Wohnungsfrage u. die städtischen Verwaltungen.

    Schroeder, Die Aufgaben der Landesversicherungsanstalten in der Arbeiterwohnungsfrage.

    Thorwart, Die Beschaffung erweiterten Kredits für gemeinnützige Bauthätigkeit durch Erschließung des Erwerbskapitals.

Nußbaum, H. Chr., Bau u. Einrichtung von Kleinwohnungen. Berlin 1901.

(In verschiedenen Ländern.)

Muller, Émile, et Émile Cacheux, Les habitations ouvrières en tous pays. 2e édit., entièrement refondue. Avec atlas. Paris 1889.

(Deutschland.)

Die Wohnungsnoth der ärmeren Klassen in deutschen Großstädten u. Vorschläge zu deren Abhülfe. Gutachten u. Berichte herausgegeben im Auftrage des Vereins für Socialpolitik. 2 Thle. Leipzig 1886.

Kamp, Wohnung, Hausrat u. Wirtschaftsführung im deutschen Arbeiterhaushalt. Leipzig 1902.

Ascher, Die ländlichen Arbeiter=Wohnungen in Preußen. Berlin 1897.

Taeglichsbeck, Otto, Die Wohnungsverhältnisse der Berg= u. Salinenarbeiter im Oberbergamtsbezirke Halle. Mit Atlas. Berlin 1892.

Sattig, Ueber die Arbeiterwohnungsverhältnisse im oberschlesischen Industriebezirk. Kattowitz 1892.

Die Verbesserung der Wohnungsverhältnisse der arbeitenden Klassen in Schleswig=Holstein. Kiel 1888.

Hoffmann, C. W., Die Wohnungen der Arbeiter und Armen. Heft 1: Die Berliner gemeinnützige Bau=Gesellschaft. Berlin 1852.

Freund, Rich., u. Herm. Malachowski, Zur Berliner Arbeiterwohnungsfrage. Berlin 1892.

Barmer Bau=Gesellschaft für Arbeiter=Wohnungen. Barmen 1883.

Die Spar= u. Bau=Vereine in Hannover, Göttingen u. Berlin. Berlin 1893.

Schwering, L., Die Arbeiter=Kolonie Leinhausen bei Hannover. Hannover 1884.

Arbeiterwohnungen der Gußstahl=Fabrik von Fried. Krupp zu Essen. 26 Blatt. (Essen) o. J.

Gußmann, Vortrag über die Krupp'schen Arbeiterwohnungen. Essen 1892.

Kley, W., Bei Krupp. Eine socialpolit. Reiseskizze unter besond. Berücksichtigung der Arbeiter=Wohnungsfürsorge. Leipzig 1899.

Stübben, J., Rheinische Arbeiterwohnungen. Bonn 1901.

Hirschberg, Reinh., u. Osk. Feierabend, Die Wohnhäuser der Bau= u. Spargenossenschaft Arbeiterheim in München. München 1875.

Heß, Hans, Die Wohnungsverhältnisse der Nürnberger Arbeiterbevölkerung. Nürnberg 1893.

Riecke, Karl, Die Arbeiterwohnungen in Heilbronn. (Stuttgart) 1856.

Staub, A., Beschreibung des Arbeiter-Quartiers und der damit zusammenhängenden Institutionen von Staub & Co. in Kuchen bei Geislingen in
Württemberg. Mit Atlas. Stuttgart 1868.

Mangoldt, Karl v., Aus zwei deutschen Kleinstädten. Ein Beitrag zur Arbeiterwohnungsfrage. Jena 1894.

Cités ouvrières de Mulhouse. Décembre 1866.

Schultz, Jul., Das Mülhausener System der Arbeiterwohnungen. Hamburg 1878.

(Ausland.)

Die Arbeiterhäuser in Böhmen. Prag 1874.

Flattich, Wilh., Die Arbeiter-Colonie bei der Haupt-Reparaturswerkstätte der
k. k. priv. Südbahn-Gesellschaft zu Marburg in Steiermark. Wien.

Rauchberg, Heinr., Die Kaiser Franz Josef I.-Jubiläums-Stiftung für Volks-
wohnungen u. Wohlfahrts-Einrichtungen. Wien 1897.

Bericht u. Rechnung über die Arbeiterwohnungen in Basel. Basel 1857.

Cheysson, E., La question des habitations ouvrières en France et à l'étranger.
Paris 1886.

Commission des logements insalubres. Rapport général sur les travaux de la
commission pendant les années 1852—1856. Paris 1857.

Violette, Henri, Histoire de la compagnie immobilière de Lille pour la construction de maisons d'ouvriers. (Lille 1873.)

Royer de Dour, Bon Hippol. de, Les habitations ouvrières en Belgique.
Bruxelles 1890.

Meerens, Léon, Étude pratique sur les habitations ouvrières en Belgique et le
fonctionnement des sociétés d'habitations ouvrières dans leurs rapports avec
la caisse générale d'épargne et de retraite. 3e édit. Bruxelles 1896.

Hochsteyn, Lucien, Habitations ouvrières. Législation — Organisation —
Comités de patronage — Sociétés de construction et crédit etc. Bruxelles
1901.

Philippovich, Eugen v., Allgemeine Grundsätze socialpolitischer Wohnungsfür-
sorge in Belgien, Frankreich u. England. Wien 1901.

The royal commission on the housing of the working classes. Vol. II—V.
London 1885.

I.—III. Report of Her Majesty's commissioners for inquiring into the housing
of the working classes. London 1885.

Ruprecht, Wilh., Die Wohnungen der arbeitenden Klassen in London. Göttingen
1884.

Prize essays by working men of Whitechapel. London 1853.

Danson, J. T., Propositions and inferences, with statistical notes, touching the
provision of country dwellings for town labourers and in particular for
those of the town of Liverpool. (Edinburgh 1859.)

Bogart, Ernest Ludlow, The housing of the working people in Yonkers.
New York 1898.

(Herbergen.)

Perthes, Clem. Th., Das Herbergswesen der Handwerksgesellen. Gotha 1856.

Angerer, Gust., Die Herbergen zur Heimath u. die Vereinshäuser in ihrer
socialen Bedeutung für die Gegenwart. Bielefeld 1869.

Bericht über die Herberge in London. Eröffnet am 1. Sept. 1872. London 1874.

Schäffer, S. G., Adolf Kolping, der Gesellenvater. Ein Lebensbild. 3. durchges.
    Aufl. Paderborn 1894.
Corbey, Johs., Herbergen u. Arbeitsvermittelung. Berlin 1894.

Knoblauch, B., Arbeiter=Badeeinrichtungen. Berlin (1889).
(Speiseanstalten.)
Place, F. M. Ch., De l'alimentation des classes ouvrières. Bruxelles 1859.
Geschäftsbericht u. Rechnung der Betriebskommission der Volksküche Winterthur
    1871—72. Winterthur.
Morgenstern, Lina, Die Berliner Volksküchen. Organisationsplan u. cultur=
    histor., statist. Darstellung nebst Statut xc. 3. Aufl. Berlin 1870.
— Zehnjährige Vereinsgeschichte der Berliner Volksküchen von 1866. Berlin
    1876.
— Die Volksküchen. Wirthschaftliche Anstalten für billige, gesunde, nährende
    u. schmackhafte Massenspeisung im Krieg u. Frieden. 4. verm. und gänzl.
    umgearb. Aufl. Berlin 1882.
Becker, W., Ein Verfahren zum Kochen von Speisen mittelst Wasser= oder
    Dampfbades unter Anwendung entsprechender Temperaturen speciell für
    Armen= u. Volksverpflegung. Berlin=Schöneberg 1882.
Festschrift für die Stuttgarter Volksküche. Hrsg. vom Verein zum Wohl der
    arbeitenden Klassen. Stuttgart 1882.
Schuler, Zur Alkoholfrage. Die Ernährungsweise der arbeitenden Klassen in
    der Schweiz xc. Bern 1884.
Wolff, M. P., Die Ernährung der arbeitenden Klassen. Ein Plan für Gründung
    öffentlicher Küchen. Mit Vorrede von J. König. Berlin 1885.
Denis, H., L'alimentation et la force de travail. Bruxelles 1887.
Keleti, Karl, Die Ernährungs=Statistik der Bevölkerung Ungarns. Budapest
    1887.
Rademann, Otto, Wie nährt sich der Arbeiter? Eine kritische Betrachtung
    der Lebensweise der Arbeiterfamilien. 2. Aufl. Frankfurt a. M. (1890).
Hultgren, E. O., u. Ernst Landergren, Untersuchung über die Ernährung
    schwedischer Arbeiter bei frei gewählter Kost. Stockholm 1891.
Normal=Kochbuch des ersten Wiener Volksküchen=Vereines. Wien 1893.
Kühn, Jos., Leitfaden für die Errichtung und den Dienstbetrieb provisorischer
    Volksküchen als Nothstandsküchen. Wien 1894.
— Leitfaden für die Errichtung u. den Dienstbetrieb von auf Selbsterhaltung
    beruhenden Fabrikküchen. Wien 1894.
Volksernährung. Berlin 1895.

3. Arbeitslosigkeit und deren Bekämpfung.*)
(Arbeitslosigkeit im Allgem.)
Adler, Georg, Ueber die Aufgaben des Staates angesichts der Arbeitslosigkeit.
    Tübingen 1894.
Hirschberg, E., Die Maßnahmen gegenüber der Arbeitslosigkeit. Berlin 1894.
Offner Brief an Se. Excellenz Herrn Staatsminister von Bötticher von einem
    Mann aus dem Volke. Dresden 1894.

---

*) Vergl. Abth. C. Cap. XXI: Armenwesen.

Schilowski, John, über Arbeitslosigkeit u. Arbeitslosenstatistik. Leipzig 1894.
— Dasselbe. Leipzig 1895.
Arbeitslosigkeit und Arbeitsvermittlung in Industrie- u. Handelsstädten. Bericht
    über den am 8. u. 9. Okt. 1893 vom Freien Deutschen Hochstift zu Frank-
    furt a. M. veranstalteten sozialen Kongreß. Berlin 1894.
Jußi, W., Die Arbeitslosigkeit u. ihre Bekämpfung. Darmstadt 1895.
Thury, M., Le chômage moderne. Causes et remèdes. Genève 1895.
Meyerinck, Hans v., Praktische Maßregeln zur Bekämpfung der Arbeitslosigkeit.
    Jena 1896.
— Dasselbe. Halle a. S. 1897.
Kritik der Arbeitslosigkeit! Berlin 1896.
Maier, Gust., Der Kampf um Arbeit. Berlin 1896.
Hobson, John A., The problem of the unemployed. London 1896.
Wolf, Jul., Die Arbeitslosigkeit u. ihre Bekämpfung. Dresden 1896.
Buschmann, Nikolaus, Die Arbeitslosigkeit u. die Berufsorganisation. Berlin
    1897.
Foerster, F. W., Die Arbeitslosigkeit und die moderne Wirtschaftsentwicklung.
    Berlin 1898.
Berndt, Paul, Die Arbeitslosigkeit, ihre Bekämpfung u. Statistik. Berlin 1899.
Die beschäftigungslosen Arbeitnehmer im Deutschen Reich am 14. Juni u. 2. Dez.
    1895. Berlin 1896.
Die Arbeitslosigkeit in der Stadt Essen im Winter 1900/01. Essen (1901).
Die Arbeitslosigkeit in der Stadt Mannheim nach den Erhebungen am 14. Juni
    u. 2. Dez. 1895. Mannheim 1895.
Report on agencies and methods for dealing with the unemployed. London 1893.
Unemployed. — Return . . . for „Copy of circular letter addressed . . . to
    sanitary authorities in England and Wales, with reference to . . . em-
    ployment for the unemployed." London 1893.

Arbeitslosen-Versicherung.)
Faißt, Rud., Versicherung gegen unverschuldete Arbeitslosigkeit. Leipzig 1894.
Schanz, Georg, Zur Frage der Arbeitslosenversicherung. Bamberg 1895.
— Neue Beiträge zur Frage der Arbeitslosen-Versicherung. Berlin 1897.
— Dritter Beitrag zur Frage der Arbeitslosen-Versicherung u. der Bekämpfung
    der Arbeitslosigkeit. Berlin 1901.
Eyck, Erich, Die Arbeitslosigkeit und die Grundfragen der Arbeitslosen-Ver-
    sicherung. Frankfurt a. M. 1899.
Buschmann, Claus, Der Kampf um Arbeit. Stuttgart 1901.
Adler, Georg, Die Versicherung der Arbeiter gegen Arbeitslosigkeit im Kanton
    Basel-Stadt. Gutachten. Basel 1895.
Garrelts, Frdr., Die Gesetzgebung der Schweizerkantone Bern, St. Gallen
    u. Basel betr. eine Versicherung gegen Arbeitslosigkeit. Göttingen 1896.

(Arbeitsbeschaffung.)
Cordier, J., De la nécessité d'encourager les associations et de les appeler à
    l'exécution des travaux publics. Projet de loi et d'ordonnance. Paris 1880.
Marchal, Charles, Du pain au peuple. Paris 1848.
Buquet, J., Ernest Luce et Hector Horeau, De l'organisation des ateliers
    nationaux et de leur application à divers travaux d'utilité publique et à
    la colonisation d'Algérie. Paris 1848.

20

Monestrol, Fortuné, Ateliers nationaux de travail public, proposés à la république française, comme moyen de resoudre le premier problème d'économie politique des peuples, l'extinction de la mendicité et du vagabondage. (Paris) 1848.

Thomas, Émile, Histoire des ateliers nationaux considérés sous le double point de vue publique et social, des causes de leur formation et de leur existence etc. Paris 1848.

Hennequin, Amédée, De l'organisation de la statistique du travail et du placement des ouvriers. Paris 1848.

Boitel, Amédée, Question ouvrière. Du crédit industriel et de la marque de fabrique obligatoire appliquée à l'œuvre du travail. (1. Partie.) Fontainebleau 1849.

Voorthuysen, E. van, Werkverschaffing. Haarlem 1857.

Hierta-Retzius, Anna, Les ouvroirs*) pour enfants pauvres do Suède (Arbetsstugor för barn). Stockholm 1900.

(Arbeitsvermittelung.)

Viktorin, Anton, Zur Begründung des wirthſchaftl. Arbeitsverkehrs. Leipzig 1883.

Mataja, Vict., Ueber Arbeitsvermittlung. Wien 1890.

Le placement des employers, ouvriers et domestiques en France, son histoire, son état actuel. Paris 1893.

Molinari, G. de, Les bourses du travail. Paris 1893.

Pelloutier, Fernand, Histoire des bourses du travail. Préface par Georges Sorel. Notice biographique par Victor Dave. Paris 1902.

Corvey, Johs., Die Umgeſtaltung der Arbeitsvermittelung. Berlin o. J.

Arbeitsloſigkeit und Arbeitsvermittlung in Induſtrie= und Handelsſtädten. Bericht über den am 8. u. 9. Okt. 1893 vom Freien Deutſchen Hochſtift zu Frankfurt a. M. veranſtalteten ſozialen Kongreß. Berlin 1894.

Entwickelung u. gegenwärtiger Stand der Frage des Arbeitsnachweiſes. Berlin 1896.

Reitzenſtein, F. Frhr. v., Der Arbeitsnachweis. Seine Entwickelung u. Geſtaltung im In= und Auslande. Hrsg. von Rich. Freund. Berlin 1897.

Bericht über die Verhandlungen der Arbeitsnachweis=Konferenz zu Leipzig am 5. Sept. 1898. Hrsg. vom Arbeitgeber=Verband Hamburg = Altona. Hamburg 1898.

2. Verbandsverſammlung u. Arbeitsnachweiskonferenz 1900 in Köln. Berlin 1901.

Calwer, Rich., Arbeitsmarkt und Arbeitsnachweis in ihrer Bedeutung für die Arbeiterklaſſe. Stuttgart 1899.

Weigert, O., Arbeitsnachweiſe u. Schutz der Arbeitswilligen. Berlin 1899.

Eckert, Herm., Ueber die beſte Organiſation des Arbeitsnachweiſes. Freiburg i. Br. 1899.

Schriften des Verbandes deutſcher Arbeitsnachweiſe. Nr. 1. 2. 3. Berlin 1899—1901.

---

*) Ueber Kinderbeſchäftigungsanſtalten ſ. Abth. C. Cap. XXVI: Bildungsweſen, III, 6, e.

Jastrow, J., Erste deutsche Arbeitsnachweis-Konferenz. Die Einrichtung von Arbeitsnachweisen u. Arbeitsnachweis-Verbänden. Verhandlungen der ersten deutschen Arbeitsnachweis = Konferenz (Karlsruhe, 13. Sept. 1897). Mit 8 Beilagen. Berlin 1898.

Fiebelkorn, Max, Die Arbeitervermittelung in der Ziegelindustrie. Berlin 1899.

Uebersicht über die in Preußen vorhandenen kommunalen oder mit kommunaler Unterstützung betriebenen allgemeinen Arbeitsnachweisestellen nach dem Stande am 1. Jan. 1901. (Berlin 1901.)

Freund, Rich., Central-Verein für Arbeits-Nachweis zu Berlin. Geschäfts-Bericht für d. J. 1894 . . . mit einer Uebersicht über den gegenwärtigen Stand der Organisation des allgemeinen Arbeitsnachweises in Deutschland. Berlin 1895.

Bericht über den Arbeitsnachweis der deutschen Gewerkvereine u. evang. Arbeiter-vereine zu Dresden auf das Geschäftsjahr 1899/1900, 1900/01. Dresden 1900, 01.

50. Jahresbericht des Vereins für Arbeits= u. Arbeiter-Nachweisung zu Dresden auf d. J. 1890. Dresden 1891.

Hartmann, Karl, Die gemeindliche Arbeitsvermittlung in Bayern. Mit besond. Berücksichtigung der Verhältnisse bei dem städtischen Arbeitsamte München. München 1900.

Protokoll über die am 27. u. 28. Juni 1901 abgehaltene Conferenz betr. die Ausgestaltung der Arbeitsvermittlungs=Statistik und das Project der An-gliederung einer Wohnungs= u. Werkstätten=Vermittlung an die allgemeinen Arbeitsnachweis=Anstalten. Wien 1901.

Die Arbeitsvermittlung in Österreich. Verfaßt u. hrsg. vom statist. Departement im k. k. Handelsministerium. Wien 1898.

Petermann, Karl, Die öffentlichen Arbeitsnachweis=Bureaux der Schweiz. Bern 1897.

Arbeitslosen=Unterstützung und Arbeitsnachweis. Bericht an das Schweizer. In-dustrie-Departement vom Schweizer. Arbeitersecretariat. Zürich 1901.

4. Verbesserung des Arbeiter=Einkommens. (Industrial partnership.)

Bulletin de la participation aux bénéfices publié par la Société pour l'étude pratique de la participation du personnel dans les bénéfices. (Tome) Année VI, 1884 flg. Paris.

Reybaud, Louis, Mémoire sur les associations entre ouvriers ou entre patrons et ouvriers, fondées avec subvention de l'état. (Paris 1852.)

Das Industrial Partnership=System. Ein Versuch zur Lösung der Arbeiterfrage. Augsburg 1868.

Jannasch jun., Rob., Die Strikes, die Corporation, die Industrial Partnerships u. ihre Stellung zur socialen Frage. Berlin 1868.

Runge, W., Ueber die Betheiligung der Arbeiter am Reingewinn industrieller Unternehmungen. Breslau 1869.

Robert, Charles, La suppression des grèves par l'association aux bénéfices. Avec des notes relatives aux établissements industriels dans lesquels les ouvriers sont associés aux bénéfices du patron. Paris 1870.

Le Rousseau, Jul., De l'association de l'ouvrier aux bénéfices du patron. Paris 1870.

Ueber Betheiligung der Arbeiter am Unternehmergewinn. Gutachten auf Veranlaſſung des Vereins für Socialpolitik abgegeben von E. v. Plener, Max Weigert, J. Neumann, J. Wertheim. Leipzig 1874.

Scheffler, Herm., Betheiligung am Gewinne u. Nationalverſorgung. Braunſchweig 1876.

Billon, Jean, Participation des ouvriers aux bénéfices des patrons. Notice sur l'application de ce principe dans la Société anonyme de l'ancienne maison Billon et Isaac à Saint-Jean. Genève 1877.

Böhmert, Vict., Die Gewinnbetheiligung. Unterſuchungen über Arbeitslohn u. Unternehmergewinn. 2 Theile. Leipzig 1878.

Godin, Mutualité sociale et association du capital et du travail où extinction du paupérisme par la consécration . . . du droit des travailleurs à participer aux bénéfices de la production. Paris 1880. ·

Jeannolle, Ch., De la participation des ouvriers dans les entreprises de travaux publics et de la bourse du travail. Paris 1882.

Schiff, Paul, Zur Gewinnbetheiligungsfrage. Berlin 1883.

Förſter, Alban, Das Familiſterium zu Gieſe. Berlin 1884.

Lehmann, H. O., Reichszuſchuß für Arbeiterkinder. Kiel 1890.

Taylor, Sedley, Profit-sharing between capital and labour. Six essays, to which is added a memorandum on the industrial partnership at the Whitwood Collieries (1865—1874). London 1884.

Frommer, Heinr., Die Gewinnbetheiligung, ihre practiſche Anwendung u. theoretiſche Berechtigung auf Grund der bisher gemachten Erfahrungen. Leipzig 1886.

— Die Enquêten über Gewinnbetheiligung. Leipzig 1886.

Wirminghaus, Alex., Das Unternehmen, der Unternehmergewinn u. die Betheiligung der Arbeiter am Unternehmergewinn. Jena 1886.

Calkins, Mary Whiton, Sharing the profits. Boston 1888.

Häntſchke, H., Gewinnbetheiligung der Arbeit. Jean Baptiſte André Godin u. ſeine Schöpfung, das Familiſterium von Guiſe (Aisne) in Frankreich. Berlin (1890).

Hewitt, Abram S., Iron and labor. (New York) 1890.

Gilman, Nicholas Paine, Die Teilung des Geſchäftsgewinns zwiſchen Unternehmern u. Angeſtellten. Umgearb. und auf den neueſten Stand ergänzt von Leop. Katſcher. Leipzig 1891.

Trombert, Albert, Guide pratique pour l'application de la participation aux bénéfices. Introduction de Charles Robert. Paris 1892.

Koenig, Ferd., Eine Sammlung verſchiedener kleiner Aufſätze über Gewinnbetheiligung der Arbeitnehmer ꝛc. Halberſtadt 1893.

De l'emploi des artèles et de la participation intéressée du personnel dans les chemins de fer russes. Paris 1893.

Marken, J. C. van, Durch Arbeit für die Arbeit. Ein neuer Verſuch praktiſcher Durchführung der Gewinnbeteiligung der Arbeiter. Deutſche Ueberſetzung. Deſſau 1894.

Crome, Carl, Die partiariſchen Rechtsgeſchäfte nach römiſchem und heutigem Reichsrecht. Freiburg i. B. 1897.

Freese, Heinr., Fabrikantenglück! Ein Weg, der dazu führen kann. Eisenach 1899.

Gilman, Nicholas Paine, A dividend to labor. A study of employers welfare institutions. London 1900.

Philippovich, Eug. v., Gewinnbetheiligung. Wien 1901.

5. Moralische u. intellectuelle Hebung der Arbeiter.

Arbeiterbildungsvereine.

(Moralische Hebung.)

Ueber die Veredelung der Vergnügungen der arbeitenden Klassen. Basel 1840.

De Gérando, Die Fortschritte des Gewerbfleißes in Beziehung auf die Sittlichkeit des Arbeiterstandes. Ueberf. von Karl Bernhardi. Kassel 1842.

Fallati, Das Vereinswesen als Mittel zur Sittigung der Fabrikarbeiter. (Tübingen 1844.)

Labourt, L. A., Recherches historiques et statistiques sur l'intempérance des classes laborieuses. 2e édit. Paris 1848.

Budin, Organisation de l'instruction et du travail. Dole 1848.

(Genreau,) De la moralisation des masses. § 2. Des adultes. Rapport des maîtres et des domestiques. (Sans titre.)

Brandis, Dietrich, Ein Wort über Gesellen- u. Jünglings-Vereine. Bonn 1852.

Gerando, Baron de, Des récréations populaires considérées comme un des moyens les plus efficaces de détourner les ouvriers des cabarets. Paris 1857.

Hood, Edwin Paxton, The peerage of poverty: or, learners and workers in fields, farms and factories. I. Ser. 4. edit. II. Ser. London o. J.

Thierry-Mieg, Ch., Réflexions sur l'amélioration morale des classes ouvrières. Mulhouse (1860).

Leroy-Beaulieu, Paul, De l'état moral et intellectuel des populations ouvrières. Paris 1868.

Deseilligny, A. P., De l'influence de l'éducation sur la moralité et le bien-être des classes laborieuses. Paris 1868.

Tallon, Eugène, La vie morale et intellectuelle des ouvriers. Paris 1877.

Weber, Die Aufgaben der innern Mission zur Hebung des Wohles der Arbeiter u. Arbeiterfrauen. Leipzig 1890.

Goltz, Theod. Frhr. von der, Die Aufgaben der Kirche gegenüber dem Arbeiterstande in Stadt u. Land. Leipzig 1891.

Rabe, M., Die religiös-sittliche Gedankenwelt unsrer Industriearbeiter. Göttingen 1898.

Mätzold, Fürsorge für die Ladnerinnen (Verkäuferinnen). Berlin 1898.

Böhme, Christliche Arbeit unter den Heimarbeiterinnen. Berlin 1900.

Böhmert, Vict., Wie soll ein Arbeitgeber Ueberschüsse verwenden, Fabrikfeste feiern u. überhaupt für seine Arbeiter sorgen? (Berlin 1889.)

Frankenstein, Kuno, Volksheime und Vereine für Volkswohl als Mittel zur Ausgleichung der gesellschaftlichen Gegensätze. Jena 1890.

Die Volks-Unterhaltungsabende nach Bedeutung, Entwickelung und Einrichtung. Ein Weg zur geistigen u. sittlichen Einheit des deutschen Volkes. Berlin 1891.

Böhmert, Vict., Die Bestrebungen zur Veredlung der Volkserholungen. Leipzig 1893.

Baecker, Kurt, Die Volksunterhaltung vom sozial-politischen Standpunkte. Berlin 1893.

Böhmert, Vict., Volksgeselligkeit. Dresden 1898.

Dehn, Paul, Die katholischen Gesellenvereine in Deutschland. Berlin 1882.

Mehler, J. B., Don Bosco's sociale Schöpfungen, seine Lehrlingsversammlungen u. Erziehungshäuser. Regensburg 1893.

Oertzen, D. v., Die Jünglingsvereine in Deutschland. Heilbronn 1886.

Tiesmeyer, L., Die Praxis des Jünglingsvereins. Bremen 1890.

— Dasselbe. 2. verm. u. verb. Aufl. Bremen 1895.

Schwanbeck, Die Jünglings- u. Jungfrauenvereine nebst verwandten Vereinen zur Pflege christlicher Gemeinschaft. Gotha 1890.

Handbuch für evangelische Arbeitervereine. Hrsg. vom Evangel. Bunde. Leipzig 1892.

— Dasselbe. 2. Aufl. Leipzig 1892.

Krummacher, Karl, Die evangelischen Jünglingsvereine (christlichen Vereine junger Männer) u. verwandte Bestrebungen nach ihrer Entstehung, Geschichte u. Aufgabe. Elberfeld 1895.

Walther, Fritz, Die Aufgaben der Jünglingsvereine. Nürnberg 1897.

Hassell, Ulrich v., Die christlichen Vereine junger Männer in Deutschland u. ihre Aufgabe. Stuttgart 1898.

(Intellectuelle Hebung.)

Sachse, F., Über Arbeiterbildung. Leipzig 1893.

Hummel, Frdr., Was läßt sich zur Pflege einer gediegenen, echt volkstümlichen Bildung in den Arbeiterkreisen thun? Heilbronn 1893.

Böhmert, Vict., Volksbildung u. Volkserholung. Leipzig 1893.

Besant, Walter, The associated life. (London) o. J.

Apel, Die Verbreitung guten Lesestoffs. Berlin 1896.

Pfannkuche, A. H. Th., Was liest der deutsche Arbeiter? Auf Grund einer Enquete beantwortet. Tübingen 1900.

— Bildungsbedürfnisse des deutschen Arbeiters u. ihre Befriedigung. Göttingen 1901.

Die Erziehung des Volkes auf den Gebieten der Kunst u. Wissenschaft. Berlin 1900.

Welck, M. Frhr. v., Das Fabrikschulwesen im Königreich Sachsen. Leipzig 1899.

Mangoldt, Karl v., Die gewerbl. Fortbildungsbestrebungen der Dresdner Arbeiterschaft. Berlin 1893.

(Arbeiterbildungsvereine.)

Schlimper, Frdr. Wilh., Was wollen die deutschen Arbeiter-Bildungsvereine? Coburg 1863.

Müller, Mor., Die Arbeiter-Bildungs-Vereine u. ihre Bedeutung. Pforzheim 1863.

Statuten des Arbeiter-Bildungs-Vereins zu Dresden. Dresden o. J.

Bericht über den Stand u. die Thätigkeit des Arbeiterbildungsvereins zu Dresden im 17. Vereinsjahre 1877. Dresden 1878.

Katalog der Bibliothek des Arbeiter-Bildungs-Vereins zu Dresden. Dresden 1876.

Statut des Arbeiter-Fortbildungs-Vereins Dresden. Dresden o. J.

Jahres-Bericht des Fortbildungs-Vereins zu Dresden (E. Genoss.) und seiner
Fortbildungsschule. 20. Vereinsjahr 1890. Dresden (1891).
Der Evangelische Arbeiterverein zu Dresden. Dresden 1895.
Evangelischer Arbeiterverein zu Dresden. Flugblatt 1—3. Dresden.
Statuten des Vereins für Volksbildung zu Dresden. Dresden o. J.
Bericht über den Stand u. die Thätigkeit (bez.) Jahresbericht des Vereins für
Volksbildung zu Dresden im 4. 5. 8. —18. 20. Vereinsjahre. Dresden 1883,
84, 87—97, 99.
Schweichel, Rob., Festrede gehalten beim 8. Stiftungsfeste des Vereins für
Volksbildung zu Dresden am 13. Mai 1888. Dresden 1888.
Statuten des Leipziger Arbeiter-Vereins. (Leipzig) 1849.
Jahres-Bericht über die Thätigkeit des Arbeiterbildungsvereines zu Leipzig 1875.
Leipzig 1876.
19. Jahresbericht des Vereins für Volkswohl zu Leipzig. Leipzig (1901).
Jahresbericht des Arbeiterfortbildungs-Vereins zu Döbeln 1898/99, 1899/1900.
Döbeln.
Statuten des Arbeiterbildungs-Vereins zu Döbeln. Döbeln o. J.
Müller, Mor., Professor Provence und die Gemeinheit im Arbeiter-Vereine.
3. Abschnitt. o. O. u. J.

Alphabetisches Autoren- und Bücher-Register.

A.

(Gedruckt am 22. April 1902.)

22

22*

(Gedruckt am 6. Mai 1902.)

24

25

Nachtrag

zu Band I, 2. Aufl., Unterabthlg. I u. II.

(Nationalökonomie und Finanzwissenschaft. — Land- und Forstwirthschaft, Bergbau und Industrie.)

———

Erwerbungen bis zum 31. Mai 1902.

Volkswirtschaftliche und wirtschaftsgeschichtliche Abhandlungen, hrsg. v. Wilh. Stieda. 1.—3. Heft. Leipzig 1901, 02.

Abhandlungen des staatswissenschaftlichen Seminars zu Jena, hrsg. v. J. Piersdorff. I. Bd., Heft 1—5. Jena 1901, 02.

Adams, Brooks, America's economic supremacy. New York 1900.

Agahd, Konr., Kinderarbeit. Jena 1902.

L'agriculture au Japon. Paris 1900.

Alexander-Katz, Rich., Rechtsanwaltschaft u. Patentanwaltschaft. Berlin 1902.

An die Hohe Erste Stände-Kammer des Königreichs Sachsen. Betrifft: Eingabe der Handels-Kammer zu Dresden gegen die Vermögenssteuer. Dresden 1902.

Der Anschluß des Deutschen Reichs an die Internationale Union für gewerblichen Rechtsschutz. In Einzeldarstellungen. Berlin 1902.

Anschütz, R., Die Spielwaren-Industrie. Berlin 1901.

Aulagnon, Claudius, La Sibérie économique. Paris 1901.

Aulnis de Bourouill, Br. de, La Convention relative au régime des sucres conclue le 5 mars 1902 à Bruxelles. La Haye 1902.

Auskunftsbuch der Wohlfahrtseinrichtungen für die Stadt Posen. Posen 1897.

Bär, Adolf, Wirtschaftsgeschichte und Wirtschaftslehre in der Schule. Gotha 1902.

Barberet, J., Les sociétés de secours mutuels. Commentaire de la loi du 1er avril 1898. 3. édit. Paris 1902.

Bartens, Alb., Die wirtschaftliche Entwicklung des Königreichs Württemberg. Frankfurt a. M. 1901.

Der deutsche Bauer und die Getreidezölle. Jena 1902.

Beck, Herm., Soziale Aufgaben und Pflichten der Techniker. Dresden 1902.

— Gerechter Arbeitslohn. Dresden 1902.

Becker, Das Reichsstempelgesetz mit Ausführungsbestimmungen . . . nebst dem Wechselstempelsteuergesetz u. Börsengesetz. Mainz 1900.

Bertholz, Leo, Die Wirkung der Handelsverträge auf Landwirtschaft, Weinbau und Gewerbe in Elsaß-Lothringen. Tübingen 1902.

Bernſtein, Eduard, Die heutige Einkommensbewegung u. die Aufgabe der Volkswirtſchaft. Berlin 1902.

Bervib, Albert, Die Landes=Finanzen der Markgraffchaft Mähren. Brünn 1901.

Der moderne Betrieb in der Brau=Induſtrie. Jena 1901.

Beyendorff, R., Das Syſtem der Reichsgewerbeordnung. Berlin 1902.

Deutſche Bibliographie der Arbeiter=Verſorgung. 1901. Nr. 1—4. Berlin.

Bierer, H., Das Württembergiſche Waſſergeſetz vom 1. Dez. 1900. Ulm 1902.

Bloch, Jean de, Les finances de la Russie au XIX⁰ siècle. 2 tomes. Paris 1899.

Blondel, Georges, La France et le marché du monde. Paris 1901.

Böhm=Bawerk, Eug. v., Einige ſtrittige Fragen der Capitalstheorie. Wien 1900.

— Capital und Capitalzins. 2. verm. u. verb. Aufl. Abth. I: Geſchichte u. Kritik der Capitalzins=Theorien. Innsbruck 1900.

— The ultimate standard of value. (Translat. by C. W. Macfarlane.) Philadelphia (1896).

Böhme, Karl, Gutsherrlich=bäuerliche Verhältniſſe in Oſtpreußen während der Reformzeit von 1770 bis 1830. Leipzig 1902.

Böhmert, Vict., Rückblicke u. Ausblicke eines Siebzigers. Dresden 1900.

Boudot, Jos., Le régime financier de l'Algérie. Nancy 1900.

Bouvier, Émile, La méthode mathématique en économie politique. Paris 1901.

Brants, Victor, Esquisse des théories économiques professées par les écrivains des XIII⁰ et XIV⁰ siècles. Louvain 1895.

— Les grandes lignes de l'économie politique. 3. édit. Louvain 1901.

Brentano, Lujo, Ethik u. Volkswirtſchaft in der Geſchichte. München 1902.

Bright, John, The life and speeches. By George Barnett Smith. 2 vols. London 1881.

— The public lettres, edit. by H. J. Leech. 2. edit. London 1895.

Brobnitz, Georg, Bismarcks nationalökonomiſche Anſchauungen. Jena 1902.

Brooks, John Graham, Compulsory insurance in Germany. Rev. edit. Washington 1895.

Deutſcher Buchdrucker=Tarif. Giltig ab 1. Januar 1902. (Berlin.)

Buchenberger, Ad., Finanzpolitik u. Staatshaushalt im Großherzogt. Baden i. b. J. 1850—1900. Heidelberg 1902.

Budde, E., Energie u. Recht. Berlin 1902.

Bücher, K., Nekrolog auf Auguſt von Miaskowski. Leipzig 1900.

— Die Entſtehung der Volkswirtſchaft. 3. verm. u. verb. Aufl. Tübingen 1901.

Bulletin of the Department of Labor. No. 1—39. Washington 1895—1902.

Calker, Wilh. van, Das babiſche Budgetrecht in ſeinen Grundzügen. 1. Thl. Tübingen 1901.

Carnegie, Andrew, The empire of business. London and New York 1902.

Caſſel, G., Das Recht auf den vollen Arbeitsertrag. Göttingen 1900.

Cheyney, Edw. P., An introduction to the industrial and social history of England. New York 1901.

Clark, John Bates, The distribution of wealth. New York 1899.

— The control of trusts. New York 1901.

Clow, Fred. R., A comparative study of the administration of city finances in the United States. New York 1901.

Cobden, Rich., The political writings. London 1886.

Colson, C., Cours d'économie politique. Tome 1. Paris 1901.

Congrès international d'aquiculture et de pêche. Mémoires et comptes-rendus. Paris 1901.

Congrès international du commerce et de l'industrie tenu à Paris du 23 au 29 juillet 1900. Discussions, travaux et résolutions. Paris 1901.

Crook, James W., German wage theories. New York 1898.

Curran, J. H., Francis A. Walker u. seine hauptsächlichsten Theorien. Jena 1900.

Curschmann, Fritz, Hungersnöte im Mittelalter. Leipzig 1900.

Damaschke, Ad., Die Bodenreform. Berlin 1902.

Davidson, E., Die Finanzwirtschaft Rußlands. Leipzig 1902.

Deeken, R., Die Aussichten der Kakaokultur auf Samoa. Oldenburg i. Gr. (1902).

Dekret an die Stände, (Denkschrift,) betreffend die Besteuerung der Groß-betriebe im Kleinhandel. Dresden 1902.

Demuth, Fritz, F. Th. v. Bernhardi. Ein Beitrag zur Geschichte der Nationalökonomie im 19. Jahrh. Jena 1900.

Description des produits forestiers du Japon exposé à l'Exposition universelle de 1900. Paris 1900.

Desmars, J., Un précurseur d'A. Smith en France, J. J. L. Graslin (1727—1790). Paris 1900.

Dietzel, Heinr., Weltwirtschaft u. Volkswirtschaft. Dresden 1900.

Digby, Will., „Prosperous" British India. A revelation from official records. London 1901.

Doenecke, D., Die Branntweinsteuer-Ausführungen. 3 Bbe. Berlin 1901.

Dos Passos, John R., Commercial trusts. New York 1901.

Drenkoff, Iwan K., Die Steuerverhältnisse Bulgariens. Jena 1900.

Dreydorff, Rud., Ein Deutsches Reichsarbeitsamt. Leipzig 1902.

Dubois, Ernest, et Armand Julin, Les moteurs électriques dans les industries à domicile. Rapport. Bruxelles 1902.

Ehrenberg, Rich., Große Vermögen, ihre Entstehung u. ihre Bedeutung. Jena 1902.

Eichholz, Tilo, Bodenreform und neue Grundsteuerveranlagung. Berlin 1902.

Das Königl. Sächs. Einkommensteuergesetz vom 24. Juli 1900 nebst Ausführungsverordnung. Amtliche Ausgabe. Dresden (1900).

Einkommensteuergesetz vom 24. Juni 1891 nebst Ausführungsanweisung vom 6. Juli 1900. 3 Thle. Berlin 1901.

Eisler, Rob., Studien zur Werttheorie. Leipzig 1902.

Ellering, Bernh., Die Allmenden im Grhzt. Baden. Tübingen 1902.

Ely, Rich. T., Senior's theory of monopoly. v. O. 1899.

— A decade of economic theory. Philadelphia 1900.

— Monopolies and trusts. New York 1900.

— Outlines of economics. New York 1900.

Entscheidungen höherer Gerichtshöfe in hessischen Steuersachen. Heft 1. 2. Mainz 1900/01.

Ergänzungssteuergesetz vom 14. Juli 1893 nebst Ausführungsanweisung vom 6. Juli 1900. Erster Theil. Berlin 1901.

Erhebung über die Arbeitszeit der Gehülfen u. Lehrlinge in solchen Kom=
toren des Handelsgewerbes u. kaufmännischen Betrieben, die nicht mit
offenen Verkaufsstellen verbunden sind. Berlin 1902.

Essays in colonial finance. New York 1900.

Eulenburg, Frz., Zur Frage der Lohnermittelung. Jena 1899.

Feitelberg, Die Bekleidungs=Industrie. Berlin 1901.

— D., Die Einkommenbesteuerung nichtphysischer (juristischer) Personen. Jena
1900.

Feuerherd, Frz., Die Entstehung der Stile aus der politischen Ökonomie.
1. Teil. Braunschweig 1902.

Die russischen Finanzen. (Darmstadt 1893.)

Die am 9. Jan. 1901 vom Finanzminister bestätigte Instruction betr. die Ent=
richtung der Stempelsteuer für Schriftstücke, Urkunden und Documente.
Ueberf. von A. v. Sticinsky. Riga 1901.

Flathmann, J., Die Landbevölkerung der Provinz Hannover u. die Agrar=
zölle. Berlin 1902.

Flour de Saint-Genis, La propriété rurale en France. Paris 1902.

Fonds d'état russes et autres valeurs mobilières créées en Russie. 2. édit.
St.-Pétersbourg 1900.

Frederiksen, N. C., Finland, dets private og offenlige økonomy. Køben-
havn 1901.

Friedrich, Arthur, Schlesiens Industrie unter dem Einflusse der Caprivischen
Handelspolitik 1889—1900. Stuttgart 1902.

Fritsche, Bernh., Die Sonder=Gewerbesteuer (Warenhaus=Umsatzsteuer) u. die
Denkschrift des Kgl. Sächs. Ministeriums des Innern. Dresden 1902.

Fuchs, Carl Johs., Volkswirtschaftslehre. Leipzig 1901.

Führer durch die sächsisch=thüringische Export=Industrie. Hrsg. vom Export=
Verein für das Kgr. Sachsen. Dresden (1897).

Fürth, Henriette, Die Fabrikarbeit verheirateter Frauen. Frankfurt a. M.
1902.

Fuisting, B, Die Preußischen direkten Steuern. 3 Bde. Berlin.
   Bd. 1: Kommentar zum Einkommensteuergesetz. 5. Aufl. 1901.
     „ 2: — zum Ergänzungssteuergesetz. 1899.
     „ 3: — zum Gewerbesteuergesetz. 2. umgearb. Aufl. 1900.

— Die Grundzüge der Steuerlehre. Berlin 1902.

Fukuda, Tokuzo, Die gesellschaftliche u. wirtschaftliche Entwickelung in Japan.
Stuttgart 1900.

Galtier, Frédéric, La suppression de l'octroi. Paris 1901.

Die Geschäftsthätigkeit des Kaiserl. Patentamts u. die Beziehungen des Patent=
schutzes zu der Entwicklung der einzelnen Industriezweige Deutschlands i.
d. J. 1891 bis 1900. Berlin 1902.

Gesetz, betr. die Waarenhaussteuer vom 18. Juli 1900. Berlin 1900.

— die gleichmäßige Besteuerung der.Gewerbe betr. Darmstadt 1884.

— Verordnung u. Anweisung, die allgemeine Einkommensteuer im Grhzt.
Hessen betr. Darmstadt 1900.

— betr. die direkten Steuern. (14. Okt. 1897.) Basel 1897.

— über die Erhebung der Bieraccise nach dem Malzgewicht. Riga 1901.

— über die Stempelsteuer vom 10. Juni 1900. Aus dem Russischen überf.
von A. v. Sticinsky. Riga 1901.

Gewerkschaftler und Heimarbeiter. (Hamburg 1902.)

Geyer, Karl, Das württembergische Gesetz über die Erbschafts- und Schen-
kungssteuer. Stuttgart 1900.

Golowin, K., Rußlands Finanzpolitik u. d. Aufgaben der Zukunft. Aus dem
Russischen von M. Kolossowski. Leipzig 1900.

Gottl, Friedr., Die Herrschaft des Wortes. Untersuchungen zur Kritik des
nationalökonomischen Denkens. Jena 1901.

Gould, E. R. L., The housing of the working people. Washington 1895.

Grabski, Stanisl., Karl Marlo (Karl Georg Winkelblech) als Socialtheo-
retiker. Bern 1899.

Gurewitsch, B., Die Entwicklung der menschlichen Bedürfnisse u. die sociale
Gliederung der Gesellschaft. Leipzig 1901.

Guyer, Ernst, Das schweizerische Bundesgesetz betr. die gewerblichen Muster
und Modelle (vom 30. März 1900). Zürich 1902.

Haensel, P., Gewerbesteuer in Rußland. Versuch einer kritischen Untersuchung. St. Petersburg 1900. (Russisch.)

Haeusser, Ludw., Friedrich List's Leben. Stuttgart 1850.

Hager, Eugen, Die Papier-Industrie. Berlin 1901.

Halle, Ernst v., Volks- und Seewirthschaft. 2 Bde. Berlin 1902.

Handbuch der Wirtschaftskunde Deutschlands. Bd. 1,2. Leipzig 1901,02.

Hansemann, Gust., Die doppelte Buchführung in der Weltwirthschaft. Leipzig
1901.

Hansen, Fritz, Die Industrie photographischer Bedarfsartikel. Berlin 1901.

Hanssen, Landwirthschaftliche Zustände früherer Zeiten in nordfriesischen Gegenden. Berlin 1878.

Harms, Bernh., Zur Entwicklungsgeschichte der deutschen Buchbinderei in der
zweiten Hälfte des 19. Jahrh. Tübingen 1902.

Hasche, Paul, Königl. Sächs. Einkommensteuergesetz vom 24. Juli 1900.
Leipzig 1901.

Hauck, Franz F., Beitrag zur Entwicklungsgeschichte des Schweizerischen Al-
koholmonopols. Bern 1899.

Haußmann, Wilh., Die Schädigung der Preußischen Staatseinnahmen durch
Erbschaftssteuer, Börsengesetz u. Staatswissenschaft. Berlin 1902.

Hausmeister, Max, Denkschrift an die Württembergischen Landstände bezüglich der künftigen direkten württembergischen Steuern. Stuttgart 1901.

Heckel, Max v., Das Problem der Warenhäuser u. der Warenhaussteuer.
Dresden 1902.

Helphand, J., Technische Organisation der Arbeit. Ufter-Zürich 1891.

Hennicke, Notwendigkeit u. Mittel des Vogelschutzes. Leipzig 1901.

Herkner, H., Das Frauenstudium der Nationalökonomie. Berlin 1899.

(Hermann, F. B. W.,) Finanz-Wissenschaft. (München 1846/47.) (Kollegienheft.)

— Hans, Die Goldminen in Transvaal. Berlin 1902.

Herrmann, Ant., Die Einrichtung, Instandhaltung und Oekonomie der
Fabrik-Betriebe. o. O. 1901.

Hickmann, A. L., Das Verhältnis Österreichs zu Ungarn. Ein Beitrag zur
... Beurtheilung der beiderseitigen volkswirtschaftlichen Verhältnisse.
Wien 1901.

Hirsch, Edm., Le régime fiscal de la brasserie en France. Paris 1900.

Hobson, John A., The economics of distribution. New York 1900.

Hötzsch, Otto, Die wirtschaftliche u. soziale Gliederung vornehmlich der ländlichen Bevölkerung im meißnisch-erzgebirg. Kreise Kursachsens. Leipzig 1900.

Hofmokl, Sigism., Ideen-Skizze zur Begriffsbestimmung der Ökonomik als Sonderbisciplin. Wien 1901.

Hohoff, Wilh, Warenwert u. Kapitalprofit. Paderborn 1902.

Honda, S., Description des zones forestières du Japon. Paris 1900.

Horn, J. E., L'économie politique avant les physiocrates. Paris 1867.

Howell, George, Labour legislation, labour movements and labour leaders. London 1902.

Huber, Paul, Der Haushalt der Stadt Hildesheim am Ende des 14. u. in der ersten Hälfte des 15. Jahrh. Leipzig 1901.

Hucke, Jul., Die Handels-Bilanz. Berlin 1901.

Hübel, Leop., Die Gestaltung des landwirthschaftlichen Betriebes mit Rücksicht auf den herrschenden Arbeitermangel. Dresden 1902.

Huschke, Leo, Landwirthschaftliche Reinertragsberechnungen bei Klein-, Mittel- u. Großbetrieb. Jena 1902.

Huskisson, Will., The speeches. London 1831.

Jacob, Carl, Das Erbschaftssteuergesetz für Elsaß-Lothringen. 2. umgearb. Aufl. Straßburg 1900.

Jahrbuch des beutschen Wirtschaftslebens. Frankfurt a. M. 1900.

Idstatt, J. A. v., Katholische Lobschrift auf den Protestantismus. Neu hrsg. von K. Walcker. Leipzig 1900.

Jentsch, Karl, Friedrich Lift. Berlin 1901.

Deutsche Industrie, Deutsche Kultur. Hrsg. von Jul. Eckstein u. J. J. Landau. Berlin 1900.

The Quarterly Journal of Economics. Vol. XIV flg. Boston 1900 flg.

Jöhr, Ab., Jean Herrenschwand, ein schweizerischer Nationalökonom des 18. Jahrh. Bern 1901.

The Russian journal of financial statistics. 1900. 1901. St. Petersburg 1899, 1901.

The Italians in Chicago. Washington 1897.

Kaizl, Jos., Finanzwissenschaft. 2 Theile. Aus dem Böhmischen von Alois Körner. Wien 1900, 1901.

Kamp, Unsere jugendlichen Lohnarbeiterinnen in Arbeit, Unterricht u. Musestunden. Leipzig 1902.

Kemmerer, E. W., The fiscal system of Egypt. New York 1900.

Klee, Alfr., Die Landarbeiter in Nieder- und Mittelschlesien. Tübingen 1902.

Klien, Ernst, Minimallohn und Arbeiterbeamtentum. Jena 1902.

Kleinwächter, Friedr., Lehrbuch der Nationalökonomie. Leipzig 1902.

Kloepfer u. C. Pflaumer, Beschreibung u. Ertragsberechnung zweier Güter im niederrheinischen Industriegebiet. Leipzig 1902.

Klössel, Hans, Sächsische Agrargesetzgebung. Berlin 1902.

Knorz, Die Uhrenindustrie. Berlin 1901.

Koenig, Rud., Statistische Mitteilungen aus 62 kleinbäuerlichen Betrieben über Erzeugung, Verbrauch, Verkauf und Zukauf von Getreide. Jena 1901.

Kowalewsky, Maxime, Die ökonomische Entwicklung Europas bis zum Beginn der kapitalistischen Wirtschaftsform. Aus dem Russischen von Leo Motzkin. Bd. 1. Berlin 1901.

Kraemer, Ad., Die Landwirtschaft im 19. Jahrh. Frauenfeld 1902.

Kraft, Max, Das System der technischen Arbeit. Abthlg. 1. Leipzig 1902.

Kraus, Osk., Zur Theorie des Wertes. Halle a. S. 1901.

Kreibig, Jos. Clemens, Psychologische Grunblegung eines Systems der Werttheorie. Wien 1902.

Kretzschmer, Wilh., Über den Richard Cantillon zugeschriebenen Essai sur la nature du commerce en général. Liestal 1899.

Krug, Leop., Geschichte der preußischen Staatsschulden. Hrsg. von C. Jul. Bergius. Breslau 1861.

Kurella, Hans, Der neue Zolltarif u. die Lebenshaltung des Arbeiters. Berlin 1901.

Labor laws of the United States. 2. edit. Washington 1896.

Lamprecht, K., Die Entwickelung des wirtschaftlichen u. geistigen Horizonts unserer Nation. Stuttgart 1900.

Landry, Adolphe, L'utilité sociale de la propriété individuelle. Paris 1901.

Lauwereyns de Roosendaele, Ch. de, La répercussion de l'impôt. Paris 1901.

Layer, Max, Principien des Enteignungsrechtes. Leipzig 1902.

Legrand, Rob., Richard Cantillon. Paris 1900.

Lehmann, Gust., Die Reichs=Branntweinsteuer=Gesetze mit den vom 1. Okt. 1900 ab giltigen Ausführungsbestimmungen. Breslau 1900.

Leroy-Beaulieu, Pierre, La rénovation de l'Asie. Sibérie. Chine. Japon. Paris 1900.

Liebich, Constantin, Das Arbeitsheer. Berlin 1902.

Liebknecht, W., Zur Geschichte der Werttheorie in England. Jena 1902.

Liman, Carl, Tagesfragen. — Die Generalversammlung der Pommerschen Hypotheken=Aktien=Bank zc. Berlin 1901.

Lippert, Gust., Die Arbeitsverhältnisse im Lloydarsenale und Stabilimento Tecnico Triestino. Wien 1902.

Lipsius, H. F., Die Schaumweinsteuer, eine verhängnißvolle Thorheit. Berlin 1901.

List, Friedr., Das Wesen u. der Werth einer nationalen Gewerbsproduktivkraft. (1839) Stuttgart 1850.

— Gesammelte Schriften. Hrsg. von Ludw. Häusser. 2 Thle. Stuttgart 1850.

Löbe, Ernst, Das deutsche Zollstrafrecht. 3. neu verb. Aufl. Leipzig 1901.

Loeck, P., Reichsstempelgesetz (Börsensteuergesetz) vom 14. Juni 1900. Achte Aufl. Berlin 1901.

— Das Reichsgesetz, betr. die Wechselstempelsteuer. 7. umgearb. Aufl. Berlin 1902.

Lois concernant la protection de la propriété industrielle dans l'empire du Japon. Paris 1900.

Ludwig=Wolf, L. F., Das Königl. Sächs. Einkommensteuergesetz vom 24. Juli 1900. Leipzig 1900.

Maatz, Rich., Das preußische Einkommensteuergesetz. Systematisch dargestellt. Berlin 1902.

27

Mackenzie, Malcolm, Social and political dynamics. London 1900.

Macvane, S. M., Austrian theory of value. Philadelphia (1895).

Mahraun, H., Volkswirtschaftliches Lesebuch. 2. Aufl. Berlin 1902.

Manes, Alfr., Die Haftpflichtversicherung. Leipzig 1902.

Martello, Tullio, L'imposta progressiva in teoria ed in pratica. Torino 1895.

— Commemorazione di Enrico Cernuschi. Bologna 1897.

— L'imposta fondiaria è un' imposta sui generis. Bassano 1898.

Mattern, E., Der Thalsperrenbau u. die deutsche Wasserwirthschaft. Berlin 1902.

May, R. E., Die Wirthschaft in Vergangenheit, Gegenwart u. Zukunft. Berlin 1901.

Mayr, Georg v., Grundriß zu Vorlesungen über praktische Nationalökonomie. 1. Tl. Tübingen 1900.

Meinungsäußerungen der von der (Dresdner) Handelskammer befragten Betheiligten über die geplante Sonderbesteuerung gewisser Großbetriebe im Kleinhandel. (Dresden 1902.)

Meißner, Christ., Das in Bayern geltende Nachbarrecht mit Berücksichtigung des Wasserrechts. München 1901.

Melzer, Christ., Gangraena metallica in Hermunduris. Leipzig 1685.

Memorial betr. die Besteuerung der Wirtschaftsgenossenschaften. Bern 1899.

Menzen, Invaliditäts- und Altersversicherung. Paderborn 1902.

Messow, Paul, Zur Umsatzsteuerfrage. (Dresden 1900.)

Meyer, Conrad, Ueber die Lage der Zucker-Industrie zur Zeit des Abschlusses der Brüsseler Konvention. Berlin 1902.

— Georg, Der Eigentumserwerb bei der Enteignung. Berlin 1899.

— Rob., Das Zeitverhältniß zwischen der Steuer und dem Einkommen u. seinen Theilen. Wien 1901.

Michelsen, Eb., u. F. Nebberich, Geschichte der deutschen Landwirtschaft. 4. Aufl. Berlin 1902.

Les mines du Japon. Paris 1900.

Municipal monopolies. Edited by Edw. W. Bemis. New York (1899).

Morley, John, The life of Richard Cobden. 2 vols. London 1896.

Müller, Louis, Erläuterungen zu den allgemeinen Vorschriften für das Staatsrechnungswesen des Königr. Sachsen in der seit 1. Nov. 1900 giltigen Fassung. Dresden 1901.

Müller-Fürer, Th., Die Hypothekenbanken und die Sicherheit der Hypotheken-Pfandbriefe. Berlin 1902.

Naoroji, Dadabhai, Poverty and Un-British Rule in India. London 1901.

Neuhaus, Georg, Die Handelskammer, ihre Organisation u. ihre Aufgaben. Leipzig 1902.

Neurath, Wilh., Idealismus der Arbeit. 1880.

Nieboer, H. J., Slavery as an industrial system. The Hague 1900.

Nieder, Gesetz, betr. die Ablösung der Realgemeinderechte u. ähnlichen Rechte. Ellwangen 1902.

Nitschke, Kurt, Einkommen u. Vermögen in Preußen u. ihre Entwicklung. Jena 1902.

Noiret, Gust., La dispersion des domaines ruraux et les réunions territoriales. Paris 1901.

Norbenholz, A., Allgemeine Theorie der gesellschaftlichen Produktion. München 1902.

(North, Dudley,) Discourses upon trade, principally directed to the cases of the interest, coynage, clipping, increase of money. London 1691. (Reprinted Edinburgh 1822.)

Rossig, Alfr., Die moderne Agrarfrage. Berlin 1902.

Notice sur les appareils exposés par la régie de l'alcool (Ministère des finances.) Paris 1900.

— sur la régie de l'alcool en Russie. Paris 1900.

Obermüller, Wilh., Das Gütergleichgewicht. Constanz 1840.

Oelsner, Ludw., Volkswirtschaftskunde. Frankfurt a. M. 1901.

Offenbacher, Martin, Konfession u. sociale Schichtung. Tübingen 1900.

Oncken, Aug., Geschichte der Nationalökonomie. 1. Tl. Leipzig 1902.

Oseroff, J., Die Haupttendenzen in der Entwicklung der directen Besteuerung in Deutschland. St. Petersburg. 1899. (Russisch.)

Pasolini, Maria, Il nostro bilancio. Roma 1901.

Patten, Simon N., The theory of prosperity. New York 1902.

Peacock, Herb. St. Geo., The income tax acts. London 1901.

Philippi, Geo., Deutschland, wohin steuerst Du? Die Einwirkung der agrarischen Forderungen auf den Staat. Leipzig (1902).

Philippovich, Eugen v., Grundriß der politischen Oekonomie. 4. durchges. Aufl. Tübingen 1901.

Politis, Nicolas, Le controle international sur les finances helléniques et ses premiers résultats (1898—1901). Paris 1902.

Porte, Marcel, Entrepreneurs et profits industriels. Paris 1901.

Posanner, Benno Frh. v., Das Tabakverschleißwesen in Österreich. Wien 1901.

Potthoff-Bielefeld, Heinz, Die Leinen- u. Wäsche-Industrie. Berlin 1901.

Prenner, J. B., Der gewerbliche Arbeitsvertrag nach deutschem Recht. München 1902.

Rabomski, S., Ueber Förderung der Wohnungshygiene in Posen. Posen 1901

Rehm, Herm., Gegen den Entwurf einer neuen Gewerbesteuer-Ordnung für Dresden. Dresden 1900.

Reichsstempelgesetz vom 14. Juni 1900 nebst Ausführungsbestimmungen. Berlin 1900.

Rentsch, H., Die Erwerbsverhältnisse des Sächs. Obererzgebirges. (Leipzig 1863).

Report, The 1. 4. 6.—9. 11.—16. annual, of the Commissioner of Labor. Washington 1886—1901.

Report, 1. 2. 4. 5. 8. 9. special, of the Commissioner of Labor. Washington 1893—97.

Ripert, Henri, Le marquis de Mirabeau (L'ami des hommes), ses théories politiques et économiques. Paris 1901.

Röhr, W., Strafgesetzgebung u. Strafverfahren in Bezug auf die Zuwiderhandlungen gegen die Zoll- u. Steuergesetze. Neu bearb. von G. Lehmann. 4. Aufl. Breslau 1900.

Rösemeier, H., Was man von der Geschichte des Handwerks wissen muß. Leipzig 1902.

Rollfuß, J., Die wirtschaftlichen Verhältnisse des Bezirks der Handels- u. Gewerbekammer zu Zittau am Ausgange des 19. Jahrh. Zittau 1901.

Roncali, Angelo, La morale nei sistemi tributarii. Bologna 1887.

— La imposta personale sul reddito nelle moderne riforme tributarie. Genova 1892.

— Una moderna imposta sul reddito. Torino 1897.

— Special assessments. Torino 1896.

Roscher, Die wirthschaftliche Bedeutung der 40 wichtigsten Orte der Sächsischen Oberlausitz. Zittau 1878.

— Wilhelm, System der Volkswirthschaft. Bd. 4, die Finanzwissenschaft enthaltend. 5. verm. Aufl. bearb. von Otto Gerlach. 2 Bde. Stuttgart 1901.

Roth, Die in Elsaß-Lothringen geltenden Gesetze betr. die direkten Steuern. 2. Aufl. Straßburg i. E. 1902.

Rothe, A., Das deutsche Fleischergewerbe. Jena 1902.

Rousiers, Paul de, Hambourg et l'Allemagne contemporaine. Paris 1902.

Ruskin, John, Vier Abhandlungen über die ersten Grundsätze der Volkswirthschaft. Aus dem Englischen von Anna von Przychowski. Leipzig 1902.

Sayous, André D., L'entre-exploitation des classes populaires à Whitechapel. Paris 1902.

Schaefer, Gust., Rathgeber in Einkommensteuersachen. 7. Aufl. Leipzig 1901.

Schanze, Osc., Beiträge zur Lehre von der Patentfähigkeit. Heft 1. Berlin 1902.

Scheiblich, Jahresbericht des Agricultur-Dienstes für d. J. 1899. (Anatol. Bahngesellschaft.) o. O. u. J.

Schenkel, Karl, Das badische Wasserrecht. 2. Aufl. Karlsruhe i. B. 1902.

Schindler, Karl, Finanzwesen u. Bevölkerung der Stadt Bern i. 15. Jahrh. Bern 1900.

Schmelzle, Hans, Der Staatshaushalt des Herzogtums Bayern im 18. Jahrh. Stuttgart 1900.

Schmidt, Gust., Der Bodenkredit in seinem Zusammenhang mit andern volkswirthschaftlichen Erscheinungen. Bern 1901.

— Peter, Bibliographie der Arbeiterfrage für d. J. 1901. Berlin 1902.

Schmoller, Gust., Grundriß der allgemeinen Volkswirthschaftslehre. 1. Tl. Leipzig 1900.

Schneider, J., Praktische Rathschläge zur Beschaffung von Hypotheken beim Bau, Kauf u. Tausch eines Hauses. 3. erweit. Aufl. Berlin (1901).

— Rud., Der Petroleumhandel. Tübingen 1902.

Schomerus, Friedr., Das Kleingewerbe, insonderheit das Bäcker-, Konditor- u. Fleischergewerbe. Stuttgart 1902.

Schulz, M. v., Gewerbegerichtsgesetz. Berlin 1902.

Schulze, Ludw. Heinr., Erörterungen über Begriff u. Einteilung der Bedürfnisse des Menschen. Heidelberg 1896.

Schwarz, Tjard, u. Ernst von Halle, Die Schiffbauindustrie in Deutschland und im Auslande. Berlin 1902.

Sergeew, Chrift., Die Vertheilung der Güter in einigen Kantonen der Schweiz. Basel 1889.

Sewall, Hannah Robie, The theory of value before Adam Smith. New York 1901.

Shirasawa, Homi, Iconographie des essences forestières du Japon. Tome 1. Paris 1900.

Sidgwick, Henry, The principles of political economy. 3. edit. London 1901.

Siegfried, André, Le développement économique et social du Japon. Paris 1901.

— Jules, La situation économique et sociale des États-Unis. Paris 1902.

Silbergleit, Heinr., Magdeburg's Industrie, Handwerk u. Handel u. deren gewerbliche Steuerkraft. Magdeburg 1901.

Simonde de Sismondi, J. C. L., Neue Grundsätze der politischen Ökonomie. Nach der 2. Ausgabe von 1827 übertragen von Robert Prager. 2 Bde. Berlin 1901, 02.

Sinzheimer, Hugo, Lohn und Aufrechnung. Berlin 1902.

Smith, Charles Manley, A treatise on the law of master and servant including therein masters and workmen. 5th edit. London 1902.

Soennecken, F., Wohlfahrtseinrichtungen für Arbeiter. Bonn 1898.

Sombart, Werner, Technik und Wirtschaft. Dresden 1901.

— Wirtschaft und Mode. Wiesbaden 1902.

— Der moderne Kapitalismus. 2 Bde. Leipzig 1902.

Stieda, Wilh., Die Anfänge der Porzellanfabrikation auf dem Thüringerwalde. Jena 1902.

Stresemann, Guft., Die Entwickelung des Berliner Flaschenbiergeschäfts. Berlin (1900).

Streuli, Ab., Die Zürcher Liegenschaften-Krise. Zürich 1902.

Strikes and lockouts. Washington 1901.

Strutz, G., Gesetz, betr. Die Waarenhaussteuer. Berlin 1900.

Studien, Zürcher volkswirtschaftliche, hrsg. von Heinr. Herkner. Heft 1 flg. Zürich 1900 flg.

Tack, Johs., Die Hollandsgänger in Hannover und Oldenburg. Leipzig 1902.

Timm, Johs., Aus dem Entwicklungsgang der deutschen Gewerkschaftsbewegung. München 1902.

Tönnies, Ferd., Vereins- u. Versammlungsrecht wider die Koalitions-Freiheit. Jena 1902.

Tondeur-Scheffler, Les syndicats ouvriers Allemands. Paris 1902.

Tornow, Max L., Die wirtschaftliche Entwickelung der Philippinen. Berlin 1901.

Totomjanz, B., u. E. Toptschjan, Die sozial-ökonomische Türkei. Berlin 1901.

Tröltsch, Walter, Beiträge zur Finanzgeschichte Münchens in der zweiten Hälfte des 18. Jahrh. o. O. u. J.

Trzcinski, Ed. v., Die polnischen Landkaufgenossenschaften. Inowrazlaw 1897.

Tschuprow, Alex. A., Die Feldgemeinschaft. Straßburg 1902.

Turquan, Victor, Évaluation de la fortune privée en France et à l'étranger dans ses rapports avec la fécondité des familles. Paris 1901.

Ulrich, A., Die Reichseinkommensteuer. Möglichkeit und Notwendigkeit einer solchen. Dessau 1902.

Varlez, Louis, Quelques pages d'histoire syndicale Belge. Paris 1902.

View, General, of commerce and industry in the empire of Japan. Paris 1900.

Vogelstein, Theod., Die Industrie der Rheinprovinz 1888—1900. Stuttgart 1902.

Voigt, Andreas, Wirthschaft und Technik. (Frankfurt a. M. 1901.)

Die Deutsche Volkswirthschaft am Schlusse des 19. Jahrh. Nach amtlichen Quellen bearb. im Kaiserl. Statist. Amt. Berlin 1900.

Allgemeine Vorschriften für das Staatsrechnungswesen des Königreichs Sachsen. 1900. Dresden.

Voßberg=Rekow, Der Schutz des industriellen und geistigen Eigenthums in den Handelsverträgen. Berlin 1902.

Wagner, Ad., Allgemeine u. theoretische Volkswirtschaftslehre oder Sozialökonomik. 3. Aufl. Berlin 1901.

— Agrar= u. Industriestaat. 2. umgearb. u. verm. Aufl. Jena 1902.

Walcker, Karl, Geschichte der Nationalökonomie u. des Sozialismus. 4. umgearb. Aufl. Leipzig 1899.

Walsem, J. M. van, De wet op de vermogensbelasting. 's-Gravenhage 1900.

Walsh, Correa Moylan, The measurement of general exchange-value. New York 1901.

Wechselstempelsteuergesetz nebst Ausführungsbestimmungen. Berlin 1901.

Wermert, Geo., Volkswirthschaftliche Studien. Halle a. S. 1902.

Wernicke, E., Über Volksernährung. Posen 1902.

— Die Mühlen=Industrie. Berlin 1901.

Wichmann, Fritz, Der Kampf um die Weinverbesserung im Deutschen Reiche. Nebst einer Produktionsstatistik des deutschen Weinbaues. Jena 1902.

Wiener, Rob., Vorschläge zum Schutze der Pfandbriefe. Berlin 1902.

Wieser, Friebr. Frh. v., Die Ergebnisse u. die Aussichten der Personaleinkommensteuer in Österreich. Leipzig 1901.

Wilbner, Paul, u. Rich. Zimmermann, Die Thonwaaren=Industrie. Berlin 1901.

Wilgus, Horace L., A study of the United States Steel Corporation in its industrial and legal aspects. Chicago 1901.

Wilhelmi, L., Das Handwerkergesetz vom 26. Juli 1897. Berlin 1902.

Willoughby, W. F., La corporation de l'acier des États-Unis (The United States Steel Corporation) et la grève de ses ouvriers en 1901. Traduit de l'Anglais par le Baron J. de Montaignac. Paris 1902.

Wittenberg, May, Ein Blick auf den wirthschaftlichen Aufschwung am Ende des 19. Jahrh. Berlin 1900.

Woedtke, E. v., Krankenversicherungsgesetz. 9. Aufl. Berlin 1902.

Worms, Stephen, Das Gesetz der Güterconcentration in der individualistischen Rechts- und Wirtschaftsordnung. 1. Hlbbd. Jena 1901.

Wuttke, Rob., Die Freiberger Schoßordnung von 1305. Dresden 1900.

Zaleski, Ladisl., Critique de la théorie du degré final de l'utilité. Kazan 1895.

Zedlitz u. Neukirch, Octavio Frh. v., Dreißig Jahre preußischer Finanz- u. Steuerpolitik. Berlin 1901.

Zeitlin, Leon, Fürst Bismarcks social-, wirtschafts- und steuerpolitische Anschauungen. Leipzig 1902.

Zeitschrift für Zollwesen und Reichssteuern. Bb. 1 flg. Berlin 1901 flg.

Ziemssen, F., Die Einkommensteuerpflicht des Agio nach dem Preuß. Einkommensteuergesetz. Berlin 1900.

Zimmermann, E., Das Reichsstempelgesetz. Karlsruhe 1901.

Zur wirthschaftlichen Lage. Dresden 1902.

Zwiedineck-Südenhorst, Otto v., Lohnpolitik u. Lohntheorie. Leipzig 1900.

Berichtigungen.

Seite	17	Zeile	3	v. u.	lies	Schuurman	st.	Schuurmann.
„	49	„	22	v. o.	„	Karborff	„	Karboff.
„	55	„	23	v. o.	„	Bear	„	Baer.
„	56	„	22	v. o.	„	Möhrlin	„	Möhrlein.
„	58	„	20	v. o.	„	Saggio u. colonia	„	Saggi u. collonia.
„	100	„	14	v. u.	„	en	„	in.
„	113	„	16	v. u.	„	bes	„	ber.
„	114	„	18	v. o.	„	Crawford	„	Crowford
„	134	„	13	v. o.	„	Heybenreich	„	Heibenreich.
„	158	„	21	v. u.	„	Hatschek	„	Haschtek.
„	172	„	14	v. o.	„	Liebieg	„	Liebig.
„	234	„	4	v. u.	„	charpentiers	„	charpentier.
„	282	„	15	v. o.	„	1901	„	1891.
„	285	„	19	v. u.	„	laborieuses	„	labourieuses.

Lightning Source UK Ltd.
Milton Keynes UK
UKHW020722201118
332647UK00010B/743/P